Karin Brotz · Stephan Wolf · Martina Leeb · Philipp Föckeler · NOVELL

Karin Brotz
Stephan Wolf
Martina Leeb
Philipp Föckeler

NOVELL

Arbeitsbuch zu NetWare v3.11 Band I

Hüthig Buch Verlag Heidelberg

Diejenigen Bezeichnungen von im Buch genannten Erzeugnissen, die zugleich eingetragene Warenzeichen sind, wurden nicht besonders kenntlich gemacht. Es kann also aus dem Fehlen der Markierung ® nicht geschlossen werden, daß die Bezeichnung ein freier Warenname ist. Ebensowenig ist zu entnehmen, ob Patente oder Gebrauchsmusterschutz vorliegen.

Die Deutsche Bibliothek – CIP–Einheitsaufnahme

NOVELL-Arbeitsbuch zu NetWare v3.11/Karin Brotz. . .
Heidelberg: Hüthig.
NE: Brotz, Karin

Bd. 1 (1992)
ISBN 3-7785-2121-7

© 1992 Hüthig Buch Verlag GmbH, Heidelberg
Printed in Germany

Inhaltsverzeichnis

1	**Vorwort** 1
1.1	Übersicht über den Inhalt 2

2	**NetWare-Konzepte** 5
2.1	Einleitung 6
2.2	Die modulare Struktur von NetWare 386 7
2.2.1	LAN- und Festplattentreiber 8
2.3	Leistungsmerkmale von NetWare 386 v3.11 10
2.3.1	Daten unter NetWare 11
2.3.2	NetWare in heterogenen Netzen 12
2.4	Sicherheitsmechanismen von NetWare 16
2.4.1	SFT I 16
2.4.2	Hardware-Redundanz durch SFT II 19
2.4.3	Sicherheit durch TTS 22
2.4.4	Sicherheit durch UPS 23
2.5	Beschleunigungsmechanismen unter NetWare 3.11 24
2.5.1	Elevator Seeking 24
2.5.2	Hashing 25
2.5.3	Directory Caching 25
2.5.4	File Caching 25
2.5.5	Split Seek 26
2.5.6	Zusammenwirkung der Beschleunigungsmechanismen . 26

3	**Fileserver-Installation** 29
3.1	Einleitung 30
3.1.1	Booten des Fileservers 30
3.1.2	Abschalten des Fileservers 31
3.2	Installationsüberblick 32
3.3	Installation der Hardware 32
3.3.1	RAM im Fileserver 33
3.3.2	Protokollierung der Hardware-Informationen 35
3.3.3	Festplatten und Festplatten-Controller unter NetWare . . 35
3.3.4	Festplattennumerierung 36
3.3.5	Numerierung der Partitions 38
3.3.6	Installation der Festplatten und Controller 39
3.3.7	Konfigurierung der Hardware 39
3.4	Booten des Fileservers 40
3.4.1	Vorteile einer Bootdiskette 40
3.4.2	Vorteile einer DOS-Partition 40
3.4.3	Booten von einer Bootdiskette 40
3.4.4	Booten von einer DOS-Partition 41
3.5	Die Installation im einzelnen 45

3.6	Aufruf der Datei SERVER.EXE	45
3.6.1	Fileserver benennen	46
3.6.2	Interne Netzwerkadresse	46
3.7	Festplattentreiber laden	48
3.7.1	Installation eines DCBs	49
3.8	Laden des LAN-Treibers	53
3.8.1	Fileserver als interner Router	55
3.9	Binden des Protokolls an den LAN-Treiber	55
3.9.1	Netzwerkadressen	56
3.10	Laden anderer Module	56
3.11	Einteilung der Festplatten unter NetWare	57
3.11.1	Partitions	57
3.11.2	Volumes	58
3.12	Einteilung der Festplatten mit INSTALL	60
3.12.1	Laden von INSTALL.NLM	60
3.13	Einrichten einer NetWare-Partition	60
3.13.1	Disk Options	60
3.14	Festplatten spiegeln	65
3.14.1	Mirroring	65
3.15	Festplattentest	68
3.15.1	Surface Test (optional)	68
3.15.2	Return To main Menu	70
3.16	Einrichten der NetWare-Volumes	70
3.16.1	Volume Options	70
3.17	Systemdateien kopieren	73
3.17.1	Copy System und Public Files	73
3.17.2	Create AUTOEXEC.NCF File	73
3.17.3	Create STARTUP.NCF File	74
3.17.4	Edit AUTOEXEC.NCF File	75
3.17.5	Edit STARTUP.NCF File	75
3.17.6	Return To Main Menu	75
3.18	Unterstützung anderer Namenskonventionen aktivieren	75
3.19	Parameter von SERVER.EXE	76
4	**NetWare Loadable Modules**	**79**
4.1	Einleitung	80
4.2	CLIB	81
4.3	DISKSET	82
4.3.1	Disk Coprocessor Board Setup	83
4.3.2	NetWare Ready Disk Backup/Restore	84
4.4	EDIT	86
4.5	ETHERRPL	87
4.6	INSTALL	88
4.6.1	Disk Options	90
4.6.2	Volume Options	100
4.6.3	System Options	103

4.6.4	Product Options	105
4.6.5	Exit	105
4.7	IPXS	106
4.8	MATHLIB	107
4.9	MATHLIBC	108
4.10	MONITOR	109
4.10.1	Informationsfenster von MONITOR	111
4.10.2	Connection Information	113
4.10.3	Disk Information	116
4.10.4	LAN Information	121
4.10.5	System Modules	125
4.10.6	Lock Fileserver Console	127
4.10.7	File Open / Lock Activity	127
4.10.8	Resource Utilization	130
4.10.9	Exit	132
4.11	NMAGENT	133
4.12	PCN2RPL	134
4.13	PSERVER	135
4.14	REMOTE	136
4.15	ROUTE	137
4.16	RS232	140
4.17	RSPX	141
4.18	SPXCONFG	142
4.19	SPXS	145
4.20	STREAMS	146
4.21	TLI	147
4.22	TOKENRPL	148
4.23	UPS	149
4.24	VREPAIR	151
5	**Konsole-Kommandos**	**155**
5.1	Einleitung	156
5.2	ADD NAME SPACE	157
5.3	BIND	159
5.4	BROADCAST	162
5.5	CLEAR STATION	164
5.6	CLS	165
5.7	CONFIG	166
5.8	DISABLE LOGIN	167
5.9	DISABLE TRANSACTIONS	168
5.10	DISMOUNT	169
5.11	DISPLAY NETWORKS	170
5.12	DISPLAY SERVERS	171
5.13	DOWN	172
5.14	ENABLE LOGIN	174
5.15	ENABLE TRANSACTIONS	175

5.16	EXIT	176
5.17	LOAD	177
5.17.1	Der Ladevorgang	177
5.17.2	Laden von Festplattentreibern	180
5.17.3	Laden von LAN-Treibern	183
5.17.4	Laden von Name Space Modulen	188
5.17.5	Laden von NetWare Loadable Modules (NLMs)	189
5.18	MEMORY	190
5.19	MODULES	191
5.20	MOUNT	192
5.21	NAME	193
5.22	OFF	194
5.23	PROTOCOL	195
5.24	REGISTER MEMORY	197
5.25	REMOVE DOS	199
5.26	RESET ROUTER	200
5.27	SEARCH	201
5.28	SECURE CONSOLE	203
5.29	SEND	205
5.30	SET	206
5.30.1	Console Display Watchdog Logouts	207
5.30.2	Maximum Physical Receive Packet Size	208
5.30.3	Maximum Packet Receive Buffers	208
5.30.4	Minimum Packet Receive Buffers	209
5.30.5	New Packet Recieve Buffer Wait Time	209
5.30.6	Number Of Watchdog Packets	209
5.30.7	Delay Between Watchdog Packets	210
5.30.8	Delay Before First Watchdog Packet	210
5.30.9	Reply To Get Nearest Server	210
5.30.10	Maximum Alloc Short Term Memory	210
5.30.11	Auto Register Memory Above 16 Megabytes	211
5.30.12	Cache Buffer Size	211
5.30.13	Reserved Memory Below 16 Meg	212
5.30.14	Minimum File Cache Buffers	212
5.30.15	Maximum Concurrent Disk Cache Writes	213
5.30.16	Dirty Disk Cache Delay Time	213
5.30.17	Minimum File Cache Buffer Treshold	214
5.30.18	Directory Cache Buffer Non Referenced Delay	214
5.30.19	Maximum Directory Cache Buffers	215
5.30.20	Minimum Directory Cache Buffers	215
5.30.21	Dirty Directory Cache Delay Time	215
5.30.22	Maximum Concurrent Directory Cache Writes	216
5.30.23	Directory Cache Allocation Wait Time	216
5.30.24	Immediate Purge Of Deleted Files	217
5.30.25	Volume Low Warn All Users	217
5.30.26	Volume Low Warning Reset Treshold	217

5.30.27	Volume Low Warning Treshold	218
5.30.28	Minimum File Delete Wait Time	218
5.30.29	File Delete Wait Time	219
5.30.30	Maximum Percent Of Volume Used By Directory	220
5.30.31	Maximum Percent Of Volume Space Allowed For Extended Attributes	220
5.30.32	Maximum Extended Attributes Per File Or Path	220
5.30.33	NCP File Commit	220
5.30.34	Maximum Subdirectory Tree Depth	221
5.30.35	Turbo FAT Re-Use Wait Time	221
5.30.36	Maximum Record Locks Per Connection	222
5.30.37	Maximum File Locks Per Connection	222
5.30.38	Maximum Record Locks	222
5.30.39	Maximum File Locks	222
5.30.40	Auto TTS Backout Flag	223
5.30.41	TTS Abort Dump Flag	223
5.30.42	Maximum Transactions	223
5.30.43	TTS UnWritten Cache Wait Time	224
5.30.44	TTS Backout File Truncated Wait Time	224
5.30.45	Enable Disk Read After Write Verify	225
5.30.46	Allow Unencrypted Passwords	225
5.30.47	Display Spurious Interrupt Alerts	225
5.30.48	Display Lost Interrupt Alerts	226
5.30.49	Display Disk Device Alerts	226
5.30.50	Display Incomplete IPX Packet Alerts	227
5.30.51	Display Relinquish Control Alerts	227
5.30.52	Display Old API Names	227
5.30.53	Pseudo Preemption Time	228
5.30.54	Maximum Outstanding NCP Searches	228
5.30.55	New Service Process Wait Time	228
5.30.56	Maximum Service Processes	229
5.31	SET TIME	230
5.32	SET TIMEZONE	231
5.33	SPEED	232
5.34	TIME	233
5.35	TRACK OFF	234
5.36	TRACK ON	235
5.37	UNBIND	238
5.38	UNLOAD	240
5.39	UPS STATUS	241
5.40	UPS TIME	242
5.41	VERSION	243
5.42	VOLUMES	244
6	**SERVER BACKUP**	**245**
6.1	Einleitung	246

6.2	Installation von SERVER BACKUP	249
6.2.1	Hard– und Software–Anforderungen	249
6.2.2	Die Installation der Software auf einem Fileserver	250
6.3	Der Backup- und der Restore-Vorgang	250
6.3.1	Das Laden der TSA– und SBACKUP–Module	250
6.3.2	Einen Ziel-Server für den Backup- oder Restore-Vorgang bestimmen	251
6.3.3	Backup-Vorgang auf ein Bandlaufwerk am Quell-Server einleiten	252
6.3.4	Restore-Vorgang auf einem Ziel-Server einleiten	254
6.3.5	Einen Backup- oder Restore-Vorgang unterbrechen	256
6.3.6	Sichten eines Error-Protokolls	257
6.3.7	Sichten des Backup-Protokolls	257
6.4	Performance-Optimierung	257
7	**Upgrade – Einleitung**	**259**
7.1	Einleitung	260
7.2	Upgrade von NetWare 3.x auf NetWare 3.11	260
7.2.1	Ausloggen aller User	260
7.2.2	Rekonstruieren von Dateien mit SALVAGE	261
7.2.3	Sicherungskopie	261
7.2.4	Vergrößern der DOS-Partition (optional)	261
7.2.5	Ändern der Boot-Dateien des Fileservers	261
7.2.6	Kopieren der NetWare v3.11 Boot-Dateien auf das Boot-Medium	262
7.2.7	Kopieren der Systemdateien mit INSTALL	262
7.3	Upgrade von NetWare 286 v2.x auf NetWare 386 v.3.11	263
7.3.1	Warum Upgrade ?	263
7.3.2	Veränderung der Zugriffsrechte	264
7.3.3	Veränderung der Datei-Attribute	265
7.3.4	Veränderung der Verzeichnisattribute	266
7.3.5	Vorbereitungen für den Upgrade-Vorgang	267
7.4	Zwei Upgrade-Methoden	270
7.4.1	Transfer Methode	270
7.4.2	Die Backup Device Methode	271
7.5	Schritte nach dem Upgrade	272
7.5.1	Installation der NetWare 386 Systemdateien	272
7.5.2	Ändern der Paßwörter	273
7.5.3	Überprüfung auf doppelte Dateien	273
7.5.4	Kopieren der Dateien mit dem Attribut Execute only	274
7.5.5	Überprüfen der Programme	274
7.5.6	Überprüfen der Verzeichnis-Sicherheit	274
7.5.7	Überprüfen auf unnötige Dateien	275
7.5.8	Ändern der Login Scripts	276
7.5.9	Erstellen neuer Boot-Disketten	276
7.5.10	Kopieren der NetWare 386 Utilities	276

Inhaltsverzeichnis VII

8	**Upgrade mit der Transfer-Methode**	**279**
8.1	Einleitung	280
8.1.1	Vorbereitungen für die Benutzung von UPGRADE . . .	280
8.2	Das Utility UPGRADE	282
8.2.1	Select Source File Server	283
8.2.2	Select Target Fileserver	284
8.2.3	Select Working Directory	284
8.2.4	Transfer File Server	284
8.2.5	Transfer Bindery	287
8.2.6	Transfer Selected Directories	287
8.3	Beginn des Transfers	291
8.4	Anzeigen der Übertragung	291
8.4.1	Anzeigen der Bindery-Übertragung	292
8.4.2	Anzeigen der Übertragung von Verzeichnissen	294
8.5	Sichten der Fehlermeldungen	294
8.6	Bindery zum zweiten Mal übertragen	295
8.7	Troubleshooting beim Transfer	296
9	**Upgrade mit der Back-up-Device-Methode**	**299**
9.1	Einleitung	300
9.1.1	Zwei Backup-Medien	300
9.1.2	Durchführung der Backup Device-Methode	301
9.1.3	Vorbereitungen für die Benutzung von UPGRADE . . .	301
9.2	Das Utility UPGRADE	303
9.2.1	Select Source File Server	304
9.2.2	Select Working Directory	305
9.2.3	Backup File Server	305
9.2.4	Backup Bindery	306
9.2.5	Backup by Directories	307
9.3	Beginn des Backups	309
9.4	Anzeigen des Backups	310
9.4.1	Anzeigen des Bindery-Backups	310
9.4.2	Anzeigen des Backups von Verzeichnissen	310
9.5	Sichten der Fehlermeldungen	311
9.6	Troubleshooting beim Backup	311
9.7	Installation des NetWare v3.11 Fileservers	312
9.8	Installation einer Arbeitsstation	312
9.9	Einspielen der Daten auf den NetWare v3.11 Fileserver	313
9.9.1	Aufruf von Upgrade (Restore)	313
9.9.2	Select Target Fileserver	314
9.9.3	Select Working Directory	314
9.9.4	Restore the Bindery	315
9.10	Anzeigen des Restore	315
9.10.1	Anzeigen der Bindery-Übertragung	315
9.10.2	Anzeigen des Einspielens von Verzeichnissen	318

9.11	Beginn des Restore-Vorgangs	320
9.12	Sichten der Fehlermeldungen	321
9.13	Bindery zum zweiten Mal einspielen	321
9.14	Troubleshooting beim Restore	322
10	**Fernsteuerung des Fileservers**	**325**
10.1	Einleitung	326
10.2	RCONSOLE	327
10.2.1	Exit Remote Console	328
10.2.2	Select a Screen to View	328
10.2.3	Scan File Server Directory	328
10.2.4	Transfer Files to Server	329
10.2.5	Transfer System and Public Files	329
10.2.6	Spezielle Aufgaben von RCONSOLE	330
10.3	ACONSOLE	332
10.3.1	Configure Modem	334
10.3.2	Connect To Remote Location	335
10.3.3	Ferngesteuertes Booten mit ACONSOLE	337
10.4	RSETUP	339
10.4.1	Edit a Configuration	340
10.4.2	Create Remote Boot Diskette	344
10.4.3	Change Working Directory	345
11	**NetWare Router**	**347**
11.1	Einleitung	348
11.1.1	Interner und externer Router	348
11.1.2	Lokale und entfernte Router	351
11.1.3	Dedizierter und nicht-dedizierter Router	351
11.1.4	Protected Mode und real Mode	351
11.2	Installation eines Routers	352
11.3	Anwendung von ROUTEGEN	352
11.4	Betrieb eines Routers	356
11.4.1	Bootdiskette für einen dedizierten Router	356
11.4.2	Bootdiskette für einen nichtdedizierten Router	356
11.5	Booten eines Routers	357
12	**DOS-Arbeitsstationen**	**359**
12.1	Einleitung	360
12.2	Ausführen von WSGEN	361
12.3	Starten der Arbeitsstation	363
12.4	Auslagern der NetWare Shell	366
12.5	Booten von Arbeitsstationen ohne lokale Laufwerke	368
12.5.1	Einheitlicher Rechnertyp	370
12.5.2	Unterschiedliche Rechnertypen	370
12.6	DOSGEN	371
12.6.1	Erstellen einer Boot Image-Datei	372

12.6.2	Erstellen mehrerer unterschiedlicher Boot Image-Dateien	373
12.7	Konfigurieren der Shell mit SHELL.CFG	377
12.7.1	IPX.COM-Parameter	377
12.7.2	EMSNETx.COM-Parameter	379
12.7.3	NETx.COM-Parameter	379
12.8	Konfigurieren des IPX-Treibers mit ECONFIG und DCONFIG	384
12.8.1	ECONFIG	384
12.8.2	DCONFIG	386
12.9	Novell ODI unter DOS	387
12.9.1	Konfigurieren der ODI-Treiber mit NET.CFG	390
13	**OS/2 Requester**	**395**
13.1	Einleitung	396
13.2	Installation des Requesters / Modifizieren der CONFIG.SYS	396
13.3	Konfigurieren des OS/2–Requesters mit NET.CFG	399
13.3.1	LAN–Treiber Parameter	399
13.3.2	Link Layer Support (LSL.SYS)–Parameter	403
13.3.3	IPX–Treiber Parameter	403
13.3.4	SPX–Treiber Parameter	404
13.3.5	NetWare Requester–Treiber Parameter	405
13.3.6	NetWare Spooler Parameter	406
13.3.7	Named Pipes–Treiberparameter	407
13.4	Installation der NetWare OS/2– Utilities auf dem Fileserver	408
13.4.1	Besonderheiten der OS/2–Utilities	409
14	**Datenstruktur**	**411**
14.1	Einleitung	412
14.2	Die Komponenten eines LANs	412
14.2.1	Der Fileserver	412
14.2.2	Netzwerk-Festplatten	413
14.2.3	Partitions	414
14.2.4	Volumes	416
14.2.5	Verzeichnisse	417
14.2.6	Dateien	418
14.3	Organisation der Datenstruktur	421
14.3.1	Art der Verzeichnisstruktur	421
14.3.2	Art der Verzeichnisse	422
14.4	Verzeichnisstruktur sichten	424
14.4.1	FILER	425
14.4.2	VOLINFO	427
14.4.3	CHKVOL	427
14.4.4	LISTDIR	428
14.4.5	NDIR	429

14.5	Drive Mappings: Zuordnung logischer Laufwerke	430
14.5.1	Unterschiedliche Arten von Drive Mappings	431
14.5.2	Local drive mappings	431
14.5.3	Network drive mappings	431
14.5.4	Search drive mappings	431
14.6	Mappings sichten	433
14.7	Mappings definieren	435
14.7.1	Erstellen eines Drive Mappings mit MAP	435
14.7.2	Erstellen eines Fake Root Mappings mit MAP	436
14.7.3	Erstellen eines Search Drive Mappings mit MAP	436
14.7.4	Erstellen eines Drive Mappings mit SESSION	437
14.7.5	Erstellen eines Search Drive Mappings mit SESSION	437
14.7.6	Erstellen eines Fake Root Mappings mit SESSION	438
14.7.7	Mappings auf mehreren Fileservern	439
14.8	SMODE	439
14.8.1	Modus-Beschreibung für SMODE	440
14.8.2	Suchkriterien von SMODE	441
15	**User und Usergruppen**	**443**
15.1	Einleitung	444
15.2	Bereits eingerichtete User und Usergruppen	444
15.3	Weitere User und Usergruppen	446
15.4	User-Profile	447
15.4.1	Zugangseinschränkungen	449
15.4.2	Einschränkung des Speicherplatzes	450
15.5	Einschränkungen definieren	455
15.5.1	User-Profil definieren	455
15.5.2	Definition der Verfolgung inkorrekter Login-Versuche	455
15.5.3	Speicherplatzbeschränkung definieren	458
15.5.4	Login-Einschränkungen: Default	458
15.5.5	Zeiteinschränkungen: Default	459
15.5.6	Login-Einschränkungen: Individuell	460
15.5.7	Zeiteinschränkungen: Individuell	460
15.5.8	Stations-Einschränkungen definieren	461
15.6	Erteilbare Stati	461
15.6.1	Manager unter NetWare	462
15.7	User einrichten	464
16	**Zugriffsrechte**	**467**
16.1	Einleitung	468
16.2	Sicherheit auf Login-Ebene	468
16.3	Zugangseinschränkungen	469
16.4	Sicherheit auf Rechteebene	469
16.4.1	Rechte auf Verzeichnis- und/oder Dateiebene	471
16.5	Rechteerteilung auf mehreren Ebenen	473

16.5.1	Direkte Zuweisung von Rechten an einen User (Trustee Assignment)	473
16.5.2	Indirekte Zuweisung von Rechten an einen User (Security Equivalence)	474
16.6	Inherited Rights-Maske	475
16.6.1	Wirkung der IRM auf Verzeichnisebene	476
16.6.2	Wirkung der IRM auf Dateiebene	480
16.6.3	Effektive Rechte auf Dateiebene	481
16.6.4	Beispiele für die Rechteerteilung	481
16.7	Verzeichnis- und Datei-Attribute	483
16.7.1	Verzeichnis-Attribute	483
16.7.2	Datei-Attribute	485
16.8	Wer darf Rechte erteilen?	489
16.9	Wer darf Attribute ändern?	489
16.10	Utilities und Kommandos	489
16.11	Erteilung von Rechten	490
16.12	Rechte-Erteilung mit SYSCON an Gruppen	490
16.13	Rechte-Erteilung an User mit SYSCON	491
16.14	Erteilung von Zugriffsrechten mit FILER	492
16.15	Rechte-Erteilung mit dem Kommando GRANT	493
16.16	REMOVE	495
16.17	REVOKE	495
16.18	Manipulieren der Inherited Rights-Maske mit FILER	496
16.19	Zuweisen von Directory–Attributen	498
16.19.1	Directory-Attribute zuweisen mit FILER	498
16.19.2	Zuweisen von Directory-Attributen mit FLAGDIR	499
16.20	Zuweisen von Dateiattributen	500
16.20.1	Zuweisen von Datei-Attributen mit FILER	500
16.20.2	Zuweisen von Datei-Attributen mit FLAG	501
17	**ACCOUNTING**	**503**
17.1	Einleitung	504
17.2	Accounting – Kontenführung	504
17.2.1	Accounting Dienste	505
17.2.2	Accounting Servers	506
17.2.3	Berechnungsgrundlage	506
17.3	Account Balance	508
17.4	Accounting aktivieren	509
17.4.1	Zuweisen von Kosten, die berechnet werden sollen	511
17.4.2	Beispiele für das Berechnen von Diensten	512
17.4.3	Berechnen des Speicherns von Daten	514
17.4.4	Einrichten der Userkonten (pauschal)	514
17.4.5	Einrichten von Userkonten (individuell)	515
17.4.6	Aufheben des Accountings	516

18	**Login Scripts I**	**519**
18.1	Einleitung	520
18.2	Das Login	520
18.2.1	LOGIN Restrictions	521
18.3	Login Scripts	521
18.3.1	Das Default Login Script	522
18.3.2	Das System Login Script	523
18.3.3	Das User Login Script	525
18.4	Zugriff auf DOS im Netzwerk	527
18.4.1	Einleitung	527
18.4.2	Zugang zur richtigen DOS-Version im Netzwerk	527
18.4.3	Mapping für ein DOS-Verzeichnis	529
18.4.4	Einrichten der DOS-Verzeichnisse im Fileserver	530
18.4.5	DOS-Verzeichnisse einrichten mit dem Utility USERDEF	531
18.5	Der Menügenerator	532
18.5.1	Das Erstellen eines eigenen Menüs	533
18.5.2	Beispiel für ein eigenes Menü	537
19	**Login Scripts II**	**539**
19.1	Einleitung	540
19.2	Die Login Script-Kommandos	542
19.3	EXTERNAL PROGRAM EXECUTION (#)	543
19.4	ATTACH	544
19.5	BREAK	545
19.6	COMSPEC	546
19.7	DISPLAY und FDISPLAY	547
19.8	DOS BREAK	548
19.9	DOS SET	549
19.10	DOS VERIFY	550
19.11	DRIVE	551
19.12	EXIT	552
19.13	FIRE PHASERS	553
19.14	GOTO	554
19.15	IF...THEN...ELSE	555
19.15.1	Bedingungen mit Identifier-Variablen	555
19.15.2	Bedingungen mit Kommandozeilenparametern	556
19.15.3	Die Bedingungen in IF...THEN Statements	558
19.15.4	Login Script Kommandos nach THEN	559
19.16	INCLUDE	560
19.17	MACHINE	561
19.18	MAP	562
19.19	PAUSE	566
19.20	PCCOMPATIBLE	567
19.21	REMARK	568
19.22	SHIFT	569

Inhaltsverzeichnis

19.23	WRITE	571
19.24	Login Script Kommandos für OS/2	573
19.24.1	Identifier–Variablen	574
20	**Drucken im Netzwerk**	**575**
20.1	Einleitung und Begriffsklärung	576
20.1.1	Weg eines Druckauftrages im LAN	576
20.1.2	PRINTDEF und PRINTCON	576
20.1.3	Spooling	577
20.1.4	CAPTURE	577
20.1.5	Queues und Queue-Verwaltung	577
20.1.6	Einrichten von Queues und Druckern	578
20.1.7	Einrichten von Druckern	578
20.1.8	Printer Mapping	579
20.1.9	Drucken über netzwerkfähige Programme	579
20.1.10	Drucken über Programme, die nicht netzwerkfähig sind	579
20.2	Installation eines Printservers	582
20.3	Einrichten und Konfigurieren von Printservern	583
20.4	Drucker-Konfiguration	585
20.5	Printserver-Installation	586
20.6	Installation eines Printservers im Überblick	587
20.7	Die Installation eines Printservers im einzelnen	588
20.7.1	Drucker physikalisch anschließen	588
20.7.2	Konfiguration eines Printservers	588
20.7.3	Einrichten der Queues	588
20.7.4	Einrichten eines Printservers	590
20.8	Queues mehrerer Fileserver	595
20.8.1	Anschluß weiterer Fileserver	595
20.9	Printserver starten	596
20.9.1	Printserver am Fileserver starten	597
20.9.2	Printserver an einer Arbeitsstation starten	597
20.10	RPRINTER	598
20.10.1	RPRINTER Menü	598
20.11	Troubleshooting	600
21	**Drucken – Menü-Utilities**	**603**
21.1	Übersicht	604
21.2	PCONSOLE	606
21.2.1	Benutzung von PCONSOLE	606
21.2.2	Change Current File Server	607
21.2.3	Print Queue Information	608
21.2.4	Printserver Information	618
21.3	PRINTCON	634
21.3.1	Edit PrintJob Configuration	635
21.3.2	Select Default Print Job Configuration	640
21.3.3	Copy Print Job Configuration	640

21.4	PRINTDEF	642
21.4.1	Kopieren von Druckertreibern, die NetWare unterstützt.	642
21.4.2	Print Devices	644
21.4.3	Export Print Devices	647
21.4.4	Forms	648
22	**Drucken – Kommandos**	**651**
22.1	Einleitung	652
22.2	CAPTURE	653
22.2.1	Beispiele	657
22.3	ENDCAP	658
22.3.1	Beispiel	658
22.4	NPRINT	659
22.4.1	Beispiele	661
22.5	PSC	662
22.5.1	Beispiele	665
22.6	PSERVER.EXE	667
22.6.1	Deaktivieren eines Printservers	668
22.7	PSERVER.NLM	669
22.7.1	Deaktivieren des Printservers	670
22.8	RPRINTER	671
22.8.1	RPRINTER Menü	672
22.8.2	Anschluß eines entfernten Netzwerkdruckers (Kommando-Zeile)	673
22.8.3	Abkoppeln eines entfernten Netzwerkdruckers	673
22.8.4	Lokale Benutzung eines entfernten Netzwerkdruckers	673
22.9	SPOOL	674
22.9.1	Einrichten einer Default-Queue für NPRINT und CAPTURE	674
22.9.2	Erstellen von SPOOL-Zuweisungen	675
22.9.3	Ändern von Spool-Zuweisungen	675
22.9.4	Auflisten der Spool-Zuweisungen	675
23	**NetWare Menü-Utilities**	**677**
23.1	DSPACE	682
23.1.1	Die Benutzung von DSPACE	682
23.1.2	Change File Server	682
23.1.3	User Restriction	684
23.1.4	Directory Restriction	685
23.2	FCONSOLE	690
23.2.1	Die Optionen von FCONSOLE	690
23.2.2	Broadcast Console Message	691
23.2.3	Change Current File Server	691
23.2.4	Connection Information	692
23.2.5	Down File Server	695
23.2.6	Status	695

23.2.7		Version Information	696
23.3	FILER		698
23.3.1		Die Benutzung von FILER	698
23.3.2		Current Directory Information	699
23.3.3		Directory Contents	701
23.3.4		Select Current Directory	713
23.3.5		Set Filer Options	714
23.3.6		Volume Information	717
23.4	MAKEUSER		720
23.4.1		Funktionsweise von MAKEUSER	720
23.4.2		Die Optionen von MAKEUSER	721
23.4.3		MAKEUSER Parameter	722
23.4.4		Edit a USR file	732
23.4.5		Process USR File	733
23.5	NBACKUP		736
23.5.1		Die Anwendung von NBACKUP	737
23.5.2		DOS Devices	737
23.5.3		Non-DOS Devices	737
23.5.4		Change Current Server	738
23.5.5		Backup Options und Restore Options	740
23.5.6		Während des Backup-Vorganges	745
23.5.7		Restore Session (Restore Options)	747
23.6	SALVAGE		754
23.6.1		Benutzung von SALVAGE	754
23.6.2		Salvage From Deleted Directories	755
23.6.3		Select Current Directory	757
23.6.4		Set Salvage Options	757
23.6.5		View/Recover Deleted Files	758
23.6.6		Endgültiges Löschen einer Datei	759
23.6.7		Rekonstruieren mehrerer Dateien	760
23.6.8		Endgültiges Löschen mehrerer Dateien	760
23.7	SESSION		762
23.7.1		Benutzung von SESSION	762
23.7.2		Change Current Server	763
23.7.3		Drive Mappings	764
23.7.4		Group List	765
23.7.5		Search Mappings	765
23.7.6		Select Default Drive	766
23.7.7		User List	766
23.8	SYSCON		770
23.8.1		Die Benutzung von SYSCON	771
23.8.2		Accounting	771
23.8.3		Change Current Server	776
23.8.4		File Server Information	777
23.8.5		Group Information	779
23.8.6		Supervisor Options	784

23.8.7	User Information	792
23.9	USERDEF	806
23.9.1	Voreinstellungen für das Default-Template	806
23.9.2	Voreinstellungen für das CustomTemplate	807
23.9.3	Benutzung von USERDEF	808
23.9.4	Add Users	808
23.9.5	Edit/View Templates	810
23.9.6	Restrict User	814
23.10	VOLINFO	816
23.10.1	Die Benutzung von VOLINFO	816
23.10.2	Change Servers	817
23.10.3	Next & Previous Page	819
23.10.4	Update Interval	819
24	**NetWare-Kommandos**	**821**
24.1	Einleitung	822
24.2	ALLOW	823
24.3	ATOTAL	825
24.4	ATTACH	827
24.5	BINDFIX	828
24.5.1	Bindery reparieren	829
24.6	BINDREST	830
24.7	CASTOFF	831
24.8	CASTON	832
24.9	CHKDIR	833
24.10	CHKVOL	834
24.11	FLAG	836
24.12	FLAGDIR	839
24.13	GRANT	841
24.14	LISTDIR	844
24.15	LOGIN	845
24.16	LOGOUT	847
24.17	MAP	848
24.18	NCOPY	850
24.19	NDIR	853
24.19.1	Attributoptionen	853
24.19.2	Einschränkungsoptionen	854
24.19.3	Sortieroptionen	856
24.19.4	Formatoptionen	857
24.20	NVER	859
24.21	PAUDIT	860
24.22	PURGE	861
24.23	REMOVE	862
24.24	RENDIR	864
24.25	REVOKE	865
24.26	RIGHTS	867

24.27	SECURITY	. . . .	868
24.28	SEND	. . . .	871
24.29	SETPASS	. . . .	873
24.30	SETTTS	. . . .	875
24.31	SLIST	. . . .	876
24.32	SYSTIME	. . . .	877
24.33	TLIST	. . . .	878
24.34	USERLIST	. . . .	879
24.35	VERSION	. . . .	881
24.36	WHOAMI	. . . .	882
24.37	WSUPDATE	. . . .	884

Vorwort 1

1.1 Übersicht über den Inhalt

Zielgruppe Das Arbeitsbuch zu NetWare 386 v3.11 wurde für Anwender geschrieben, die eine detaillierte Funktionsbeschreibung dieses Netzwerkbetriebssystems benötigen. Die Autoren haben langjährige Erfahrung im Umgang mit NetWare und haben diese in die Beschreibungen einfließen lassen.

Aufbau und Inhalt Die Informationen wurden in zwei Bänden gegliedert und umfassen im wesentlichen die Informationen, die in den Original-Handbüchern enthalten sind. Auf redundante Beschreibungen wurde weitgehend verzichtet, an einigen Stellen war dies jedoch unumgänglich.

Band I Band I beinhaltet die Beschreibung der Funktionen, die den Aufbau eines Netzwerkes unter NetWare 386 v3.11 betreffen:

- Konzepte von NetWare
- Fileserver-Installation
- Beschreibung der NetWare Loadable Modules
- Konsole-Kommandos
- SBACKUP
- Upgrade von NetWare 286 auf NetWare 386 v3.11
- Remote-Verwaltung eines Fileservers
- Router
- Arbeitsstationen unter DOS und OS/2
- Drucken

Band II Band II beschäftigt sich mit der Benutzeroberfläche von NetWare 386 v3.11:

- Datenstruktur
- User und User-Gruppen
- Zugriffsrechte
- Accounting
- Login Scripts
- Menü-Utilities
- NetWare-Kommandos

Vorwort

Produktbezeichnungen und Warennamen

NetWare ist ein eingetragenes Warenzeichen von Novell Incorporated. IBM PC, PC AT, PS/2 und PC-DOS sind eingetragene Warenzeichen von International Business Machines Corporation. MS-DOS ist eingetragenes Warenzeichen von Microsoft. SK-NET G8 und SK-NET G16 sind eingetragene Warenzeichen von Schneider & Koch Datensysteme GmbH. Ethernet ist eingetragenes Warenzeichen von XEROX Corporation. dBase III Plus ist eingetragenes Warenzeichen von LOTUS Incorporated.

☞ **Wichtiger Hinweis:**

Die vorliegenden Dokumentationen wurden nach bestem Wissen und Gewissen zusammengestellt; Autoren und Verlag lehnen jedoch explizit jede Verantwortung für den Verlust von Daten oder Beschädigung von Geräten ab, die möglicherweise bei der Verwendung der in diesen Dokumentationen beschriebenen Funktionen entstehen könnte.

Karlsruhe, im Februar 1992

Die Autoren: Karin Brotz

Stephan Wolf

Philipp Föckeler

Martina Leeb

Grafiken: York Simon

NetWare-Konzepte 2

2.1 Einleitung

In diesem Kapitel werden die modulare Struktur sowie die Sicherheits- und Beschleunigungsmechanismen von NetWare erläutert. Den meisten der erklärten Begriffe werden Sie im Umgang mit NetWare immer wieder begegnen. Vorab jedoch in kurzer Übersicht der Aufbau eines Netzwerkes unter NetWare.

Der Fileserver Der Fileserver ist das Herzstück eines Netzwerks. Auf ihm läuft das Netzwerkbetriebssystem, welches den gemeinsamen Zugriff auf die Netzwerkressourcen steuert. Ein NetWare 386 v3.11 Fileserver muß über einen 80386 oder 80486 Prozessor verfügen. Im Fileserver muß mindestens ein Netzwerkadapter sowie mindestens eine interne oder externe Festplatte installiert sein. Der Fileserver sollte mit mindestens 4 MB RAM ausgestattet sein.

SERVER.EXE Grundlage des Betriebssystems auf dem Fileserver ist das Programm SERVER.EXE. Im Gegensatz zu früheren Versionen von NetWare brauchen die einzelnen Teile des Betriebssystems nicht mehr fest zusammengelinkt werden. SERVER.EXE stellt nur die wichtigsten Verwaltungsfunktionen des Betriebssystems zur Verfügung. Man kann sich dieses Programm als eine Art Plattform vorstellen, auf der nachfolgend die anderen Teile des Betriebssystems je nach Bedarf aufgesetzt werden können.

Diese Betriebssystemteile befassen sich hauptsächlich mit der Organisation der Festplatten und Netzwerkadapter im Server und werden auch Treiber genannt.

2.2 Die modulare Struktur von NetWare 386

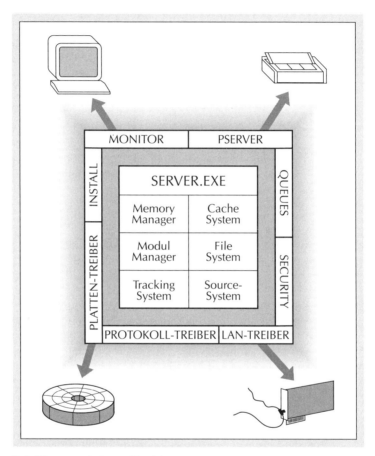

2-1 Die modulare Struktur

Die Grafik erläutert die modulare Struktur der NetWare v3.11: Das Programm SERVER.EXE stellt die grundlegende Verwaltung und die Umgebung dar, innerhalb der einzelne Module nebeneinander koexistieren und sich die einzelnen Aufgaben gemäß der gegebenen Hardware-Voraussetzungen teilen. Da diese Module während der Laufzeit aktiviert und deaktiviert werden können, läßt sich das Betriebssystem sehr flexibel den Anforderungen des Netzwerkbetriebes anpassen.

Durch die Konzipierung des NetWare-Betriebssystemes als leistungsfähiges Multitasking-System arbeiten die einzelnen Module wie zueinander passende Bausteine, die beliebig ergänzt oder umgestellt werden können, nach außen hin aber ein geschlossenes Ganzes abgeben. NetWare v3.11 bietet dennoch die Möglichkeit, die Ressourcen des Rechners wie Arbeitsspeicher, Rechenzeit, Netzwerkadapter oder andere Hardware-Peripherie, die von den Modulen in Anspruch genommen werden, sowohl qualitativ als auch quantitativ recht genau zu erfassen. Dies wird durch den Mechanismus des Ressource-Trackings bewerkstelligt.

Dieser Mechanismus wird vom Programm SERVER.EXE bereitgestellt. Trotz des komplexen Zusammenspiels der einzelnen Module ist es so möglich, die Übersicht über die Verteilung der Ressourcen und deren "Rückgabe" nach Deaktivierung eines Moduls nachzuverfolgen und eventuelle Schwachstellen im Fileserver-Betrieb schnell aufzuspüren.

2.2.1 LAN- und Festplattentreiber

Die beiden wichtigsten Hauptgruppen der Module sind die LAN-Treiber und die Festplattentreiber.

LAN-Treiber Die LAN-Treiber stellen die Verbindung des Betriebssystemkerns zu den im Fileserver installierten Netzwerkadaptern dar. Sie ermöglichen den Empfang und das Verschicken von Datenpaketen auf das Netz, das an dem jeweiligen Netzwerkadapter angeschlossen ist. Diese Treiber werden nach genau festgelegten Konventionen von den einzelnen Herstellern der Netzwerkadapter-Hardware programmiert. Die Zusammenarbeit mit dem Betriebssystemkern ist dahingehend ausgelegt, daß Netzwerkadapter verschiedener Hersteller in einem Fileserver nebeneinander existieren können. Die volle Ausnutzung der Möglichkeiten, die in der jeweiligen Netzwerkadapter-Hardware stecken, überläßt Novell also den Herstellern. So wird eine völlige Unabhängigkeit von Herstellern (die meisten Hersteller von Netzwerkadaptern liefern NetWare-Treiber zu Ihren Produkten) und Topologien (Ethernet, Token Ring, FDDI) gewährleistet. Das Betriebssystem muß sich nicht um die Bedienung der Adapter oder um Paketformate kümmern, sondern erhält von den LAN-Treibermodulen die reinen Netto-Daten, die dann an verschiedene Protokolltreiber weitergeleitet werden können. Auf diese Protokolltreiber kommen wir später zu sprechen.

Festplatten- Die Festplattentreiber stellen die Verbindung des Betriebsystems
treiber zu den im Fileserver installierten Festplatten-Controllern dar. Sie
ermöglichen den Zugriff auf die Daten der NetWare-Festplatten,
die an den jeweiligen Controllern angeschlossen sind. Die Zusammenarbeit mit dem Betriebssystemkern ist dahingehend ausgelegt, daß Controller verschiedener Hersteller in einem Fileserver nebeneinander existieren können. Die volle Ausnutzung
der Möglichkeiten, die in der jeweiligen Controller-Hardware
stecken, überläßt Novell – wie bei den LAN-Treibern – den
Herstellern. Damit wird auch hier eine völlige Unabhängigkeit
von Festplattenherstellern und Controller-Standards (AT-Standard, SCSI, ESDI, MCA) gewährleistet. Auf allen Controllern kann
NetWare die allgemeinen Beschleunigungsmechanismen anwenden, die später noch erläutert werden.

IPX-Kommuni- Wie Sie sehen, sind für weite Aufgabenfelder des Betriebssystems
kationspro- Module zuständig, was die Konfigurierung des Systems natürlich
gramm sehr flexibel und einfach macht, da diese Module aktiviert und
deaktiviert werden können, während der Fileserver aktiv arbeitet.
Sie können z.B. während des Fileserver-Betriebs ein Kommunikationsprotokoll in Form eines Moduls in das System einbinden.
Diese Protokolltreiber erledigen übrigens die logische Organisation der Kommunikationsverbindung und Datenübertragung
zwischen zwei Netzwerkteilnehmern.

Das Kommunikationsprotokoll IPX (Internet Packet eXchange
Protokoll) ist das Standardprotokoll in Novell-Netzen und ist
deshalb im Betriebssystemkern integriert. Sie können aber ohne
weiteres das Betriebssystem mit Protokolltreibern sowohl von
Novell als auch von anderen Herstellern erweitern.

Offene Novell öffnet somit das NetWare-Betriebssystem den Dienstpro-
Architektur grammen anderer Hersteller, was die Vielfalt der angebotenen
Protokolle und Management-Module garantiert. Der Betriebssystemkern SERVER.EXE sorgt für eine reibungslose Zusammenarbeit der Module, betreibt die grundlegenden Beschleunigungsmechanismen wie das Cache-System, sorgt für die Sicherheitsmechanismen des Systems und organisiert die Abarbeitung der
Anfragen der Arbeitsstationen.

Doch selbst der Betriebssystemkern ist modular strukturiert. Getrennte Prozesse erfassen die Anfragen der Arbeitsstationen, leiten die Anforderungen beispielsweise für einen Lesevorgang an
das Dateisystem weiter. Dieses befragt das Cache-System, ob
diese Daten sich vielleicht schon im schnellen Arbeitsspeicher
befinden. Wenn die Daten vorliegen, werden sie dem Kommunikationssystem übergeben, das die betreffende Anfrage der Station gerade bearbeitet. Die Nettodaten werden einem Proto-

kolltreiber übergeben, der ein Datenpaket des erforderlichen Formats aufbaut und es dann über den LAN-Treiber durch die Hardware nach draußen aufs Netz zu der jeweiligen Station schickt.

Dynamische RAM-Verwaltung
Die einzelnen Prozesse innerhalb des Betriebssystemkerns beanspruchen jeder einen bestimmten Teil des Arbeitsspeichers. Dieser Speicher wird je nach Bedarf den Prozessen dynamisch zugeteilt. NetWare versucht also, den vorhandenen Arbeitsspeicher möglichst sinnvoll den einzelnen Modulen zuzuordnen. Diese Eigenschaft von NetWare v3.11 ist eine der hervorstechenden Merkmale, die dieses Betriebssystem so flexibel gegenüber sich verändernden Anforderungen komplizierter heterogener Netzwerke macht.

2.3 Leistungsmerkmale von NetWare 386 v3.11

NetWare 386 v3.11 wurde speziell für hohe Anforderungen und somit für große Netzwerke konzipiert. NetWare 386 v3.11 eignet sich bestens für heterogene Umgebungen, da verschiedene Kommunikationsprotokolle unterstützt werden. Der modulare Aufbau dieses Netzwerkbetriebssystems erlaubt eine individuelle Konfiguration und paßt sich so den entsprechenden Anforderungen an.

Sicherheit
Zu einem Fileserver unter NetWare v3.11 können bis zu 250 Arbeitsstationen gleichzeitig eine Verbindung aufbauen. Der Zugriff der Arbeitsstationen auf den Server ist durch weitreichende Sicherheitsvorkehrungen wie Benutzername, Paßwort, erzwungener periodischer Paßwortwechsel, Zeit- und Speicherplatzbeschränkungen, streng definierte Zugriffsrechte für einzelne Datenbereiche usw. reglementiert.

Benutzerführung
Die Struktur der Benutzerführung kann durch die Einrichtung von Benutzergruppen den tatsächlichen Gegebenheiten der Arbeitsstruktur innerhalb einer Firma angepaßt werden. Die Benutzerverwaltung dieser Gruppen kann speziellen Benutzern, den "Workgroup Managern" übertragen werden. So kann der eigentliche Systemmanager, der "Supervisor", maßgeblich entlastet werden.

Dem Supervisor stehen umfangreiche Hilfsmittel zur Überwachung und Beeinflussung der Fileserver-Tätigkeit zur Verfügung, denn er hat die Aufgabe, den Netzwerkbetrieb reibungslos zu

NetWare-Konzepte

machen und den Benutzern eine angemessene Arbeitsumgebung auf dem Fileserver zu schaffen.

Topologien Die einzelnen Arbeitsstationen können über die verschiedensten Netzwerk-Topologien mit dem Fileserver verbunden sein. Je nach verwendeten Netzwerkadaptern bleibt Ihnen die Wahl, ob Sie für Ihr Netzwerk die Verkabelung mit Ethernet, Token Ring oder z.B. FDDI – dem LAN-Hochleistungsstandard der Zukunft – bevorzugen. Der Unterschied zu Mehrplatzsystemen, beispielsweise der mittleren Datentechnik ist, daß die Fileserver und die Stationen gleichberechtigt durch ein Netzwerkkabel verbunden sind. Stationen können auch Verbindungen zu mehreren Fileservern aufnehmen und deren Dienste gleichzeitig in Anspruch nehmen. Netzwerke können durch das einfache Hinzufügen zusätzlicher Fileserver leistungsfähiger gemacht werden. Auf den Stationen werden je nach dort verwendetem Betriebssystem bestimmte Treiberprogramme geladen, die diese Stationen befähigen, über spezielle Kommunikationsprotokolle Verbindung mit Fileservern aufzunehmen und deren Dienste in Anspruch zu nehmen.

Kommunikation NetWare bietet mit seinem Standard-Protokoll IPX, einer Implementierung des XEROX Network System (XNS)-Standards, eine der schnellstmöglichen Datenübertragungen in lokalen Netzwerken. IPX ist das in der Industrie am weitesten verbreitete Kommunikationsprotokoll neben TCP/IP. Auf die Möglichkeit zur Benutzung anderer Protokolle gehen wir später noch ausführlich ein.

2.3.1 Daten unter NetWare

Die Daten, auf welche die Benutzer zugreifen, befinden sich auf den Festplatten des Fileservers. Hier bietet NetWare durch die Unterstützung von Festplattentreibern anderer Hersteller die Möglichkeit, sehr viele unterschiedliche Festplattensysteme im Fileserver zu verwenden. Durch die modulare Struktur von NetWare v3.11 ist es sehr leicht möglich, bestehenden Controller-Systemen Festplatten hinzuzufügen oder ganze Festplattensysteme (Controller plus Festplatte) neu zu installieren.

Die Festplatten unter NetWare werden in logische Einheiten aufgeteilt, in sogenannte Volumes. Ein Volume kann sich über mehrere physikalische Festplatten erstrecken, andererseits kann eine physikalische Festplatte in mehrere Volumes unterteilt werden.

NetWare trägt den heutigen Anforderungen zur Verwaltung und Verarbeitung sehr großer Datenmengen voll Rechnung und bietet folgende Kapazitäten des NetWare-Dateisystems:

- Maximale Speichermenge auf Festplatten pro Server : 32 TeraByte (32000 Gigabyte)
- Maximale Anzahl der Festplatten an einem Server : 1024
- Maximale Größe eines NetWare-Volumes: 32 TeraByte (32000 GigaByte)
- Maximale Anzahl der Volumes auf einem Server : 64
- Maximale Anzahl der physikalischen Platten in einem Volume: 32
- Maximale Anzahl der Verzeichniseinträge auf einem Volume: 2.097.152
- Maximale Anzahl der gleichzeitig geöffneten Dateien am Server: 100000

Diese Angaben reichen zum Teil weit über Werte hinaus, die mit heutigen Festplattensystemen erreicht werden können und stellen insofern nur theoretische Angaben dar. Jedenfalls dürfte das Dateisystem durch bestehende Festplattengrößen und Controller-Fähigkeiten auch in einiger Zukunft nicht an seine Grenzen stoßen.

Die Verwaltung solcher Datenmengen für so viele Benutzer ist sinnvoll nur dann möglich, wenn der Zugriff auf diese Daten durch ausgeklügelte Beschleunigungsmechanismen in einem erträglichem Zeitrahmen stattfindet. Solche Mechanismen wendet NetWare an, wo immer sich die Möglichkeit dazu bietet. Sie finden eine nähere Erklärung dazu weiter unten unter *Beschleunigungsmechanismen*.

2.3.2 NetWare in heterogenen Netzen

Integration Novell trug mit der Entwicklung der Protokoll-Organisation von NetWare v3.11 der Tatsache Rechnung, daß in lokalen Netzwerken heutzutage immer häufiger Computer aus unterschiedlichen Netzwerkwelten zusammenarbeiten sollen. Dies rührt unter anderem auch daher, daß man oft nicht darauf verzichten kann, bestehende Systeme z.B. aus der UNIX- oder Macintosh-Welt in ein neu aufzubauendes Novell-LAN zu integrieren. Diese Rechner benutzen aber oft andere Kommunikationsprotokolle als das Novell Standard-Protokoll IPX. Damit solche Rechner auf den

NetWare-Konzepte 13

Fileserver zugreifen können, müssen die entsprechenden Protokolle im Betriebssystem des Servers implementiert werden.

Protokoll-Treiber
Der modulare Aufbau des NetWare-Betriebssystems kommt dieser Anforderung entgegen, indem er es erlaubt, sehr flexibel genau die Protokolltreiber in Form von Modulen zu laden, die man zur Implementierung eines bestimmten Protokolls benötigt.

Diese Protokolltreibermodule werden für die gängigsten Kommunikationsprotokolle von Novell selbst geliefert. Allerdings sind die einzelnen Protokollpakete getrennte Produkte, die einzeln bezogen werden müssen. Der TCP/IP-Treiber bildet hier eine Ausnahme, er ist im normalen Lieferumfang von NetWare enthalten.

Zusätzlich zu den bereits integrierten Protokolltreibern von Novell können Drittanbieter eigene Protokolltreiber für den Fileserver schreiben.

ODI-Konzept
Dies alles wird durch das neue Open Datalink Interface Konzept (ODI) ermöglicht, das es den Protokolltreibern erlaubt, nebeneinander gleichzeitig auf den verschiedensten Netzwerkadaptern zu arbeiten.

Name Space Support
Das Dateisystem von NetWare wurde dahingehend ausgelegt, daß auch Rechner, die ein anderes Dateiformat als DOS benutzen, in einem NetWare-Netzwerk integriert werden können. Normalerweise werden die Dateiinformationen auf NetWare-Volumes im DOS-Format abgespeichert. Arbeitsstationen unter DOS "sehen" die Dateien in den Verzeichnissen so, wie sie es von Ihren lokalen Laufwerken gewohnt sind. Am Server können nun Module geladen werden, die die Dateiinformationen in getrennten Tabellen passend für ein anderes Betriebssystem bereithalten. Damit können Arbeitsstationen, die ihre Dateien nicht im DOS-Format ablegen, auch auf den Fileserver zugreifen. Dieser Mechanismus der Unterstützung anderer Namenskonventionen wird Name Space Support genannt.

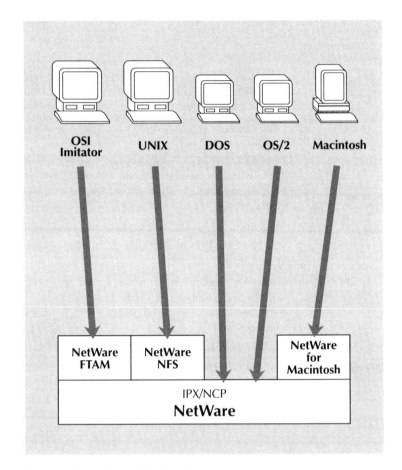

2-2 Multi-Protokollfähifkeit

Novell bietet als eigene Produkte folgende Protokollpakete an:

NetWare for SAA

Dieses Produkt ermöglicht es, daß Arbeitsstationen in einem NetWare-Netzwerk über den Fileserver Verbindung zu IBM-Host-Rechnern in großen SNA-Netzwerken aufnehmen können. Es existieren zwei Konfigurationen von NetWare for SAA: eine unterstützt bis zu 64 Sessions zwischen den Stationen und bis zu zwei Hosts, die andere bis zu 254 Sessions zwischen den Stationen und bis zu zwei Hosts. Die entsprechende Software für die Arbeitsstationen unter DOS bzw. Macintosh ist "NetWare 3270 Workstation for DOS" oder "NetWare 3270 Workstation for Macintosh".

NetWare for Macintosh

Mit NetWare for Macintosh v3.0 machen Sie einen NetWare v3.11 Fileserver gleichzeitig zu einem Appletalk-Server, auf den Macintosh Rechner zugreifen können. Zusammen mit der Unterstützung anderer Namenskonventionen (Name Space Support Modul MAC.NAM) können Arbeitsstationen sowohl unter DOS und OS/2 als auch Macintosh-Rechner als Arbeitsstationen im selben Netzwerk am selben Server arbeiten. NetWare for Macintosh enthält verschiedene NLMs, die folgende Aufgaben erfüllen:

- AppleTalk Phase I und II Implementierung
- AppleTalk Filing Protocol (AFP) 2.0 Unterstützung
- AppleTalk Routing Unterstützung (LocalTalk, Ethernet Phase I und II, Token Talk Phase II)

Dazu werden NetWare-Utilities für den Einsatz auf den Macintosh Rechnern mitgeliefert.

NetWare NFS

Dieses Software-Paket enthält mehrere NLMs, die einen NetWare v3.11 Fileserver gleichzeitig zu einem NFS-Server machen (NFS=Network File System). NFS ist eine Konvention zur Dateiübertragung und zum Dateizugriff in TCP/IP Netzwerken mit UNIX-Rechnern. Oft benutzen auch VMS-Rechner (VAXen) diese Art des Dateizugriffs übers Netz.

 UNIX-Stationen können nun mit normalen NFS-Kommandos auf die entsprechenden Daten auf dem NetWare-Fileserver zugreifen, ohne einen Unterschied zu einem gewöhnlichen NFS-Server zu merken. Zusammen mit der Unterstützung der NFS-Namenskonvention bei der Dateispeicherung (Name Space Support Modul NFS.NAM) wird der Fileserver nebenbei zu einem echten NFS-Server, obwohl er seine eigentliche Funktion als NetWare-Server natürlich weiter ausüben kann.

Durch NetWare NFS können UNIX-Stationen ihre Druckjobs über den Fileserver abwickeln, die intern in NetWare-konforme Jobs umgewandelt werden. Ebenso ist ein Zugriff über das File Transfer Protocol FTP und darüber hinaus die Benutzung der Record Locking Mechanismen von NetWare möglich.

NetWare FTAM
Dieses Software-Paket enthält mehrere NLMs, die einen NetWare v3.11 Fileserver gleichzeitig zu einem OSI FTAM Server ("Responder") machen. FTAM ist die Abkürzung für File Transport Access and Management und ist eine wichtige Spezifiktion in der Dateiübertragung in heterogenen Netzwerken.

NetWare FTAM einer OSI-Arbeitsstation ("Initiator") Zugriff auf das NetWare Dateisystem. Auch die OSI-Stationen können Druckjobs über den Fileserver ab- wickeln, die intern in NetWare-konforme Druckjobs umgewandelt werden. NetWare FTAM wird zusammen mit X.400-Gateways von Drittanbietern benutzt.

Kompatible Systeme, die mit NetWare FTAM zusammenarbeiten könnten, wären z.B. U.S. GOSIP, U.K. GOSIP oder MAP 3.0 und Arbeitsstationen, die Verbindungen über die Protokolle nach Transport Class 4 (ISO TP4), CLNP, IEEE 802.2, IEEE 802.3, IEEE 802.5 aufbauen können.

2.4 Sicherheitsmechanismen von NetWare

Redundante Auslegung der wichtigsten Komponenten
NetWare bietet mit SFT (System Fault Tolerance) die Möglichkeit, die wichtigsten Hardware-Komponenten sowie wichtige Datenbereiche des Fileservers redundant auszulegen. Damit soll ein möglicher Datenverlust durch Ausfall einer Komponente verhindert werden. Das SFT ist in mehrere Stufen gegliedert:

2.4.1 SFT I

Schutz gegen Verlust der Verzeichnis- und FAT-Tabellen
Die am meisten belastete Komponente eines Netzwerkes ist sicher die Festplatte und die dazugehörende Hardware. Im Netzwerkbetrieb greifen immer mehrere Benutzer gleichzeitig auf die Daten der Festplatte zu, sodaß unter dieser extremen Belastung mit einer Beschädigung bestimmter Bereiche einer Festplatte zu rechnen ist.

Aus diesem Grunde beinhaltet NetWare eine Reihe an Sicherheitsmechanismen, um einen Datenverlust weitgehendst zu vermeiden. Die erste Stufe der Sicherheitsmechanismen ist das SFT I. SFT I führt die Duplizierung der Verzeichnistabellen und der FAT (File Allocation Table - Dateizuordnungstabelle) durch. Die-

NetWare-Konzepte

se beiden Tabellen, die sich auf einer Festplatte befinden, sind äußerst wichtig, da sie Informationen über den "Ort der Lagerung" der Daten enthalten. NetWare weiß aufgrund dieser Informationen, wo Daten gespeichert sind, und wo neue Daten gespeichert werden können. Ist eine dieser Tabellen oder Teile davon defekt, kann in den meisten Fällen auf gar keine Daten mehr zugegriffen werden.

NetWare führt die Duplizierung der beiden Tabellen automatisch durch und speichert die Duplikate dieser beiden Tabellen auf unterschiedlichen Stellen der Festplatte. Ist eine der Tabellen defekt, schaltet NetWare automatisch auf die intakte Tabelle um und holt sich die nötigen Informationen aus dieser Tabelle. Der defekte Sektor, auf dem sich die Originaltabelle befand, wird in die Bad Block-Liste eingereiht und ein neues Duplikat wird auf einen intakten Block der Festplatte kopiert. Bei jedem Hochfahren des Fileservers überprüft NetWare die Konsistenz der Tabellen und überprüft, ob die Inhalte identisch sind.

VREPAIR Sollte eine der Tabellen als "defekt" erkannt werden, erhalten Sie am Fileserver eine entsprechende Fehlermeldung. Mit dem NLM VREPAIR können Sie eine erneute Duplizierung der Verzeichnistabellen erreichen. Nähere Erläuterungen zu VREPAIR lesen Sie im Kapitel *NetWare Loadable Modules* im Punkt *VREPAIR*.

Schutz gegen Defekte auf der Festplattenoberfläche (Hot Fix) NetWare v3.11 speichert die Daten in 4 KB, 8 KB, 16 KB oder 32 KB Blöcken auf den Festplatten. Näheres zu den unterschiedlichen Blockgrößen lesen Sie im Kapitel *Installation des Fileservers*. Aufgrund des häufigen Lesens und Schreibens von Daten auf den Festplatten verliert diese nach einiger Zeit die Fähigkeit, Daten zuverlässig zu speichern. NetWare verhindert durch zwei wesentliche Mechanismen, daß Daten auf defekte Blöcke der Festplatte geschrieben werden:

- Hot fix
- Read after Write Verification.

Read after Write Verification Wird ein Datenblock auf die Festplatte geschrieben, so liest NetWare diesen sofort wieder ein und vergleicht die Daten mit dem Original, welches sich noch im RAM des Fileservers befindet. Stimmen die beiden Datenblöcke überein, wird der Vorgang als erfolgreich beendet angesehen.

Stimmen die beiden Datenblöcke nicht überein, wird der Originaldatenblock erneut auf die Festplatte geschrieben und zwar in den sogenannten Hot Fix Bereich.

Hot Fix Ein kleiner Bereich der Festplatte (üblicherweise 2 % der Gesamtkapazität) wird von NetWare für den Hot Fix Bereich reserviert.

In diesem Bereich der Festplatte werden lediglich die Daten gespeichert, die "umgeleitet" wurden. Daten, die auf defekte Stellen auf der Festplatte (Bad Blocks) geschrieben werden sollten, werden auf intakte Blöcke der Festplatte umgelagert.

Hat NetWare die Adresse eines defekten Blockes auf der Festplatte einmal festgestellt, wird kein Versuch mehr unternommen, Daten auf diesen zu schreiben. Dieser Block wird in die Bad Block Liste eingereiht.

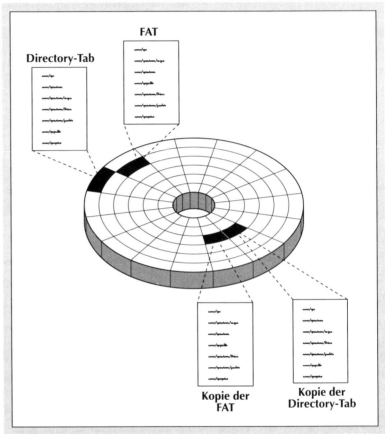

2-3 Duplizierung der Verzeichnistabellen

SFT I wird automatisch aktiv, sobald der Fileserver hochgefahren wird. Die User bemerken diese Sicherheitsmechanismen nicht. Der Zustand des Hot Fix Bereiches und Informationen über die Funktion des Hot Fix kann man im NLM MONITOR einsehen – und zwar in der Option Disk Information.

2.4.2 Hardware-Redundanz durch SFT II

SFT II bietet die Möglichkeit, die Daten im Fileserver doppelt abzuspeichern. Durch Hardware-Redundanz wird die Gefahr, Daten zu verlieren, erheblich verringert. Die beiden Optionen sind:

- Disk Mirroring (Festplatten spiegeln)
- Disk Duplexing (Festplatten und Controller spiegeln)

2.4.2.1 Festplatten spiegeln

Disk Mirroring Durch Spiegeln von Festplatten am gleichen Controller werden die Daten auf zwei Festplatten gespeichert. Die Daten, die auf die primäre Festplatte geschrieben werden, werden unmittelbar danach auch auf die sekundäre Festplatte geschrieben. Werden Daten auf der primären Festplatte verändert, wird auch diese Veränderung unmittelbar danach auf die sekundäre Festplatte übertragen. Fällt nun eine der Festplatten aus, übernimmt die zweite ohne Unterbrechung sämtliche Vorgänge. Am Fileserver erscheint eine entsprechende Fehlermeldung. Die Festplatten müssen "entspiegelt", der Defekt behoben, oder die defekte Festplatte ausgetauscht werden. Anschließend werden die beiden intakten Festplatten erneut gespiegelt.

Die Grafik auf der folgenden Seite erläutert die Funktionsweise des Disk Mirrorings.

☞ Die redundante Auslegung der Netzwerkfestplatten ersetzt in keinem Fall ein regelmäßiges Backup aller Daten auf ein anderes Medium ! Denn: Löscht ein User versehentlich wichtige Daten, so werden diese immer von beiden Festplatten gelöscht.

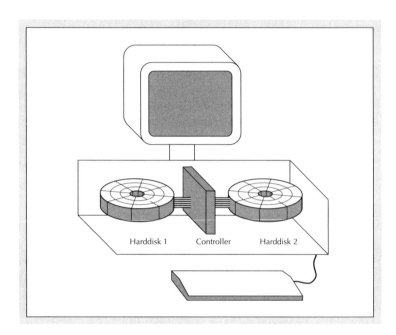

2-4 Disk Mirroring: gespiegelte Festplatten

2.4.2.2 Disk Duplexing

Redundante Auslegung der Festplatten und Controller

Das Spiegeln von Festplatten gewährt lediglich dann Schutz vor Datenverlust, wenn nur eine Festplatte ausfällt. Fällt der Controller aus, an dem die Festplatten angeschlossen sind, ist ein Zugriff auf die Daten nicht übergangslos möglich. Aus diesem Grund bietet NetWare die Möglichkeit der doppelten Auslegung sowohl der Festplatten als auch der Controller. Diese Funktion wird als Disk Duplexing bezeichnet.

Fällt eine der Komponenten aus, schaltet NetWare automatisch auf die intakte Hardware um. Am Fileserver erscheint eine entsprechende Meldung: die defekte Hardware kann instand gesetzt oder ausgetauscht werden. Die Festplatten müssen erneut gespiegelt werden.

Beim Disk Duplexing werden die Daten immer gleichzeitig auf beide Festplatten geschrieben. Da die Daten über zwei verschiedene Festplattenkanäle gesendet werden, ist der Datendurchsatz höher.

Split Seeks Das Disk Duplexing erlaubt das schnellere Lesen von Daten der Fileserver-Festplatten. Die Daten werden immer von derjenigen Festplatte geholt, die schneller antworten kann. Darüberhinaus werden mehrere Anfragen immer von beiden Festplatten gleichzeitig bedient. Dies bedeutet: Das Disk Duplexing impliziert nicht nur höhere Datensicherheit gegen Verlust, sondern gleichzeitig höhere Performance.

☞ Auch für das Disk Duplexing gilt: Selbst eine redundante Auslegung aller Festplatten-Hardware ersetzt in keinem Fall das regelmäßige Absichern von Daten auf anderen Medien (Backup).

Die Grafik erläutert die Funktionsweise des Disk Duplexings.

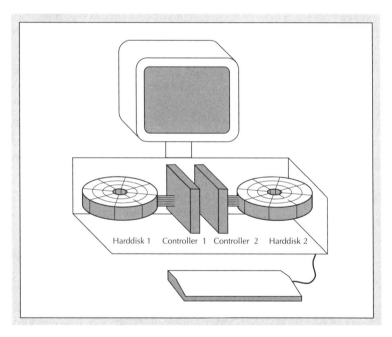

2-5 Disk Duplexing: Zwei Controller, zwei Festplatten

2.4.3 Sicherheit durch TTS

Das Transaction Tracking System (TTS) schützt Datenbanken vor Inkonsistenzen in den Indizierungsdateien. Fällt eine Arbeitsstation aus, während sie eine Datenbankdatei offen hielt, so besteht die Gefahr, daß die Indizierungsdatei der Datenbank beschädigt wird. Wird das TTS benutzt, so werden die Original-Dateien unmittelbar nach dem Öffnen ausgelagert, d.h. eine Kopie der konsistenten Daten wird in einem für das TTS reservierten Bereich der Festplatte zwischengespeichert. Wird eine Transaktion ohne Zwischenfälle abgeschlossen, d.h. ein User öffnet einen Teil der Datenbank, verändert Daten und schließt die Datenbank ordnungsgemäß, wird die Transaktion erfolgreich beendet, die Kopie gelöscht. Fällt die Arbeitsstation jedoch während einer Transaktion aus, wird die Kopie, d.h. die konsisten Daten weiterbenutzt.

Funktionsweise des TTS — Das TTS gewährleistet, daß entweder alle Änderungen an einer Datei berücksichtigt werden oder keine. Sobald eine Arbeitsstation eine Transaktion startet, d.h. einen Teil einer Datenbank öffnet, leitet das TTS folgende Schritte ein:

- Das TTS kopiert die Originaldaten in eine Auslagerungsdatei, das sogenannte *TTS Backout File* im Volume SYS:. Sollte eine Transaktion unterbrochen werden, können dadurch die Originaldaten wiederhergestellt werden.

- Das TTS schreibt die veränderten Daten erst dann in die Datenbankdatei, nachdem die Kopie des Originals in die Auslagerungsdatei geschrieben wurde.

- Das TTS wiederholt die ersten beiden Schritte für alle weiteren Transaktionen, denn eine Transaktion kann aus mehreren Veränderungen bestehen.

- Nachdem alle veränderten Daten auf die Festplatte geschrieben wurden, trägt das TTS den Hinweis, daß die Transaktion beendet ist, in die Auslagerungsdatei ein. Anschließend wird diese gelöscht.

Zwei Arten des TTS — Das TTS kann auf zwei Arten aktiviert werden: Implizit oder explizit

Implizites TTS — Beim impliziten TTS wird eine ganze Datei mit dem Attribut Transactional versehen. Beim Öffnen dieser Datei wird die Transaktion als gestartet angesehen, das TTS verfolgt sie.

Diese Methode gewährleistet natürlich nur geringen Schutz vor größeren Datenverlusten. Eine Datenbank ist meistens über mehrere Stunden offen, da mehrere User mehrere Teile der gesamten Datei offen haben.

Explizites TTS Beim expliziten TTS werden spezielle Funktionsaufrufe benutzt. Der Programmierer bestimmt explizit, welche Teile der Datenbankdatei als Transaktion gelten. Die Befehle, die hierbei angewandt werden, heißen dementsprechend `begin transaction` und `end transaction`. Diese Methode gewährleistet, daß im Falle eines Fehlers der Datenverlust nicht allzu groß ist, da Veränderungen möglichst schnell auf die Festplatte geschrieben werden.

☞ Das TTS ist standardmäßig für Fileserver unter NetWare 386 v3.11 verfügbar.

2.4.4 Sicherheit durch UPS

Sehr oft entstehen Datenverluste und logische Schäden an Datenbanksystemen dadurch, daß die Stromzufuhr zum Fileserver plötzlich ausfällt, sei es durch einen allgemeinen Stromausfall oder durch einen Kurzschluß in einem Stromkabel von der Steckdose zum Server.

Um diesem Problem auszuweichen, unterstützt NetWare v3.11 den Einsatz von UPS-Systemen. UPS bedeutet Uninterruptible Power Supply, also Unterbrechungsfreie Stromversorgung (USV). Diese Systeme bestehen aus leistungsfähigen Batterien, die zwischen dem Stromnetz und dem Server angeschlossen werden. Bei Stromausfall übernimmt innerhalb kürzester Zeit das UPS-System die Stromversorgung des Fileservers. Die Batterien sollten dann den Server zumindest solange mit Strom versorgen, daß die gerade arbeitenden Benutzer gewarnt werden können und der Server geregelt deaktiviert werden kann, so daß keine Datenverluste auftreten können.

Diese Vorrichtung schützt das Netzteil des Servers auch vor Spannungsschwankungen, wie sie im Stromnetz manchmal auftreten können und die vom UPS-System ausgeglichen werden.

Das UPS-System wird über eine Adapterkarte an den Server angeschlossen. Ein spezielles Modul, das am Fileserver geladen wird, überwacht den Zustand des Systems. Wenn ein Stromausfall gemeldet wird, veranlaßt das UPS-Modul im Server die Fehlermeldung:

```
Commerical power has failed.
  Server XXX is running on battery power.
  Server XXX will stay up for xxx minutes.
  Prepare users to log out.
```

2.5 Beschleunigungsmechanismen unter NetWare 3.11

NetWare 386 v3.11 verfügt über mehrere Beschleunigungsmechanismen, die die Performance im Netzwerkbetrieb erheblich steigern. Grundlage für die Geschwindigkeit von NetWare ist die Tatsache, daß dieses Betriebssystem für den Protected Mode des Intel 80386 Prozessors entwickelt wurde und dessen Vorteile in Bezug auf Speicheradressierung und -verwaltung ausnutzen kann. Zudem ist NetWare ein Multi-Tasking-System und kann so schnell auf alle auftretenden Anfragen oder Aufgaben reagieren. So können z.B. mehr als 1000 Anfragen an das Dateisystem in einer Sekunde bearbeitet werden.

Voraussetzung für eine effiziente Ausnutzung der vorhandenen Möglichkeiten ist, daß im Fileserver ausreichend RAM installiert ist. NetWare bezeichnet das RAM, welches zum Zwischenspeichern von Datenblöcken der Festplatten genutzt wird, um die Zugriffszeiten im Fileserver zu beschleunigen, als Cache Memory. Das Cache Memory ist aufgeteilt in:

- das Verzeichnis- und Datei-Caching
- das Speichern der FAT im RAM
- die Möglichkeit, große Dateien mit sogenannten Turbo FATs zu indizieren
- eine sog. Hash-Tabelle zu führen

Im folgenden werden die einzelnen Mechanismen, die in Kraft treten, wenn eine Anfrage an den Fileserver gerichtet wird, erläutert.

2.5.1 Elevator Seeking

Das Elevator Seeking organisiert die Reihenfolge der Zugriffe auf eine Festplatte. NetWare legt eine Liste für alle Zugriffswünsche auf eine Festplatte an. Alle Lese- und Schreibanforderungen werden in diese Liste eingereiht.

Sortierung der Anfragen — Dabei wird der Inhalt der Liste aufgrund der Positionierung des Schreib/Lesekopfs der Festplatte sortiert. Alle weiteren Anfragen werden auf die Art und Weise in die Liste eingereiht, daß eine neue Anfrage entweder in die direkte Nähe der letzten Anfrage oder genau in die entgegengesetzte Richtung sortiert werden. Somit bewegt sich der Schreib-Lesekopf immer "umschaltend";

NetWare-Konzepte

d.h. er geht von der innersten Spur in Richtung äußerster und dann wieder in entgegengesetzter Richtung.

Bessere Performance Die Sortierung, die das Elevator Seeking durchführt, verbessert die Performance des Datendurchsatzes, da der Standort des Schreib-Lesekopfes immer für die einzelnen Operationen ausgenutzt wird. Darüberhinaus wird durch das Elevator Seeking die Festplatte geschont. Zunächst wirkt das Elevator Seeking nicht unbedingt geschwindigkeitssteigernd, denn die Anfragen werden nicht in der Reihenfolge abgearbeitet, in der sie gestellt wurden.

Das folgende Beispiel wird jedoch die Funktionsweise und den Vorteil des Elevator Seekings veranschaulichen:

Beispiel Stellen Sie sich vor, daß Menschen, die in einen Aufzug einsteigen, genau in der Reihenfolge aussteigen müßten, in der sie eingestiegen sind. Dies würde bedeuten, daß der Aufzug in einem Haus, welches 10 Stockwerke hat, wahrscheinlich vom 1. in den achten, vom achten in den Keller, vom Keller in den 10. Stock usw. pendeln würde. Man stelle sich das Chaos und vor allem die Geschwindigkeit vor, mit der jeder einzelne zu seinem Ziel käme.

2.5.2 Hashing

Beim Hashing wird die Adresse einer Datei durch einen bestimmten, sehr schnellen Suchalgorithmus ermittelt. NetWare führt eine sogenannte Hash-Tabelle, die Zeiger auf den jeweiligen Speicherplatz einer Datei enthalten.

2.5.3 Directory Caching

Das Directory Caching verringert die Zeit, die das Betriebssystem benötigt, um eine Datei auf der Festplatte des Fileservers zu lokalisieren. Die File Allocation Table (Dateizuordnungstabelle) sowie die Directory Entry Table (Verzeichniseintragstabelle) werden im RAM des Fileservers gehalten. Der Bereich, in dem diese Tabellen gehalten werden, wird als Directory Cache bezeichnet. Der Fileserver kann eine Datei auf diese Art und Weise erheblich schneller finden, als wenn er diese Informationen von der Festplatte holen müßte.

2.5.4 File Caching

Ein NetWare-Fileserver kann Anfragen von Arbeitsstationen erheblich schneller beantworten, wenn die Schreib- und Lesevorgänge zunächst nur im RAM erfolgen. Beim Schreiben wird nicht direkt auf die Festplatte geschrieben, sondern zunächst in einen sogenannten Cache-Puffer. Dadurch kann der Arbeitsstation sofort "Schreibvorgang beendet" gemeldet werden, wodurch Wartezeiten verhindert werden. Da die Daten des Cache-Puffers nun nicht mehr mit den Daten auf der Festplatte übereinstimmen, muß dieser sogenannte "dirty" Cache-Puffer auf die Festplatte geschrieben werden. Dies erfolgt immer drei Sekunden nach der letzten Änderung an einem Cache-Puffer. Sind keine freien Cache-Puffer mehr verfügbar, werden die am längsten nicht mehr benutzten Cache-Puffer für neue Datenblöcke verwendet. Dieses Verfahren wird als LRU (last recently used) bezeichnet.

2.5.5 Split Seek

Wenn Sie den Sicherheitsmechanismus des Mirroring oder Duplexing in Ihrem Fileserver verwenden, so können Lese- und Schreiboperationen schneller ausgeführt werden. Das System testet generell, welche Platte in einem gespiegelten oder geduplexten Paar schneller auf Anfragen reagiert. Sind beide Platten gleich schnell, ist aber eine noch mit einer vorangegangenen Schreib- oder Leseanforderung beschäftigt, können auf dem Spiegelpartner schon die nächsten Daten gelesen werden. Wenn mehrere Leseanfragen gleichzeitig anstehen, werden diese auf die beiden Platten verteilt.

Eine andere Art von Split Seek wird durchgeführt, wenn sich Daten eines NetWare-Volumes auf mehreren physikalischen Festplatten befinden, weil sich das Volume über mehrere Platten erstreckt. in diesem Fall können die Festplatten die Datenteile, für die Sie zuständig sind, simultan lesen oder schreiben. Dieser Beschleunigungsmechanismus wird auch bei Einplatzrechnern mit sogenannten Drive Arrays ausgenutzt.

☞ Wenn Sie Volumes in Segmente aufteilen, die sich auf verschiedenen Festplatten befinden, sollten Sie alle Segmente spiegeln oder duplexen. Denn: Fällt eines der Segmente aus, kann man auf das gesamte Volume nicht mehr zugreifen.

2.5.6 Zusammenwirkung der Beschleunigungsmechanismen

Das folgende Beispiel soll veranschaulichen, wie NetWare vorgeht, wenn eine Arbeitsstation eine Datei anfordert. Dabei wird auch deutlich gemacht, wie die einzelnen Mechanismen ineinander greifen.

Beispiel Nehmen wir an, die Arbeitsstation 1 fordert die Datei PRO-GRAMM.EXE an: In unserem Beispiel enthält die Hash-Tabelle Hinweise (pointer) für den ersten und zweiten möglichen Speicherbereich der Datei PROGRAMM.EXE in der Verzeichnistabelle im Cache-Speicher.

Ist der erste Hinweis nicht der richtige, sucht der Fileserver unter dem zweiten Hinweis, um den Speicherplatz der Datei in der Verzeichnistabelle zu lokalisieren. Nachdem der Eintrag in der Verzeichnistabelle lokalisiert ist, prüft der Fileserver, ob sich bereits eine Kopie der Datei PROGRAMM.EXE im RAM befindet.

Ist die Datei PROGRAMM.EXE im RAM, wird sie direkt an die Arbeitsstation 1 gesendet. Befindet sich die Datei PROGRAMM.EXE nicht im RAM des Fileservers, wird sie von der Festplatte geholt, in das RAM geschrieben und erst dann an die Arbeitsstation 1 gesendet.

Fileserver-Installation 3

3.1 Einleitung

In diesem Kapitel wird die Installation eines NetWare 386 Fileservers besprochen. Der Fileserver ist der Rechner, auf dem das Netzwerkbetriebssystem NetWare läuft. Das Betriebssystem ermöglicht dem Fileserver die Kommunikation der angeschlossenen Arbeitsstationen und deren Zugriff auf gemeinsame Daten.

Der Fileserver muß mindestens über eine interne oder externe Festplatte, mindestens 2,5 MB Arbeitsspeicher und mindestens eine Netzwerkkarte verfügen. Fileserver unter NetWare v3.11 können nur im dedizierten Modus betrieben werden. Dies bedeutet, er ist lediglich als Fileserver und nicht gleichzeitig als Arbeitsstation zu benutzen.

3.1.1 Booten des Fileservers

Ein Fileserver unter NetWare 386 benötigt ein DOS-Bootmedium. Dies kann entweder eine Diskette oder eine DOS-Partition auf einer Netzwerkfestplatte sein. Von diesem Bootmedium aus wird die Betriebssystemdatei SERVER.EXE aufgerufen. Diese stellt den Kern des Betriebssystems dar. Damit der Server auf Festplatten zugreifen kann und Zugang zum Netzwerk hat, müssen die entsprechenden Treiber geladen werden. Während der Installation werden zwei Boot-Dateien erstellt, sodaß die Systemparameter des Betriebssystems nicht jedesmal neu eingegeben und die Treiber nicht jedesmal per Hand geladen werden müssen. Diese Dateien sind:

`AUTOEXEC.NCF`

Diese Datei enthält:

- den Namen des Fileservers
- seine interne Netzwerkadresse
- das Laden des LAN-Treibers
- das Binden des LAN-Treibers an das benutzte Datenübertragungsprotokoll
- die Netzwerkadresse
- optional das Laden anderer Module (siehe Kapitel *NetWare Loadable Modules*)
- optional Konsole-Kommandos (siehe Kapitel *Konsole-Kommandos*)

Fileserver-Installation

- optional Einstellungen von Systemparamtern
- Befehl zum Aktivieren von Volumes (MOUNT)

STARTUP.NCF

Sobald Sie die Betriebssystemdatei SERVER.EXE laden, sucht diese nach der Datei STARTUP.NCF; sie wird also vor der Datei AUTOEXEC.NCF ausgeführt. Die Kommandos, die Sie in die Datei STARTUP.NCF eintragen, werden so ausgeführt, als wenn Sie diese an der Tastatur des Fileserver eingeben würden. Die Datei STARTUP.NCF muß sich auf Ihrem Bootmedium, im selben Verzeichnis befinden, indem sich auch die Datei SERVER.EXE befindet.

Die Datei STARTUP.NCF muß mindestens den Befehl zum Laden der Treiber der angeschlossenen Festplatten enthalten. Wenn Sie die Unterstützung anderer Namenskonventionen benutzen, so muß der Aufruf der entsprechenden Kommandos ebenfalls in der STARTUP.NCF enthalten sein. Einige grundlegende Systemparameter können durch einen Eintrag in dieser Datei verändert werden (siehe Konsole-Kommando SET).

3.1.2 Abschalten des Fileservers

Das ordnungsgemäße Abschalten des Fileservers erfolgt mit dem Kommando DOWN. Durch dieses Kommando werden alle Daten, die sich noch im Arbeitsspeicher befinden, auf die Festplatte des Fileservers geschrieben. Noch arbeitende User sollten benachrichtigt werden, daß der Fileserver abgeschaltet wird, damit sie noch offene Dateien schließen können, um somit die Änderungen abzusichern.

3.2 Installationsüberblick

Im folgenden sind alle Schritte aufgeführt, die zur Installation eines NetWare 386 Fileservers nötig sind. Auf den nachfolgenden Seiten werden diese detailliert erläutert.

- Installation der Hardware
- Einrichten eines Boot-Mediums (Boot-Diskette oder DOS-Partition)
- Aufruf der ausführbaren DOS-Datei SERVER.EXE
- Laden des Festplattentreibers oder
- Laden des DCBs (HBA) und Konfiguration mit dem Utility DISKSET
- Laden des LAN-Treibers
- Binden des LAN-Treibers an das benutzte Datenübertragungsprotokoll
- Laden anderer Module
- Ausführen von INSTALL.EXE
- Einrichten der NetWare-Partition
- Spiegeln der Partitionen (optional)
- Festplattentest (optional)
- Einrichten der NetWare-Volumes
- System-Dateien auf Volume SYS: kopieren
- Erstellen der Dateien AUTOEXEC.NCF und STARTUP.NCF
- Unterstützung anderer Namenskonventionen aktivieren (Add Name Space) (optional)

3.3 Installation der Hardware

Bevor Sie den zukünftigen Fileserver installieren, sollten Sie diesen zunächst unter DOS booten, damit Sie sicher sein können, daß die angeschlossene interne Hardware des benutzten Computers ordnungsgemäß funktioniert. NetWare v3.11 kann mit der unterschiedlichsten Hardware betrieben werden. Einzige Vor-

Fileserver-Installation

aussetzung ist, daß der Computer über einen Prozessor 386 oder 486 verfügt. Vergewissern Sie sich, daß alle angeschlossenen Komponenten unikat adressiert sind. NetWare fordert Sie auf, die Adressen einzugeben, bietet Ihnen unterschiedliche Adressen an und überprüft unmittelbar, ob die angegebenen Parameter zutreffen.

3.3.1 RAM im Fileserver

Entscheidend für die Performance eines Netzwerkes ist die Ausstattung des Fileservers mit genügend Arbeitsspeicher. Sämtliche Beschleunigungsmechanismen von NetWare bauen darauf auf, daß der Fileserver über ausreichend Arbeitsspeicher verfügt. Im folgenden ist die Berechnungsgrundlage des Arbeitsspeichers für Ihren Fileserver aufgeführt. Benutzen Sie diese, um den Mindestbedarf an RAM in Ihrem Fileserver zu ermitteln. NetWare v3.11 unterstützt bis zu 4 GB RAM bei 32 TB Festplattenkapazität.

Die Menge an RAM, die Sie benötigen, ist abhängig vom Betriebssystem, für welches ein Volume benutzt wird.

DOS-Volumes Jedes DOS-Volume benötigt:

```
0.023 x Volumegröße (in MB) / Blöckgröße
(Default = 4)
```

Volumes mit anderen Namens- konventionen Jedes Volume, welches andere Namenskonventionen unterstützt (z.B. Macintosh) benötigt:

```
0.032 x Volumegröße (in MB) / Blockgröße
(Default = 4)
```

Um den Gesamtbedarf an Arbeitsspeicher im Fileserver auszurechnen, müssen Sie nun die errechneten Größen zusammenzählen. Beachten Sie, daß NetWare selbst zusätzlich 2 MB benötigt.

☞ Der Fileserver muß mit mindestens 4 MB RAM ausgestattet sein. Sollten Sie über die angegebene Formel eine Größe errechnet haben, die unter 4 MB liegt, müssen Sie in jedem Fall auf 4 MB aufrunden.

3.3.1.1 Beispiel für das Errechnen des Arbeitsspeichers

Nehmen wir an, Sie haben einen Fileserver, der über vier Volumes verfügt, die alle mit einer Blockgröße von 4K arbeiten:

- SYS: ein 120 MB großes DOS Volume
- VOL1: ein 150 MB großes DOS-Volume

- VOL2: ein 300 MB großes Unix-Volume mit Unterstützung der Namenskonvention
- VOL3: ein 100 MB großes Macintosh-Volume mit Unterstützung der Namenskonvention

Die Berechnung erfolgt folgendermaßen:

Errechnen Sie den RAM-Bedarf der einzelnen Volumes

```
RAM für Volume SYS:
0.023 x 120 / 4 = 0.69 MB

RAM für Volume VOL1:
0.023 x 150 / 4 = 0.86 MB

RAM für Volume VOL2:
0.032 x 300 MB / 4 = 2.4 MB

RAM für Volume VOL3:
0.032 x 100 MB / 4 = 0.8 MB
```

Zählen Sie nun die einzelnen Ergebnisse zusammen:

```
0.69 + 0.86 + 2.4 + 0.8 = 4.75 MB
```

Fügen Sie nun 2 MB für NetWare hinzu:

```
4.75 + 2 = 6.75 MB
```

Runden Sie diesen Wert auf. Ein Fileserver mit dieser Ausstattung benötigt dementsprechend mindestens 7 MB RAM.

☞ Verfügen Sie über einen Fileserver, der mehr als 16 MB RAM installiert hat, sollten Sie keine 8-Bit oder 16-Bit Adapter im Fileserver benutzen, die On-Line DMA oder Busmastering benutzen, da diese den Speicherbereich über 16 MB nicht richtig ansprechen können. Wenn Sie den zusätzlichen Speicher trotzdem benutzen wollen, müssen sie entweder echte 32-Bit-Adapter oder spezielle Treiberversionen benutzen, die dieses Problem umgehen können.

☞ Wurde Ihr Computer 1986 oder 1987 hergestellt, könnte ein Problem mit der 32 Bit Multiplikation auftreten. NetWare führt diese durch, wenn der Installationsprozeß beginnt. Kann der Computer diese Multiplikation nicht durchführen, werden Sie eine entsprechende Fehlermeldung erhalten, sobald Sie SERVER.EXE aufrufen.

3.3.2 Protokollierung der Hardware-Informationen

NetWare v3.11 beinhaltet verschiedene Arbeitsblätter. Füllen Sie das für den Fileserver entsprechend aus. Folgende Informationen über Ihren Fileserver benötigen Sie zur Installation:

- Name und Modell, sowie Datum der Herstellung
- Größe des Arbeitsspeichers
- Art und Konfiguration der Adapter in Ihrem Fileserver (Grafikkarte, Schnittstellen, usw.)
- Konfiguration der Netzwerkkarte und des entsprechenden LAN-Treibers (Netzwerkadresse, I/O Adresse, Memory-Adresse usw.)
- Größe und Kapazität der Diskettenlaufwerke
- Name, Modell und Konfiguration der internen Festplatte(n)
- Konfiguration des DCBs und des entsprechenden Treibers
- Anzahl der Festplatten, Typen, Größe und Anzahl von Köpfen und Zylindern bei Einsatz von Festplattensubsystemen.

3.3.3 Festplatten und Festplatten-Controller unter NetWare

NetWare unterstützt verschiedene Arten von Festplatten und Festplatten-Controllern. Eine Festplatte unter NetWare v3.11 kann bis zu 32 TB groß sein. Die Performance des Datenzugriffs hängt sehr stark auch vom benutzten Festplattenkontroller ab. Am meisten verbreitet ist nach wie vor der Standard AT Controller. Eine Weiterentwicklung stellt der ESDI-Controller (Enhanced Small Device Interface) dar. Immer häufiger - gerade für den Betrieb großer Kapazitäten - werden SCSI-Controller (Small Computer System Interface) eingestetzt. Die Geschwindigkeitsunterschiede bei der Datenübertragung entsprechen ungefähr dem Verhältnis 1:2:4. Dies bedeutet, daß ein SCSI-Controller ca. vier mal so viele Daten überträgt wie ein Standard AT-Controller.

3.3.3.1 SCSI-Controller

Der SCSI-Controller bietet neben der hohen Geschwindigkeit in der Datenübertragung den Vorteil, daß mehrere Peripheriegeräte an einem Controller angeschlossen werden können. SCSI definiert Hard- und Software-Standards der Kommunikation zwischen dem Computer und dessen Peripheriegeräten. So können bis zu sieben SCSI-Festplatten-Controller an jedem SCSI-DCB angeschlossen werden, wobei jeder Controller bis zu zwei Festplatten unterstützt. Der SCSI-Bus verbindet DCBs mit dem Controller und der Festplatte. Die angeschlossenen Peripheriegeräte müssen ordnungsgemäß terminiert und adressiert werden.

Terminierung   Durch die Terminierung wird gewährleistet, daß ein Signal nicht zurückkommt (Echo) oder verändert wird. Die Komponenten am Ende eines SCSI-Busses müssen terminiert werden. Dies gilt also für den ersten und letzten Controller in einer Kette.

Adressierung   Jeder Controller benötigt eine unikate Adresse für jeden Festplattenkanal. Sie erfahren die physikalische Adressierung aus der Dokumentation Ihres Festplatten-Controllers. Sollten Sie diese Adressierung ändern, müssen Sie beachten, daß der Controller, der dem DCB am nächsten ist, mit 0 adressiert werden sollte.

DCBs   Auch die DCBs (Disk Coprozessor Board) von Novell sind SCSI-Controller. Bekannt sind diese auch unter der Bezeichnung HBA (Host Bus Adapter). Die Default-Konfiguration für DCBs basieren auf dem Typ des PAL Chips, der an Position U3.11 und U4.11 auf dem Adapter installiert ist. Die Jumperstellung muß mit dem PAL übereinstimmen, der die Interrupt I/O Adresse betrifft. Nähere Erläuterungen zur Adressierung lesen Sie in der Dokumentation des DCBs.

Sollten Sie ein DCB für einen Micro Channel Rechner einsetzen, so können Sie diesen mit der Referenz-Diskette konfigurieren.

3.3.4 Festplattennumerierung

Festplatten werden unter NetWare durch drei verschiedene Nummern identifiziert:

`Physikalische Adresse`
Diese Adresse wird mit Jumpern auf dem Motherboard einer internen Festplatte oder auf einem DCB sowie der Festplatte und dem Controller eingestellt. Die physikalische Adresse wird bei der Installation durch den entsprechenden Festplattentreiber bestimmt, der mit der tatsächlichen Jumperstellung übereinstimmen muß.

`Device Code`
Der Device Code wird durch die physikalische Adresse auf dem Motherboard oder dem DCB sowie auf dem Controller und der Festplatte bestimmt.

Fileserver-Installation

Beispiel: Ist der Device Code #00101, so stehen die ersten beiden Zeichen für den Festplattentyp, das dritte Zeichen für die Board-Nummer (Motherboard oder DCB), das vierte Zeichen für den Controller und das fünfte Zeichen für die Festplatte.

Logische Nummer

Die logische Nummer wird durch die Reihenfolge bestimmt, in der die Festplattentreiber geladen werden und der physikalischen Adresse des Controllers und der Festplatte. Die folgende Grafik zeigt, daß der Festplattentreiber 1 als erster geladen wurde. Demzufolge erhält die Festplatte 0 auf dem Motherboard die logische Nummer 0. Wäre der Festplattentreiber 2 als erster geladen worden, wäre die logische Device-Nummer 2 die Device-Nummer 0.

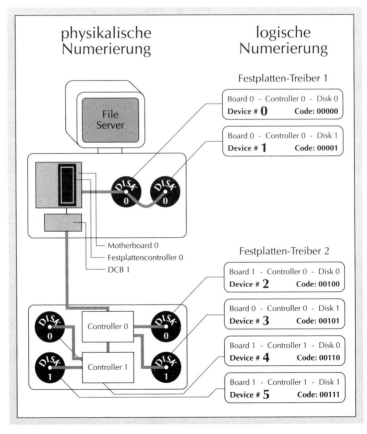

3-1 Festplattennumerierung unter NetWare v3.11

☞ Wir empfehlen, daß Sie eine ähnliche Tabelle für Ihre Festplatten anlegen. Dies hat den Vorteil, daß Sie bei auftretenden Fehlermeldungen sofort wissen, für welche Festplatte diese Fehlermeldung gilt.

3.3.5 Numerierung der Partitions

Jede Festplatte wird eingeteilt in Partitions. Diese Einteilung ist betriebssystem-spezifisch. Nähere Erläuterungen zur Festplatteneinteilung unter NetWare lesen Sie in diesem Kapitel im Punkt *Festplatten-Einteilung,* sowie im Kapitel *Datenstrukturen* im Punkt *Partitions und Volumes.*

Nachdem die Festplattennumerierung erfolgt ist, weist NetWare eingerichteten Partitions automatisch physikalische und logische Partition-Nummern zu. Die folgende Grafik veranschaulicht das Verhältnis von logischer Device-Nummer und der physikalischen Partition-Nummer. Jeder logischen Device-Nummer eines Partition-Typs wird eine Partition-Nummer zugewiesen. NetWare erkennt DOS- und NetWare-Partitions. Alle anderen Partitionstypen, z.B. eine Unix-Partition werden als Non-NetWare Partitions geführt.

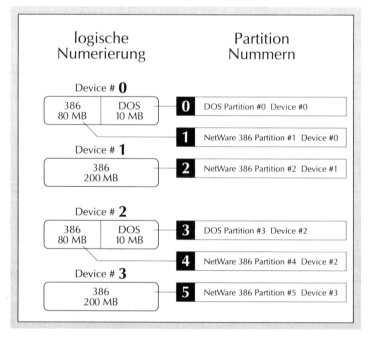

3-2 Logische und physikalische Numerierung

Fileserver-Installation 39

Fehlermeldungen, die sich auf das Hot Fix (nähere Erläuterungen siehe Kapitel *NetWare 386 v3.11 Konzepte*, sowie in diesem Kapitel) beziehen, benutzen die physikalische Partition-Nummer.

Allen physikalischen Partitions werden logische Partition-Nummern zugewiesen. Diese Nummern werden sowohl gespiegelten Festplatten (siehe Kapitel *NetWare 386 v3.11 Konzepte*) als auch DOS- und NON-NetWare Partitons zugewiesen. Die Grafik auf dieser Seite veranschaulicht die Beziehung der physikalischen Partition-Nummer zur logischen Partititon-Nummer. Hierbei zeigt die Grafik, daß die Partition 1 mit Partition 4 gespiegelt und Partition 2 mit Partition 5 gespiegelt wurde.

Fehlermeldungen, die das Mirroring betreffen, benutzen die logische Partition-Nummer.

3.3.6 Installation der Festplatten und Controller

1. Verändern Sie wenn nötig Jumper und Schalter auf den Festplatten und Controller. Beachten Sie dabei, daß Sie die Einstellungen im Arbeitsblatt festhalten.

2. Installieren Sie alle Festplatten und überprüfen Sie, ob diese richtig angeschlossen sind.

3. Installieren Sie die Netzwerkadapter in die freien Steckplätze Ihres Fileservers.

☞ Wenn Sie ein Token Ring Netzwerk installieren, müssen Sie den Netzwerkadapter vor der Installation des Betriebssystem an die MAU (Multiple Access Unit) anschließen. Sie können sonst den Treiber für den Token Ring Adapter nicht laden.

3.3.7 Konfigurierung der Hardware

Konfigurieren Sie die installierte Hardware mit dem SETUP-Programm Ihres Rechners (bei Microchannel Rechnern entsprechend mit dem Referenz-Programm). Ändern Sie auf keinen Fall den "Arbitration Level" bei MFM oder ESDI-Festplatten, da NetWare die Standardeinstellung erfordert.

Wenn Sie mehr als eine Netzwerkkarte des gleichen Typs installieren, müssen Sie beachten, daß diese Karten unterschiedliche Adressierungen benötigen.

3.4 Booten des Fileservers

NetWare v.3.11 kann von entweder mit einer Boot-Diskette oder von einer DOS-Partition gebootet werden. Bevor das Einrichten der Bootmedien besprochen wird, sind nachfolgend die Vorteile des jeweiligen Boot-Mediums aufgelistet:

3.4.1 Vorteile einer Bootdiskette

- Das Erstellen einer Bootdiskette erfolgt schneller als das Einrichten einer DOS-Partition
- Die gesamte interne Festplatte kann von NetWare benutzt werden.
- Die Bootdiskette kann getrennt vom Fileserver aufbewahrt werden (Sicherheit).

3.4.2 Vorteile einer DOS-Partition

- Nachdem die DOS-Partition installiert ist, erfolgt das Booten von einer Festplatte erheblich schneller.
- Das Risiko der Beschädigung des Bootmediums ist bei einer Festplatte geringer als bei einer Diskette
- Wenn Sie über eine Festplatte als Bootmedium verfügen, können Sie für eventuelle Fehlerbehebung die wichtigsten NLMs, wie VREPAIR oder INSTALL, auf das Bootmedium kopieren.

☞ Sofern Sie keine interne Festplatte in Ihrem Fileserver eingebaut haben, sondern nur DCBs, müssen Sie mit einer Bootdiskette arbeiten. Denn es kann nur von Festplatte gebootet werden, wenn diese an einem Standard AT-Controller und somit an Kanal 0 angeschlossen ist.

3.4.3 Booten von einer Bootdiskette

Folgende Schritte sind nötig, um eine Bootdiskette einzurichten:

1. Booten Sie einen Rechner mit DOS. Benutzen Sie DOS 3.1 oder höher, wenn Ihr Fileserver ein Standard Architektur Rechner ist. Benutzen Sie DOS 3.3 oder höher, wenn Ihr Fileserver ein Microchannel-Rechner ist.

2. Formatieren Sie eine 1,2 oder 1,4 MB Diskette mit den DOS-Systemdateien:

Fileserver-Installation

```
FORMAT A: /s
```

3. Kopieren Sie den Inhalt der NetWare Diskette mit dem Label *NetWare 386 Operating System SYSTEM-1* auf die Bootdiskette.

☞ Haben Sie nicht genügend Platz auf Ihrer Bootdiskette, brauchen Sie nur die Festplattentreiber auf die Bootdiskette kopieren, die Sie tatsächlich für Ihre Festplatte(n) benötigen.

4. Schalten Sie um auf das DOS-Prompt der Bootdiskette und erstellen Sie eine AUTOEXEC.BAT-Datei, die den Aufruf des Betriebssytems SERVER.EXE enthält:

```
A:
COPY CON AUTOEXEC.BAT
SERVER
<CTRL> Z <ENTER>
```

Mit dieser AUTOEXEC.BAT-Datei erreichen Sie, daß das Programm SERVER.EXE unmittelbar nach dem Booten von DOS ausgeführt wird.

☞ Bei den meisten Rechnern können Sie den Turbo-Schalter einstellen, der ein schnelleres Booten ermöglicht. Bei einigen Rechnern können Sie dies auch mit dem Programm MODE.COM erreichen. In diesem Fall können Sie dieses Programm auf die Bootdiskette kopieren und folgende Zeile der AUTOEXEC.BAT-Datei hinzufügen:

```
MODE SPEED=High <ENTER>
```

3.4.4 Booten von einer DOS-Partition

Folgende Schritte sind nötig, um eine bootfähige DOS-Partition auf einer Festplatte einzurichten.

DOS booten 1. Booten Sie einen Rechner mit DOS. Benutzen Sie DOS 3.1 oder höher, wenn Ihr Fileserver ein Standard Architektur Rechner ist. Benutzen Sie DOS 3.3 oder höher, wenn Ihr Fileserver ein Microchannel-Rechner ist.

Server laden 2a. Legen Sie die Diskette *NetWare 386 Operating System-1* in das Diskettenlaufwerk des Fileservers ein.

2b. Rufen Sie das Programm SERVER.EXE auf:

```
SERVER <ENTER>
```

2c. Ignorieren Sie eventuelle Fehlermeldungen am Bildschirm des Fileservers und geben Sie einen Namen für den Fileserver ein. Dieser ist genauso temporär gültig wie die Angabe der internen Netzwerkadresse, zu deren Eingabe Sie aufgefordert werden. Sie benötigen diese Angaben, um in das Utility INSTALL zu gelangen.

Festplatten- 3. Führen Sie einen der folgend erläuterten Schritte durch. Wel-
treiber laden cher dies ist, ist abhängig vom benutzten Festplatten-Controller.

Wenn Sie einen AT-Bus Controller in Ihrem Fileserver eingebaut haben, laden Sie den Festplattentreiber für diesen mit:

LOAD A:ISADISK <ENTER>

Geben Sie die richtige Adressierung bei den entsprechenden Aufforderungen an.

Wenn Sie einen Microchannel-Fileserver haben, der über einen ESDI-Controller verfügt, geben Sie ein:

LOAD A:PS2ESDI <ENTER>

Benutzen Sie einen Microchannel-Fileserver mit einem MFM-Controller, so laden Sie den Treiber mit:

LOAD A:PS2MFM <ENTER>.

INSTALL laden 4. Laden Sie das NLM INSTALL, um eine NetWare Low-Level-Formatierung durchzuführen und um eventuell vorhandene andere Partititons auf der Festplatte zu löschen.

☞ Ist Ihre Festplatte bereits "NetWare-Ready" oder wurde vom Hersteller bereits einer Low-Level-Formatierung unterzogen, und verfügt über keinerlei Partitions, können Sie direkt zu Punkt Aufruf von FDISK übergehen. Dies gilt auch für Festplatten, die nicht Low-Level formatiert werden dürfen (siehe Punkt Format Optional)

☞ Formatieren Sie eine Festplatte auf keinen Fall, wenn Sie "Net-Ware-Ready" ist, da sonst diese Information verlorengeht.

Formatieren Die Formatierung dauert entsprechend der Größe der Festplatte
der Festplatte mindestens 20 Minuten. Während dieser Zeit kann mit der Installation nicht weiter durchgeführt werden.

☞ Hinweis zum Upgrade: Sofern Sie einen Fileserver unter NetWare 286 auf NetWare 386 v3.11 umrüsten, müssen Sie die NetWare Partition löschen. Das Löschen einer Partition löscht alle Daten auf der Festplatte, achten Sie also darauf, daß ein Backup der Daten vorhanden ist.

LOAD A:INSTALL <ENTER>

Wählen Sie aus den Installation Options die Option Disk Options.

Fileserver-Installation

Löschen von NetWare-Partititons	Wenn Sie NetWare Partitions löschen möchten, sind folgende Schritte nötig:

Wählen Sie die Option `Partition Tables` aus dem Menü `Available Options`.

Wählen Sie die Option `Delete Partition` aus dem Menü `Partition Options`.

Wählen Sie die gewünschte Partition aus und bestätigen Sie die Aufforderung mit `YES`, um die Partition zu löschen.

☞ Hinweis zum Upgrade: Wenn Sie einen NetWare 286 Fileserver zu einem NetWare 386 Fileserver umrüsten, müssen Sie die alte NetWare Partition löschen. Vorsicht! Alle Daten auf dieser Festplatte werden zerstört.

Führen Sie diese Schritte für alle Partitions durch, die Sie löschen möchten.

Low-Level Formatierung	Wenn Sie Ihre Festplatte einer Low-Level-Formatierung unterziehen müssen, sind dazu folgende Schritte nötig:

Wählen Sie die Option `Format (optional)` aus dem Menü `Available Options`.

Wählen Sie die Option `Format Disk Drive` und drücken Sie <ENTER>.

☞ Sofern auf der Festplatte noch eine NetWare-Partition eingerichtet ist, erhalten Sie jetzt eine Fehlermeldung, die Ihnen mitteilt, daß alle Daten verloren gehen werden. Durch <ESCAPE> brechen Sie den Vorgang ab und erhalten ein Fenster. Beantworten Sie mit `Yes`, damit Sie mit der Formatierung beginnen können.

Sie müssen nun den entsprechenden Interleave-Faktor für Ihre Festplatte eingeben. Sie erfahren diesen in der Dokumentation der Festplatte oder über Utilities, die diesen abfragen können. Die Formatierung beginnt unmittelbar nach der Eingabe des Interleave-Faktors.

☞ Nachdem Ihr NetWare v3.11 Fileserver installiert ist, sollten Sie die Formatierung einer Festplatte nur dann durchführen, wenn keine User im Netzwerk arbeiten. Es können sich keine User einloggen, wenn eine Festplatte einer Formatierung unterzogen wird.

Verlassen Sie INSTALL, indem Sie solange <ESCAPE> drücken, bis Sie zu der Abfrage `Exit INSTALL` gelangen. Beantworten Sie dies mit `Yes`.

Sie müssen nun den Fileserver downfahren. Geben Sie dazu ein:

DOWN <ENTER>

Um zu DOS zurückzukehren, müssen Sie noch den Befehl

EXIT <ENTER>

eingeben.

FDISK aufrufen
5. FDISK ist ein DOS-Utility, mit dem Sie eine DOS-Partition auf Ihrer Festplatte einrichten können. Dies geht allerdings nur, wenn diese bereits einer Low-Level-Formatierung unterzogen wurde. Kopieren Sie dieses Utility auf die Bootdiskette oder legen Sie eine Diskette ein, auf der dieses Programm enthalten ist.

☞ Wenn Sie vorhaben, zwei interne Festplatten zu spiegeln (Mirroring) und von der DOS-Partition auf der Festplatte 0 booten möchten, sollten Sie die DOS-Partition auf beiden Festplatten einrichten. Damit ist gewährleistet, daß Sie von der Festplatte 1 booten können, falls die Festplatte 0 ausfällt.

Um FDISK aufzurufen, geben Sie ein:

FDISK <ENTER>.

Wählen Sie die Option 1, um eine primäre DOS-Partition einzurichten. Sie werden gefragt, ob Sie die größtmögliche Kapazität für DOS benutzen möchten. Geben Sie hier ein N für No ein.

Eine bootfähige DOS-Partition sollte mindestens 3 MB groß sein. Um die Anzahl der Zylinder zu bestimmen, die Sie brauchen, müssen Sie die Anzahl der Zylinder (verfügbarer Speicherplatz) durch die Größe der Festplatte teilen.

Beispiel: `630 Zylinder : 40 MB = 16 Zylinder pro MB`

Multiplizieren Sie diese Zahl mit 3, um die Anzahl der Zylinder für 3 MB auszurechnen:

`16 x 3 = 48 Zylinder`

Geben Sie den errechneten Wert ein.

Wählen Sie die Option 2, um die Partition auf `Active` zu setzen, damit die DOS-Partition bootfähig wird. Geben Sie 1 ein, um die Partition zu aktivieren.

Drücken Sie <ESCAPE>, um FDISK zu verlassen. Der Rechner wird automatisch neu booten.

Formatierung der DOS-Partition
Sie müssen die eingerichtete DOS-Partition nun unter DOS formatieren und die DOS-Systemdateien übertragen. Geben Sie ein:

Fileserver-Installation 45

```
Format C:/S
```

Der Parameter /s gewährleistet die Übertragung der DOS-Systemdateien.

Kopieren Sie den Inhalt der NetWare-Diskette mit dem Label *Netware 386 Operating System SYSTEM-1* auf die DOS-Partition.

6. Erstellen Sie mit dem DOS-Kommando COPY CON oder einem anderen Texteditor eine AUTOEXEC.BAT-Datei, die den Aufruf des Betriebssystemes SERVER.EXE beinhaltet:

```
COPY CON AUTOEXEC.BAT
SERVER
<CTRL> Z <ENTER>
```

☞ Bei den meisten Rechnern können Sie den Turbo-Schalter einstellen, der ein schnelleres Booten ermöglicht. Bei einigen Rechnern können Sie dies auch mit dem Programm MODE.COM erreichen. In diesem Fall können Sie dieses Programm auf die Bootdiskette kopieren und folgende Zeile der AUTOEXEC.BAT-Datei hinzufügen:

```
MODE SPEED=High <ENTER>
```

3.5 Die Installation im einzelnen

Die Installations-etappen Die Installation eines NetWare v.3.11 Fileservers erfolgt mit zwei Programmen. Zunächst wird mit dem Programm SERVER.EXE das Betriebssystem geladen. Anschließend werden die Festplatten und LAN-Treiber geladen (NLMs). Mit dem Utiltiy INSTALL wird die Festplatte unter NetWare in Volumes eingeteilt und die Systemdateien auf die Festplatte kopiert.

3.6 Aufruf der Datei SERVER.EXE

1. Rufen Sie SERVER.EXE von Ihrem Bootmedium (A: oder C:) aus auf. Beim Aufruf ist die Angabe mehrerer Parameter möglich:

```
SERVER <ENTER>
```

Sie erhalten die Meldung, ähnlich der folgenden:

```
Loading....
```

und anschließend

```
Novell NetWare 386 v3.11

Prozessor Speed: 319

(Type SPEED at the command prompt for an
explanation of the speed rating)

File server name:
```

☞ Wenn Sie eine Erklärung über die Speed Rate möchten, müssen Sie erst den Fileserver benennen und ihm eine interne Netzwerkadresse zuweisen, bevor Sie SPEED eingeben. Folgen Sie der Aufforderung Type SPEED... sofort, wird Ihr Fileserver SPEED heißen.

3.6.1 Fileserver benennen

2. Sie werden nun aufgefordert, dem Fileserver einen Namen zu erteilen. Beachten Sie folgende Konventionen:

- Jeder Fileserver in einem Netzwerk muß einen unikaten Namen tragen, der sich von allen anderen unterscheidet.
- Minimale Länge: zwei Zeichen
- Maximale Länge: 45 Zeichen
- Erlaubte Zeichen: Alphanumerisch (A-Z, 0-9) und die Zeichen ! @ $ ^ & ( ) - _ . (der Punkt darf nicht als erstes Zeichen stehen). Leerzeichen sind nicht erlaubt.

3.6.2 Interne Netzwerkadresse

Nachdem Sie den Fileserver benannt haben, müssen Sie ihm eine interne Netzwerkadresse zuweisen. Diese Adresse muß unikat sein und sie muß sich von allen anderen Netzwerkadressen unterscheiden. Die interne Netzwerkadresse dient dem internen Routen des Fileservers, während die Netzwerkadresse dem externen Routen in Netzwerken dient. Die interne Netzwerkadresse identifiziert ein logisches Netzwerk, welches die Datenpakete in das physikalische Netzwerk weiterleitet.

Sie erhalten die Aufforderung:

```
IPX internal network number:
```

Die Adressierung unterliegt folgenden Konventionen:

Fileserver-Installation

- Länge: ein bis acht Zeichen
- Es muß eine hexadezimale Zahl sein (Ziffern 0 - 9 und A - F).

Nähere Erläuterungen zu den Netzwerkadressen lesen Sie in diesem Kapitel im Punkt *Netzwerkadressen*.

Nachdem Sie die interne Netzwerkadresse eingegeben haben, ist das Betriebssystem geladen. Sie erhalten eine Meldung ähnlich der folgenden:

```
Total server memory: 4 MB

Novell NetWare v3.11 (20 User) 1/20/91

(C) Copyright 1983 - 1991 Novell Inc.

All Rights Reserved

:
```

Am Doppelpunkt erkennen Sie, daß der Fileserver nun einsatzbereit ist. Er kennt allerdings noch keine Festplatten und LAN-Adapter. Die entsprechenden Treiber werden nun mit dem Kommando LOAD geladen.

☞ Wenn Ihr Fileserver über Super-extended RAM verfügt (oberhalb 16 MB), können Sie dieses RAM dem Fileserver mit dem Kommando REGISTER MEMORY zugänglich machen. Sie benötigen dazu die hexadezimale Adresse (Beginn des Super-extended RAMs) und die hexadezimale Länge des RAMs. In EISA Rechnern wird dieser Speicherbereich automatisch erkannt, wenn der Systemparameter "Auto Register Memory Above 16 Meg" auf "ON" steht. Siehe dazu die Beschreibung des *Konsole Kommandos SET*.

Beispiel: Wenn Ihr Rechner über 32 MB RAM verfügt, geben Sie ein:

```
REGISTER MEMORY 1000000 1000000 <ENTER>
```

Nähere Erläuterungen zu dem Kommando "Register Memory" lesen Sie im Kapitel *Konsole-Kommandos* im Punkt *Register Memory*.

3.7 Festplattentreiber laden

Der Festplattentreiber ermöglicht dem Betriebssystem die Kommunikation mit dem Festplattencontroller Ihres Fileservers. Welchen Treiber Sie laden, ist abhängig davon, auf welcher Architektur Ihr Rechner basiert und welcher Controller in Ihrem Fileserver installiert ist.

Die folgende Tabelle gibt Aufschluß darüber, für welche Art von Rechner und welchen Controller welcher Treiber verwendet werden kann.

Architektur	Controllertyp	Festplattentreiber
Industriestandard	AT	ISADISK
	AT	ISADISK
	Novell SCSI	DCB
Microchannel	ESDI	PS2ESDI
	MFM	PS2MFM
	IBM SCSI	PS2SCSI
Extended Industry-Standard Architektur (EISA)	AT	ISADISK
	AT	ISADISK
	EISA-Controller	Händlerspezifisch

☞ Wenn Sie mehr als einen Festplatten-Controller installieren, müssen Sie die Festplattentreiber in der Reihenfolge der Festplatten-Controller laden. Laden Sie zuerst den Treiber für den Controller der internen Festplatte, dann den Treiber für den ersten externen Festplattencontroller usw.

Fileserver-Installation 49

3.7.1 Installation eines DCBs

Im folgenden wird die Installation eines DCBs (Disk Coprozessor Board) von Novell beschrieben. Bei der Installation eines DCBs ist die Konfiguration der externen Festplatten mit DISKSET nötig. Die Erläuterungen zur Installation eines AT-Controllers für eine interne Festplatte ist im Kapitel *Konsole Kommandos* im Punkt *LOAD Festplattentreiber* beschrieben.

Der DCB-Treiber kann vier mal geladen werden. Dabei wird der Treiber nicht vollständig doppelt in den Speicher geladen. Der Programmcode des alten Treibers wird mitbenutzt, nur der Datenbereich wird neu angelegt.

3.7.1.1 Laden des DCB.NLMs

1. Um den Treiber für das DCB zu laden geben Sie ein:

```
LOAD [Pfadangabe] DCB <ENTER>
```

Ersetzen Sie `Pfadangabe` durch die Angabe des Pfades, in dem sich die Datei DCB.DSK befindet.

Sie erhalten die Meldung:

```
Loading module DCB.DSK
Supported I/O port values are: 320, 328,
340, 348, 380, 388
I/O port: 320
```

Übernehmen Sie den Default-Wert oder geben Sie den entsprechenden I/O Port per Hand ein, indem Sie den angegebenen Wert mit der <Backspace> löschen und den neuen Wert eingeben. Bestätigen Sie mit <ENTER>.

2. Sie werden nun aufgefordert, den Interrupt anzugeben:

```
Supported interrupt number values are: B,
C, A, F,
Interrupt number: B
```

Übernehmen Sie den Default-Wert oder geben Sie den entsprechenden Interrupt ein, indem Sie den angegebenen Wert mit <BACKSPACE>-Taste löschen und den richtigen Wert eingeben. Bestätigen Sie mit <ENTER>.

Sie erhalten den Konsole-Prompt des Fileservers, wenn die Eingaben den Hardware-Einstellungen entsprechen. Erhalten Sie eine Fehlermeldung, müssen Sie die Hardware-Einstellung Ihres DCBs überprüfen.

Laden per Sie können die entsprechenden Parameter auch direkt beim
Kommando- Laden des DCB-Treibers angeben. Dem obigen Beispiel entspre-
zeile chend, müssen Sie also folgendes eingeben:

```
LOAD DCB PORT=320 INT=B <ENTER>
```

☞ Laden Sie den DCB-Treiber für ein DCB, das bereits benutzt wurde, können Sie die Option (/s=0) angeben, um den Ladeprozeß zu beschleunigen. Diese Option bewirkt, daß kein EEPROM-Test für Festplatten ausgeführt wird, die nicht angeschlossen sind.

3.7.1.2 Konfiguration mit DISKSET

Nachdem Sie den DCB-Treiber geladen haben, müssen Sie die EEPROM-Information des Controllers konfigurieren und die angeschlossenen Festplatten angeben. Dies erfolgt mit dem Utility DISKSET. Sie müssen DISKSET nur dann benutzen, wenn Sie das DCB von Novell oder einen anderen SCSI-Controller einsetzen, der die Konfiguration des EEPROMs erfordert. Die Information im EEPROM ermöglicht es den Festplatten durch das DCB mit dem Fileserver zu kommunizieren.

1. Rufen Sie DISKSET auf:

```
Load [Pfadangabe] DISKSET <ENTER>
```

Ersetzen Sie Pfadangabe durch die Angabe des Pfades, in dem sich die Datei DISKSET.NLM befindet. Sie können diese Datei auf Ihr Bootmedium kopieren oder die NetWare-Diskette mit dem Label *NetWare 386 Operating System SYSTEM-2* einlegen.

Fileserver-Installation

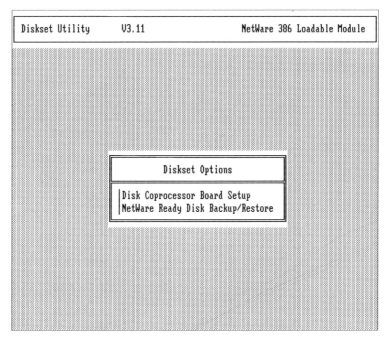

3-3 Das Hauptmenü von DISKSET

2. Wählen Sie aus dem Menü Diskset Options die Option Disk Coprozessor Board SET UP.

3. Wählen Sie den Festplattentreiber mit seinen Konfigurationen aus dem Menü Select Desired Driver aus. Der erste Festplattentreiber, den Sie auswählen, muß der externen Festplatte Nummer 0 entsprechen.

4. Wählen Sie aus dem Konfigurationsfenster die Zeile ***>-- none, unterhalb des Device 0, die der verwendeten Controller-Adresse entspricht. Drücken Sie <INSERT>.

☞ Lassen Sie sich nicht irritieren, wenn Sie die Meldung

Insert disk with 3rd Party Disk Data in Drive A:

erhalten und keine Diskette mit Festplattentreiber von Drittherstellern besitzen. Drücken Sie <F7>. Es erscheint zwar die Meldung Cancel with <F7>, die von NetWare verfügbaren Festplattentreiber werden dennoch aufgelistet.

5. Wählen Sie aus der Liste Select Disk(s) and Controller Type den Namen der Festplatte, die Sie konfigurieren möchten. Drücken Sie <ENTER>.

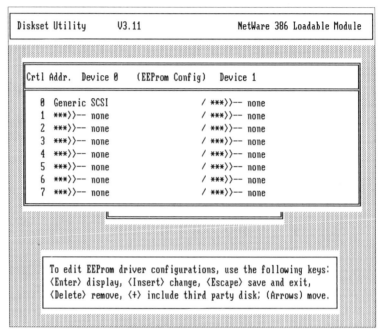

3-4 Die Liste der ausgewählten Festplattentreiber

☞ Haben Sie eine *NetWare Ready* Festplatte, müssen Sie den Treiber NetWare Ready Embedded SCSI auswählen.

6. Nachdem Sie die Festplatte ausgewählt haben, erscheint im Konfigurationsfenster der gewählte Eintrag.

7. Drücken Sie <ESCAPE> und bestätigen Sie mit Yes, um die Informationen zu sichern.

Wiederholen Sie diese Schritte für alle zu konfigurierenden externen Festplatten ihres Fileservers.

Nähere Erläuterungen zu dem Utility DISKSET lesen Sie im Kapitel *NetWare Loadable Modules* im Punkt *DISKSET*.

3.8 Laden des LAN-Treibers

Bevor Sie den LAN-Treiber laden können, müssen Sie das NLM NMAGENT (NetWork Management Agent) laden.

Laden von NMAGENT — Dieses NLM erlaubt es, daß die LAN-Statistiken der LAN-Treiber durch Netzwerk-Management-Daten von anderen Netzwerkteilnehmern mit speziellen Programmen gesehen werden können. Laden Sie das NLM NMAGENT nicht explizit, bevor Sie den LAN-Treiber laden, versucht NetWare dies selbst durchzuführen. Nähere Erläuterungen zum NLM NMAGENT lesen Sie im Kapitel *NetWare Loadable Modules*.

Um das NLM NMAGENT zu laden, geben Sie ein:

```
LOAD [Pfadangabe] NMAGENT <ENTER>
```

Ersetzen Sie Pfadangabe durch die Angabe des Laufwerks, auf dem sich die Datei NMAGENT.NLM befindet.

Laden des LAN-Treibers — Der LAN-Treiber ermöglicht es dem Fileserver mit den angeschlossenen Arbeitsstationen zu kommunizieren. Für jeden Netzwerkadapter, der im Fileserver installiert wurde, muß ein LAN-Treiber geladen werden, der über unterschiedliche Konfigurationen verfügt.

Wie beim Festplattentreiber auch, haben Sie zwei Möglichkeiten den LAN-Treiber zu laden:

- im Dialog
- über die Kommandozeile

Beim Dialog-Verfahren werden die nötigsten Parameter einzeln nacheinander abgefragt. Diese Methode hat den Nachteil, daß Sie Parameter, die nicht zwingende angegeben werden müssen, nicht eingeben können.

Einer der wichtigsten Parameter, den Sie für den Betrieb eines SK-NET-Netzwerkes benutzen müssen, können Sie nur über die Komandozeile eingeben:

FRAME — den Parameter FRAME. Dieser Parameter bestimmt, mit welchem Ethernet-Standard die Kommunikation im Netzwerk erfolgt. Per Default wird NetWare mit dem Ethernet-Standard IEEE 802.3 betrieben. Schneider & Koch liefert seine LAN-Treiber allerdings mit Ethernet v2.0 und Typcodes 8137 aus. Aus diesem Grund wird die Angabe des Parameters FRAME bei ausschließlichem Einsatz von SK-Netzwerkadaptern stark empfohlen. Nähere Erläuterungen lesen Sie im Kapitel *Arbeitsstationen* im Punkt *ECONFIG*

☞ Sie können die beiden Verfahren - Dialog und Kommandozeile - auch gemischt einsetzen.

Laden per Dialog Um den LAN-Treiber für die SKG-16 LAN-Karte im Dialog-Verfahren müßten Sie also eingeben:

```
LOAD [Pfadangabe] SKG16 FRAME=Ethernet_II
<ENTER>
```

Ersetzen Sie Pfadangabe durch die Angabe des Pfades, in dem sich die Datei SKG16.LAN befindet.

Es erscheint die Meldung:

```
Loading SKG16.LAN
Supported I/O port values are: 390, 100,
180, 208, 320, 220, 288, 328
I/O support: 288
```

Übernehmen Sie diesen Wert, wenn er der Einstellung der LAN-Karte entspricht. Löschen Sie im anderen Fall diesen Wert mit der <BACKSPACE>-Taste und geben Sie den Ihrer Karte entsprechenden Wert ein. Bestätigen Sie mit <ENTER>.

Sie werden nun aufgefordert, die Speicheradresse einzugeben:

```
Supported memory address values are:
CC000, D0000, D4000, D8000, C4000
Memory Address: CC000
```

Übernehmen Sie den Default-Wert, wenn er der Einstellung auf der Netzwerkkarte entspricht. Wenn nicht, löschen Sie den Wert mit der <BACKSPACE>-Taste und geben Sie den richtigen Wert ein. Bestätigen Sie mit <ENTER>.

Sie erhalten die Meldung:

```
Supported Interrupt number values are: 5,
2, 3
Interrupt number: 5
```

Übernehmen Sie den Wert, wenn er der Einstellung Ihrer Netzwerkkarte entspricht oder löschen Sie die Angabe mit der <BACKSPACE>-Taste und geben Sie den richtigen Wert ein.

Laden per Kommandozeile Sie können alle Angaben auch auf einmal per Kommandozeile eingeben. Den LAN-Treiber mit obiger Konfiguration könnten Sie also folgendermaßen laden:

Fileserver-Installation

```
LOAD SKG16 FRAME=ETHERNET_II PORT=288
MEM=CC000 INT=5 <ENTER>
```

Nähere Erläuterungen zum Laden von LAN-Treibern lesen Sie im Kapitel *Konsole-Kommandos* im Punkt *LOAD LAN-Treiber*.

3.8.1 Fileserver als interner Router

Wird mehr als eine LAN-Karte im Fileserver installiert, so spricht man von einem internen NetWare Router. Dieser ist in der Lage zwei oder mehrere Netzwerksegmente miteinander zu koppeln. Die Funktionen des internen NetWare Routers werden ausführlich im Kapitel *NetWare Router* beschrieben.

Wenn Sie nun einen internen NetWare Router konfigurieren möchten, laden Sie zunächst zwei oder mehrere LAN-Treiber und geben die entsprechenden Konfigurationen für die Netzwerkkarten ein.

Die Unterscheidung, welche Netzwerkkarte für welches LAN-Segment zuständig ist, erfolgt durch das Binden des zu benutzenden Protokolls an den LAN-Treiber und die Angabe unterschiedlicher Netzwerkadressen.

Nähere Erläuterungen dazu lesen Sie unter dem nächsten Punkt:

3.9 Binden des Protokolls an den LAN-Treiber

NetWare 386 v3.11 unterstützt die Benutzung unterschiedlicher Datentransportprotokolle. Per Default wird NetWare 386 v3.11 mit dem Protokoll IPX/SPX betrieben. Nähere Erläuterungen dazu lesen Sie im Kapitel *NetWare 386 v3.11 Konzepte* .

Um dem LAN-Treiber SKG16 das Protokoll IPX zuzuordnen, geben Sie ein:

```
BIND IPX TO SKG16 <ENTER>
```

Sie werden nun aufgefordert die Netzwerkadresse des LANs einzugeben:

```
NetWork Adress:
```

Geben Sie hier eine hexadezimale Nummer (0-9 und A-F) ein. Diese Zahl darf maximal 8 Ziffern lang sein.

Unmittelbar zum Prozess des Bindens des Protokolls an den LAN-Treiber gehört die Eingabe der Netzwerkadresse.

3.9.1 Netzwerkadressen

Netzwerkadressen identifizieren Netzwerksegmente, die mit einer oder mit mehreren Topologien betrieben werden können. Das Konzept der Netzwerkadressierung ist vergleichbar mit der Postleitzahlenvergabe der Post. Duch die Vergabe unterschiedlicher Adressen (Netzwerk- und Konotenadresse) weiß NetWare, wohin ein Datenpaket gesendet werden muß. Im Vergleich mit der Adressierung der Post, bedeutet dies:

- Die Postleitzahl entspricht der Netzwerkadresse
- Die Knotenadresse entspricht der Straße und Hausnummer

Die Vergabe der Netzwerkadresse unterliegt folgender Konvention:

- Alle Fileserver, die sich in einem LAN, also an einem physikalischen Kabelstrang befinden, müssen die gleiche Netzwerkadresse haben.
- Fileserver, die sich in unterschiedlichen LAN-Segmenten befinden, also an unterschiedlichen Kabelsträngen vernetzt sind, müssen unterschiedliche Netzwerkadressen zugewiesen bekommen (siehe Punkt *Fileserver als interner Router*)

☞ Hinweis zum Upgrade: Wenn Sie zum Umrüsten eines NetWare 286 Fileservers die Transfer-Methode des UPGRADE-Utilities benutzen, koppeln Sie einen NetWare 386 Fileserver in Ihr Netzwerk ein. Sie müssen darauf achten, daß der NetWare 386 Fileserver die gleiche Netzwerkadresse trägt wie das NetWare 286 LAN. Sie erhalten sonst entsprechende Fehlermeldungen.

Ist dies der Fall, können Sie mit dem Konsole-Kommando UNBIND den LAN-Treiber vom Datentransportprotokoll lösen. Binden Sie den LAN-Treiber erneut an das Datentransportprotokoll und geben Sie die entsprechende Netzwerkadresse ein).

3.10 Laden anderer Module

An dieser Stelle der Installation können all die NLMs geladen werden, die bei jedem Bootvorgang aktiviert werden sollen. Die Beschreibung sämtlicher NetWare NLMs lesen Sie im Kapitel NetWare Loadable Modules. Werden die NLMs bei der Installa-

Fileserver-Installation 57

tion geladen, verankert NetWare diese automatisch in der Bootdatei AUTOEXEC.NCF. Sie können diese Datei jederzeit editieren. Nähere Erläuterungen dazu lesen Sie in diesem Kapitel unter dem Punkt *Booten des Fileservers*.

3.11 Einteilung der Festplatten unter NetWare

Einleitung Die Festplatten in einem Fileserver können physikalisch unterteilt werden in Partitions und Volumes.

3.11.1 Partitions

Die Einteilung einer Festplatte in Partitions erfolgt immer betriebssystem-spezifisch. Möchte man den Fileserver über Festplatte booten, so erreicht man dies durch Erstellen einer DOS-Partition auf der Fileserver-Festplatte. Diese Partition wird mit dem DOS-Utility FDISK auf *Active* gesetzt und ist somit bootfähig. Das Booten von Festplatte ist allerdings nur möglich, wenn im Fileserver mindestens eine interne Festplatte installiert ist. Bei ausschließlicher Benutzung von externen Festplatten an einem DCB ist das Booten nur über Diskette möglich. Wird NetWare über eine DOS-Partition gebootet, so muß nur auf derjenigen Festplatte eine DOS-Partition eingerichtet werden, über die gebootet wird. Alle anderen Festplatten enthalten im Normalfall nur eine Partition - die NetWare-Partition.

Physikalisch ist eine NetWare-Partition eingeteilt in einen Datenbereich (*Data Area*) und die sog. *Hot Fix Redirection Area* (Nähere Erläuterungen zum HotFix lesen Sie im Kapitel *NetWare v3.11 Konzepte* im Punkt *Sicherheitsmechanismen*). Die Bezeichnung NetWare Partition bezieht sich nur auf den Datenbereich.

Der Datenbereich einer NetWare-Partition enthält vier Kopien der Volume Definition Table. Diese Tabelle enthält eine Liste aller Volume-Segmente einer Partition. Die vierfache Auslegung der Volume Definition Table basiert auf den SFT-Funktionen von NetWare. Nähere Erläuterungen zu den SFT-Funktionen lesen Sie im Kapitel *NetWare 386 v3.11 Konzepte* im Punkt *Sicherheitsfunktionen unter NetWare*. Tritt ein Fehler in einer Tabelle auf, so wird dieser erkannt und korrigiert.

Der restliche Datenbereich einer NetWare-Partition kann unterteilt werden in NetWare-Volumes:

3.11.2 Volumes

Ein Volume unter NetWare ist ebenfalls eine physikalische Einheit einer Festplatte des Fileservers. Volumes werden während der Installation des Fileservers angelegt. Jede NetWare-Partition muß mindestens ein NetWare-Volume enthalten. Ein NetWare-Volume ist die höchste Ebene der Verzeichnisstruktur in einem Fileserver und entspricht der Root unter DOS. Ein Fileserver unter NetWare 386 v3.11 unterstützt bis zu 64 Volumes. Volumes sind auf zwei Arten aufteilbar:

- logische Aufteilung
  die logische Aufteilung eines Volumes erfolgt durch das Einrichten von Verzeichnissen. Auf der Festplatte, auf der sich die NetWare-Systemdateien befinden, wird das Volume SYS: angelegt. Dieses Volume heißt immer SYS: und kann auch nicht umbenannt werden. Das Volume SYS enthält bereits vier Verzeichnisse, in die die NetWare Systemdateien kopiert werden: SYSTEM, PUBLIC, LOGIN, und MAIL. Näheres zu der Verzeichnisstruktur lesen Sie im Kapitel *Datenstruktur* unter NetWare im Punkt *Verzeichnisstruktur*.

- physikalische Aufteilung
  Volumes unter NetWare 386 v3.11 können physikalisch in Volume-Segmente eingeteilt werden. Verschiedene Segmente eines Volumes können über mehrere Festplatten verteilt sein, sie können sich aber auch auf ein und derselben Festplatte befinden. Eine Festplatte kann bis zu acht Volume-Segmente enthalten, die einem oder mehreren Volumes zuge- hören können. Jedes Volume wiederum kann in bis zu 32 Volume-Segmente aufgeteilt sein. Werden Segmente eines Volumes auf mehrere Festplatten aufgeteilt, so erreicht man damit eine erhebliche Steigerung der Zugriffsgeschwindigkeit auf die Daten, da auf mehrere Festplatten gleichzeitig zugegriffen werden kann.

Sicherheits-risiko Diese Möglichkeit impliziert jedoch ein großes Sicherheitsrisiko, denn: fällt eine Festplatte aus, auf der sich ein Segment eines Volumes befindet, ist der Zugriff auf die Daten des gesamten Volumes unmöglich. Möchten Sie trotzdem diese Geschwindigkeitssteigerung in Anspruch nehmen, sollten sie die Festplatten, über die sich verschiedene Segmente eines Volumes erstrecken, in jedem Fall spiegeln. Nähere Erläuterungen zum Spiegeln von Festplatten lesen Sie im Kapitel *NetWare 386 v3.11 Konzepte*.

Vergrößern eines Volumes Das Vergrößern eines Volumes ist unter NetWare 386 v3.11 auf einfache Art und Weise möglich. Sie installieren eine neue Festplatte im Fileserver, formatieren diese, partitionieren sie und

Fileserver-Installation

erklären die verfügbare Speicherkapazität als Segment des Volumes, das Sie vergrößern möchten.

Verkleinern eines Volumes
Sie können ein Volume nur verkleinern, indem Sie dieses löschen und mit geringerer Speicherkapazität neu einrichten. Löschen Sie ein Volume, werden sämtliche Daten zerstört. Sorgen Sie also für eine Sicherheitskopie.

3.11.2.1 Volumes mit Unterstützung anderer Namenskonventionen

NetWare erlaubt das Speichern von Dateien auf NetWare-Volumes, die nicht der DOS-Namenskonvention entsprechen. Sollen Dateien anderer Namenskonventionen - z.B. Macintosh oder OS/2 - auf einem NetWare-Volume gesichert werden, muß erst das NLM Name Space geladen werden. Danach können Dateien dieser Namenskonvention auf dem Fileserver gespeichert werden. Diese NLMs tragen die Extension .NAM. Nachdem das NLM geladen wurde, muß für das Volume, das eine bestimmte Namenskonvention unterstützen soll, das Konsole-Kommando ADD NAME SPACE eingegeben werden.

Sobald die Unterstützung anderer Namenskonventionen einem Volume angefügt wurde, wird in diesem Volume ein weiterer Eintrag in der Directory-Tabelle vorgenommen. Ein Volume, welches beispielsweise Macintosh-Dateien unterstützt, hat zwei Einträge pro Macintosh-Datei:

* Einen DOS-Dateinamen im DOS-Verzeichnisplatz

* Einen Macintos-Dateinamen im Macintosh-Verzeichnisplatz

Jedes Volume, welches andere Namenskonventionen unterstützt, benötigt ungefähr zweimal so viel RAM des Fileservers wie ein Volume, auf welchem nur DOS-Dateien gesichert werden. Dies ist in der Tatsache begründet, daß jeder Verzeichniseintrag zweimal im RAM gehalten werden müssen.

☞ Wurde die Unterstützung anderer Namenskonventionen an ein Volume angefügt, so kann dies nicht mehr entfernt werden. Das Volume wird nicht gemountet werden können, bevor das entsprechende NLM nicht geladen ist. Es empfiehlt sich aus diesem Grund, die entsprechenden NLMs mit auf das Bootmedium zu kopieren und das Laden derselben in der Datei STARTUP.NCF zu verankern. Damit werden die richtigen NLMs direkt beim Booten geladen.

3.12 Einteilung der Festplatten mit INSTALL

INSTALL ist das NLM von NetWare v3.11, mit dem die Festplatten formatiert und gespiegelt werden, Partitions und Volumes eingerichtet werden und die Systemdateien auf das Volume SYS: kopiert werden. Darüberhinaus werden mit INSTALL die beiden Bootdateien STARTUP.NCF und AUTOEXEC.NCF eingerichtet. Nähere Erläuterungen zu Partitions und Volumes lesen Sie im Kapitel *Datenstrukturen*. Wie in allen NetWare Menü-Utilities erhalten Sie durch Drücken der Taste <F1> Hilfetexte, allerdings in englischer Sprache.

3.12.1 Laden von INSTALL.NLM

Um die Einteilung der Festplatten vorzunehmen, geben Sie ein:

```
LOAD [Pfadangabe] INSTALL <ENTER>
```

Ersetzen Sie Pfadangabe durch die Angabe des Laufwerkes, auf dem sich die Datei INSTALL.NLM befindet.

3.13 Einrichten einer NetWare-Partition

Das Einrichten einer NetWare-Partition erfolgt im Menü-Utility INSTALL mit der Option Disk Options.

3.13.1 Disk Options

Mit dieser Option können Sie Festplatten formatieren, Partition Tables editieren, NetWare Partitions einrichten, diese spiegeln und auf fehlerhafte Blöcke überprüfen. Wählen Sie diese Option aus dem Hauptmenü und drücken Sie <ENTER>.

Fileserver-Installation 61

Es erscheint ein Untermenü mit folgenden Unteroptionen:

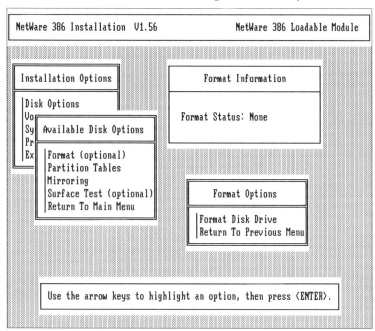

3-5 Das Menü von Disk Options im NLM INSTALL

3.13.1.1 Format (Optional)

Diese Option erlaubt Ihnen das Formatieren einer Festplatte. Sie brauchen diese Option allerdings nur in den seltensten Fällen, da die meisten Festplatten bereits formatiert sind.

1. Wählen Sie die Option Format (optional) an und drükken Sie <ENTER>. Es erscheint eine Liste der angeschlossenen Festplatten. Sollte die zu formatierende Festplatte nicht in der Liste sein, sollten Sie sich vergewissern, daß der entsprechende Festplattentreiber geladen ist und die Hardware-Verbindungen überprüfen.

2. Wählen Sie die zu formatierende Festplatte aus und drücken Sie <ENTER>. Es erscheint links oben das Fenster Format Information, indem der Status angezeigt wird. Ist die Festplatte nicht formatiert, ist hier None eingetragen. Ist sie formatiert, so steht hier Not formatted.

Rechts unten erscheint ein kleines Menü Format Options mit zwei Optionen:

Format Disk Drive
: Wählen Sie diese Option an und drücken Sie <ENTER>. Sollten auf dieser Festplatte Daten enthalten sein, erhalten Sie die Fehlermeldung, daß diese Festplatte eine Partition Table enthält und bei der Formatierung alle Daten auf der Festplatte gelöscht werden. Drücken Sie <ESCAPE>, um den Format-Vorgang zu starten. Sie werden nochmals gefragt, ob Sie die Festplatte formatieren möchten. Bestätigen Sie mit Yes, oder brechen Sie den Vorgang mit No ab.

Return to Previous Menu
: Mit dieser Option kehren Sie zum Menü Available Disk Options zurück.

3.13.1.2 Partition Tables

Mit dieser Option können Sie NetWare-Partitions einrichten oder löschen und den Hot Fix Bereich ändern.

Erstellen der Partition Tables Eine interne Festplatte kann außer einer aktiven DOS-Partition auch eine NetWare-Partition enthalten. Externe Festplatten haben meistens nur NetWare-Partitions.

☞ Sollten außer einer DOS-Partition zum Booten von NetWare andere Partitions auf Ihrer Festplatte eingerichtet sein, so müssen Sie diese löschen, um den Speicherplatz unter NetWare 386 nutzen zu können. Dies gilt auch für Partitions älterer NetWare-Versionen. Wählen Sie dazu die Option Delete Partition aus dem Menü Partition Options. Wenn Sie eine Partition löschen, zerstören Sie damit alle Daten auf dieser Festplatte. Sorgen Sie also vorher dafür, daß eine Sicherungskopie der Daten angelegt wurde.

3. Wählen Sie Option Partition Tables an. Es erscheint eine Liste der angeschlossenen Festplatten. Wählen Sie die gewünschte Festplatte aus und drücken Sie <ENTER>. Sie können nun die Partition Tables ändern.

Im oberen Bereich des Bildschirms erscheint eine Tabelle der bereits eingerichteten Partitionen. Dabei bedeuten:

Partition Type
: zeigt an, für welches Betriebssystem die Partition eingerichtet wurde. Folgende Typen sind möglich:

NetWare Partition
: Diese Partition wurde unter NetWare eingerichtet.

Fileserver-Installation 63

DOS Partition
: Diese Partition wurde für DOS eingerichtet.

Non NetWare Partition
: Diese Partition wurde für ein anderes Betriebssystem eingerichtet.

Start
: zeigt an, auf welchem Zylinder die Partition beginnt.

End
: Zeigt an, auf welchem Zylinder der Festplatte die Partition endet.

Size
: zeigt die Größe der Partition in Megabytes an.

In der Mitte des Bildschirms erscheint das Menü Partition Options mit folgenden Optionen:

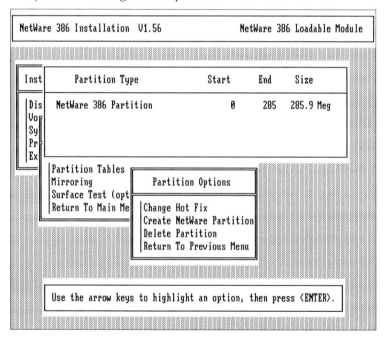

3-6 Das Menü Partition Options im NLM INSTALL

Change Hot Fix
: Mit dieser Option können Sie die Hot Fix-Einstellung für eine NetWare Partition ändern. Die Einstelllung wird beim Einrich-

ten einer NetWare-Partition automatisch von NetWare vorgenommen. Wählen Sie diese Option an und drücken Sie <ENTER>. Es erscheint das Fenster Partition Information mit folgenden Informationen:

Partition Type
zeigt den Typ der Partition an.

Partition Size
zeigt die Größe der Partition in Zylindern und Megabytes an. NetWare weist automatisch den gesamten freien Speicherplatz als NetWare-Partition aus.

Hot Fix Information:
NetWare teilt eine NetWare-Partition in zwei Bereiche auf: die Data Area (Datenbereich) und die Redirection Area (Auslagerungsbereich).

Data Area
Dem Datenbereich stellt NetWare 98 % der Speicherkapazität zur Verfügung. In diesem Feld sehen Sie die Anzahl der Blöcke (Default 4 KB) und die Größe des Datenbereichs in Megabytes.

Redirection Area
2% des Speicherplatzes stellt NetWare für die sogenannte Hot Fix Redirection Area zur Verfügung. In diesen Bereich werden die Daten geschrieben, die NetWare versuchte in den Datenbereich zu schreiben. Dieser Vorgang konnte nicht durchgeführt werden, weil der gewählte Block auf der Festplatte als fehlerhaft markiert wurde. NetWare lagert die Daten dann in die Redirection Area aus. Nähere Erläuterungen zum Hot Fix lesen Sie im Kapitel *NetWare 386 v3.11 Konzepte.*

Create NetWare Partition
Mit dieser Option können Sie eine NetWare-Partition einrichten und das Hot Fix bestimmen. Drücken Sie <ENTER>. NetWare bietet Ihnen per Default den gesamten Speicherbereich der Festplatte an. Wenn Sie dies möchten, bestätigen Sie die Angaben mit <ESCAPE>.

Verändern der Größe einer Partition
Um eine Partition zu verkleinern, wählen Sie das Feld Partition Size an und verändern die Anzahl der Zylinder. Sie erhalten sofort die Angabe, um wieviel MB es sich hierbei handelt.

Fileserver-Installation 65

Hot Fix Bereich verändern Wenn Sie die Größe des Datenbereiches oder der Hot Fix Redirection Area verändern möchten, gehen Sie mit den Pfeiltasten auf eines der Felder und tragen den gewünschten Wert ein. Bestätigen Sie mit <ENTER>. NetWare paßt automatisch den anderen Wert an.

☞ Ignorieren Sie die Meldung `Free Space` (freier Speicherplatz) bei *NetWare Ready* Festplatten.

4. Drücken Sie <ESCAPE> und bestätigen Sie mit `Yes`, um die NetWare-Partition einzurichten.

5. Drücken Sie erneut <ESCAPE>. Ist mehr als eine Festplatte in Ihrem Fileserver installiert, müssen Sie diese Schritte auch für alle anderen Festplatten durchführen.

`Delete Partition`
Mit dieser Option können Sie bereits eingerichtete Partitions löschen. Wählen Sie dazu diese Option an und drücken Sie <ENTER>. Wählen Sie die zu löschende Partition an und drücken Sie <ENTER>. Sie erhalten eine Fehlermeldung, daß alle Daten zerstört werden. Drücken Sie <ESCAPE>.

☞ Ist auf einer zu löschenden Partition bereits ein Volume eingerichtet und dieses aktiviert (gemounted), können Sie die Partition nicht löschen. Sie müssen mit dem Konsole-Kommando DISMOUNT das Volume deaktivieren, bevor Sie die Partition löschen können.

`Return to previous menu`
Wählen Sie diese Option an, so kehren Sie zum Menü `Available Disk Drives` zurück. Drücken Sie <ESCAPE> um zum Menü `Available Disk Options` zurückkzukehren.

3.14 Festplatten spiegeln

Um Festplatten zu spiegeln, wählen Sie aus dem Menü `Disk Options` die Option Mirroring aus.

3.14.1 Mirroring

Mit dieser Option können Sie Festplatten spiegeln oder entspiegeln. Nähere Erläuterungen zum Spiegeln von Festplatten lesen Sie im Kapitel *NetWare 386 v3.11 Konzepte* im Punkt *Sicherheitsfunktionen unter NetWare*.

Wählen Sie die Option mit <ENTER> an. Es erscheint das Fenster *Partition Mirroring Status* mit einer Liste der logischen NetWare Partitions mit ihrem Spiegelstatus. Alle Partitions eines Festplatten-Sets werden als eine logische Partition behandelt. Jede Partition enthält eine Kopie aller Daten des Festplatten-Sets. Die Statusmeldungen bedeuten:

`Not Mirrored`
  Die Festplatte ist mit keiner anderen gespiegelt.

`Mirrored`
  Die Festplatte ist bereits mit einer anderen Festplatte gespiegelt.

`Out of sync`
  Diese Meldung zeigt an, daß NetWare keine Volume-Information auf der Partition erkennt. Sie können diesen Status ändern, indem Sie die Taste <F3> drücken. Damit wird die Partition in den Status `Not Mirrored` versetzt. Sie können hiermit alle Volume-Segmente einer Partition rekonstruieren.

☞ Nähere Erläuterungen zu der Bedeutung der `Device Numbers` lesen Sie in diesem Kapitel im Punkt *Festplattennummerierung* unter NetWare.

1. Wählen Sie die primäre Festplatte eines Festplattenpaares an und drücken Sie <ENTER>.

Sie erhalten das Fenster `Mirrored NetWare Partitions` mit einer Liste aller physikalischen NetWare-Partitions eines Festplatten-Sets. Sie können bis zu 16 Partitions spiegeln, allerdings wird das Spiegeln von lediglich 2 Partitions empfohlen.

Wird eine Festplatte aus einem Set entfernt, erhält es den Status `Out of sync`. Sie haben zwei Möglichkeiten diesen Status zu ändern:

- Ordnen Sie die Partition einem Set zu

- Benutzen Sie die <F3>-Taste, um die Festplatte in den Zustand `Not Mirrored` zu versetzen.

Wird eine Partition einem Set zugefügt, wird diese automatisch gespiegelt. Treten bei einer Festplatte Fehler auf, sodaß nicht auf sie zugegriffen werden kann, muß die Festplatte aus dem Set entfernt werden, damit das Spiegeln ordnungsgemäß funktioniert.

2. Drücken Sie <INSERT>, um die sekundäre Festplatte eines Sets auszuwählen. Sie erhalten das Fenster `Available Partitions`. Drücken Sie <ENTER>.

Fileserver-Installation

☞ Ist die sekundäre Festplatte größer als die primäre, erhalten Sie die Meldung, daß die Größe der kleineren Festplatte als logische Spiegelgröße verwendet wird. Drücken Sie <ESCAPE> und bestätigen Sie mit Yes, damit diese Größe von NetWare benutzt wird. Bei der größeren Festplatte wird damit automatisch die Hot Fix Redirection Area größer.

3.15 Festplattentest

Um einen Festplattentest durchzuführen, wählen Sie aus dem Menü Disk Options die Option Surface Test (optional) aus.

3.15.1 Surface Test (optional)

Mit dieser Option kann die Festplatte einer Prüfung auf fehlerhafte Blöcke unterzogen werden. Sollten sogenannte Bad Blocks auftreten, werden diese als solche markiert, sodaß nicht versucht wird, diese Blöcke zu beschreiben. Sie werden in die Bad Block Liste eingereiht. Dieser Festplattentest ist optional.

1. Wählen Sie diese Option an und drücken Sie <ENTER>. Sie erhalten eine Liste der angeschlossenen Festplatten. Wählen Sie die gewünschte aus und drücken Sie <ENTER>.

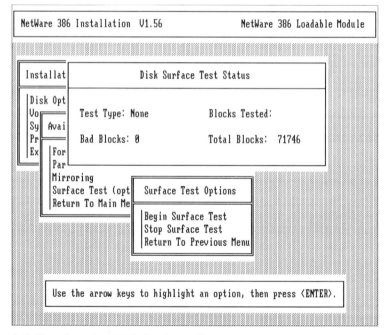

3-7 Das Fenster Disk Surface Test

2. Im oberen Bildschirmteil erscheint das Statusfenster Disk Surface Test mit folgenden Angaben:

Test Type
 Folgende Meldungen sind möglich:

`None`
bedeutet, daß die Festplatte nicht getestet wurde.

`Failed`
bedeuted, daß ein Festplattenfehler aufgetreten ist, der nicht korrigiert werden konnte.

`Completed`
bedeuted, daß ein Festplattentest erfolgreich durchgeführt werden konnte.

`Destructive`
bedeuted, daß alle Daten bei einem Test zerstört werden.

`Non-Destructive`
bedeuted, daß keine Daten zerstört werden.

`Blocks Tested`
zeigt an, wieviele Blöcke getestet wurden. Dieser Wert ändert sich während einem Test ständig.

`Bad Blocks`
zeigt an, wieviele fehlerhafte Datenblöcke gefunden wurden.

`Total Blocks`
zeigt die Größe der Festplatte in Blöcken an.

In der Mitte des Bildschirms erscheint das Fenster `Surface Test Options` mit folgenden Optionen:

3.15.1.1 Begin Surface Test

Mit dieser Option starten Sie den Festplattentest. Drücken Sie <ENTER>. Es erscheint das Auswahlmenü `Surface Test Options` mit folgenden Optionen:

`Destructive Test`
Bei diesem Festplattentest werden alle Daten auf der Festplatte zerstört.

`Non Destructive Test`
Bei diesem Festplattentest werden die Daten auf der Festplatte nicht zerstört.

3.15.1.2 Stop Surface Test

Mit dieser Option können Sie einen Festplattentest jederzeit unterbrechen. Ein Festplattentest wird in jedem Fall unterbrochen, wenn Sie das Utiltiy INSTALL verlassen.

3.15.1.3 Return To Previous Menu

Wählen Sie diese Option an, um zum Menü `Available Disk Drives` zurückzugelangen. Drücken Sie <ESCAPE>, um zum Menü `Available Disk Options` zu gelangen.

3.15.2 Return To main Menu

Drücken Sie <ENTER>, um zum Hauptmenü von INSTALL zu gelangen.

3.16 Einrichten der NetWare-Volumes

Sie können Volumes mit der Option `Volume Options` einrichten. Diese Option ist im Hauptmenü des NLMs INSTALL enthalten.

☞ Hinweis zum Upgrade: Wenn Sie einen NetWare 286 Fileserver auf einen NetWare 386 Fileserver umrüsten möchten, müssen Sie die Volumes neu einrichten. Sie sollten die neuen Volumes mindestens 10% größer machen. Volume SYS: sollte nach Möglichkeit sogar circa 6 MB größer sein. Nähere Erläuterungen zum UPGRADE lesen Sie im Kapitel *NetWare Menü-Utitilities* im Punkt *UPGRADE*.

3.16.1 Volume Options

Mit dieser Option können Volumes eingerichtet, gesichtet, gelöscht, umbenannt und erweitert werden. NetWare unterstützt bis zu 64 Volumes in einem Fileserver.

1. Wählen Sie diese Option an und drücken Sie <ENTER>. Drücken Sie <INSERT>, um ein neues Volume einzurichten.

Das erste Volume der NetWare-Partition auf dem das Betriebssystem installiert wird, heißt immer SYS:. Sie können diesen Namen nicht ändern. Es erscheint das Fenster `Volume Information` mit folgenden Informationen:

`Volume Name`
  zeigt den Namen des Volumes an. Sie können den Namen eines Volumes nur ändern, wenn dieses deaktiviert (dismounted) ist.

Volume Block Size

Beim Erstellen eines Volumes können Sie die Blockgröße festlegen. Die definierte Blockgröße ist die kleinste Dateneinheit auf der Festplatte des Fileservers. Der Default-Wert ist 4 KB. Ist eine Datei zum Beispiel 5000 Bytes groß belegt sie bei einer Blockgröße von 4KB zwei Blöcke, bei einer Blockgröße von 8 KB einen Block.

Sie haben die Auswahl zwischen 4 KB, 8 KB, 16 KB, 32 KB oder 64 KB.

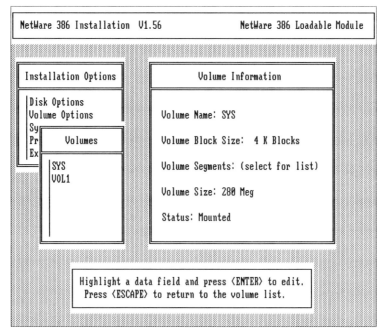

3-8 Das Fenster Volume Information

Wenn Sie wissen, daß auf einem Volume viele kleinere Dateien gespeichert werden, sollten Sie eine kleine Blockgröße benutzen. Diese benötigen jedoch mehr RAM für die Verzeichnistabellen.

Werden auf einem Volume hauptsächlich große Dateien gespeichert - beispielsweise Datenbankdateien - sollten Sie eine große Blockgröße verwenden. Die Blockgröße ist auf allen Segmenten eines Volumes gleich.

☞ Große Blockgrößen (32KB oder 64 KB) können verursachen, daß einige DOS-Utilities den freien Speicherplatz auf einer Festplatte falsch berechnen.

Wenn Sie die Blockgröße ändern möchten, drücken Sie <ENTER> und wählen Sie die gewünschte Größe aus. Bestätigen Sie mit <ESCAPE>.

```
Initial Segment Size
```
Mit dieser Option können Sie die Größe eines Volumes festlegen. NetWare nimmt per Default die gesamte Kapazität der Partition für ein Volume. Drücken Sie <ENTER> und geben Sie eine neue Anzahl an Blöcken ein. Teilen Sie dabei die Zahl 1024 durch die Blockgröße.

Beispiel `1024 : 4 = 256 Blöcke pro MB`

Möchten Sie nun wissen, wieviel Blöcke eine 20 MB große Festplatte hat, multiplizieren Sie diesen Wert mit 20.

```
256 x 20 = 5120
```

5120 wäre somit die Segment-Größe.

Haben Sie die Anzahl der Blöcke angegeben, sehen Sie im Feld `Volume Size` die Größe des Volumes in MB.

Nachdem Sie die Änderungen eingegeben haben, drücken Sie <ESCAPE> und beantworten die Frage `Create Volume` mit `Yes`.

```
Volume Segments
```
Nachdem das Volume eingerichtet wurde, erscheint an dieser Stelle die Option `Volume Segments`. Wenn Sie diese Option mit <ENTER> anwählen, erscheint eine Liste der Segmente eines Volumes. Welchen Konventionen das Segmentieren eines Volumes unterliegt, lesen Sie in diesem Kapitel im Punkt *Einteilung der Festplatten*.

Drücken Sie <INSERT>. Sie erhalten die Meldung, wieviel freie Speicherkapazität zur Verfügung steht. Mit <ENTER> und `Yes` akzeptieren Sie, daß die gesamte freie Kapazität als Volume-Segment aktiviert wird. Sie können diesen Wert auch abändern, indem Sie den Wert mit der <BACKSPACE>-Taste löschen und einen neuen Wert eingeben. Nehmen Sie dazu die Berechnungsgrundlage, die im Punkt *Verändern der Blockgröße* erläutert ist.

Fileserver-Installation

Status
: Im Feld Status wird angezeigt, ob ein Volume gemounted (aktiviert) oder dismounted (nicht aktiviert) ist.

Volume aktivieren
: Bevor Sie die Systemdateien auf das Volume SYS: kopieren können, müssen Sie das Volume erst aktivieren. Drücken Sie dazu <ENTER> und wählen Sie die Option `Mount Volume`.

3.17 Systemdateien kopieren

Nachdem das Volume SYS: gemounted ist, müssen Sie nun die Systemdateien auf dieses Volume übertragen. Wählen Sie dazu aus dem Hauptmenü die `Option System Options`.

3.17.0.1 System Options

Kopieren der Systemdateien
: Mit dieser Option können Sie die Systemdateien auf das Volume SYS: kopieren. Außerdem können Sie in dieser Option die Fileserver-Boot-Dateien AUTOEXEC.NCF und STARTUP.NCF editieren und erstellen.

Wählen Sie die Option `System Options` an und drücken Sie <ENTER>. Es erscheint ein Untermenü mit folgenden Optionen:

3.17.1 Copy System und Public Files

Wenn Sie diese Option anwählen, werden Sie aufgefordert nacheinander die NetWare-Disketten einzulegen. NetWare richtet auf dem Volume SYS: vier Verzeichnisse ein, in die die einzelnen Dateien kopiert werden.

3.17.2 Create AUTOEXEC.NCF File

Mit dieser Option wird eine sogenannte Default AUTOEXEC.NCF eingerichtet und diese im Verzeichnis SYS:SYSTEM abgesichert. Diese Stapeldatei wird alle Befehle enthalten, die Sie im ersten Teil der Installation eingegeben haben. In dieser Datei ist beispielsweise der Fileservername, die interne Netzwerkadresse, der Befehl zum Laden des LAN-Treibers usw. enthalten. Sichern Sie diese Datei ab, indem Sie <ESCAPE> drücken.

Beispiel
: So könnte eine einfache AUTOEXEC.BAT-Datei aussehen:

```
file server name: Julius
ipx internal net 12345ab
```

```
LOAD SKG16 frame=ethernet_IIport=288
mem=cc000 int=5

bind ipx to SKG16 net=123

mount all
```

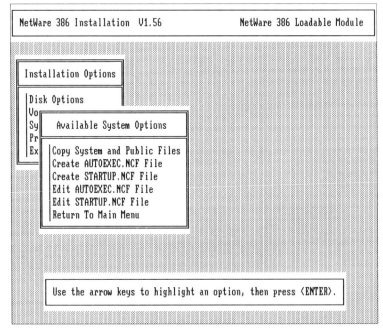

3-9 Das Menü von System Options

3.17.3 Create STARTUP.NCF File

Mit dieser Option wird eine Default STARTUP.NCF-Datei eingerichtet. Wenn Sie diese Option anwählen, werden Sie aufgefordert, den Pfad des Bootmediums einzugeben, da diese Datei dort gesichert wird. In dieser Datei werden die Festplattentreiber und die NLMs zur Unterstützung anderer Namenskonventionen eingetragen. Sichern Sie diese Datei ab, indem Sie <ESCAPE> drücken.

Beispiel Eine einfache STARTUP.NCF-Datei könnte so aussehen:

```
Load isadisk port=1f0 int=e

Load MAC
```

Fileserver-Installation

3.17.4 Edit AUTOEXEC.NCF File

Mit dieser Option können Sie eine existierende AUTOEXEC.NCF-Datei editieren. Sie können dieser Datei jedes Kommando hinzufügen, das Sie von der Konsole des Fileservers eingeben können. Parameter, die mit dem Konsole-Kommando SET verändert werden können, dürfen in dieser Datei ebenfalls eingetragen werden. Nähere Erläuterungen zu den Parametern des Konsole-Kommandos SET lesen Sie im Kapitel *Konsole Kommandos* im Punkt *SET*. Sichern Sie diese Datei ab, indem Sie <ESCAPE> drücken.

3.17.5 Edit STARTUP.NCF File

Diese Option erlaubt es Ihnen, eine existierende STARTUP.NCF-Datei zu editieren. Diese Datei kann das Laden des Festplattentreibers, das Laden der Unterstützung anderer Namenskonventionen sowie einige Konfigurationsanweisungen für den Fileserver enthalten (siehe Konsole-Kommando SET). Sichern Sie diese Datei ab, indem Sie <ESCAPE> drücken.

3.17.6 Return To Main Menu

Wenn Sie diese Option anwählen, kehren Sie zum Hauptmenü zurück.

3.18 Unterstützung anderer Namenskonventionen aktivieren

Nachdem Sie alle Punkte der Installation durchgeführt haben und andere Namenskonventionen unterstützen möchten, müssen Sie dies jetzt noch auf dem Volume aktivieren. Angenommen Sie haben das NLM MAC.NAM für das Volume VOL1: geladen.

Geben Sie an der Konsole des Filservers ein:

```
ADD NAME SPACE MACINTOSH TO VOL1:
```

Damit ist die Installation des Fileservers abgeschlossen.

3.19 Parameter von SERVER.EXE

Mit dem Aufruf der Datei SERVER.EXE starten Sie das Betriebssystem auf dem Fileserver. Beim Laden von SERVER.EXE werden folgende Schritte vorgenommen:

- Die Datei STARTUP.NCF wird ausgeführt.
- Das Volume SYS: wird gemounted
- Die Datei AUTOEXEC.NCF wird ausgeführt.

Ist keine der .NCF-Dateien vorhanden, müssen Sie die einezelnen Etappen der Installation durchführen.

Der Aufruf von SERVER.EXE erfolgt durch:

```
SERVER [Parameter] <ENTER>
```

Folgende Parameter können angegeben werden:

```
-S [Pfadangabe] Dateiname
```
Geben Sie diesen Parameter an, wenn Sie nicht die Default-STARTUP.NCF-Datei ausführen möchten, sondern eine andere Datei. Ersetzen Sie *Pfad* durch die Angabe des Pfades, in dem sich die auszuführende Datei befindet. Geben Sie keinen Pfad an, sucht das Betriebssystem im aktuellen Boot-Verzeichnis nach der Alternativ-Datei.

Ersetzen Sie *Dateiname* durch den Namen der Datei, die anstelle der STARTUP.NCF-Datei ausgeführt werden soll.

Beispiel Die Anwendung dieses Parameters ist dann sinnvoll, wenn Sie in Ihrem Fileserver sowohl eine interne als auch eine externe Festplatte installiert haben. Wenn Sie den Fileserver nun so boten möchten, daß nur die interne Festplatte angesprochen wird (beispielsweise weil Sie die externe Festplatte warten möchten), so können Sie eine Datei anlegen, die lediglich den Befehl zum Laden des Festplattentreibers für die interne Festplatte enthält:

```
LOAD ISADISK port=1F0 int=E
```

Angenommen, diese Datei heißt ISA.NCF, würde der Aufruf von SERVER folgendermaßen aussehen.

```
SERVER -S ISA.NCF <ENTER>
```

```
-NA
```
Geben Sie diesen Parameter an, wird die aktuelle AUTOEXEC.NCF-Datei nicht ausgeführt. Die Angabe des Parameter ist

Fileserver-Installation

sinnvoll, wenn Sie beim Booten des Fileservers neue Treiber laden oder andere Kommandos ausführen möchten.

-NS
Bei Angabe dieses Parameters wird weder die Datei START-UP.NCF noch die Datei AUTOECEX.NCF ausgeführt. Damit wird der Boot-Prozess des Fileservers völlig geändert.

-C Cache Buffer Größe
Benutzen Sie diesen Parameter, wenn Sie die Cache Buffer Größe ändern möchten. Gültige Werte sind 4KB, 8B oder 16 KB.

☞ Beachten Sie, daß die Größe der Cache Buffer kleiner ist als die Größe der Datenblocks auf den NetWare-Volumes. Ein Volume, dessen Cache Buffer Größe größer sind als die größe der Datenblocks wird nicht gemounted.

NetWare Loadable Modules 4

4.1 Einleitung

In diesem Kapitel werden die sogenannten NetWare Loadable Modules (NLMs) beschrieben. Dies sind spezielle Programme, die direkt auf dem Fileserver ausgeführt werden können. Diese Programme können an normalen Arbeitsstationen nicht gestartet werden, sondern nur an der Fileserver-Konsole. Sie werden mit dem Konsole-Kommando LOAD in den Arbeitsspeicher des Servers geladen. Die Programm-Dateien besitzen die Extension ".NLM" und befinden sich normalerweise im Verzeichnis SYS:SYSTEM. Manche NLMs arbeiten wie Treiber im Hintergrund, andere sind echte Menü-Utilities mit bequemer Benutzerführung und Hilfsbildschirmen. MONITOR, INSTALL oder DISKSET sind Beispiele für solche Menü-NLMs.

Hot Keys NetWare besitzt als Multitasking-Betriebssystem den Vorteil, daß es verschiedene Aufgaben gleichzeitig übernehmen kann. Sie können also verschiedene Menü-NLMs gleichzeitig laden. Sie können zu jeder Zeit die Tastenkombination <CONTROL><ESCAPE> gleichzeitig drücken und dann wählen, mit welchem der geladenen NLMs Sie jetzt arbeiten wollen. Mit der Tastenkombination <ALT> <ESCAPE> können Sie auch direkt zum nächsten Programm "weiterschalten". Drücken Sie nur die <ALT>-Taste, erscheint in der ersten Bildschirmzeile eine Anzeige, welchen NLM Sie gerade vor sich haben.

Sie können sich auch mit dem Konsole-Kommando MODULES darüber informieren, welche NLMs gerade aktiv sind.

4.2 CLIB

Laden Sie das Modul CLIB, wenn Sie andere NLMs haben, die auf die Funktionen von CLIB zugreifen. Laden Sie CLIB, bevor Sie solche andere Module starten.

CLIB (C-Library) stellt den verschiedensten NLMs, die in der Programmiersprache 'C' geschrieben wurden, eine ganze Bibliothek von Funktionen zur Verfügung. Diese Funktionen können dann auch von mehreren NLMs gleichzeitig benutzt werden, wodurch redundanter Code (in den verschiedenen Modulen) vermieden und somit Speicherplatz gespart wird.

CLIB benötigt das NLM STREAMS. Falls Sie vor dem Laden von CLIB das Modul STREAMS nicht laden, wird dies automatisch geschehen.

Format `LOAD [Pfad]CLIB <ENTER>`

Ersetzen Sie `Pfad` durch den kompletten Pfad zu der Datei CLIB.NLM. Falls diese Datei sich im Verzeichnis SYS:SYSTEM befindet, brauchen Sie keinen Pfad anzugeben.

☞ CLIB setzt automatisch eine Zeitzone. Per default wird EST (Eastern Standard Time) verwendet. Nehmen Sie am besten das Konsolekommando

`SET TIMEZONE MEZ`

in Ihre AUTOEXEC.NCF auf, damit automatisch während des Boot-Vorganges die richtige Zeitzone (in diesem Fall für Deutschland) gesetzt wird.

Siehe auch SEARCH

SET TIMEZONE

4.3 DISKSET

Dieses Modul wird dazu benötigt, um einen im Fileserver installierten DCB-Controller passend zu den an ihn angeschlossenen Festplatten zu konfigurieren. Diese SCSI-Festplatten verschiedenster Hersteller können mit bestimmten Konfigurationen der Festplattenhardware als Laufwerke am Fileserver zusammen mit dem DCB-Controller genutzt werden. Auf dem DCB-Controller werden diese Informationen in einem EEPROM gespeichert.

Die Hersteller von SCSI-Festplatten, die unter NetWare verwendet werden können, liefern Ihnen normalerweise die nötigen Hardware-Einstellungen mit (dies sind die sogenannten "Third Party Disk Specifications"). DISKSET ist dazu da, diese Hardwarekonfiguration in das EEPROM des DCBs zu schreiben, allgemein auf Diskette abzusichern und auf der Diskette abgesicherte Konfigurationsdaten wieder zu benutzen. Außerdem können Sie neu angeschlossene Festplatten formatieren.

Format `LOAD [Pfad]DISKSET`

Ist DISKSET bereits im Fileserver aktiv, erscheint die Meldung `"This Module is ALREADY loaded and cannot be loaded more than once."`. In diesem Fall können Sie durch die Tastenkombination <ALT><ESC> auf den DISKSET-Bildschirm umschalten.

Ersetzen Sie `Pfad` durch den kompletten Pfad zu der Datei DISKSET.NLM. Falls diese Datei sich im Verzeichnis SYS:SYSTEM befindet, brauchen Sie keinen Pfad anzugeben.

NetWare Loadable Modules 83

Im Hauptmenü von DISKSET stehen Ihnen folgende Optionen zur Verfügung:

```
Diskset Utility      V3.11                    NetWare 386 Loadable Module




                          Diskset Options
                    Disk Coprocessor Board Setup
                    NetWare Ready Disk Backup/Restore
```

4-1 Das Hauptmenü von DISKSET

4.3.1 Disk Coprocessor Board Setup

Mit dieser Option können Sie den DCB-Controller für die Zusammenarbeit mit der oder den angeschlossenen Festplatte(n) konfigurieren. Dazu wählen Sie einen der Festplattentreiber aus, die Ihnen in einer Liste im Fenster "Selected Desired Driver" angeboten werden. Danach öffnet sich ein Fenster ("EEPROM CONFIG"), in dem Sie für jede der zweimal sieben Anschlußmöglichkeiten des DCB-Controllers neu zu installierende Festplatten eintragen können. Hierzu bewegen Sie den Menübalken auf die jeweilige Stelle der Liste, in der die möglichen Laufwerksplätze eingetragen sind. Dort wird vermutlich "***>>--none" aufgeführt sein, was bedeutet, daß hier noch kein Laufwerk installiert ist. Mit <INSERT> bekommen Sie eine Liste der Festplatten, für die die Konfigurationsdaten, die das DCB benötigt, bekannt sind.

DISKDATA Sie werden nun aufgefordert eine Diskette mit Konfigurationsda-
Diskette ten von anderen Festplattenherstellern einzulegen:
einlegen

```
Insert Disk with 3rd Party Disk Data in
Drive A
```

Haben Sie eine Diskette ihres Festplattenherstellers mit Namen DISKDATA erhalten (eventuell auch als Beigabe beim Kauf des DCB-Controllers), legen Sie diese jetzt ins Laufwerk A: ein. Wenn Sie so eine Diskette nicht besitzen, drücken Sie <F7> und fahren fort. Im letzten Fall müssen sie hoffen, daß Sie in der internen Liste von DISKSET den passenden Plattentyp finden, andernfalls müssen Sie sich an den Hersteller ihrer Festplatte wenden, um an die erforderlichen Konfigurationsdaten zu kommen.

Es wird Ihnen jetzt eine Liste von Plattentypen angezeigt, aus der Sie diejenige Festplatte auswählen, für die sie das DCB neu konfigurieren wollen. Wenn Sie eine sogenannte "NetWare Ready" Festplatte besitzen, wählen Sie den `"NetWare Ready/Embedded SCSI"`-Typ. NetWare Ready Festplatten sind Festplatten, die schon vom Hersteller fertig für den Betrieb unter NetWare ausgeliefert werden.

Für jede der neu angeschlossenen Festplatten wiederholen Sie diese Prozedur, indem Sie jeweils für jede Festplatte an Ihrem Platz in der DCB-Controllerstruktur den passenden Typ eintragen. Dadurch werden die nötigen Konfigurationsinformationen im EEPROM des DCBs gespeichert.

Formatieren Wenn Sie eine der Festplatten auf der Hardware-Ebene formatieren wollen, selektieren Sie sie mit dem Menübalken und drücken Sie <INSERT>. Die Formatierung wird sofort eingeleitet.

4.3.2 NetWare Ready Disk Backup/Restore

NetWare Ready Festplatten sind Festplatten, die schon vom Hersteller fertig für den Betrieb unter NetWare ausgeliefert werden. Auf Ihnen sind die nötigen Konfigurationsdaten schon abgespeichert. Für den Fall, daß diese Informationen einmal verloren gehen, können Sie sie mit dieser Option auf Diskette absichern bzw. abgesicherte Konfigurationen zurückschreiben. Wählen Sie also zuerst, ob sie sichern wollen (`"Backup"`) oder Informationen zurückschreiben (`"Restore"`).

NetWare Loadable Modules

Backup Hierzu müssen Sie zuerst eine leere, formatierte Diskette mit dem DOS-Befehl

`LABEL A:DISKDATA <ENTER>`

in DISKDATA umbenennen. Besitzen Sie schon eine DISKDATA Diskette, verwenden Sie diese. Legen Sie die DISKDATA Diskette in Laufwerk A: ein. Sie bekommen im `"Select Desired Driver"`-Menü eine Liste der Plattentreiber, je einen für jedes installierte DCB. Wählen Sie den Treiber, der für das DCB zuständig ist, an dem die Festplatte hängt, für die Sie die Daten sichern wollen. Von dieser Festplatte müssen sie zusätzlich wissen, an welcher Controller-Nummer des DCBs sie angeschlossen ist. Diese Nummer wählen sie aus der gezeigten `"Controller Addr."`-Liste aus. Nun werden Sie gefragt, ob Sie die Konfiguration der ausgewählten Festplatte sichern wollen `"Save Configuration?"`. Sie antworten mit `"Yes"` und können nun den Dateinamen bestimmen, unter dem die Konfiguration auf Diskette gespeichert wird. Wählen sie hier einen Dateinamen, der später klar erkennen läßt, um welche Festplatte es sich handelt. Schließen Sie die Eingabe des Dateinamens mit <ENTER> ab und drücken sie dann <ESCAPE>, um die Konfiguration zu sichern.

Restore Wenn die Konfiguration aus irgendeinem Grund wiederhergestellt werden muß, wählen Sie die `"Restore"`-Option. Legen Sie die DISKDATA Diskette, auf der sich die Konfigurationsdaten befinden, in Laufwerk A: ein. Danach wählen Sie den Treiber aus der `"Select Desired Driver"`-Liste aus, der für das DCB zuständig ist, an dem die betreffende Festplatte hängt, außerdem noch die Controller-Nummer (`"Controller Addr."`-Liste), unter der die Platte an dem Controller installiert ist.

Zuletzt suchen sie aus der Liste der abgespeicherten Konfigurationen (`"Select Disk Data File to Edit"`) die richtige aus. Die Konfigurationsdaten werden noch einmal unter `"Selected Disk Configuration"` angezeigt, diese Werte vergleichen Sie bitte mit den Angaben ihres Festplattenherstellers, um Schäden an der Hardware durch Laden von falschen Konfigurationen zu verhindern. Haben sie die richtige Konfiguration gewählt, antworten sie auf die Frage des Programms `"Save Configuration?"` mit `"Yes"` und die Daten werden wieder auf die Hardware zurückgespeichert.

4.4 EDIT

Mit dem Modul EDIT haben Sie eine sehr einfache Textverarbeitung vor sich, mit der Sie an der Fileserver-Konsole beliebige ASCII-Dateien eines Server-Volumes bearbeiten können. EDIT kann Dateien von bis zu 8 KByte Größe bearbeiten und ist hauptsächlich dazu gedacht, NCF-Batchdateien (NetWare Command File) zu schreiben oder zu bearbeiten. Zu diesem Zweck reichen seine Fähigkeiten zur Genüge aus.

Format `LOAD [Pfad]EDIT <ENTER>`

Ersetzen Sie `Pfad` durch den kompletten Pfad zu der Datei EDIT.NLM. Falls diese Datei sich im Verzeichnis SYS:SYSTEM befindet, brauchen Sie keinen Pfad anzugeben.

Nachdem EDIT geladen wurde, werden Sie nach dem Dateiname der zu bearbeitenden Datei gefragt. Geben Sie diesen mit vollständigem Verzeichnispfad an. Wenn die Datei, die sie angegeben haben, nicht existiert, wird eine Datei dieses Namens neu erzeugt. Neben den elementaren Editorfunktionen stehen Ihnen folgende einfache Blockfunktionen zur Verfügung:

`<F5>`
: Mit dieser Taste markieren Sie den Anfang des Blockes. Sie können nun mit den Pfeiltastten einen Textblock markieren. Dieser wird in einer anderen Farbe dargestellt.

`<F6>`
: Kopieren des Blocks in den internen Buffer des Editors. Durch Betätigung dieser Taste wird der markierte Block sozusagen eingelesen. Die Blockmarkierung, die mit <F5> begonnen wurde, endet hiermit.

`<INSERT>`
: Kopieren des internen Editor-Buffers in den Text an der momentanen Stelle des Cursors. Der mit <F6> eingelesene Textblock wird also mit <INSERT> an die Stelle des Cursors kopiert.

Wenn Sie mit der Bearbeitung des Textes fertig sind, drücken Sie <ESCAPE> und antworten Sie auf die Frage "`Save File?`" mit "`Yes`", wenn die Änderungen, die Sie vorgenommen haben, abgespeichert werden sollen.

NetWare Loadable Modules 87

4.5 ETHERRPL

Dieses Modul wird geladen, um Arbeitsstationen, in denen ein Ethernet-Netzwerkadapter installiert ist, ein Remote Booting über diesen Server zu ermöglichen. IBM konzipierte für diesen Bootvorgang übers Netz ein spezielles Protokoll, das RPL-Protokoll. ETHRRPL ist die Abkürzung für "ETHERnet Remote Program Load". ETHERRPL implementiert dieses Protokoll auf dem Fileserver, ist also ein RPL-Treiber für die Zusammenarbeit mit Ethernet-Adaptern. Sie müssen nach dem Laden vom ETHERRPL das Protokoll noch an einen oder mehrere LAN-Treiber koppeln. Informieren Sie sich dazu im Kapitel *Konsole Kommandos* unter *BIND*.

Format `LOAD [Pfad]ETHERRPL`

Ersetzen Sie `Pfad` durch den kompletten Pfad zu der Datei ETHERRPL.NLM. Falls diese Datei sich im Verzeichnis SYS:SYSTEM befindet, brauchen Sie keinen Pfad anzugeben.

Siehe auch PCN2RPL

TOKENRPL

4.6 INSTALL

Das Modul INSTALL ist ein Fileserver Menü-Utility. Sie können mit INSTALL:

- An Ihrem Fileserver installierte Festplatten formatieren und für diese einen umfangreichen Funktionstest durchführen.

- NetWare-Partitions auf den Festplatten des Fileserver einrichten, verändern oder löschen.

- Verschiedene Festplatten spiegeln oder die Spiegelung von Festplatten rückgängig machen.

- NetWare-Volumes einrichten, verändern oder löschen.

- Die System-Startdateien AUTOEXEC.NCF und STARTUP.NCF erzeugen oder verändern.

- Die Systemdateien und NetWare-Utilities von den Systemdisketten auf den Fileserver kopieren.

- Novell-Hilfsprogramme wie z.B. Name Space Module auf dem Fileserver einrichten.

Eine allgemein erläuternde Erklärung, wie Sie Festplatten an Ihrem Fileserver einrichten, finden Sie in dem Kapitel *Installierung des Fileservers*.

Format `LOAD [Pfad]INSTALL [nh]`

Ist INSTALL bereits im Fileserver aktiv, erscheint die Meldung `"This Module is ALREADY loaded and cannot be loaded more than once."`. In diesem Fall können Sie durch die Tastenkombination <ALT><ESC> auf den INSTALL-Bildschirm umschalten.

Ersetzen Sie `Pfad` durch den kompletten Pfad zu der Datei INSTALL.NLM. Falls diese Datei sich im Verzeichnis SYS:SYSTEM befindet, brauchen Sie keinen Pfad anzugeben.

Der Parameter "nh" bewirkt, daß INSTALL ohne das dazugehörige Hilfesystem geladen wird (No Help). Dies spart 16 KByte Speicherplatz innerhalb des Fileservers und ist darum auf jeden Fall ratsam, sofern Sie die Erklärung der Hilfebildschirme nicht mehr benötigen.

Nach dem Laden von INSTALL steht Ihnen folgendes Hauptmenü zur Verfügung:

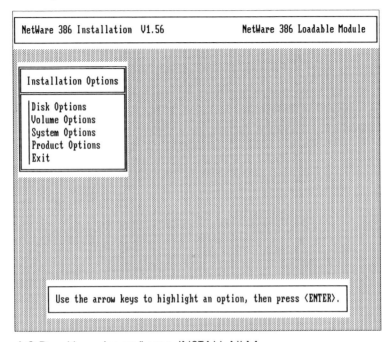

4-2 Das Hauptmenü von INSTALL.NLM

Disk Options
   Unter dieser Option können Sie Festplatten im Fileserver formatieren und Partitions auf Ihnen einrichten, löschen, spiegeln oder testen.

Volume Options
   Unter dieser Option können Sie die Volumes Ihres Fileservers auflisten lassen, sie vergrößern oder löschen oder neue Volumes hinzufügen.

System Options
   Unter dieser Option können Sie die Systemdateien und Utility-Programme auf den Server überspielen und die System-Startdateien AUTOEXEC.NCF und STARTUP.NCF editieren.

Product Options
   Unter diesem Punkt können sie Novell-Hilfsprogramme installieren.

```
Exit
```
Mit dieser Option verlassen Sie INSTALL.

4.6.1 Disk Options

Unter dieser Option steht Ihnen ein weiteres Menü mit folgenden Punkten zur Verfügung:

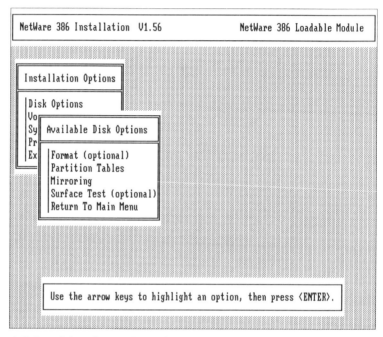

4-3 Das Menü von Disk Options

4.6.1.1 Format (optional)

Mit dieser Option können Sie eine Festplatte des Fileservers auf Hardware-Ebene (Low-Level-Format) formatieren. Die Angabe (optional) deutet an, daß Sie nicht unbedingt jede Platte formatieren müssen, da die meisten Festplatten bereits formatiert sind. Oft benötigen Festplatten eigene Formatierungsprogramme, die mit der Festplatte zusammen ausgeliefert werden und die dann vor der Installation im Fileserver ausgeführt werden müssen. In so einem Fall darf die Platte natürlich nicht ein zweites Mal formatiert werden.

☞ "NetWare-Ready" Festplatten sind Festplatten, die schon vom Hersteller fertig für den Betrieb unter NetWare ausgeliefert werden. Auf Ihnen sind die nötigen Konfigurationsdaten schon abgespeichert. Formatieren Sie eine Festplatte auf keinen Fall, wenn Sie "NetWare-Ready" ist, da sonst diese Information verlorengeht.

Sie bekommen im Menü "Available Disk Drives" eine Liste der im Fileserver vorhandenen Festplatten, aus der Sie diejenige mittels Menübalken und <ENTER> selektieren, die Sie formatieren möchten.

Wollen Sie eine Festplatte formatieren, die schon vom NetWare-Betriebssystem aktiviert wurde und auf der sich NetWare-Partitions und Volumes befinden, so muß diese Festplatte zuerst mit dem Konsole-Kommando DISMOUNT deaktiviert werden. Die NetWare-Volumes auf dieser Platte müssen gelöscht werden, (siehe INSTALL Menüpunkt "Volume Options"). Ist die Platte mit einem anderen NetWare-Laufwerk gespiegelt, so muß dieser Status mit dem Konsole-Kommando UNMIRROR aufgehoben werden.

☞ Achtung: Durch den Formatierungsprozess werden alle Daten, die sich auf dieser Festplatte befinden, verloren gehen. Vergewissern Sie sich in jedem Fall, daß Sie die richtige Festplatte aussuchen.

Haben Sie eine Festplatte selektiert, öffnen sich zwei Fenster. Im oberen Fenster wird der Status angezeigt, in dem sich die Festplatte bezüglich der Formatierung befindet. Folgende Angaben sind möglich:

None
  Die Festplatte ist seit dem Laden von INSTALL nicht formatiert worden.

Formatting
  Die Festplatte wird momentan formatiert. Dieser Vorgang dauert entsprechend der Größe der Festplatte mindestens 20 Minuten.

Completed
  Die Formatierung wurde erfolgreich abgeschlossen.

Not Supported
  Der Plattentreiber, der für diese Festplatte zuständig ist, unterstützt das Formatierungskommando nicht, die Formatierung konnte deswegen nicht durchgeführt werden. Formatieren Sie diese Festplatte mit dem vom Hersteller mitgelieferten speziellen Formatierungsprogramm.

```
Failed
```
Die Formatierung konnte nicht erfolgreich durchgeführt werden. Wahrscheinlich hat diese Platte oder der zuständige Controller einen Hardwarefehler.

Im unteren Menüfenster können sie unter der Option `"Format Disk Drive"` die Formatierung in Gang setzen.

☞ Sofern auf der Festplatte noch eine NetWare-Partition eingerichtet ist, erhalten Sie jetzt eine Fehlermeldung, die Ihnen mitteilt, daß alle Daten verloren gehen werden. Durch <ESCAPE> löschen Sie die Meldung vom Bildschirm. Danach werden Sie ein letztes Mal gefragt, ob Sie die Festplatte wirklich formatieren möchten: `Format Disk And Destroy Partition Information`. Beantworten Sie `Yes`, damit Sie mit der Formatierung beginnen können.

Sie müssen nun den entsprechenden Interleave-Faktor für Ihre Festplatte eingeben. Sie erfahren diesen in der Dokumentation der Festplatte oder über Utilities, die diesen abfragen können. Bei neueren Festplatten sollten Sie immer den Interleave-Faktor 1 eingeben. Die Formatierung beginnt unmittelbar nach der Eingabe des Interleave-Faktors.

Mit `"Return To Previous Menu"` können Sie zum vorherigen Menüfenster `"Available Disk Options"` zurückkehren.

4.6.1.2 Partition Tables

Mit dieser Option können Sie NetWare-Partitions einrichten oder löschen und den Hot Fix Bereich ändern.

☞ Über die Einrichtung von Partitions auf Festplatten im Fileserver informieren Sie sich im Kapitel *Installation des Fileservers*.

Es erscheint eine Liste der angeschlossenen Festplatten. Wählen Sie die gewünschte Festplatte aus und drücken Sie <ENTER>. Sie können nun die `Partition Tables` ändern.

Im oberen Bereich des Bildschirms erscheint eine Tabelle der bereits eingerichteten Partitionen. Dabei bedeuten:

```
Partition Type
```
zeigt an, für welches Betriebssystem die Partition eingerichtet wurde. Folgende Typen sind möglich:

```
NetWare Partition
```
Diese Partition wurde unter NetWare eingerichtet.

```
DOS Partition
```
Diese Partition wurde für DOS eingerichtet.

NetWare Loadable Modules

Non NetWare Partition
: Diese Partition wurde für ein anderes Betriebssystem eingerichtet.

Start
: zeigt an, auf welchem Zylinder die Partition beginnt.

End
: Zeigt an, auf welchem Zylinder der Festplatte die Partition endet.

Size
: zeigt die Größe der Partition in Megabytes an.

In der Mitte des Bildschirms erscheint das Menü Partition Options mit folgenden Optionen:

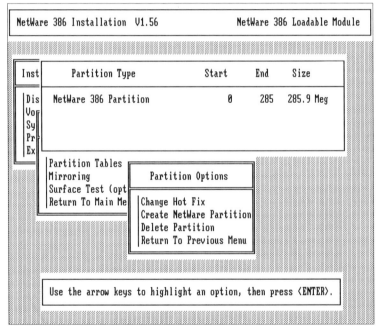

4-4 Das Menü von Partition Options

Change Hot Fix
: Mit dieser Option können Sie die Hot Fix-Einstellung für eine NetWare-Partition ändern. Die Einstellung wird beim Einrichten einer NetWare-Partition automatisch von NetWare vorgenommen. Wählen Sie diese Option an und drücken Sie

<ENTER>. Es erscheint das Fenster `Partition Information` mit folgenden Informationen:

`Partition Type`
zeigt den Typ der Partition an.

`Partition Size`
zeigt die Größe der Partition in Zylindern und Megabytes an. NetWare weist automatisch den gesamten freien Speicherplatz als NetWare-Partition aus.

`Hot Fix Information:`
NetWare teilt eine NetWare-Partition in zwei Bereiche auf: die Data Area (Datenbereich) und die Redirection Area (Auslagerungsbereich).

`Data Area`
Dem Datenbereich stellt NetWare 98 % der Speicherkapazität zur Verfügung. In diesem Feld sehen Sie die Anzahl der Blöcke (Default 4 KB) und die Größe des Datenbereichs in Megabytes.

`Redirection Area`
2% des Speicherplatzes stellt NetWare für die sogenannte Hot Fix Redirection Area zur Verfügung. In diesen Bereich werden die Daten geschrieben, die NetWare versuchte in den Datenbereich zu schreiben. Dieser Vorgang konnte nicht durchgeführt werden, weil der gewählte Block auf der Festplatte als fehlerhaft markiert wurde. NetWare lagert die Daten dann in die Redirection Area aus. Nähere Erläuterungen zum Hot Fix lesen Sie im Kapitel *NetWare 386 v3.11 Konzepte.*

Wenn Sie die Größe der Partition oder des Hot Fix Bereichs ändern, werden alle Daten auf dieser Festplatte verlorengehen. Machen Sie vorher unbedingt ein Backup dieser Festplatte, wenn Sie Daten enthält.

Verändern der Größe einer Partition Um eine Partition zu verkleinern, wählen Sie das Feld `Partition Size` an und verändern Sie die Anzahl der Zylinder. Sie erhalten sofort die Angabe, um wieviel MB es sich hierbei handelt.

Hot Fix Bereich verändern Wenn Sie die Größe des Datenbereiches oder der Hot Fix Redirection Area verändern möchten, gehen Sie mit den Pfeiltasten auf eines der Felder und tragen den gewünschten Wert ein. Bestätigen Sie mit <ENTER>. NetWare paßt automatisch den anderen Wert an.

NetWare Loadable Modules

☞ Ignorieren Sie die Meldung `Free Space` (freier Speicherplatz) bei "NetWare Ready"-Festplatten. Drücken Sie <ESCAPE> und bestätigen Sie mit `Yes`, um die Änderungen zu bestätigen. Drücken Sie erneut <ESCAPE> um zum "`Partition Options`"-Menü zurückzukehren.

`Create NetWare Partition`
Mit dieser Option können Sie eine NetWare-Partition einrichten und das Hot Fix bestimmen. Drücken Sie <ENTER>. NetWare bietet Ihnen per Default den gesamten Speicherbereich der Festplatte an. Wenn Sie dies möchten, bestätigen Sie die Angaben mit <ESCAPE>.

`Delete Partition`
Mit dieser Option können Sie bereits eingerichtete Partitions löschen. Wählen Sie dazu diese Option an und drücken Sie <ENTER>. Wählen Sie die zu löschende Partition an und drücken Sie <ENTER>. Sie erhalten eine Fehlermeldung, daß alle Daten zerstört werden. Drücken Sie <ESCAPE>.

☞ Ist auf einer zu löschenden Partition bereits ein Volume eingerichtet und dieses aktiviert (gemounted), können Sie die Partition nicht löschen. Sie müssen mit dem Konsole-Kommando DISMOUNT das Volume deaktivieren, bevor Sie die Partition löschen können.

`Return to previous menu`
Wählen Sie diese Option an, so kehren Sie zum Menü `Available Disk Drives` zurück. Drücken Sie <ESCAPE> um zum Menü `Available Disk Options` zurückkzukehren.

4.6.1.3 Mirroring

Mit dieser Option können Sie Festplatten spiegeln oder entspiegeln. Nähere Erläuterungen zum Spiegeln von Festplatten lesen Sie im Kapitel *NetWare 386 v3.11 Konzepte* im Punkt *Sicherheitsfunktionen unter NetWare*.

Wählen Sie die Option mit <ENTER> an. Es erscheint das Fenster `Partition Mirroring Status` mit einer Liste der logischen NetWare-Partitionen mit ihrem Spiegelstatus. Alle Partitions eines Festplatten-Sets werden als eine logische Partition behandelt. Jede Partition enthält eine Kopie aller Daten des Festplatten-Sets. Die Statusmeldungen bedeuten:

`Not Mirrored`
Die Festplatte ist mit keiner anderen gespiegelt.

Mirrored
: Die Festplatte ist bereits mit einer anderen Festplatte gespiegelt.

Out of sync
: Diese Meldung zeigt an, daß NetWare keine Volume-Information auf der Partition erkennt. Sie können diesen Status ändern, indem Sie die Taste <F3> drücken. Damit wird die Partition in den Status Not Mirrored versetzt. Sie können hiermit alle Volume-Segmente einer Partition rekonstruieren.

Wählen Sie nun die Festplatte eines Festplattenpaares an und drücken Sie <ENTER>.

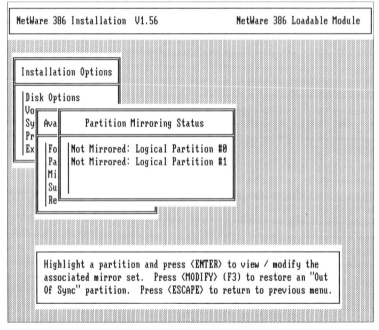

4-5 Das Fenster Partition Mirroring Status

Sie erhalten das Fenster Mirrored NetWare Partitions mit einer Liste aller physikalischen NetWare-Partitions eines Festplatten-Sets. Sie können bis zu 16 Partitions spiegeln, allerdings wird das Spiegeln von lediglich 2 Partitions empfohlen.

Wird eine Festplatte aus einem Set entfernt, erhält es den Status Out of sync. Sie haben zwei Möglichkeiten diesen Status zu ändern:

NetWare Loadable Modules

- Ordnen Sie die Partition einem Set zu
- Benutzen Sie die <F3>-Taste, um die Festplatte in den Zustand `Not Mirrored` zu versetzen.

Wird eine Partition einem Set zugefügt, wird diese automatisch gespiegelt. Treten bei einer Festplatte Fehler auf, sodaß nicht auf sie zugegriffen werden kann, muß die Festplatte aus dem Set entfernt werden, damit das Spiegeln ordnungsgemäß funktioniert.

Wenn Sie eine Festplatte mit derjenigen, die Sie gerade betrachten, spiegeln wollen, drücken Sie <INSERT>, um dem angezeigten Set Partitions hinzuzufügen. Sie erhalten das Fenster `Available Partitions`. Durch Auswahl mit dem Lichtbalken und <ENTER> fügen Sie eine der gezeigten Partitions dem Set hinzu.

☞ Ist die sekundäre Festplatte größer als die primäre, erhalten Sie die Meldung, daß die Größe der kleineren Festplatte als logische Spiegelgröße verwendet wird. Drücken Sie <ESCAPE> und bestätigen Sie mit `Yes`, damit diese Größe von NetWare benutzt wird. Bei der größeren Festplatte wird damit automatisch die Hot Fix Redirection Area größer.

Drücken Sie im "`Partition Mirroring Status`"-Menü <ESCAPE>, um zum "`Available Disk Options`"-Menü zurückzukehren.

4.6.1.4 Surface Test (optional)

Mit dieser Option kann die Festplatte einer Prüfung auf fehlerhafte Blöcke unterzogen werden. Sollten sogenannte Bad Blocks auftreten, werden diese als solche markiert, sodaß nicht versucht wird, diese Blöcke zu beschreiben. Sie werden in die Bad Block Liste eingereiht. Dieser Festplattentest ist optional, d.h. er ist nicht wie bei früheren NetWare-Versionen zwingend vorgeschrieben. Trotzdem ist er zu empfehlen, bevor Sie eine neue Festplatte unter NetWare in Betrieb nehmen.

Sie erhalten eine Liste von Festplatten. Wählen Sie die gewünschte aus und drücken Sie <ENTER>.

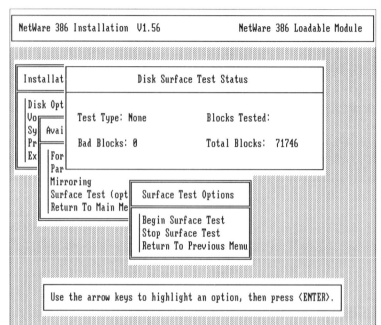

4-6 Das Menü Surface Test Options

Im oberen Bildschirmteil erscheint das Statusfenster Disk Surface Test mit folgenden Angaben:

Test Type
   Folgende Meldungen sind möglich:

   None
   bedeutet, daß die Festplatte nicht getestet wurde.

   Failed
   bedeuted, daß ein Festplattenfehler aufgetreten ist, der nicht korrigiert werden konnte.

   Completed
   bedeuted, daß ein Festplattentest erfolgreich durchgeführt werden konnte.

   Destructive
   bedeuted, daß alle Daten bei einem Test zerstört werden.

`Non-Destructive`
bedeutet, daß keine Daten zerstört werden.

`Blocks Tested`
zeigt an, wieviele Blöcke getestet wurden. Dieser Wert ändert sich während einem Test ständig.

`Bad Blocks`
zeigt an, wieviele fehlerhafte Datenblöcke gefunden wurden.

`Total Blocks`
zeigt die Größe der Festplatte in Blöcken an.

In der Mitte des Bildschirms erscheint das Fenster `Surface Test Options` mit folgenden Optionen:

`Begin Surface Test`
Mit dieser Option starten Sie den Festplattentest. Drücken Sie <ENTER>. Es erscheint das Auswahlmenü `Surface Test Options` mit folgenden Optionen:

`Destructive Test`: Bei diesem Festplattentest werden alle Daten auf der Festplatte zerstört.

`Non Destructive Test`: Bei diesem Festplattentest werden die Daten auf der Festplatte nicht zerstört. Diese Testart nimmt ungefähr 20% mehr Zeit in Anspruch als die andere Testart.

`Stop Surface Test`
Mit dieser Option können Sie einen Festplattentest jederzeit unterbrechen. Ein Festplattentest wird in jedem Fall unterbrochen, wenn Sie das Utiltiy INSTALL verlassen.

`Return To Previous Menu`
Wählen Sie diese Option an, um zum Menü `Available Disk Drives` zurückzugelangen. Drücken Sie <ESCAPE>, um zum Menü `Available Disk Options` zu gelangen.

4.6.1.5 Return To main Menu

Diese Option können Sie benutzen, um zum Hauptmenü von INSTALL zu gelangen.

4.6.2 Volume Options

Mit dieser Option können Volumes eingerichtet, gesichtet, gelöscht, umbenannt und erweitert werden. NetWare unterstützt bis zu 64 Volumes in einem Fileserver. Sie erhalten eine Liste der Volumes auf Ihrem Fileserver. Sie haben nun folgende Möglichkeiten:

4.6.2.1 Volume erzeugen

Drücken Sie <INSERT>, um ein Volume einzurichten. Wenn Sie mehrere Festplatten in Ihrem Fileserver installiert haben, auf denen noch Platz ist, um ein NetWare-Volume einzurichten, sehen Sie jetzt zuerst eine Liste dieser freien Stellen ("`Free Space Available for Volume Segments`"). Wählen Sie die Festplatte aus, auf der das neue Volume erzeugt werden soll. Danach erscheint das "`New Volume Information`"-Fenster. Haben Sie nur eine einzige Festplatte mit freiem Platz für ein Volume, erscheint dieses Fenster sofort.

Für das neue Volume müssen Sie jetzt die von Ihnen gewünschten Angaben in die entsprechenden Felder eintragen. Sie selektieren hierzu ein Feld mit dem Lichtbalken und drücken dann <ENTER>. Sie können nun den neuen Wert in das Feld eintragen.

`Volume Name`
Hier können Sie den Namen des Volumes eintragen.

`Volume Block Size`
Hier können Sie die Blockgröße des Volumes festlegen. Die definierte Blockgröße ist die kleinste Dateneinheit auf der Festplatte des Fileservers. Der Default-Wert ist 4 KB. Ist eine Datei zum Beispiel 5000 Bytes groß, belegt sie bei einer Blockgröße von 4KB zwei Blöcke, bei einer Blockgröße von 8 KB einen Block.

Sie haben die Auswahl zwischen 4 KB, 8 KB, 16 KB, 32 KB oder 64 KB. Wenn Sie wissen, daß auf einem Volume viele kleinere Dateien gespeichert werden, sollten Sie eine kleine Blockgröße benutzen. Diese benötigen jedoch mehr RAM für die Verzeichnistabellen.

Werden auf einem Volume hauptsächlich große Dateien gespeichert – beispielsweise Datenbankdateien – sollten Sie eine große Blockgröße verwenden. Die Blockgröße ist auf allen Segmenten eines Volumes gleich.

☞ Große Blockgrößen (32KB oder 64 KB) können verursachen, daß einige DOS-Utilities den freien Speicherplatz auf einer Festplatte falsch berechnen.

Initial Segment Size
Hier können Sie die Größe eines Volumes festlegen. NetWare nimmt per Default die gesamte Kapazität der Partition für ein Volume. Drücken Sie <ENTER> und geben Sie eine neue Anzahl an Blöcken ein. Teilen Sie dabei die Zahl 1024 durch die Blockgröße.

Beispiel   1024 : 4 = 256 Blöcke pro MB

Möchten Sie nun wissen, wieviel Blöcke eine 20 MB große Festplatte hat, multiplizieren Sie diesen Wert mit 20.

256 x 20 = 5120

5120 wäre somit die Segment-Größe.

Haben Sie die Anzahl der Blöcke angegeben, sehen Sie im Feld Volume Size die Größe des Volumes in MB.

Status
Im Feld Status wird angezeigt, ob ein Volume gemounted (aktiviert) oder dismounted (nicht aktiviert) ist.

Nachdem Sie die Angaben eingetragen haben, drücken Sie <ESCAPE> und beantworten die Frage Create Volume mit Yes. Das neue Volume ist nun erzeugt.

4.6.2.2 Volume löschen

Mit dieser Option können Sie ein bestimmtes Volume löschen. Selektieren Sie hierzu eines der Volumes aus der "Volumes"-Liste und drücken Sie <DELETE>.

☞ Ein Volume, daß Sie löschen wollen, darf nicht mehr gemounted sein. Sie müssen das Volume vorher also auf jeden Fall deaktivieren. Lesen Sie hierzu im nächsten Punkt *Volume sichten /verändern*.

Sie werden nochmals gefragt, ob sie das Volume löschen wollen. Antworten Sie mit "Yes". Vorsicht: Alle Daten auf diesem Volume werden verlorengehen, wenn Sie es löschen.

4.6.2.3 Volume sichten / verändern

Wenn Sie eines der Volumes selektieren und <ENTER> drücken, erscheint das "Volume Information"- Fenster.

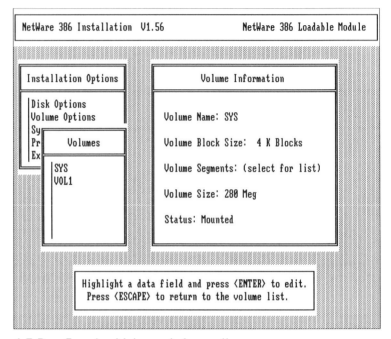

4-7 Das Fenster Volume Information

Die Punkte haben folgende Bedeutung:

Volume Name
> zeigt den Namen des Volumes an. Sie können den Namen eines Volumes nur ändern, wenn dieses deaktiviert (dismounted) ist.

Volume Block Size
> Dies ist die Blockgröße dieses Volumes. Die definierte Blockgröße ist die kleinste Dateneinheit auf der Festplatte des Fileservers. Der Default-Wert ist 4 KB. Ist eine Datei zum Beispiel 5000 Bytes groß belegt sie bei einer Blockgröße von 4KB zwei Blöcke, bei einer Blockgröße von 8 KB einen Block.

Volume Segments
> Wenn Sie diese Option mit <ENTER> anwählen, erscheint eine Liste der Segmente eines Volumes. Welchen Konventio-

NetWare Loadable Modules

nen das Segmentieren eines Volumes unterliegt, lesen Sie im Kapitel *Installation des Fileservers-Einteilung der Festplatten*.

Drücken Sie <INSERT>. Sie erhalten die Meldung, wieviel freie Speicherkapazität zur Verfügung steht. Mit <ENTER> und `Yes` akzeptieren Sie, daß die gesamte freie Kapazität als Volume-Segment aktiviert wird. Sie können diesen Wert auch abändern, indem Sie den Wert mit der <BACKSPACE>-Taste löschen und einen neuen Wert eingeben.

`Status`
Im Feld Status wird angezeigt, ob ein Volume gemounted (aktiviert) oder dismounted (nicht aktiviert) ist. Wenn Sie diese Option mit <ENTER> anwählen, können Sie mittels eines kleinen Menüs das Volume aktivieren (`"Mount Volume"`) oder deaktivieren (`"Dismount Volume"`).

4.6.3 System Options

Mit dieser Option können Sie die Systemdateien auf das Volume SYS: kopieren. Außerdem können Sie in dieser Option die Fileserver-Boot-Dateien AUTOEXEC.NCF und STARTUP.NCF editieren und erstellen. Es erscheint ein Untermenü mit folgenden Optionen:

4.6.3.1 Copy System und Public Files

Wenn Sie diese Option anwählen, werden Sie aufgefordert nacheinander die NetWare-Disketten einzulegen. NetWare richtet auf dem Volume SYS: vier Verzeichnisse ein, in die die einzelnen Dateien kopiert werden.

4.6.3.2 Create AUTOEXEC.NCF File

Mit dieser Option wird eine sogenannte Default AUTOEXEC.NCF eingerichtet und diese im Verzeichnis SYS:SYSTEM abgesichert. In dieser Datei ist beispielsweise der Fileserver-Name, die interne Netzwerkadresse, der Befehl zum Laden des LAN-Treibers usw. enthalten. Als Default-Eintragungen wird der Server-Name, und die LAN- und Treiber-Angaben, die Sie während der Installation angegeben haben, verwendet. Sichern Sie diese Datei ab, indem Sie <ESCAPE> drücken.

4.6.3.3 Create STARTUP.NCF File

Mit dieser Option wird eine Default STARTUP.NCF-Datei eingerichtet. In dieser Datei sind die Befehle zum Laden der Festplattentreiber und Module zur Unterstützung anderer Namenskonvention sowie grundlegende Systemparameter enthalten. Wenn Sie diese Option anwählen, werden Sie aufgefordert, den Pfad des Bootmediums einzugeben, da diese Datei dort gesichert wird. In dieser Datei werden die Festplattentreiber und die NLMs zur Unterstützung anderer Namenskonventionen eingetragen. Als Default-Eintragung werden die Angaben bezüglich der Festplattentreiber verwendet, die Sie während der Installation gemacht haben. Sichern Sie diese Datei ab, indem Sie <ESCAPE> drücken.

4.6.3.4 Edit AUTOEXEC.NCF File

Mit dieser Option können Sie eine existierende AUTOEXEC.NCF-Datei editieren. Sie können dieser Datei jedes Kommando hinzufügen, welches Sie an der Konsole des Fileservers eingeben können. Parameter, die mit dem Konsole-Kommando SET verändert werden können, dürfen in dieser Datei ebenfalls eingetragen werden. Nähere Erläuterungen zu den Parametern des Konsole-Kommandos SET lesen Sie im Kapitel *Konsole Kommandos* im Punkt *SET*. Sichern Sie diese Datei ab, indem Sie <ESCAPE> drücken.

Beispiel   So könnte eine einfache AUTOEXEC.BAT-Datei aussehen:

```
file server name: Julius

ipx internal net 12345ab

LOAD SKG16 frame=ethernet_II port=288
mem=cc000 int=5

bind ipx to SKG16 net=123

mount all

maximum packet receive buffers = 200
```

4.6.3.5 Edit STARTUP.NCF File

Diese Option erlaubt es Ihnen, eine existierende STARTUP.NCF-Datei zu editieren. Diese Datei kann das Laden des Festplattentreibers, das Laden der Unterstützung anderer Namenskonventionen sowie einige grundlegende Konfigurationsanweisungen für den Fileserver enthalten (siehe im Kapitel *Konsole Kommando* unter dem Punkt *SET*). Sichern Sie diese Datei ab, indem Sie <ESCAPE> drücken.

Beispiel   Eine einfache STARTUP.NCF-Datei könnte so aussehen:

```
Load isadisk port=1f0 int=e
```

NetWare Loadable Modules 105

```
Load MAC
Cache Buffer Size = 8192
```

4.6.3.6 Return To Main Menu

Wenn Sie diese Option anwählen, kehren Sie zum Hauptmenü zurück.

4.6.4 Product Options

Diese Option erlaubt es Ihnen, Hilfsprogramme von Novell wie z.B. Name Space Module oder SBACKUP auf dem Fileserver zu installieren. Wenn Sie diese Option aufrufen, wird INSTALL die NLMs CLIB und BTRIEVE laden, diese Module werden aber wieder deaktiviert, wenn Sie die Option "Product Options" verlassen. Das Btrieve Modul wird benötigt, da die Informationen über momentan installierte Hilfsprogramme im SYS:SYSTEM Verzeichnis in einer Btrieve Datenbank gespeichert werden. Sie bekommen zuerst eine Liste dieser installierten Programme zu sehen ("Currently Installed Products").

Sie können nun eines der Produkte mit dem Menübalken selektieren und seine Konfiguration mittels <ENTER> sichten und verändern. Mit <DELETE> können Sie ein Hilfsprogramm wieder vom Fileserver deinstallieren. Folgen Sie den jeweiligen Angaben und Menüs.

Wenn Sie ein neues Produkt installieren wollen, drücken Sie <INSERT>. Sie werden nun aufgefordert den Pfad anzugeben, in dem INSTALL die Originaldateien dieses Programms findet. Folgen Sie den jeweiligen Menüs, um das Programm zu installieren.

4.6.5 Exit

Mit dieser Option verlassen Sie INSTALL. Das Modul wird dann aus dem Arbeitsspeicher des Fileservers entfernt und alle von ihm benötigten Ressourcen werden an das Betriebssystem zurückgegeben.

4.7 IPXS

Das Modul IPXS ist ein IPX-Treiber nach der NetWare STREAMS Spezifikation. Er wird von allen NLMs benötigt, die die sogenannten STREAMS-Based IPX-Dienste in Anspruch nehmen. IPXS benötigt folgende andere Module (in der angegebenen Reihenfolge laden):

- STREAMS
- CLIB
- TLI
- IPXS

Ist eines oder mehrere dieser zugrundeliegenden NLMs nicht aktiv, so versucht IPXS diese selbständig zu laden.

☞ Entfernen Sie IPXS nicht mit UNLOAD aus dem Speicher, wenn Sie sich nicht sicher sind, daß alle Module, die IPXS benutzen, auch deaktiviert sind. Sonst können diese nicht mehr arbeiten.

Format LOAD [Pfad]IPXS <ENTER>

Ersetzen Sie Pfad durch den kompletten Pfad zu der Datei IPXS.NLM. Falls diese Datei sich im Verzeichnis SYS:SYSTEM befindet, brauchen Sie keinen Pfad anzugeben.

Siehe auch STREAMS

CLIB

TLI

4.8 MATHLIB

Laden Sie diese Modul, wenn in Ihrem Server ein mathematischer Coprozessor installiert ist (80386 + 80387 oder 80486 mit internem Coprozessor) und andere Module diesen Coprozessor benutzen wollen. MATHLIB benötigt folgende andere Module (in der angegebenen Reihenfolge laden):

- STREAMS
- CLIB

Ist eines oder mehrere der zugrundeliegenden NLMs nicht aktiv, so versucht MATHLIB diese selbständig zu laden.

Format LOAD [Pfad]MATHLIB <ENTER>

Ersetzen Sie Pfad durch den kompletten Pfad zu der Datei MATHLIB.NLM. Falls diese Datei sich im Verzeichnis SYS:SYSTEM befindet, brauchen Sie keinen Pfad anzugeben.

Anwendung NetWare an sich benötigt keinen mathematischen Coprozessor im Fileserver, da im Betriebssystem keine komplizierten Rechenvorgänge vorkommen. Wollen Sie allerdings ein NLM einsetzen, der einen mathematischen Coprozessor braucht, müssen Sie das Modul MATHLIB laden.

Siehe auch MATHLIBC

4.9 MATHLIBC

Laden Sie diese Modul, wenn in Ihrem Server kein mathematischer Coprozessor installiert ist (80386 ohne Coprozessor), andere Module aber einen Coprozessor benutzen wollen. MATHLIBC emuliert die Funktionen des mathematischen Coprozessors und benötigt folgende andere Module (in der angegebenen Reihenfolge laden):

- STREAMS
- CLIB

Ist eines oder mehrere der zugrundeliegenden NLMs nicht aktiv, so versucht MATHLIBC diese selbständig zu laden.

Format `LOAD [Pfad]MATHLIBC <ENTER>`

Ersetzen Sie `Pfad` durch den kompletten Pfad zu der Datei MATHLIBC.NLM. Falls diese Datei sich im Verzeichnis SYS:SYSTEM befindet, brauchen Sie keinen Pfad anzugeben.

4.10 MONITOR

Das Modul MONITOR ist ein Fileserver Menü-Utility. Es gewährt Ihnen einen umfassenden Einblick in die internen Abläufe und Einstellungen des Fileserver-Betriebssystems. Sie können die Fileserver-Konsole vor unberechtigtem Zugriff schützen und bekommen Informationen über folgende Punkte:

- Auslastung und Gesamtaktivität des Fileservers
- Status des Cache-Systems
- Status der aktiven LAN-Treiber
- Status der Festplatten und NetWare Volumes im Fileserver
- Aktive Arbeitsstationen
- Auslastung des Arbeitsspeichers
- Status der einzelnen Teile des Betriebssystems und der aktiven NetWare Loadable Modules
- Status des Datei-Lock Systems

Aufruf `LOAD [Pfad]MONITOR [Parameter]`

Ist MONITOR bereits im Fileserver aktiv, erscheint die Meldung `"This Module is ALREADY loaded and cannot be loaded more than once."`. In diesem Fall können Sie durch die <ALT-ESC>-Taste auf den MONITOR-Bildschirm umschalten.

Ersetzen Sie `Pfad` durch die volle Pfadangabe des Verzeichnisses, in dem sich das NLM befindet, z.B.

`LOAD A:MONITOR`

Befindet sich MONITOR auf dem Fileserver, geben Sie die Pfadangabe zusammen mit dem Namen des Volumes an, z.B.

`LOAD SYS:PUBLIC/NLM/MONITOR`

Ohne Pfadangabe sucht das System MONITOR im Verzeichnis SYS:SYSTEM des Fileservers.

Für Parameter stehen folgende zwei Möglichkeiten zur Verfügung:

-ns

Dieser Parameter schaltet den automatischen Bildschirmschutz von Monitor aus (No Save). Der Bildschirmschutz bewirkt, daß nach einer gewissen Zeit, innerhalb der keine Taste an der Fileserver-Tastatur betätigt wurde, der Bildschirm zu seiner eigenen Schonung gelöscht wird und statt dessen eine "Schlange" erscheint. Diese signalisiert durch Ihre Bewegung, daß der Server noch aktiv ist. Je ausgelasteter der Server ist, desto länger wird die Schlange und desto schneller bewegt sie sich. Wenn Sie die Fileserver Konsole mit einem Paßwort gesperrt haben, wird der Bildschirmschutz schon nach einer Minute, sonst nach zehn Minuten aktiviert.

-nh

Dieser Parameter bewirkt, daß MONITOR ohne das dazugehörige Hilfesystem geladen wird (No Help). Dies spart einigen Speicherplatz innerhalb des Fileservers und ist darum auf jeden Fall ratsam, sofern Sie die Erklärung der Hilfebildschirme nicht mehr benötigen.

Nach dem Laden von MONITOR erscheint ein Informations-Bildschirm, auf dem Sie eine grobe Übersicht über die Auslastung und Netzwerk-Aktivitäten des Fileservers sehen können. Außerdem steht Ihnen ein Menü zur Verfügung, mit dem Sie genauere Informationen abrufen können.

4.10.1 Informationsfenster von MONITOR

Am oberen linken Bildschirmrand sehen Sie die Version und das Release Datum der aktiven NetWare Version. Darunter öffnet sich ein Fenster mit der Überschrift "`Information For Server NAME`".

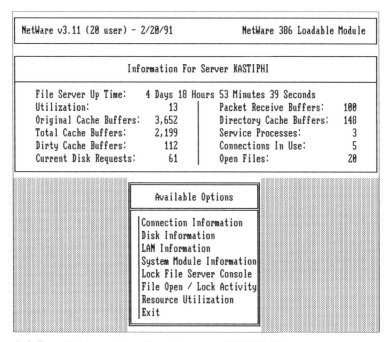

4-1 Das Informationsfenster von MONITOR

Die einzelnen Punkte haben folgende Bedeutung:

`File Server Up Time`
Dies ist die Zeitspanne, die seit dem letzen Booten des Servers vergangen ist.

`Utilization`
Dies ist der prozentuale Anteil der Auslastung des Servers. Ein Wert von 100% bedeutet, daß der Server voll beschäftigt ist.

`Original Cache Buffers`
Wenn der Server frisch gebootet ist, benutzt er zuerst einmal alle verfügbaren Speicherblocks als Cache-Buffer. Jeder Block ist 4 KB groß. Im Laufe der Zeit wird ein Teil dieser Cache-Blocks für andere Aufgaben herangezogen, wenn andere Teile des Betriebssystems Speicher benötigen. `Original Cache`

Buffers gibt an, wieviele Blocks am Anfang dem Cache System zur Verfügung standen.

Total Cache Buffers
Dies ist die Anzahl der Speicherblocks, die dem Cache System momentan zur Verfügung stehen. Diese Anzahl kann sich noch verringern, falls das Betriebssystem für andere Aufgaben Speicher benötigt und diesen aus dem Cache-Buffer Pool bezieht (z.B. wenn ein neues Modul geladen wird).

Dirty Cache Buffers
Dies ist die Anzahl der Cache Buffer, die verändert wurden und jetzt zurück auf die Festplatte des Servers geschrieben werden müssen. Diese Zahl sollte so niedrig wie möglich sein, da diese Veränderungen, die noch nicht auf der Festplatte aktualisiert wurden, bei einem eventuellem Serverabsturz verloren gehen würden.

Current Disk Requests
Dies ist die Anzahl der Anfragen an die Festplatten des Fileservers. Diese Anfragen befinden sich in einer Warteschlange und werden nacheinander abgearbeitet. Der Wert gibt sozusagen die Länge dieser Warteschlange an.

Packet Receive Buffers
Dies ist die Anzahl der Speicherblocks, in denen die ankommenden Pakete von Arbeitsstationen gespeichert werden. Jeder Block ist etwas mehr als 1 KB groß. Gewöhnlich werden zehn Blocks für diese Aufgabe gebraucht, das System erhöht diese Zahl aber automatisch, wenn z.B. der Paketverkehr auf dem Netz stark ansteigt.

Directory Cache Buffers
Dies ist die Anzahl der Speicherblöcke, die das Dateisystem von NetWare dazu benötigt, um die Verzeichnisse der Volumes zu cachen. Diese Zahl wird im Bedarfsfall vom System selbst erhöht.

Service Processes
Dies ist die Anzahl der Unterprozesse innnerhalb des Betriebssystems, die einzelne Anfragen von Arbeitsstationen abarbeiten. Diese Prozesse werden auch "Task Handler" genannt. Ihre Zahl wird bei Bedarf vom System selbst erhöht. Wurde allerdings einmal Speicher für einen Task Handler reserviert, bleibt er dies bis zu einem erneuten Booten des Fileservers.

NetWare Loadable Modules

Connections In Use
: Dies ist die Anzahl der Arbeitsstationen, die momentan an den Fileserver attached sind.

Open Files
: Hier wird die Anzahl der momentan geöffneten NetWare Dateien angezeigt.

Unter dem beschriebenen Statusfenster erscheint ein Menüfenster mit der Überschrift "Available Options". Folgende Optionen stehen Ihnen hier zur Verfügung:

4.10.2 Connection Information

Diese Option gibt Ihnen eine Liste der momentan aktiven Verbindungen des Fileservers, d.h. der Arbeitsstationen, die zum Server eine Verbindung aufrechterhalten ("Active Connections").

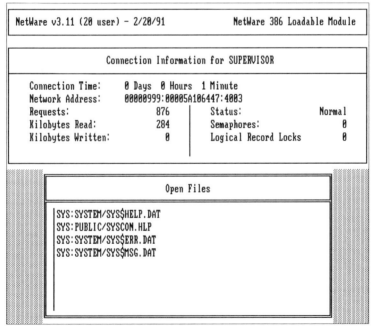

4-2 Die Optionen von Connection Information

Verbindung unterbrechen
: Sie können an dieser Stelle beliebige Verbindungen "gewaltsam" unterbrechen, indem Sie sie aus dieser Liste mittles des Menübalkens und <Delete> löschen. Vorsicht! Sie löschen dann die

logische Verbindung, die ein User zum Fileserver unterhält. Falls der User momentan auf einem Netzwerklaufwerk arbeitet und auf dort befindliche Daten zugreift, wird er eine Fehlermeldung erhalten. Unter Umständen muß er sein Programm verlassen und wird sich anschließend auf einem ungültigen Laufwerk wiederfinden.

Wollen Sie genauere Informationen zu den einzelnen Verbindungen dieser Liste erhalten, können Sie diese mittels Menübalken und <ENTER> auswählen und erhalten dann genauere Informationen.

Oberes Informationsfenster
Im oberen Teil des Bildschirms öffnet sich ein Fenster mit der Überschrift `Connection Information for USERNAME` und folgenden Angaben:

`Connection Time`
Arbeitsstation; Connection Time sichtenHier können Sie sehen, wie lange sich der Benutzer schon am Fileserver eingeloggt hat. Ist der Benutzer nicht eingeloggt, sondern nur attached, ist der Wert dieses Feldes Null.

`NetWork Address`
Dies ist die vollständige Internet Adresse der Arbeitsstation. Sie besteht aus einer 4 Byte langen Netzwerkadresse, einer 6 Byte langen Knotenadresse und aus einer 2 Byte langen Sokket-Adresse. Die Socket-Adresse ist eine IPX-interne Prozessadress. Diese Adressen werden in hexadezimaler Schreibweise angegeben.

`Requests`
Dies ist die Gesamtanzahl der Service-Anfragen, die diese Station an den Fileserver geschickt hat.

`Kilobytes Read`
Dies ist der Betrag der Daten in Kilobytes, die diese Station vom Fileserver gelesen hat.

`Kilobytes Written`
Dies ist der Betrag der Daten in Kilobytes, die diese Station auf den Fileserver geschrieben hat.

`Status`
Dies ist der momentane Status, in dem sich die Arbeitsstation befinden. Hier sind folgende Angaben möglich:

`Normal`
Die Station ist am Server eingeloggt und arbeitet normal.

NetWare Loadable Modules

Waiting
Die Station ist eingeloggt, wartet aber auf die Freigabe einer gelockten Datei.

Not-logged-in
Die Station ist nicht eingeloggt, sondern nur attached.

Semaphores
Dies ist die Anzahl der Semaphoren, die diese Station benutzt.

Logical Record Locks
Dies ist die Anzahl der Logical Record Locks (Logische Datensatz-Sperrungen), die diese Station unterhält.

Unteres Informationsfenster In einem Fenster im unteren Teil des Bildschirmes Open Files wird eine Liste der Dateien gezeigt, die diese Station gerade am Fileserver benutzt. Beachten Sie hierbei, daß normale Programme, mit denen der jeweilige Benutzer gerade arbeitet, nur in den Speicher der Arbeitsstation geladen werden und daß nach diesem Vorgang die Programmdatei auf dem Fileserver gewöhnlich wieder geschlossen wird. Sie werden also diese Datei danach nicht mehr in der Liste der offenen Dateien finden, auch wenn der Benutzer in dem Moment gerade das Programm benutzt.

Um nähere Informationen über physikalische Record Locks (Physikalische Datensatzsperrungen) bezüglich den geöffneten Dateien zu erhalten, können Sie diese mit dem Menübalken und <ENTER> anwählen, es erscheint dann ein Fenster mit den Informationen über die gewählte Datei.

Da es besonders bei mehrplatzfähigen Datenbankprogrammen von großer Bedeutung ist, daß eine Station zeitweise exklusiven Zugriff auf bestimmte Datensätze hat, können diese von einer Station über Service-Anfragen an das Betriebssystem physikalisch für andere Stationen gesperrt werden. Sie sehen in dem sich neu öffnenden Fenster nun eine Liste mit Datensätzen der ausgewählten Datei, die durch den Physical Record Lock gesperrt wurden. Die Lage dieser Datensätze innerhalb der Datei werden durch die Werte bei "Start" und "End" gekennzeichnet. Dies sind Positionen innerhalb der Datei in hexadezimaler Schreibweise. Bei Record Lock Status wird der Status des jeweiligen Locks angegeben. Hier sind folgende Werte möglich:

Locked Exclusive
Dies stellt sozusagen den normalen Lockzustand dar: keine andere Station darf in irgendeiner Weise auf diesen Datensatz zugreifen.

Locked Shareable
: Dies besagt, daß andere Stationen diesen Record auch als "shareable" sperren dürfen, aber keine Station ihn währenddessen "exclusive" sperren darf. Die Folge: Die Stationen dürfen die Daten alle gleichzeitig lesen, aber keiner darf den Datensatz verändern. Bei exklusiver Sperrung hingegen will eine Station wahrscheinlich Daten eines Records verändern, die währenddessen keine andere Station lesen oder schreiben darf.

TTS Holding Lock
: Dieser Status zeigt an, daß die Datensperrung durch das TTS-Systems des NetWare-Betriebssystems verursacht wurde. Wenn Daten in einer Datei verändert werden, die das Attribut "Transactional" besitzt, löst der Fileserver exklusiv einen Record Lock aus, bis die gesamte Transaktion beendet ist.

Logged
: Diese Statusanzeige bedeuted, daß die Station diesen Datensatz sozusagen zum Sperren vorangemeldet hat, um ihn dann zusammen mit anderen Daten-Records gleichzeitig zu sperren. Bei Mehrplatzprogrammen kann es vorkommen, daß mehrere Stationen z.B. die gleichen fünf Datensätze exklusiv benutzen wollen. Eine Station sperrt die ersten zwei Records, die andere Station sperrt die letzen drei. Beide Stationen warten nun (vergeblich) darauf, daß der Rest der von Ihnen gewünschten Daten freigeben wird: eine sogenannte Deadlock-Situation ist enstanden. Dieses Problem wird durch das "Loggen" und gleichzeitige Sperren von Records vermieden.

Not Logged
: Diese Anzeige besagt, daß der jeweilige Datensatz nicht geloggt ist.

4.10.3 Disk Information

Wenn Sie diese Option wählen, bekommen Sie eine Liste der an den Fileserver angekoppelten Festplatten oder sonstigen Speichermedien. Diese im Fenster System Disk Drives aufgeführten Festplatten werden mit ihrer Device Nummer und dem BIOS-Typ angegeben. Nähere Erläuterungen zu der *Device Number* lesen Sie im Kapitel *Filserver Installation* im Punkt *Festplattennummerierung.*

Um genauere Informationen über einzelne Festplatten zu erhalten, können Sie diese mit dem Menübalken und <ENTER>

auswählen. Danach erscheinen zwei Fenster mit näheren Informationen.

Oberes Informationsfenster
Im Fenster am oberen Bildschirmrand können Sie den physikalischen Plattentyp des Laufwerks ablesen (z.B. ISA Type 002), sowie die Nummer des Controlleradapters, die Nummer des Controllers und die Laufwerksnummer an diesem Controller bezüglich des ausgewählten Laufwerks (`Card`, `Controller`, `Drive`). Die übrigen Punkte des Fensters haben folgende Bedeutung:

`Driver`
Dies ist der Name des Plattentreibers, der dieses Laufwerk bedient.

`Disk Size`
Dies ist die Gesamtgröße des Laufwerks in Megabytes.

`Partitions`
Dies ist die Anzahl der auf diesem Laufwerk definierten Partitionen.

`Mirror Status`
Dies ist der Status des Laufwerks bezüglich des Mirroring. Die Werte bedeuten:

`Mirrored`
gibt an, daß dieses Laufwerk (bzw. die NetWare386-Partition) durch das Betriebssystem mit einem anderen Laufwerk gespiegelt ist.

`Not Mirrored`
gibt an, daß keine Spiegelung vorliegt.

`Remirroring`
bedeutet, daß momentan Daten zu oder von dem Spiegelpartner dieses Laufwerkes überspielt werden, um die Datengleichheit zwischen den beiden gespiegelten Laufwerken herzustellen.

`Hot Fix Status`
Dies ist der Status des Hot-Fix Systems bezüglich dieses Laufwerkes.

`Normal`
bedeutet, daß die Hot-Fix Datensicherung aktiv ist und funktioniert.

`Not-hot-fixed`
gibt an, daß die Installation des Hot-Fix auf diesem Laufwerk

nicht gelungen ist. Damit ist dieses Laufwerk für den Betrieb unter NetWare nicht geeignet und muß ausgetauscht werden, um Datenverluste zu vermeiden.

Partition Blocks
Dies ist die Größe der NetWare 386 Partition auf diesem Laufwerk. Die Angabe erfolgt in der Blockgröße und zwar in 4 KB, 8 KB, 16 KB, 32 KB oder 64KB Blocks.

Data Blocks
Dies ist die Anzahl der Datenblocks, die effektiv zur Speicherung von Dateien und Verzeichnisstrukturen genutzt werden.

Redirection Blocks
Dies ist die Anzahl Datenblocks, die momentan für die Hot-Fix Datensicherung benutzt werden.

Redirected Blocks
Dies ist die Anzahl der Datenblocks, bei denen Schreib- oder Lesefehler aufgetreten sind und die deshalb vom Hot-Fix-System in den dafür vorgesehenen Bereich umkopiert wurden. Wenn sich dieser Wert dem Wert der Redirection Blocks nähert, ist fast der gesamte für die Hot-Fix Datensicherung vorgesehene Platz verbraucht, weil die Platte zuviele Fehler aufweist. Das entsprechende Laufwerk sollte dann ausgetauscht werden.

Reserved Blocks
Dies ist die Anzahl Datenblocks, die das Hot-Fix-System als Platz für interne Tabellen benötigt.

NetWare Loadable Modules

Unteres Informationsfenster
Im Fenster im unteren Teil des Bildschirms Drive Status haben Sie die Möglichkeit, mittels des Menübalkens und <ENTER> folgende Optionen anzuwählen:

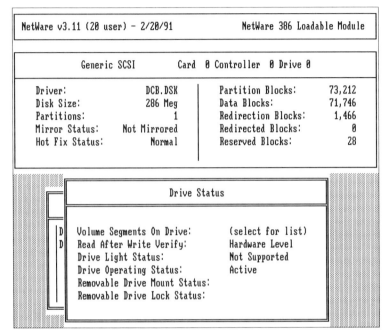

4-3 Die Optionen von Disk Information

4.10.3.1 Volume Segments On Drive

Es erscheint das Fenster Volumes Segments, in dem eine Liste der NetWare Volumes steht, die sich auf dem betreffenden Laufwerk befinden. Für jedes vorhandene Volume bekommen Sie folgende Information:

xx Meg on Volume NAME segment xx
wobei die erste Zahl die Größe des Volumes in Megabytes angibt und die zweite die Nummer des Laufwerksegments, an dem sich das Volume befindet. Sie können mit <ESCAPE> wieder zum Drive Status Menü zurückkehren.

4.10.3.2 Read After Write Verify

Das NetWare Betriebssystem sieht als Element der Datensicherung die Möglichkeit vor, Daten, die auf die Platte geschrieben wurden, nochmal mit den zu schreibenden Daten im Arbeitsspeicher zu vergleichen und so sicherzugehen, daß der Schreibvorgang fehlerfrei ausgeführt wurde. Dieser Vorgang wird als Read After Write Verify bezeichnet. Sie können in dieser Option an dem für das betreffende Laufwerk zuständigen Plattentreiber die Einstellung vornehmen, wie diese Datensicherung geschehen soll. Es erscheint ein kleines Menü, aus dem Sie folgende Möglichkeiten der Einstellung wählen können:

Software Level Verify
   Hier wird der Plattentreiber selbst angewiesen, die geschriebenen Daten nach jedem Schreibvorgang noch einmal zu überprüfen. Die Überprüfung findet also von der Software-Seite her statt.

Hardware Level Verify
   Hier wird der Controller angewiesen, die Überprüfung vorzunehmen. Der Plattentreiber braucht sich also nicht mehr darum zu kümmern, da die vorhandene Hardware dies übernimmt. Der jeweilige Controller muß diese Möglichkeit natürlich auch zulassen, ist die Hardware hierfür nicht geeignet, erkennt dies der Plattentreiber und lehnt diese Einstellung ab.

Disable Verify
   Durch diese Einstellung wird der Read After Write Verify-Mechanismus deaktiviert. Es findet also sowohl von der Controllerseite als auch von der Treiberseite her keine Überprüfung mehr statt. Diese Einstellung sollten Sie nur wählen, wenn Sie ein Laufwerk benutzen, das diese Überprüfung intern durch seine eigene Elektronik vornimmt. Hierzu müssen Sie sich aus dem Handbuch des Laufwerks informieren.

4.10.3.3 Drive Light Status

Mit dieser Option können Sie herausfinden, welche Festplatte Sie im Moment diagnostizieren. Dies beseitigt das Problem, daß Sie eventuell mehrere Laufwerke im Fileserver installiert haben und sich nun über den Status einzelner Laufwerke informieren wollen, aber nicht genau wissen, welches physikalische Laufwerk eigentlich gerade untersucht wird. Zu diesem Zweck können Sie in einem kleinen Menüfenster, das sich hier öffnet, die Option Flash Light wählen, worauf die Kontrollleuchte des betreffenden Laufwerks periodisch aufleuchtet, so daß Sie es leicht identifizieren können. Wählen Sie den Menüpunkt Return To Normal und die Kontrollleuchte arbeitet wieder normal. Diese Funktion wird von manchen Festplatten bzw. Plattentreibern nicht unterstützt. In diesem Fall sehen Sie bei dieser Option nur die Meldung Not Supported.

NetWare Loadable Modules 121

4.10.3.4 Drive Operating Status

Unter dieser Option können Sie in dem erscheinenden Menü das betreffende Laufwerk deaktivieren `Deactivate Drive` bzw. wieder aktivieren `Activate Drive`. Wollen Sie das Laufwerk deaktivieren, während ein anderer Teil des Betriebssystems gerade auch auf das Laufwerk zugreift, so werden Sie darüber unterrichtet: `The selected drive is currently being used by other processes` und gefragt, ob Sie die Deaktivierung trotzdem wollen. Vorsicht! In diesem Fall kann es zu Datenverlusten kommen, wenn z.B. noch Daten aus dem Cache-System auf dieses Laufwerk geschrieben werden müßten, Sie sich aber über die Warnung des Systems hinwegsetzen.

4.10.3.5 Removable Disk Mount Status

Mit dieser Option können Sie ein austauschbares Speichermedium (z.B. eine optische Wechselplatte) mounten `Mount Drive` oder dismounten `Dismount Drive`. Erscheint unter diesem Punkt keine Angabe, so ist das Laufwerk, das Sie gerade untersuchen, nicht austauschbar.

4.10.3.6 Revomable Disk Lock Status

Mit dieser Option können Sie verhindern, daß ein austauschbares Speichermedium (z.B. eine optische Wechselplatte) physikalisch aus seinem Laufwerk entfernt wird `Lock Drive` oder diese Sperrung wieder aufheben `Unlock Drive`. Erscheint unter diesem Punkt keine Angabe, so ist das Laufwerk, das Sie gerade untersuchen, nicht austauschbar, oder das Laufwerk bzw. der Plattentreiber sieht die Möglichkeit des Abschließens nicht vor.

4.10.4 LAN Information

Unter diesem Menüpunkt des Hauptmenüs von MONITOR bekommen Sie Informationen über die im Fileserver installierten Netzwerktreiber und deren Auslastung. Zuerst bekommen Sie in dem Fenster `LAN Driver Information` eine Liste der im Fileserver enthaltenen LAN Treiber. Aus dieser Liste können Sie mittles Menübalken und <ENTER> einen Treiber auswählen, über den Sie dann detaillierte Informationen erhalten.

Im unteren Teil des Bildschirms öffnet sich hierzu ein Fenster. Als Überschrift sehen Sie den Namen des betreffenden LAN-Treibers und seine Hardware-Konfigurationseinstellungen. Hier bedeuten:

mem
: Die RAM-Adresse(n), an der sich der zugehörige Netzwerkadapter in den Arbeitsspeicher einblendet (Shared Memory).

port
: Die IO-Adresse(n), die der Treiber und der zugehörige Netzwerkadapter benutzen.

int
: Die Interrupt-Request Leitung(en), die der Treiber und der zugehörige Netzwerkadapter benutzen.

frame
: Die Paketspezifikation, mit der der Treiber arbeitet (z.B. ETHERNET_II: Typcodes; ETHERNET_802.3: Längenfeld)

Im Fenster selbst können Sie die Informationen mittles der <Pg Up>- und <Pg Dn>-Tasten sowie der Pfeiltasten durchblättern. Sollte beim ein oder anderen Statistikpunkt der Teiber diesen nicht unterstützen, wird anstatt eines Wertes Not Supported angegeben. Die einzelnen Punkte haben folgende Bedeutung:

Version
: Die Versionsnummer des LAN-Treibers.

Node Address
: Die 6 Byte lange Knotenadresse des vom Treiber bedienten Netzwerkadapters. Dies ist meistens die physikalische ROM-Adresse des Adapters, manche Treiber verwenden allerdings auch logische Knotenadressen, die mit der physikalischen nicht übereinstimmen.

Protocols
: Hier erscheint eine Liste der Protokolle, die dem Treiber mittels des BIND-Befehls zugeordnet worden sind. Zu den einzelnen Protokollen können noch zusätzliche Einstellungen vermerkt sein, so z.B. beim IPX-Protokoll die 4 Byte Netzwerkadresse (Network Address), die der IPX-LAN-Treiber benutzt.

NetWare Loadable Modules 123

Nun folgt unter `Generic Statistic` eine Auflistung allgemeiner Statistikwerte bezüglich des IPX-LAN-Treibers im Fileserver.

```
NetWare v3.11 (20 user) - 2/20/91          NetWare 386 Loadable Module

              Information For Server KASTIPHI

   File Server Up Time:   4 Days 19 Hours  1 Minute  14 Seconds
   Utilization:                       5  | Packet Receive Buffers:     100
   Original Cache Buffers:        3,652  | Directory Cache Buffers:    150
   Total Cache Buffers:           2,196  | Service Processes:            3
   Dirty Cache Buffers:               0  | Connections In Use:           5
   Current Disk Requests:             0  | Open Files:                  22

          SKDRV [port=220 mem=CC000 int=2 frame=ETHERNET_II]

   SKDR   Generic Statistics:
   SKDR     Total Packets Sent:                         75,931
            Total Packets Received:                     58,659
            No ECB Available Count:                          0
            Send Packet Too Big Count:                       0
            Send Packet Too Small Count:                     0
            Receive Packet Overflow Count:       Not Supported
```

4-4 Anzeige der Generic Statistics

`Totals Packets Sent`
Dies ist die Gesamtanzahl der Pakete, die der Server über diesen Treiber verschickt hat.

`Totals Packets Received`
Dies ist die Gesamtanzahl der Pakete, die der Server über diesen Treiber empfangen hat.

`No ECB Available`
Diese Zahl gibt an, wie oft ein Paket über den betreffenden Netzwerkadapter empfangen wurde, für das kein dafür vorgesehener Speicherplatz vorhanden war. Das Paket konnte deshalb nicht bearbeitet werden und ging "verloren". Nach so einem Vorfall erhöht der Server die Anzahl der Empfangs-Buffer, bis ein bestimmtes Limit erreicht ist, das Sie mit dem SET-Befehl angeben können.

Send Packet Too Big Count
: Diese Zahl gibt an, wie oft der Fileserver über diesen Treiber ein Paket verschicken wollte, das für die Hardware des zugehörigen Netzwerkadapters zu groß war.

Send Packet Too Small Count
: Diese Zahl gibt an, wie oft der Fileserver über diesen Treiber ein Paket verschicken wollte, das für die Hardware des zugehörigen Netzwerkadapters zu klein war.

Receive Packet Overflow Count
: Diese Zahl gibt an, wie oft der zugehörige Netzwerkadapter diese Treibers ein Paket empfangen hat, das zu groß war und deshalb nicht in einen dafür vorgesehenen Empfangs-Buffer gepaßt hat.

Receive Packet Too Big Count
: Diese Zahl gibt an, wie oft ein empfangenes Paket für die Hardware des zu diesem Treiber gehörigen Netzwerkadapters zu groß war.

Receive Packet Too Small Count
: Diese Zahl gibt an, wie oft ein empfangenes Paket für die Hardware des zu diesem Treiber gehörigen Netzwerkadapters zu klein war.

Send Packet Miscellaneous Errors
: Dies ist die Anzahl der beim Senden aufgetreten Fehler aus den verschiedensten Gründen. Ursachen können sowohl bei einem Fehler im Treiber oder auch in der Hardware des Netzwerkadapters oder im Kabelsystem liegen.

Receive Packet Miscellaneous Errors
: Dies ist die Anzahl der beim Empfangen aufgetreten Fehler aus den verschiedensten Gründen. Ursachen können sowohl bei einem Fehler im Treiber oder auch in der Hardware des Netzwerkadapters oder im Kabelsystem liegen.

Send Packet Retry Count
: Anzahl der Versuche des LAN Treibers, ein Paket zu senden, die wegen eines Hardwarefehlers fehlgeschlagen sind.

Checksum Errors
: Dies ist die Anzahl der Pakete mit ungültiger Prüfsumme, die der LAN-Treiber empfangen hat. Diese Pakete wurden entweder durch einen Fehler im abschickenden Treiber oder durch Störungen während der Übertragung über das Netzwerkkabel

teilweise zerstört und werden vom empfangenden Treiber nicht akzeptiert.

Hardware Receive Mismatch Count
Dies ist die Anzahl der vom LAN-Treiber empfangenen Pakete, bei denen folgendes Phänomen aufgetreten ist: Die im Paket-Kopf angegebene Länge stammte nicht mit der tatsächlichen physikalischen Länge überein.

Dahinter folgen unter der Bezeichnung Custom Statistics hersteller- spezifische Angaben, die von Treiber zu Treiber verschieden sind. Die Bedeutung der Custom Statistics einiger Hersteller können Sie dem *Appendix A* des NOVELL *System Administration Guides* entnehmen.

4.10.5 System Modules

Unter dieser Option können Sie die System Module näher untersuchen, aus denen sich Ihr Fileserver-Betriebssystem zusammensetzt. Sie erhalten zu jedem Modul die Information, welche Ressourcen und wieviel Arbeitsspeicher es benutzt. Anfangs sehen Sie in dem neu geöffneten Fenster System Modules eine Liste der vorhandenen Module.

Hier werden alle NetWare Loadable Modules wie z.B. MONITOR selbst, aber auch alle Plattentreiber und LAN-Treiber sowie der Betriebssystemkern selbst aufgeführt sein. Sie können nun mittels Menübalken und <ENTER> eines dieser Module auswählen, über das Sie dann detailliertere Informationen erhalten.

Oberes Informationsfenster
Es öffnen sich zwei zusätzliche Informationsfenster. Im Fenster im oberen Bildschirmbereich sehen sie die Größe des Modules und den Namen, unter dem es geladen wurde. Beachten Sie bitte, daß das Betriebssystem selbst NetWare Server Operating System kein ladbares Modul ist und daß MONITOR deswegen seine Größe nicht richtig angeben kann. Die Modulgröße dieses Moduls ist viel zu klein, weil hier sowohl der Betrag des Programmcodes als auch der größte Teil der Größe des Datenbereichs nicht mitgerechnet wird.

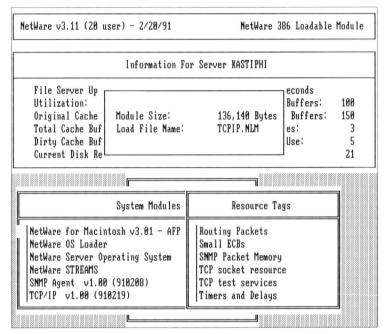

4-5 Informationen über die System Modules

Unteres Informationsfenster
Im Fenster im unteren Bildschirmbereich Resource Tags sehen Sie eine Liste der Ressource-Einheiten, die dieses Modul benutzt. Diese Einträge wurden von dem Modul selbst erzeugt und erlauben es ihm, die Ressourcen des Betriebsystem (beispielsweise bestimmte Dienste oder Arbeitsspeicher) in Anspruch zu nehmen. Sie können nun abermals mittles Menübalken und <ENTER> eine dieser Ressource-Einheiten auswählen und erhalten dann folgende Information über:

Tag
Der vollständige Name der Ressource-Einheit.

Module
Der vollständige Name des Modules, das diese Einheit erzeugt hat.

Resource
Die Art der System-Ressource, die über diese Einheit benutzt wird.

In Use
Die Anzahl dieser Ressourcen, die gerade über diese Einheit benutzt werden. Dies kann eine Anzahl von Speicherbytes

sein, oder z.B. die Anzahl der benutzten Interrupt Handler oder auch die Anzahl der benutzten Semaphoren.

4.10.6 Lock Fileserver Console

Diese Option erlaubt es Ihnen, den Fileserver vor einem direkten Paßwörter;Konsole Paßwortunerlaubten Zugriff zu schützen, indem sie seine Tastatur sperren.

Es öffnet sich hier ein Fenster, indem Sie gebeten werden, ein Paßwort einzugeben. Nachem Sie die Eingabe mit <ENTER> abgeschlossen haben, reagiert die Fileservertastatur auf keinerlei Eingaben mehr, bis das von Ihnen angegebene Tastatur-Paßwort oder das Supervisor-Paßwort des Fileservers eingegeben wird.

4.10.7 File Open / Lock Activity

Unter dieser Option können Sie für ein beliebige Datei auf einem der Volumes des Servers die Informationen erhalten, ob und von welchen Stationen aus diese Datei momentan benutzt wird. Zusätzlich dazu erfahren Sie den Status dieser Datei bezüglich des Lockings.

Hierzu wählen Sie erst die gewünschte Datei aus, indem Sie sich bequem über Menüs durch die gesamte Verzeichnisstruktur des Servers "hangeln", bis Sie bei dieser Datei angelangt sind. Haben Sie eine Datei ausgewählt, öffnen sich zwei Fenster hierzu. Das linke Fenster zeigt folgende Informationen:

`Use Count`
   Dies ist die Anzahl der Stationen, die diese Datei entweder gerade geöffnet haben, sie mit einem Lock belegt oder geloggt haben.

`Open Count`
   Dies ist die Anzahl der Stationen, die diese Datei gerade geöffnet haben.

`Open For Read`
   Dies ist die Anzahl der Stationen, die diese Datei gerade zum Lesen geöffnet haben.

`Open For Write`
   Dies ist die Anzahl der Stationen, die diese Datei gerade zum Schreiben geöffnet haben.

Deny Read
: Dies ist die Anzahl der Stationen, die diese Datei gerade geöffnet haben und anderen Stationen den Lesezugriff verweigern.

Deny Write
: Dies ist die Anzahl der Stationen, die diese Datei gerade geöffnet haben und anderen Stationen den Schreibzugriff verweigern.

Status
: Dieser Punkt zeigt an, ob diese Datei gerade gesperrt Locked ist, oder ob andere Stationen auch darauf zugreifen können Not Locked.

Das rechte Fenster zeigt eine Liste der Stationen, die diese Datei gerade geöffnet haben.

Conn
: Die Stationsnummer der Arbeitsstation, die die Datei gerade benutzt.

Task
: Die Nummer des Prozesses (Task) innerhalb der Arbeitsstation, der die Datei gerade benutzt. Die Tasknummer Null bedeutet immer das Betriebssystem der Arbeitsstation (DOS oder OS/2).

Lock Status
: Hier sind folgende Angaben möglich:

Not Locked
Die Datei wird durch diese Arbeitsstation momentan nicht gesperrt.

Exclusive
Dies stellt sozusagen den normalen Lockzustand dar: keine andere Station darf in irgendeiner Weise auf diese Datei zugreifen.

Shareable
Dies besagt, daß andere Stationen diesen Record auch als "shareable" sperren dürfen, aber keine Station ihn währenddessen exclusive sperren darf. Die Folge: Die Stationen dürfen die Daten alle gleichzeitig lesen, aber keiner darf die Datei verändern. Bei exklusiver Sperrung hingegen will eine Station wahrscheinlich Daten einer Datei verändern, die währenddessen keine andere Station lesen oder schreiben darf.

TTS Holding Lock
Dieser Status zeigt an, daß die Dateisperrung durch das TTS-Systems des NetWare-Betriebssystems verursacht wurde. Wenn Daten in einer Datei verändert werden, die das Attribut "Transactional" besitzt, löst der Fileserver exklusiv einen Record Lock aus, bis die gesamte Transaktion beendet ist.

Logged
Diese Statusanzeige bedeutet, daß die Station diese Datei sozusagen zum Sperren vorangemeldet hat, um sie dann zusammen mit anderen Dateien gleichzeitig zu sperren. Bei Mehrplatzprogrammen kann es vorkommen, daß mehrere Stationen z.B. die gleichen fünf Dateien exklusiv benutzen wollen. Eine Station sperrt die ersten zwei Records, die andere Station sperrt die letzen drei. Beide Stationen warten nun (vergeblich) darauf, daß der Rest der von Ihnen gewünschten Daten freigeben wird: eine sogenannte Deadlock-Situation ist enstanden. Dieses Problem wird durch das "Loggen" und gleichzeitige Sperren von Dateien vermieden.

Not Logged
Diese Anzeige besagt, daß die jeweilige Datei nicht geloggt ist.

4.10.8 Resource Utilization

Unter diesem Menüpunkt erfahren Sie, wie und von wem die Ressourcen des Fileservers genutzt werden. Hierzu sehen Sie im Fenster im oberen Bildschirmbereich Statistiken über die Auslastung des Arbeitsspeichers im Server. Außerdem sehen Sie hinter den Byte-Angaben auch noch eine Prozentzahl, die den Anteil dieses Punktes an der Gesamt-Speichergröße angibt.

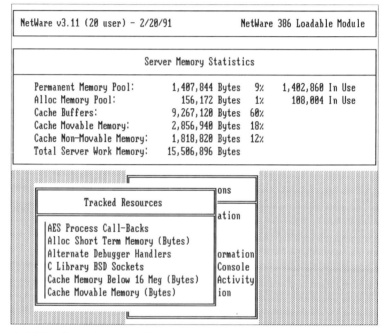

4-6 Die Anzeige von Resource Utilization

Die einzelnen Punkte bedeuten folgendes:

Permanent Memory Pool
  Dies ist der Arbeitsspeicher, der z.B. für das Directory-Caching des Dateisystems oder für die Speicherung und Bearbeitung empfangener Pakete benötigt wird. Dieser Speicher wird langfristig gebraucht, benötigt das Betriebssystem mehr davon, wird er vom Speicher des Cache-Systems abgezweigt und bleibt danach solange dem "Permanent Memory Pool" zugeteilt, bis der Fileserver neu bootet.

Alloc Memory Pool
Dies ist ein Speicherbereich, aus dem kurzzeitig Speicher angefordert werden kann, z.B. von den NetWare Loadable Modules. Das Betriebssystem benutzt diesen Bereich auch für Verbindungs-Informationen und Mapping-Informationen bezüglich der Arbeitsstationen und für das Service Advertising System, mit dem sich die Fileserver untereinander verständigen. Sie können den Höchstbetrag an Speicher, der diesem Bereich zugeordnet wird, mit dem Konsole-Kommando *SET Maximum Alloc Short Term Memory* festlegen.

Cache Buffers
Dies ist der Speicherbereich, den das Cache-System für das Daten-Caching benutzt. Wenn dieser Bereich beim Anteil am Gesamtspeicher die 20%-Marke unterschreitet, benötigt Ihr Fileserver mehr Arbeitsspeicher.

Cache Movable Blocks
Dies ist ein Speicherbereich, den andere Teile des Betriebssystems für kurze Zeit vom Cache-System abzweigen dürfen. Das Besondere an diesen Speicherblocks ist, daß das Betriebssystem diese innerhalb eines bestimmten Bereichs frei verschieben kann. Solche Blocks werden z.B. bei der Aufstellung von Hash-Tabellen zur Beschleunigung des Dateizugriffs benötigt.

Cache Non-Movable Blocks
Dies ist ein Speicherbereich, den andere Teile des Betriebssystems für bestimmte Zeit vom Cache-System abzweigen dürfen. Nach Gebrauch werden Sie weiter als normale Cache Daten-Buffer benutzt.

Total Server Work Memory
Dies ist die Gesamtgröße des Datenbereichs des Fileservers.

Das Fenster im unteren Bildschirmbereich Tracked Resources zeigt Ihnen eine Liste der Ressourcen, die vom Betriebssystem den einzelnen Modulen zur Verfügung gestellt werden. Aus dieser Liste können Sie mittels dem Menübalken und <ENTER> eine Ressource auswählen, um mehr Informationen über sie zu erfahren. Die Module definieren sogenannte Ressource-Einheiten, über die sie die Systemressourcen benutzen können. Diese logischen Zugänge zu den Ressourcen sind dazu da, daß nachverfolgt werden kann, von welchen Modulen und wozu die Ressourcen genutzt werden.

Wenn Sie also eine Ressource ausgewählt haben, öffnet sich ein weiteres Fenster, in dem aufgeführt wird, welche Module diese Ressource in Anspruch nehmen und welche Ressource-Einheit sie dafür benutzen. Die Ressource-Einheiten geben sozusagen an, für welchen Zweck innerhalb des Moduls die Ressource benötigt wird. Es kann durchaus der Fall sein, daß die Ressource von mehreren verschiedenene Teilen des selben Moduls gebraucht wird. Also können in der Liste der Ressource-Einheiten mehrere Einträge vorkommen, die alle zum selben Modul gehören. Aus dieser Liste können Sie wiederum eine bestimmte Ressource-Einheit (Tag) mittels Menübalken und <ENTER> auswählen, um Näheres dazu zu erfahren. Es öffnet sich hierzu ein Fenster im unteren Bildschirmbereich (Resource Information) mit folgenden Informationen:

Tag
  Name der Ressource-Einheit, über die das betreffende Modul die ausgewählte Ressource in Anspruch nimmt.

Module
  Vollständiger Name des Moduls, das die Ressource benutzt.

Resource
  Name der Reossurce.

In Use
  Die Anzahl dieser Ressourcen, die gerade benutzt werden. Dies kann eine Anzahl von Speicherbytes sein, oder z.B. die Anzahl der benutzten Interrupt Handler oder auch die Anzahl der benutzten Semaphoren.

4.10.9 Exit

Mit diesem Menüpunkt verlassen Sie Monitor, nachdem Sie noch einmal gefragt worden sind, ob Sie das wirklich wollen. Nach Programmende wird MONITOR wieder aus dem Arbeitsspeicher des Servers entfernt.

4.11 NMAGENT

Dieses Modul stellt die Schnittstelle zwischen dem NetWare-Betriebssystem und eventuell vorhandenen Netzwerkmanagement-Treibern dar. NMAGENT ist die Abkürzung für Network Management AGENT. Die für die einzelnen LAN-Adapter zuständigen LAN-Treiber können über NMAGENT Statistiken an Netzwerkmanagement Systeme übergeben. Dazu muß NMAGENT vor den LAN-Treibern geladen werden. NMAGENT stellt Network Management Managern (z.B. dem Simple Network Management Protocol Modul SNMP.NLM) folgende System-Ressourcen zur Verfügung, deren Nutzung Sie mit MONITOR auch überwachen können :

- NetWork Management Triggers
- NetWork Management Managers
- NetWork Management Objects

Format `LOAD [Pfad]NMAGENT <ENTER>`

Ersetzen Sie `Pfad` durch den vollständigen Pfad zu der Datei NMAGENT.NLM. Falls diese Datei sich im Verzeichnis SYS:SYSTEM befindet, brauchen Sie keinen Pfad anzugeben.

4.12 PCN2RPL

Dieses Modul wird geladen, um Arbeitsstationen, in denen ein PCN2 Netzwerk-Adapter installiert ist, ein Remote Booting über diesen Server zu ermöglichen. IBM konzipierte für diesen Bootvorgang über das Netz ein spezielles Protokoll, das RPL-Protokoll. PCN2RPL ist die Abkürzung für "PCN2 Remote Program Load". PCN2RPL implementiert dieses Protokoll auf dem Fileserver, ist also ein RPL-Treiber für die Zusammenarbeit mit PCN2-Adaptern. Sie müssen nach dem Laden von PCN2 das Protokoll noch an einen oder mehrere LAN-Treiber koppeln. Informieren Sie sich dazu im Kapitel *Konsole Kommandos* unter *BIND*.

Format LOAD [Pfad]PCN2RPL <ENTER>

Ersetzen Sie Pfad durch den vollständigen Pfad zu der Datei PCN2RPL.NLM. Falls diese Datei sich im Verzeichnis SYS:SYSTEM befindet, brauchen Sie keinen Pfad anzugeben.

Siehe auch ETHERRPL

TOKENRPL

4.13 PSERVER

Wenn Sie einen Netzwerkdrucker an Ihrem Fileserver angeschlossen haben, müssen Sie dieses Modul laden. Sie können dann auf dem Printserver-Bildschirm den momentanen Status für jeden der 16 möglichen Drucker am Server sehen. Hier sind folgende Angaben möglich:

`Not installed`
An diesem Anschluß ist kein Drucker installiert.

`Waiting for job`
An diesem Anschluß ist ein Drucker installiert und aktiv, der gerade nicht druckt.

`Printing`
Dieser Drucker druckt gerade einen Druckjob aus. Die Nummer dieses Jobs und die Herkunft (Dateiname, LPT1 Catch usw.) werden unter dem Punkt "`Job`" angegeben, der Name der Druckschlange, in der sich der Job befindet, wird unter dem Punkt "`Queue`" angegeben.

`Out of paper`
An diesem Anschluß ist ein Drucker installiert, der eine "`Out of Paper`"-Meldung zum Fileserver geschickt hat. Diese Meldung erscheint, wenn am Drucker das Papier ausgegangen ist. Die Meldung erscheint jedoch auch, wenn der Drucker physikalisch nicht an den Printserver oder die Arbeitsstation angeschlossen ist.

Sie können mit <ENTER> zwischen der Anzeige für die Drucker 0 bis 7 und der Anzeige für die Drucker 8 bis 15 umschalten. Mit <CONTROL-ESCAPE> können Sie wieder auf den normalen Fileserver-Bildschirm schalten, während der Printserver aktiv bleibt.

☞ Bevor Sie PSERVER.NLM laden, müssen Sie mit PCONSOLE, den Printserver einrichten und Druckerkonfigurationen erstellen.

Nähere Informationen zum Thema Drucken im Netzwerk erhalten Sie im Kapitel *Drucken*.

Format `LOAD [Pfad]PSERVER <ENTER>`

Ersetzen Sie `Pfad` durch den vollständigen Pfad zu der Datei PSERVER.NLM. Falls diese Datei sich im Verzeichnis SYS:SYSTEM befindet, brauchen Sie keinen Pfad anzugeben.

4.14 REMOTE

Dieses Modul ermöglicht es, daß die Funktionen der Fileserver-Konsole von einer normalen Arbeitsstation aus übernommen werden können. Auf der Arbeitsstation wird dann das Programm RCONSOLE aufgerufen und der Benutzer dieser Arbeitsstation kann dann so auf den Fileserver zugreifen, als ob er direkt an der Fileserver-Konsole sitzen würde. Dazu muß aber auf dem Server das REMOTE NLM geladen werden, außerdem noch das Modul RSPX. RSPX muß nach REMOTE geladen werden. Eine andere Möglichkeit der "Fernsteuerung" des Fileservers bietet NetWare über die serielle Schnittstelle des Servers. Hierzu muß nach REMOTE das NLM RS232 geladen werden, ein serieller Schnittstellentreiber. Auf der Arbeitsstation wird dann das Utility ACONSOLE aufgerufen, man kann nun über eine Modem-Verbindung auf den Fileserver zugreifen.

Format LOAD [Pfad]REMOTE [Paßwort] <ENTER>

Ersetzen Sie Pfad durch den vollständigen Pfad zu der Datei REMOTE.NLM. Falls diese Datei sich im Verzeichnis SYS:SYSTEM befindet, brauchen Sie keinen Pfad anzugeben.

Ersetzen Sie Paßwort durch das Paßwort, mit dem sich RCONSOLE-Benutzer als berechtigte Remote-Konsole Operatoren ausweisen müssen. Beim Aufruf von RCONSOLE wird dieses Paßwort verlangt werden. Geben Sie dieses Paßwort beim Aufruf von REMOTE nicht an, erscheint eine Aufforderung, ein Paßwort ein- zugeben.

Steht z.B. Ihr Fileserver an einem schwer zugänglichen Ort, können Sie die Konsole mit Hilfe von REMOTE, RSPX und RCONSOLE "fernbedienen". Durch den Eintrag

LOAD REMOTE Paßwort

LOAD RSPX

in die Server-Boot-Datei AUTOEXEC.NCF können Sie den dafür erforderlichen Ladevorgang automatisieren.

Siehe auch RSPX

RS232

4.15 ROUTE

Mit diesem Modul ermöglichen Sie dem Fileserver das sogenannte Source Routing über IBM Bridges in Token Ring LANs. Das Source Routing ist eine spezielle Konvention für den Transport von Paketen über Bridges in Token Ring Internets. Der Treiber für den Token Ring LAN Adapter im Fileserver muß schon geladen worden sein. Die Arbeitsstationen in dem entsprechenden LAN müssen auch das Source Routing beherrschen (Laden von ROUTE.COM auf den Arbeitstationen).

Format LOAD [Pfad]ROUTE [Paramter] <ENTER>

Ersetzen Sie Pfad durch den vollständigen Pfad zu der Datei ROUTE.NLM. Falls diese Datei sich im Verzeichnis SYS:SYSTEM befindet, brauchen Sie keinen Pfad anzugeben.

ROUTE kann mit verschiedenen Parametern aufgerufen werden. Ist ROUTE bereits geladen, können Sie durch nochmaligen Aufruf mit bestimmten Parametern spezielle Veränderungen an dem bereits installierten Treiber vornehmen. Hier eine Liste der möglichen Parameter:

BOARD = Nummer
  Der Source-Routing-Treiber ROUTE.NLM kann mehrmals geladen werden, wenn mehrere Token Ring-Adapter im Fileserver installiert sind. Mit dem Parameter BOARD geben Sie an, welcher Adapter gemeint ist. Die Adapter werden nach der Lade-Reihenfolge der ihnen zugehörigen Treiber durchnummeriert.

CLEAR
  Dieser Parameter weist einen bereits installierten Source-Routing-Treiber an, seine internen Source Routing Tabellen auf Null zurückzusetzen. Der Effekt ist der gleiche wie beim Konsolekommando RESET ROUTER. ROUTE sammelt in diesem Fall die Informationen über den aktuellen Zustand des Internets (mögliche Routen, aktive Router usw.) ein. Rufen Sie Route mit diesem Parameter ein, wenn sich der Zustand des LANs bezüglich des Routings geändert hat, z.B. wenn eine Bridge aktiviert oder deaktiviert wurde.

DEF
  Wenn Sie diesen Parameter angeben, wird der Source-Routing-Treiber Pakete, deren Zieladresse nicht in seinen Router Tables vermerkt ist, nur als "ALL ROUTES BROADCAST"-Pa-

kete behandeln. Das bedeutet, daß solche Pakete nicht über Single Route IBM Bridges geschickt werden. Sie können ROUTE mit diesem Parameter aufrufen, selbst wenn der NLM schon installiert wurde. In diesem Fall wird nur die Einstellung bezüglich des DEF-Parameters geändert.

`GBR`
Wenn dieser Parameter angegeben wird, werden alle GENERAL BROADCAST Pakete als "All Routes Broadcast Packets" behandelt, ohne GBR werden solche Pakete als "Single Route Broadcast Packets" behandelt. Sie können ROUTE mit diesem Parameter aufrufen, selbst wenn der NLM schon installiert wurde. In diesem Fall wird nur die Einstellung bezüglich des GBR-Parameters geändert.

`MBR`
Wenn dieser Parameter angegeben wird, werden alle MULTICAST BROADCAST Pakete als "All Routes Broadcast Packets" behandelt, ohne MBR werden solche Pakete als "Single Route Broadcast Packets" behandelt. Sie können ROUTE mit diesem Parameter aufrufen, selbst wenn der NLM schon installiert wurde. In diesem Fall wird nur die Einstellung bezüglich des MBR-Parameters geändert.

`REMOVE = Adresse`
Diesen Parameter können Sie dazu benutzen, um eine bestimmte Knotenadresse aus den Router-Tabellen des Source Routing Treibers zu löschen. Dies kann z.B. der Fall sein, wenn eine Bridge deaktiviert wurde. Dann können Sie diese aus den Router Tables an Ihrem Fileserver löschen. Ersetzen Sie `Adresse` durch eine 6 Byte lange Netzwerkknoten-Adresse in hexadezimaler Schreibweise.

`RSP = Wert`
Mit diesem Parameter können Sie festlegen, wie der Fileserver auf Broadcast Requests antworten soll. Broadcast Requests sind spezielle Anfragepakete in Token Ring LANs. Als Angabe sind drei Werte möglich:

`NR` : Durch diese Angabe werden alle Broadcast Requests direkt an den Absender zurückgesandt. Dies ist die Voreinstellung, wenn Sie keinen RSP-Parameter angeben.

`AR` : Durch diese Angabe werden alle Broadcast Requests mit All Routes Broadcasts beantwortet.

SR : Durch diese Angabe werden alle Broadcast Requests mit Single Routes Broadcasts beantwortet.

TIME = Sekunden

Durch diesen Parameter können Sie festlegen, wie oft die internen Router-Tabellen des Source Routing-Treibers aufgefrischt werden. Zur Auffrischung verschickt der Treiber Anfragepakete aufs Netz und stellt aus den einkommenden Antworten die neue Router-Tabelle auf. TIME gibt hierbei die Zeit an, die zwischen zwei Auffrischungen verstreicht (in Sekunden).

4.16 RS232

Dieses Modul ist ein serieller Schnittstellentreiber, über den Sie von außen auf den Fileserver zugreifen können. Dieser Zugriff geschieht über die serieller Schnittstelle von einer normalen Station aus, die über asynchrone Datenleitungen (Modem) mit der seriellen Schnittstelle des Fileservers verbunden ist. Auf dieser Arbeitsstation wird dann das Programm ACONSOLE aufgerufen und der Benutzer dieser Arbeitsstation kann dann auf den Fileserver zugreifen, als ob er direkt an der Fileserver-Konsole sitzen würde. Dazu muß vorher auf dem Server das REMOTE NLM geladen werden.

Format `LOAD [Pfad] RS232 [COM Port] [Baudrate] <ENTER>`

Ersetzen Sie `Pfad` durch den vollständigen Pfad zu der Datei RS232.NLM. Falls diese Datei sich im Verzeichnis SYS:SYSTEM befindet, brauchen Sie keinen Pfad anzugeben.

Ersetzen Sie `COM Port` durch die Nummer der seriellen Schnittstelle, an die das Modem am Fileserver angeschlossen ist (1 oder 2). Wenn Sie diesen Parameter nicht angeben, fragt RS232 während dem Ladevorgang danach.

Ersetzen Sie `Baudrate` durch die Baudrate des angeschlossenen Modems (2400, 4800 oder 9600). Wenn Sie diesen Parameter nicht angeben, fragt RS232 während dem Ladevorgang danach.

Siehe auch REMOTE

4.17 RSPX

Dieses Modul ist ein spezieller SPX-Treiber, über den Sie von außen auf den Fileserver zugreifen können. Auf einer beliebigen Arbeitsstation im gleichen Netz wird dann das Programm RCONSOLE aufgerufen und der Benutzer dieser Arbeitsstation kann dann auf den Fileserver zugreifen, als ob er direkt an der Fileserver-Konsole sitzen würde. Hierzu muß am Fileserver noch das NLM REMOTE vor RSPX geladen werden.

Format LOAD [Pfad]RSPX <ENTER>

Ersetzen Sie Pfad durch den vollständigen Pfad zu der Datei RSPX.NLM. Falls diese Datei sich im Verzeichnis SYS:SYSTEM befindet, brauchen Sie keinen Pfad anzugeben.

Siehe auch REMOTE

4.18 SPXCONFG

Dieses Modul kann dazu benutzt werden, einige Parameter des SPX-Protokolls zu verändern, über das sich der Fileserver mit den Arbeitsstationen unterhält. Sie können SPXCONFG dazu benutzen, diese Parameter gleich beim Fileserver-Start einzustellen, indem Sie dieses Modul in der AUTOEXEC.NCF Datei mit den geeigneten Parametern gleich zu Anfang laden. Einige Parameter betreffen den in SPX eingebauten Watchdog-Mechanismus. Dieser "Wachhund" bewirkt, daß der Server nach einer gewissen Zeit, innerhalb derer keine Pakete von einer bestimmten Arbeitsstation empfangen werden, Kontrollanfragen (Watchdog-Pakete) zu dieser Station geschickt werden, um zu überprüfen, ob die Station noch normal arbeitet oder vielleicht abgestürzt ist. Im letzteren Fall merkt der Server dies daran, daß die Station auf den Watchdog nicht mehr reagiert und löst die Verbindung zu dieser Station.

Format LOAD [Pfad] SPXCONFG [Parameter] <ENTER>

Ersetzen Sie Pfad durch den vollständigen Pfad zu der Datei SPXCONFG.NLM. Falls diese Datei sich im Verzeichnis SYS:SYSTEM befindet, brauchen Sie keinen Pfad anzugeben.

Ersetzen Sie Parameter durch einen oder mehrere der folgenden:

A = Zeit
  Dies ist der "SPX Watchdog Abort Timeout" – in BIOS-Ticks (1/18.2 Sekunden). Dieser Parameter bestimmt, wie lange der Fileserver auf eine Antwort von der anderen Seite der Verbindung wartet. Erhält der Server nach Ablauf dieser Zeit keine Antwort, wird die Verbindung abgebrochen. Voreinstellung ist 540 (30 Sekunden). Erlaubt sind Werte von 540 bis 5400.

V = Zeit
  Dies ist der "SPX Watchdog Verify Timeout" – in BIOS-Ticks (1/18.2 Sekunden). Der Fileserver sendet regelmäßig Pakete an die andere Seite der Verbindung, um ihr zu melden, daß die Verbindung von dieser Seite noch aktiv ist. Werden keine Pakete von einem Programm gesendet, so sendet der Server Pakete in regelmäßigen Abständen an die andere Seite, um zu gewährleisten, daß die Verbindung bestehen bleibt. Erst nach einer bestimmten Zeitspanne ("A"-Parameter) wird die Verbindung aufgelöst. Der Parameter "V" gibt an, wieviel Zeit

NetWare Loadable Modules

zwischen den Anfragepaketen liegt, die an die nicht mehr antwortende Station geschickt werden. Dieser Parameter ist auch als "Delay Between Watchdog Packets" mit dem Konsole Kommando SET einstellbar. Voreinstellung ist 54 (3 Sekunden). Erlaubt sind Werte von 10 bis 255.

W = Zeit
Dies ist der "SPX Ack Wait Timeout" – in BIOS-Ticks (1/18.2 Sekunden). Dieser Parameter bestimmt, wie lange der Fileserver auf ein Paket von der anderen Seite der Verbindung wartet, bevor es Pakete anfordert, die bestätigen sollen, daß die Verbindung noch aktiv ist. Voreinstellung ist 108 (5 Sekunden). Erlaubt sind Werte von 10 bis 3240.

R = Anzahl
Dies ist der "SPX Default Retry Count". Dieser Parameter bestimmt, wie oft ein Paket neu gesendet wird, ohne daß eine Empfangsbestätigung der anderen Seite der Verbindung zurückkommt. Voreinstellung ist 10. Erlaubt sind Werte von 1 bis 255.

S = Anzahl
Dies ist der "Maximum Concurrent SPX Connections"-Parameter. Er gibt an, wieviele SPX-Verbindungen der Fileserver gleichzeitig unterhalten kann. Die Voreinstellung ist 1000, erlaubte Werte sind 16 bis 2000.

Q = 1
Mit dieser Parametereinstellung geben Sie an, ob Sie die Änderung der SPX-Parameter nicht angezeigt haben möchten (Quiet Mode). Dies ist dann sinnvoll, wenn Sie die Parameter über den Eintrag von SPXCONFG in der AUTOEXEC.NCF Datei einstellen und beim Server-Start nicht jedesmal angezeigt haben wollen.

H
Mit diesem Parameter bekommen Sie einen Hilfstext über die Benutzung von SPXCONFG angezeigt.

Wird SPXCONFG ohne Parameter aufgerufen, können Sie alle Parameter auch interaktiv einstellen. SPXCONFG wird Ihnen dann das folgende einfache Menü anbieten:

```
SPX Configuration Control Program


A. SPX Watchdog Abort timeout      540
B. SPX Watchdog Verify timeout      54
C. SPX Ack Wait timeout            108
D. SPX Default Retry Count          10
E. Maximum Concurrent Connections 1000


Enter a command or ESCAPE to exit:
```

Nun können Sie eine der Buchstabentasten A bis E drücken und danach den von Ihnen gewünschten neuen Wert eingeben.

4.19 SPXS

Das Modul SPXS ist ein SPX-Treiber nach der NetWare STREAMS Spezifikation. Er wird von allen NLMs benötigt, die die sogenannten STREAMS-Based SPX-Dienste in Anspruch nehmen. SPXS benötigt folgende andere Module (in der angegebenen Reihenfolge laden):

- STREAMS
- CLIB
- TLI
- SPXS

Ist eines oder mehrere dieser zugrundeliegenden NLMs nicht aktiv, so versucht SPXS diese selbständig zu laden.

☞ Entfernen Sie SPXS nicht mit UNLOAD aus dem Speicher, wenn Sie sich nicht sicher sind, daß alle Module, die SPXS benutzen, auch deaktiviert sind. Sonst können diese nicht mehr arbeiten.

Format LOAD [Pfad] SPXS <ENTER>

Ersetzen Sie Pfad durch den vollständigen Pfad zu der Datei SPXS.NLM. Falls diese Datei sich im Verzeichnis SYS:SYSTEM befindet, brauchen Sie keinen Pfad anzugeben.

Siehe auch STREAMS

CLIB

TLI

4.20 STREAMS

Das ladbare Modul STREAMS wird von dem Modul CLIB sowie einigen anderen speziellen Modulen benötigt. Es ist der zugrundeliegende Treiber für andere Treiber, die auf dem NetWare STREAMS-Konzept aufbauen. Zusammen mit dem Modul TLI (Transport Level Interface) liefert STREAMS die Schnittstelle zwischen dem Betriebssystem und Protokolltreibern wie IPXS.NLM oder SPXS.NLM.

Format LOAD [Pfad]STREAMS <ENTER>

Ersetzen Sie Pfad durch den vollständigen Pfad zu der Datei STREAMS.NLM. Falls diese Datei sich im Verzeichnis SYS:SYSTEM befindet, brauchen Sie keinen Pfad anzugeben.

Siehe auch TLI

CLIB

IPXS

SPXS

4.21 TLI

Dieses Modul stellt die Schnittstelle zwischen dem STREAMS-Treiber und den auf dem NetWare-Streams Konzept aufbauenden Protokolltreibern dar. TLI ist die Abkürzung für "Transport Level Interface". TLI benötigt die Module STREAMS und CLIB, die in dieser Reihenfolge zuvor geladen werden müssen.

Format LOAD [Pfad]TLI <ENTER>

Ersetzen Sie Pfad durch den vollständigen Pfad zu der Datei TLI.NLM. Falls diese Datei sich im Verzeichnis SYS:SYSTEM befindet, brauchen Sie keinen Pfad anzugeben.

Siehe auch STREAMS
 CLIB

4.22 TOKENRPL

Dieses Modul wird geladen, um Arbeitsstationen, in denen ein Token-Ring Netzwerk-Adapter installiert ist, ein Remote Booting über diesen Server zu ermöglichen. IBM konzipierte für diesen Bootvorgang über das Netz ein spezielles Protokoll, daß RPL-Protokoll. TOKENRPL ist die Abkürzung für "TOKEN-Ring Remote Program Load". TOKENRPL implementiert dieses Protokoll auf dem Fileserver, ist also ein RPL-Treiber für die Zusammenarbeit mit Token Ring-Adaptern. Sie müssen nach dem Laden vom TOKENRPL das Protokoll noch an einen oder mehrere LAN-Treiber koppeln. Informieren Sie sich dazu im Kapitel *Konsole Kommandos* unter *BIND*.

Format LOAD [Pfad]TOKENRPL <ENTER>

Ersetzen Sie Pfad durch den vollständigen Pfad zu der Datei TOKENRPL.NLM. Falls diese Datei sich im Verzeichnis SYS:SYSTEM befindet, brauchen Sie keinen Pfad anzugeben.

Siehe auch ETHERRPL

PCN2RPL

NetWare Loadable Modules 149

4.23 UPS

Dieses Modul stellt die Software-Schnittstelle zwischen dem Betriebssystem und einem an den Server angeschlossenen UPS-System dar. Dieses System sorgt im Notfall für eine unterbrechungsfreie Stromversorgung. UPS ist die Abkürzung für "Uninterrruptible Power Supply".

☞ UPS muß geladen werden, damit die UPS-Überwachung der Stromzufuhr aktiviert wird.

Format `LOAD [Pfad]UPS [Parameter] <ENTER>`

Ersetzen Sie `Pfad` durch den vollständigen Pfad zu der Datei UPS.NLM. Falls diese Datei sich im Verzeichnis SYS:SYSTEM befindet, brauchen Sie keinen Pfad anzugeben.

Ersetzen Sie `Parameter` durch die folgenden Angaben:

`TYPE = Name`
Dieser Parameter gibt den Namen des Interface-Adapters für Ihr UPS-System an. Ersetzen Sie `Name` durch einen der fogenden:

- DCB
- STANDALONE
- MOUSE
- EDCB
- KEYCARD
- OTHER

☞ Wenn Sie STANDALONE angeben und das UPS-Modul diesen Namen nicht akzeptiert, versuchen Sie es mit der Angabe KEYCARD.

`PORT = Nummer`
Hier geben Sie die `Nummer` des I/O-Ports auf ihrem Interface-Adapter für Ihr UPS-System an, und zwar in hexadezimaler Schreibweise. Diese muß mit der Jumper-Einstellung auf dem jeweiligen Adapter übereinstimmen. Bei den einzelnen Adapterarten sind folgende Werte möglich:

- DCB : 346, 34E, 326, 32E, 286, 28E
- EDCB : 380, 388, 320, 328

- STANDALONE : 240, 231
- KEYCARD : 230, 238
- MOUSE : Keine Angabe erforderlich.
- OTHER : Angaben des jeweiligen Herstellers beachten.

DISCHARGE = Zeit
   Dieser Parameter gibt an, wie lange die Batterie des UPS-Systems die Stromzufuhr noch allein aufrechterhalten kann, wenn der Strom aus der Steckdose aus irgendwelchen Gründen unterbrochen wird (in Minuten). Ersetzen Sie Zeit durch die Angabe der Minuten. Beachten Sie die Angaben des jeweiligen Herstellers. Sie werden diesen Parameter eventuell heruntersetzen müssen, wenn die Batterie älter geworden ist.

RECHARGE = Zeit
   Dieser Parameter gibt an, wie lange die Batterie braucht, um nach einem Stromausfall bei wiedereinsetzendem Netzstrom voll aufgeladen zu werden (in Minuten). Ersetzen Sie Zeit durch die Angabe der Minuten. Beachten Sie die Angaben des jeweiligen Herstellers. Sie werden diesen Parameter eventuell heraufsetzen müssen, wenn die Batterie älter geworden ist.

☞ Wird UPS ohne Parameter aufgerufen, können Sie alle Parameter auch interaktiv einstellen.

Wenn Sie ein UPS-Sicherheitssystem besitzen, laden Sie den UPS-Treiber mit den entsprechenden Angaben am besten immer gleich beim Booten des Servers, indem Sie ihn in die AUTOEXEC.NCF eintragen.

UPS-Test Testen Sie die Funktionalität des Systems zusammen mit den Treibereinstellungen, indem Sie die Stomzufuhrdes Servers unterbrechen und die Reaktion des UPS-Systems abwarten. Nach 20 Sekunden müßte an der Fileserver-Konsole die Meldung erscheinen, daß die normale Stromzufuhr unterbrochen ist und daß das UPS diese Aufgabe übernommen hat. Zu diesem Test sollten sich selbstverständlich alle User im Netz ausgeloggt haben.

4.24 VREPAIR

Das Modul VREPAIR (Volume Repair) kann Ihnen helfen, Schäden zu beseitigen oder zu begrenzen, die auftreten, wenn es innnerhalb der Dateizuordnungs-Tabellen (FAT) oder den Tabellen zur Verzeichnisstruktur eines Volumes zu Datenverlusten oder -Fehlern gekommen ist. Auf solche Fehler weisen folgende Ereignisse hin:

- Ein Hardware-Fehler ist auf dem Volume aufgetreten und verhindert, daß dieses Volume gemountet werden kann.
- Ein Stromausfall hat zu Datenfehlern geführt.
- Der Server meldet beim Booten "Mirroring Error".
- Der Server meldet "Read Errors" oder "Write Errors" in der FAT oder den Verzeichnistabellen.
- Der Server meldet "Data Mirror Mismatch Errors" in der FAT oder den Verzeichnistabellen.
- Der Server meldet "Multiple Allocation Errors" in der FAT oder den Verzeichnistabellen.
- Der Server meldet "Fatal DIR Errors".

Das NetWare Betriebssystem erzeugt von den wichtigen Tabellen stets zwei Kopien. VREPAIR vergleicht die beiden auf Unterschiede. Wenn diese existieren, sucht VREPAIR die Kopie mit den meisten Fehlern und überschreibt Sie durch die andere. In diesem Fall kann es sein, daß VREPAIR Dateien, deren Aufbau durch die Datenfehler in der Dateizuordnungs-Tabelle nicht mehr ersichtlich ist, löscht.

☞ VREPAIR kann auf einem fehlerhaften Volume durchgeführt werden, während der Fileserver aktiv ist. Zu diesem Zweck muß das Volume mit DISMOUNT deaktiviert werden. Andere Volumes können in dieser Zeit normal weiterarbeiten.

Sie können mit VREPAIR ebenfalls Einträge aus der FAT löschen, die zur Unterstützung der Name Space Konventionen angelegt wurden. Haben Sie an Ihrem Server beispielsweise Name Space Support eingerichtet, weil sie mehrere Macintosh-Rechner in Ihrem Netz hatten, und wollen Sie das rückgängig machen, weil die betreffenden Rechner aus dem Netz entfernt wurden, benutzen Sie dazu VREPAIR.

☞ Benutzen Sie immer nur genau die Version von VREPAIR, die zu der NetWare-Version mitgeliefert wurde, die auf Ihrem Server installiert ist!

VREPAIR.NLM und die dazugehörigen Name Space Modules V_OS2.NLM, V_MAC.NLM usw. befinden sich auf der *NetWare Operating System-2* Diskette. Kopieren Sie sie von dort aus auf das Boot-Medium Ihres Servers. Wenn das Volume SYS: Ihres Servers wegen Fehlern nicht mehr gemounted werden kann, können Sie vom Boot-Medium aus mit VREPAIR versuchen, das VOLUME wieder zum Laufen zu bringen.

Format `LOAD [Pfad]VREPAIR <ENTER>`

Ersetzen Sie `Pfad` durch den vollständigen Pfad zu der Datei VREPAIR.NLM. Falls diese Datei sich im Verzeichnis SYS:SYSTEM befindet, brauchen Sie keinen Pfad anzugeben.

Nachdem VREPAIR geladen wurde, bietet es Ihnen folgendes einfaches Menü an:

```
1. Repair A Volume
2. Set Vrepair Options
0. Exit
```

`Repair A Volume`
Mit dieser Option können Sie VREPAIR veranlassen, ein Volume zu prüfen und Schäden darauf zu beheben. Drücken Sie dazu die Taste "1" und danach <ENTER>. Sie bekommen nun eine Liste der deaktivierten Volumes, aus der Sie das Volume aussuchen, das überprüft werden soll (VREPAIR arbeitet nur mit durch DISMOUNT deaktivierten Volumes). Wenn nur ein Volume deaktiviert ist, beginnt VREPAIR sofort mit dessen Überprüfung.

Es erscheint folgende Meldung:

```
Total errors:
Current settings:
  Pause after each error
  Do not log errors to a file
Press F1 to change settings
```

Danach prüft VREPAIR die einzelnen Bereiche des Volumes durch. Sie können mit <F1> diesen Vorgang unterbrechen, um die Parameter dieser Überprüfung zu ändern. Die Voreinstellung von VREPAIR sieht vor, daß der Prüfvorgang bei jedem gefundenen Fehler unterbrochen wird ("`Pause after each` error"), und daß die Fehler nicht in einer Datei mitprotokolliert werden ("Do not log errors to a file"). Nachdem Sie <F1> gedrückt haben, erscheint ein kleines Menü, in dem Sie bestimmen können, daß der Prüfvorgang bei Fehlern nicht unterbrochen wird ("Do not pause after errors"), oder daß die Fehler in einer Datei mitprotokolliert werden ("Log errors to a file"). In letzterem Fall müssen Sie einen Dateinamen angeben. Sie können den Prüfvorgang mit "Stop volume repair" vollständig abbrechen, oder unter "Continue with volume repair" mit veränderten Einstellungen fortfahren.

Nachdem VREPAIR das Volume überprüft hat, gibt es Ihnen die Zeit an, die dafür benötigt wurde. Wenn Fehler gefunden wurden, werden sie aufgezählt und Sie werden gefragt, ob VREPAIR versuchen soll, diese zu beseitigen ("Write repairs to the disk (y/n)?"). Bis zu diesem Zeitpunkt hat VREPAIR an dem Volume also noch nichts geändert. Beantworten Sie diese Frage mit "yes". VREPAIR wird dann die Reparaturen am Volume durchführen. Wenn Sie nun eine beliebige Taste drücken, kehren Sie zum Hauptmenü von VREPAIR zurück.

Set Vrepair Options
Unter diesem Menüpunkt können Sie die Voreinstellungen von VREPAIR ändern. Es erscheinen unter "Current Vrepair Configuration" die momentanen Einstellungen sowie ein kleines Menü, mit dem Sie diese Einstellungen ändern können.

Wenn Sie einen Name Space Support von einem Volume entfernen wollen, wählen Sie mit "1"<ENTER> "Remove Name Space support from volume". Danach erhalten Sie noch eine Liste, aus der Sie auswählen müssen, welchen Name Space Support Sie entfernen wollen. VREPAIR muß in diesem Fall das entsprechende Modul (z.B. V_OS2.NLM) finden. Wenn Sie VREPAIR danach auf einem Volume ausführen, wird der von Ihnen gewählte Name Space Support von diesem Volume entfernt werden.

Unter dem Menüpunkt "2" können Sie wählen, ob bei der VREPAIR-Prüfung des Volumes nur die veränderten Stellen der FAT und der Verzeichnistabellen mit Hilfe der Tabellen-Kopien aktualisiert werden ("Write Only Changed Directory And FAT Entries To Disk"), oder ob die gesamte

FAT und alle Verzeichnistabellen neu geschrieben werden ("Write All Directory And Fat Entries Out To Disk"). Wählen Sie die zweite Möglichkeit nur, wenn der erste VREPAIR Durchlauf keine Beseitigung der Fehler erbracht hat und Sie das Volume immer noch nicht mounten können. Das vollständige Beschreiben der Tabellen zieht aber auch den sicheren Verlust der Dateien mit sich, deren FAT-Einträge sich in irgendeiner Weise als fehlerhaft erwiesen. Benutzen Sie diese Einstellung also möglichst nicht, wenn der Fileserver abgestürzt ist, während er wichtige Dateien beschrieben hat.

Wenn nur eine geringe Zahl von Fehlern auf einem Volume entdeckt wird, ist VREPAIR schneller, indem es sich diese Fehler zunächst merkt und sie erst nach dem Prüfdurchgang versucht zu beheben. Diese Einstellung können Sie unter dem Menüpunkt "3" ändern ("Write Changes Immediately To Disk"). Mit dieser Einstellung wird VREPAIR sofort bei Entdeckung eines Fehlers versuchen, diesen zu beheben.

Bei sehr vielen Fehlern kann das Speichern dieser Fehler zur späteren Beseitigung zu Speicherproblemen führen. VREPAIR wird außerdem sehr langsam, wenn es sich mehr als 1000 Fehler merken muß.

`Exit`
Mit dieser Option verlassen Sie VREPAIR.

Konsole-Kommandos 5

5.1 Einleitung

Als Konsole-Kommandos werden die Kommandos bezeichnet, die nur direkt an der Tastatur des Fileservers eingegeben werden können. Die Eingabe dieser Kommandos kann jeder User vornehmen, der Zugang zum Fileserver hat. Da mit Konsole-Kommandos Eingriffe in den Netzwerkbetrieb vorgenommen werden, sollten Sie darauf achten, daß der Fileserver nicht für jeden User zugänglich ist. Es wird in jedem Fall angeraten, die Tastatur am Fileserver mit MONITOR zu sperren, damit die größtmögliche Sicherheit gewährleistet ist. Im vorliegenden Kapitel sind die verfügbaren Konsole-Kommandos in alphabetischer Reihenfolge erläutert:

Konsole-Kommandos 157

5.2 ADD NAME SPACE

Mit diesem Kommando versetzen Sie ein NetWare-Volume in die Lage, Dateien abzuspeichern, die den Konventionen anderer Betriebsysteme als MS-DOS entsprechen. So hat man z.B. unter dem Betriebssystem UNIX die Möglichkeit, Dateien Namen zu geben, die länger als acht Buchstaben plus drei Extensionsbuchstaben sind. Wenn Sie Arbeitsstationen im Netz haben, die unter einem anderen Betriebssystem arbeiten, und auf Ihrem Server trotzdem Ihre Dateien abspeichern wollen, müssen Sie den sogenannten "Name Space Support" auf dem entsprechenden Volume einführen.

Das Filesystem unterhält dann zusätzlich zu den normalen Verzeichnistabellen parallel Tabellen, in denen die Dateiinformationen nach den Konventionen anderer Betriebssysteme gespeichert sind. z.B. Name, Datum, aber auch so exotische Informationen wie die Icon-Information für graphische Benutzeroberflächen wie den Macintosh-Finder .

☞ Wenn Sie den Name Space Support auf einem bestimmten Volume installieren wollen, müssen Sie zuvor das entsprechende Name Space Modul mit dem LOAD-Kommando laden.

Dieser Name Space Support, die Unterstützung anderer Namenskonventionen, nimmt natürlich Platz auf dem Volume sowie Arbeitsspeicher des Fileservers in Anspruch. Außerdem wird der Fileserver bei einigen Dateioperationen langsamer werden. Wenn sie den Name Space Support nicht mehr benötigen, sollten Sie ihn also mit dem NetWare Loadable Modul VREPAIR von dem entsprechenden Volume entfernen.

Wieviel Arbeitsspeicher zusätzlich Sie genau benötigen, können Sie dem Kapitel *Installation des Fileservers* entnehmen.

Format ADD NAME SPACE Name [TO [VOLUME]] Volume-Name <ENTER>

Anwendung Ersetzen Sie Name durch den Namen der Konvention, die sie auf dem entsprechenden Volume unterstützen wollen. Zulässige Namen sind:

- MAC: Namenskonventionen für Macintosh-Arbeitsstationen.
- OS2: Namenskonvention für OS/2-Arbeitsstationen.
- NFS: Namenskonventionen für Arbeitstationen, die ihre Dateien via NFS (NetWork File System) über das Netz austau-

schen oder abspeichern, wie z.B. UNIX-Stationen oder u.U. VMS-Rechner.

- FTAM: Namenskonventionen für Arbeitsstationen, die ihre Dateien via FTAM-Spezifikation (File Transfer Access and Management) über das Netz austauschen oder abspeichern, wie z.B. VMS-Rechner oder Rechner der mittleren Datentechnik.

Ersetzen Sie Volume-Name durch den Namen des Volumes, auf dem Sie den entsprechenden Name Space Support installieren.

Konsole-Kommandos

5.3 BIND

Mit diesem Kommando können Sie einem LAN-Treiber oder dem ihm entsprechenden Netzwerkadapter ein Protokoll zuordnen. Wenn Sie einem LAN-Treiber das IPX-Protokoll zuordnen wollen, so ist dieses Protokoll schon allein durch das Betriebssystem vorhanden. IPX ist schließlich das Protokoll, mit dem NetWare in erster Linie arbeitet.

Wollen Sie aber einem LAN-Treiber andere Protokolle zuordnen, muß der entsprechende Protokolltreiber zuerst geladen werden, meist in Form eines NetWare Loadable Modules (z.B. SNMP. NLM, der Protokoll-Treiber für das Simple NetWork Management Protocol). Jetzt erst kann das Protokoll dem LAN-Treiber zugeordnet werden. Siehe dazu auch im Kapitel *Konzepte* unter dem Punkt *Modularer Aufbau von NetWare 386*.

Die Vorgehensweise wäre also:

```
LOAD LAN-Treiber Parameter

LOAD Protokoll-Treiber Parameter

BIND Protokoll TO LAN-Treiber
```

Wie gesagt entfällt das Laden des Protokolltreibers, wenn man das IPX-Protokoll einem LAN-Treiber zuordnet, da der IPX-Treiber bereits Teil des NetWare Betriebssystems ist. Durch dieses Vorgehen kann ein Protokoll mehreren verschiedenen LAN-Treibern zugeordnet werden, ohne daß der Protokolltreiber jedesmal neu geladen werden muß.

Format `BIND Protokoll [TO] LAN-Treiber | Adaptername [Treiber-Parameter] [Protokoll-Parameter]`

Anwendung Ersetzen Sie `Protokoll` durch den Namen des Protokolls das dem LAN-Treiber zugeordnet werden soll. Wenn Sie das IPX-Protokoll benutzen wollen, geben Sie hier einfach IPX an. Da andere Protokolltreiber nicht zusammen mit NetWare ausgeliefert werden, sondern eigene Produkte sind, erfahren Sie den entsprechenden Protokollnamen dieser Protokolle in den Produktbeschreibungen dieser Treiber.

Ersetzen Sie `LAN-Treiber` durch den Namen des LAN-Treibers, den Sie zuvor mit LOAD geladen haben und dem Sie dieses Protokoll zuordnen wollen. Sie können an dieser Stelle auch den Namen des Netzwerkadapters verwenden, den Sie zuvor beim Laden des LAN-Treibers angegeben haben.

Treiber-Parameter
Sie können hier einen oder mehrere Parameter angeben, damit sie den LAN-Treiber und damit den Netzwerkadapter identifizieren können, der von diesem LAN-Treiber bedient wird. Es kann nämlich der Fall eintreten, daß Sie zwei gleiche Adapter mit den selben Treibern in Ihrem Fileserver installiert haben. Dann müssen Sie ja eindeutig bestimmen, welchem der beiden Treiber das neue Protokoll zugeordnet werden soll. Geben Sie als Parameter nicht den Namen des LAN-Treibers, sondern den Adapternamen an, brauchen Sie die Treiberparameter nicht anzugeben.

Die Treiberparameter müssen in eckigen Klammern "[ ]" eingeschlossen werden.

Haben Sie allerdings den Namen des LAN-Treibers angegeben, müssen Sie Ihn noch genauer identifizieren, indem Sie die Parameter, die Sie beim Laden dieses LAN-Treibers mit LOAD angegeben haben, hier wiederholen. Mögliche Parameter:

- DMA = Nummer
- FRAME = Name
- INT = Nummer
- MEM = Nummer
- PORT = Nummer
- SLOT = Nummer

Ist der LAN-Treiber, dem Sie ein neues Protokoll zuordnen wollen, nur einmal geladen worden, brauchen Sie keine Treiber-Parameter anzugeben, um Ihn näher zu identifizieren. Sind mehrere gleiche LAN-Treiber geladen und Sie haben keine Treiber Parameter angegeben, wird Ihnen eine Liste der entsprechenden Adapter angezeigt, aus der Sie einen bestimmen müssen.

Protokoll-Parameter
Sie können hier Parameterangaben bezüglich des Protokolls machen, welches Sie dem LAN-Treiber zuordnen wollen. Die Parameter, die Sie hier angeben können, hängen vom jeweiligen Protokoll-Treiber ab. Informieren Sie sich hierzu in der Beschreibung der einzelnen Protokoll-Treiber. Der NetWare-interne IPX-Treiber hat nur einen Protokoll-Parameter:

NET = Nummer

Wenn der Adapter, den der IPX-Treiber bedienen soll, an einem bestehenden IPX-Netzwerk angeschlossen ist, geben Sie hier die IPX-Netzwerkadresse dieses Netzes an. Wenn Sie mit Ihrem Fileserver ein neues Netz einrichten, können Sie hier eine Netzwerknummer frei wählen, die sich aber von den Netzwerkadressen aller anderen erreichbaren Netzwerke unterscheiden muß. Dieser Parameter **muß** angegeben werden.

5.4 BROADCAST

Mit diesem Kommando können Sie vom Fileserver aus Botschaften an eingeloggte Arbeitsstationen versenden. Die Stationen, an denen die jeweiligen User den Befehl CASTOFF eingegeben haben, werden diese Botschaft nicht empfangen.

Normalerweise erscheint die Nachricht in der letzten Bildschirmzeile. Der Programmablauf wird an allen Stationen unterbrochen, bis der User die Tastenkombination <CTRL> <ENTER> drückt.

Format
```
BROADCAST "Botschaft" [[TO] User-Name|Sta-
tionsnummer] [[and|,] User-Name|Stations-
nummer] <ENTER>
```

Anwendung Ersetzen Sie Botschaft durch den Text, den Sie versenden möchten. Die Nachricht kann bis zu 55 Zeichen lang sein.

Geben Sie keine Stationsnummer und keinen User-Namen an, wird die Botschaft an alle eingeloggten User gesendet. Sie können jedoch durch Angabe der Stationsnummer oder des User-Namens, Nachrichten an ausgewählte User senden. Möchten Sie mehrere Stationsnummern oder User-Namen als Zieladresse angeben, trennen Sie diese durch das Wort "and", ein Komma oder ein Leerzeichen.

Unter folgenden Umständen erhält ein User die Nachricht **nicht**:

- Der User hat den Befehl CASTOFF ALL benutzt.
- Der User ist über ACS oder NACS eingeloggt.
- Der User ist an einer entfernten Arbeitsstation eingeloggt.
- Der User benutzt gerade ein Grafikprogramm. An Arbeitsstationen mit aktiven Grafikprogrammen signalisiert nur der begleitende "Beep"-Ton, daß eine Botschaft angekommen ist.

☞ An Stationen, an denen Grafikprogramme aktiv sind, sollte immer das Kommando CASTOFF eingegeben werden, um Programmabstürze zu verhindern.

Beispiel Eine Nachricht an alle eingeloggten User versenden:

```
BROADCAST Botschaft
```

Erhalten alle User die Nachricht, müssen keine Anführungszeichen benutzt werden.

Eine Nachricht an einen bestimmten User versenden:
```
BROADCAST "Botschaft" Hugo
```

Eine Botschaft an bestimmte Arbeitsstation versenden:
```
BROADCAST "Botschaft" 1, 2, 5
```

Eine Botschaft an bestimmte Stationen und User versenden:
```
BROADCAST "Botschaft" 1, 5, 9, Karin, Tina
```

Siehe auch SEND

5.5 CLEAR STATION

Benutzen Sie dieses Kommando, um eine abgestürzte Arbeitsstation vom Fileserver zu kappen. Dabei werden alle offenen Dateien geschlossen.

Format `CLEAR STATION n <ENTER>`

Ersetzen Sie n durch die Arbeitsstationsnummer.

Anwendung Ist die Arbeitsstation nur an einem Fileserver angeschlossen, wird die Shell automatisch versuchen, erneut eine Verbindung zum Fileserver herzustellen. Sie erhalten folgende Nachricht:

```
Network errror on server x: Connection no
longer valid. Abort? Retry?
```

Geben Sie A ein, um die Station vom Fileserver zu kappen. Mit R wird erneut versucht eine Verbindung herzustellen.

Ist die Arbeitsstation an mehrere Fileservern angeschlossen, und über ein Mapping mit einem entfernten verbunden, erscheint beim CLEAR STATION:

```
Current drive is no longer valid.
```

5.6 CLS

Benutzen Sie dieses Kommando, um den Fileserver-Bildschirm zu löschen.

Format `CLS <ENTER>`

Anwendung Sie können den Fileserver-Bildschirm auch mit OFF löschen.

Siehe auch OFF

5.7 CONFIG

Dieses Kommando zeigt Ihnen Informationen über die Hardware-Konfiguration Ihres Fileserver.

Format `CONFIG <ENTER>`

Anwendung Benutzen Sie das Kommando um folgende Informationen zu erhalten:

- Den Fileserver-Namen.
- Die interne Netzwerkadresse des Fileservers.
- Die geladenen LAN-Treiber.
- Die Hardware-Einstellungen aller Netzwerkadapter. Diese Information ist wichtig, um interne Adressenkonflikte zu vermeiden.
- Die Knotenadressen der Netzwerkadapter.
- Das Datenübertragungsprotokoll des Netzwerkadapters.
- Den benutzten Protokollstandard. Ethernet und Token Ring kann mehr als ein Standard zugewiesen werden.
- Den Namen des Netzwerkadadpters. Diese Angabe ist optional.

Es erscheint eine Anzeige ähnlich der folgenden:

```
File server name: JIMI
IPX internal network number: 00000815


NetWare 386 LAN Driver for SK-G16 Version 1.4
    Hardware setting: Memory D0000h to
    D3FFFh, Interrupt 2h
    Node address: 00005A101234
    Frame type: ETHERNET_II
    No board name defined
    LAN protocol: IPX network 00000001
```

Konsole-Kommandos 167

5.8 DISABLE LOGIN

Geben Sie dieses Kommando ein, so können sich keine User in den Fileserver einloggen. Dies kann dann nötig sein, wenn Sie wichtige Veränderungen an einem Volume vornehmen möchten und sicher sein müssen, daß Ihnen kein User "dazwischenfunkt". Führen Sie eine der folgenden Funktionen durch, sollten Sie dieses Kommando auf jeden Fall benutzen:

- Große Backups

- Einspielen neuer Software

- Benutzung wichtiger Supervisor-Utilities, wie BINDREST oder BINDFIX.

Format `DISABLE LOGIN <ENTER>`

Anwendung Die User, die bereits eingeloggt sind, werden von diesem Kommando nicht betroffen. Diese sollten Sie zunächst mit BROADCAST vorwarnen und Sie anschließend mit CLEAR STATION ausloggen.

Mit dem Befehl ENABLE LOGIN können Sie von der Fileserver-Konsole aus wieder zulassen, daß sich neue User einloggen.

Siehe auch ENABLE LOGIN

5.9 DISABLE TRANSACTIONS

Dieses Kommando dient dazu, das TTS (Transaction Tracking System) manuell zu deaktivieren. Nähere Erläuterungen zu TTS finden Sie im Kapitel *NetWare-Konzepte*. Das DISABLE TTS-Kommando wird eigentlich nur dazu benötigt, mehrplatzfähige Programme auf ihr Verhalten bei nicht aktivem TTS zu testen.

☞ Sie sollten DISABLE TRANSACTIONS nicht benutzen, um dem Betriebssystem mehr RAM zur Verfügung zu stellen – das TTS benötigt verhältnismäßig wenig Speicher.

Format DISABLE TRANSACTIONS <ENTER>

Haben Sie das TTS deaktiviert, können Sie es manuell mit ENABLE TRANSACTIONS wieder aktivieren.

Siehe auch ENABLE TRANSACTIONS

Konsole-Kommandos 169

5.10 DISMOUNT

Dieses Kommando dient dazu, ein NetWare-Volume zu deaktivieren. Auf dieses Volume kann dann bis zur Eingabe von MOUNT nicht zugegriffen werden. Die Anwendung dieses Kommandos ist vor allem dann nötig, wenn das Volume auf einer Wechsel-Festplatte eingerichtet ist und diese während des Fileserver-Betriebs ausgewechselt oder überprüft werden soll.

Format `DISMOUNT Volume-Name <ENTER>`

Anwendung Ersetzen Sie `Volume-Name` durch die Angabe des Namens des Volumes, das deaktiviert werden soll.

☞ Volume SYS: kann nicht deaktiviert werden.

Siehe auch MOUNT
VOLUMES

5.11 DISPLAY NETWORKS

Mit diesem Kommando können Sie alle Netzwerke auflisten, die Ihrem Fileserver bekannt sind. Es erscheint eine Liste, in der die 8-stelligen Netzwerkadressen der bekannten Netzwerke aufgeführt werden. Die Schreibweise erfolgt hexadezimal.

Format DISPLAY NETWORKS <ENTER>

Anwendung Hinter jeder Netzwerkadresse stehen zwei Zahlen:

- Die erste gibt an, wieviele Netzwerke zwischen dem Fileserver und dem jeweiligen Netzwerk liegen.

- Die zweite gibt die Zeitdauer an, die ein Paket durchschnittlich braucht, um in dieses Netzwerk zu gelangen. Die Zeit wird in BIOS-Ticks angegeben (1 Tick = 1/18.2 Sek)

Siehe auch DISPLAY SERVERS

TRACK ON

RESET ROUTER

Konsole-Kommandos 171

5.12 DISPLAY SERVERS

Mit diesem Kommando können Sie alle Server auflisten, die Ihrem Fileserver bekannt sind. Es erscheint eine Liste, in der jeweils die ersten zwölf Buchstaben des Server-Namens und des dazugehörigen "Hop Counts" stehen. Als Hop Counts wird die Anzahl der Router bezeichnet, die zwischen Ihrem und dem jeweiligen Server liegen.

Format DISPLAY SERVERS <ENTER>

Siehe auch DISPLAY NETWORKS
TRACK ON
RESET ROUTER

5.13 DOWN

Mit diesem Kommando setzen Sie die Deaktivierung des Fileservers in Gang. Ein Fileserver sollte niemals einfach so abgeschaltet werden, weil sonst die Daten im Cache-System verloren gehen. Auch die interne Organisation des Betriebssystems würde gestört werden. Mit dem DOWN-Kommando wird der Fileserver geregelt heruntergefahren. Nach der Eingabe von DOWN :

- wird der Cache-Speicher geleert.
- werden offene Dateien geschlossen.
- werden Verzeichnis- und Dateitabellen aktualisiert.

Format DOWN <ENTER>

Anwendung Sind noch Dateien geöffnet, werden diese angezeigt. Sie erhalten die Information, welcher User diese Dateien geöffnet hält und an welcher Arbeitsstation. Sie erhalten die Meldung:

```
Down Server anyway? y/n
```

Geben Sie "No" an, wenn Datenbanken oder Textverarbeitungsprogramme geöffnet sind. Diese Anwendungen sollten nicht vom Fileserver aus geschlossen werden.

Geben Sie "Yes" an, wenn durch die Unterbrechung kein Datenverlust droht.

Während der Deaktivierung meldet der Server, welche Aktionen er gerade ausführt. Meldungen ähnlich den folgenden erscheinen:

```
Notifying stations that the file server is
down

   Dismounting volume VOL1
   Dismounting volume SYS
   3/1/90  4:23 pm: Bindery close requested
by the SERVER

   3/1/90  4:23 pm: JIMI TTS shut down be-
cause backout volume SYS was dismounted.
Server JIMI has been shut down.
Type EXIT to return to DOS.
```

Nachdem Sie den Fileserver down gefahren haben, ist er trotzdem noch an das Netzwerk angeschlossen und erhält noch Datenpakete. Deshalb können Sie immer noch Konsolekommandos benutzen, die sich auf den Paketverkehr beziehen, z.B. TRACK ON und TRACK OFF.

Das Betriebssystem des Fileservers ist nun inaktiv, aber noch im Arbeitsspeicher vorhanden. Sie können mit dem Kommando EXIT auf DOS-Ebene gelangen. Haben Sie jedoch vor dem DOWN-Kommando das REMOVE DOS-Kommando benutzt, wird durch EXIT der Fileserver neu gebootet.

Siehe auch   REMOVE DOS

EXIT

5.14 ENABLE LOGIN

Benutzen Sie ENABLE LOGIN, um die Login-Funktion wieder in Kraft zu setzen und um den Account des Supervisors wieder zu entsperren, falls dieser durch die Intruder Detection Lockout-Funktion gesperrt wurde.

Format ENABLE LOGIN <ENTER>

Siehe auch DISABLE LOGIN

5.15 ENABLE TRANSACTIONS

Mit diesem Kommando aktivieren Sie das TTS wieder, nachdem Sie es mit DISABLE TRANSACTIONS außer Kraft gesetzt haben. Automatisch wird das TTS nur vom Fileserver deaktiviert, wenn:

- nicht ausreichend RAM zur Verfügung steht.
- das TTS-Backout-Volume keinen Speicher mehr bietet.

Format `ENABLE TTS <ENTER>`

Siehe auch DISABLE TRANSACTIONS

5.16 EXIT

Mit diesem Kommando gelangen Sie zurück auf die DOS-Ebene, nachdem Sie den Fileserver down gefahren haben. Damit haben Sie Zugriff auf DOS-Dateien.

Benutzen Sie EXIT, um einen Warmstart durchzuführen, nachdem Sie die Kommandos REMOVE DOS und DOWN eingesetzt haben.

Siehe auch DOWN

REMOVE DOS

5.17 LOAD

Mit diesem Befehl können Sie Betriebssystem Module laden. Hierunter versteht man sowohl LAN- und Festplatten-Treiber als auch die Treiber für die Unterstützung anderer Namenskonventionen oder auf dem Server ausführbare Programme (NLMs). Manche Module wie z.B. die Festplattentreiber und LAN-Treiber werden normalerweise beim Booten des Fileservers geladen und sind dann die ganze Zeit aktiv. Durch einen entsprechenden Eintrag in der AUTOEXEC.NCF können Sie diesen Ladevorgang automatisieren. Viele Loadable Modules hingegen werden nur bei Bedarf geladen. Sie können wieder deaktiviert werden, geben dann alle Ressourcen des Betriebssystem frei, die sie benutzt haben, und werden danach vollständig aus dem Arbeitsspeicher des Servers entfernt. All diese Modularten können mit LOAD geladen werden. Sie werden in Folgenden einzeln beschrieben.

☞ Vergewissern Sie sich vor dem Laden eines Moduls von dessen Ungefährlichkeit! Die Module haben vollen Zugriff auf alle Ressourcen und Bereiche des Betriebssystems und können dementsprechend viel Schaden anrichten, wenn Sie zu diesem Zweck programmiert wurden oder wenn Sie Fehler enthalten. Die offiziell von Novell unterstützten Treiber und Module sind ausführlich getestet und können bedenkenlos geladen werden. Sind sie sich über die Herkunft eines Moduls nicht völlig sicher, testen Sie dieses zunächst in einer sicheren Umgebung unter Bedingungen, bei denen keine wichtigen Daten verloren gehen können.

Format `LOAD [Pfad] Modul [Paramter] <ENTER>`

Anwendung Ersetzen Sie `Pfad` durch den kompletten Pfad zu dem Verzeichnis, in dem sich das Modul befindet. Falls diese Datei sich im Verzeichnis SYS:SYSTEM befindet, brauchen Sie keinen Pfad anzugeben. Möchten Sie, daß das System die Module automatisch noch in anderen Verzeichnissen sucht, können Sie diese Verzeichnisse mit dem Kommando SEARCH angeben.

5.17.1 Der Ladevorgang

Bei der Angabe des Moduls als Parameter des LOAD-Befehls können Sie die Extension des Moduls weglassen. Sie haben folgende Möglichkeiten, wo sich das Modul, das Sie laden wollen, befinden kann:

- Auf einer Diskette in einem Diskettenlaufwerk des Servers.

In diesem Fall geben sie einfach den DOS-Laufwerksnamen zusammen mit der normalen DOS-Pfadangebe des Verzeichnisses auf der Diskette an, in dem sich das Modul befindet, z.B.

`A:NLM\MONITOR`

- Auf einer DOS-Partition auf einer Festplatte des Fileservers.

  In diesem Fall geben sie einfach den DOS-Laufwerksnamen der Festplatte an, zusammen mit der normalen DOS-Pfadangebe des Verzeichnisses auf dieser Platte, in dem sich das Modul befindet, z.B.

  `C:NETWARE\MONITOR`

- Auf einem NetWare-Volume des Fileservers.

  In diesem Fall geben Sie den vollständigen Pfad des NetWare-Verzeichnisses an, in dem sich das Modul befindet. Wenn es sich im Verzeichnis SYS:SYSTEM befindet, brauchen Sie den Pfad dahin nicht angeben, weil LOAD automatisch in diesem Verzeichnis sucht, wenn Sie ein Modul ohne Pfadangabe laden. Sie können mit dem Konsolekommando SEARCH auch weitere automatische Suchpfade für LOAD festlegen. Beispiel für das Laden von einem NetWare-Volume:

  `VOL1:MODULES/MONITOR`

☞ Sie können keine Module von DOS-Partitionen oder Diskettenlaufwerken laden, wenn Sie zuvor an der Fileserver-Konsole das Kommando REMOVE DOS oder SECURE KONSOLE eingegeben haben. Nach Eingabe von SECURE CONSOLE können Sie nur noch Module laden, die sich im Verzeichnis SYS:SYSTEM befinden.

Beim Laden von Modulen können folgende Probleme auftreten:

- NetWare bietet den Modulen eine Sammlung von Betriebssystem-Funktionen an, die diese benutzen dürfen. Diese Funktionen werden API-Funktionen genannt (Application Programmers Interface). Beim Übergang von NetWare Version 3.0 zu Version 3.11 wurde dieses Interface grundlegend überarbeitet. Das neue API beansprucht weniger Arbeitsspeicher des Betriebssystems und arbeitet schneller. Trotzdem sind in der Version 3.11 die Funktionen des alten APIs aus Kompatibilitätsgründen noch enthalten. Da aber die Module auf das neuen API zugreifen sollten, bringt LOAD eine Warnung, wenn ein Modul geladen wird, welches das alte API benutzt.

Dieses Modul wird zwar normal laufen, dennoch sollten Sie bei dem Hersteller des Moduls oder Ihrem Händler nachfragen, ob eine neuere Version dieses Moduls existiert, wenn folgende Warnung beim Laden des Moduls erscheint:

`This module is using old API calls`

`Contact the module vendor regarding the availability of a newer module`

- Das Betriebssystem wird das Modul nicht laden können, wenn nicht genug freier Arbeitsspeicher zur Verfügung steht. Sie müssen entweder einige NLMs, die Sie im Moment entbehren können, mit UNLOAD deaktivieren, oder mit SET den Systemparameter "Maximum Alloc Short Term Memory" heraufsetzen. Die beste Möglichkeit wäre natürlich, den Arbeitsspeicher des Fileserverrechners zu erweitern. Sie können mit dem NLM MONITOR überprüfen, ob der Server allgemein zu wenig Arbeitsspeicher zur Verfügung hat. Dies ist der Fall, wenn die Anzahl der Cache Buffers im Menüpunkt "`Resource Utilization`" nur noch ca. 20% der Gesamtgröße des Arbeitsspeichers beträgt.

- Module, die auf anderen NLMs aufbauen und diese deswegen benötigen, um geladen werden zu können, haben die Möglichkeit, den Ladevorgang der entsprechenden benötigten Module automatisch zu veranlassen. In solchen Fällen erscheint diese Anzeige:

`Auto-loading module Name`

Wenn sich dieses nachzuladende Modul in einem anderen Verzeichnis befindet, muß dieses Verzeichnis mit SEARCH in den Suchpfad der Verzeichnisse eingetragen werden, in dem LOAD die Module sucht. Der voreingestellte Suchpfad ist das Verzeichnis SYS:SYSTEM. Findet LOAD das nachzuladene Modul nicht, bricht es auch den Ladevorgang des Hauptmoduls ab.

Manche Module, die andere Module benötigen, können diese nicht automatisch nachladen. Wenn die nötigen Module noch nicht geladen wurden, kann das Hauptmodul nicht arbeiten und es wird eine Meldung ähnlich der folgenden erscheinen:

```
Loader cannot find public symbol : Symbolname
Load file referenced undefined public variable.
```

Informieren Sie sich in so einem Fall in der Beschreibung des Hauptmoduls, welche anderen Module es benötigt.

5.17.2 Laden von Festplattentreibern

Die Festplattentreiber sind die Verbindung zwischen dem Betriebssystem und den im Fileserver installierten Festplatten-Controllern. Ohne Festplattentreiber kann NetWare nicht auf die Festplatten zugreifen. Bei der Auslieferung von NetWare erhalten Sie die Treiber für die gängigsten Festplatten- und Controllersysteme. Zusätzlich zu diesen Standardtreibern existieren von verschiedenen Herstellern spezielle NetWare-Plattentreiber für bestimmte Festplatten- und Controllersysteme. Diese Treiber der Hersteller werden mit den Systemen zusammen geliefert und zwar normalerweise auf Disketten, die mit DSK_DRV.xxx gelabelt sind.

Die Dateien der NetWare-Festplattentreiber haben die Extension ".DSK". Sie sollten die für Ihren Fileserver-Betrieb notwendigen Plattentreiber in das Verzeichnis kopieren, von dem aus Sie das Betriebssystem starten, z.B. auf die DOS-Bootpartition ihrer Festplatte auf dem Server.

☞ Wenn Ihr Fileserver über mehr als 16 Megabyte an Arbeitsspeicher verfügt, kann dies zusammen mit Busmaster-Controllerkarten oder solchen, die On-Line DMA benutzen, zu Adressierungskonflikten führen. Wenn Sie diesen Speicherbereich nutzen wollen, setzen Sie in diesem Fall nur echte 32-Bit EISA-Controller ein, die diesen Speicherbereich auch richtig adressieren können, oder nur Festplattentreiber, die diese Probleme umgehen können.

Die Plattentreiber, die mit NetWare v3.11 zusammen ausgeliefert werden, befinden sich auf der Diskette *NetWare Operating System-2*. Diese Treiber reichen für den Einsatz der gebräuchlichsten Festplatten-Controllern aus. Informieren Sie sich bei Ihrem Netzwerkhändler über spezielle Plattentreiber für "exotische" Controller.

Folgende Plattentreiber werden mit NetWare zusammen ausgeliefert:

ISADISK.DSK
Dies ist der Treiber für Standard AT-Controller nach der Industrie Standard Architektur (ISA).

PS2ESDI.DSK
Dies ist der Treiber für ESDI-Controller nach der Microchannel Architektur in PS2-Rechnern.

PS2MFM.DSK
Dies ist der Treiber für MFM-Controller nach der Microchannel Architektur in PS2-Rechnern.

DCB.DSK
Dies ist der Treiber für das Disk Coprozessor Board (DCB) von Novell. Das DCB ist ein SCSI-Controller.

IBMSCSI.DSK
Dies ist der Treiber für den SCSI-Controller von IBM.

Treiber, die für mehrere gleichartige Controller in einem Server mehrmals mit unterschiedlichen Parametern geladen werden, benutzen zwar getrennte Datenbereiche, aber den selben Programmcode. Dadurch brauchen nicht zwei gleiche Kopien des Treibers im Arbeitsspeicher zu liegen.

Manche Treiber können die Informationen über die Hardware-Einstellungen des Plattencontrollers, für den sie zuständig sind, selbst ermitteln und benötigen keine Parameterangaben. Die Treiber PS2MFM.DSK und PS2ESDI.DSK sind Beispiele hierfür, da sie grundsätzlich immer ohne Parameterangabe geladen werden.

Jeder der unten aufgeführten Parameter muß der Hardware-Einstellung des jeweiligen Controllers genau entsprechen. Innerhalb des Festplattensystems darf jeder Parameterwert nur einmal vorkommen, da sonst Hardware-Konflikte unter den Controllern auftreten. Eine Ausnahme bilden manche Controller, die sich die von Ihnen benötigten Interrupt Leitungen mit anderen Controllern teilen können (interrupt sharing). Informieren Sie sich hierüber bei dem Händler für diese Controller.

Sie müssen auch darauf achten, daß die Hardware-Konfiguration Ihres Controllers nicht in Konflikt mit anderen Hardware-Komponenten im Rechner kommt, z.B. Netzwerkadapter oder der Mausschnittstelle. Diese und viele anderen Komponenten benutzen ebenfalls Speicherbereiche, Interrupt-Leitungen, I/O Ports usw., dementsprechend muß die Einstellung der Controllerhardware gewählt werden.

☞ Entspricht eine der Parameterangaben nicht der tatsächlichen Hardware-Konfiguration des jeweiligen Controllers, oder wurde diese Parametereinstellung schon von anderen Treibern im Fileserver benutzt (außer INT), verweigert LOAD das Laden dieses Treibers.

Wenn der Plattentreiber einen Parameter benötigt, den Sie nicht beim Ladebefehl mit angegeben haben, wird das System Sie während des Ladevorgangs auffordern, diesen einzugeben.

Es folgt eine Auflistung der möglichen Parameter für die Festplattentreiber. Oft benötigen die Treiber nur einen Teil dieser Parameter. Das hängt völlig von dem Controller ab, den Sie benutzen. Informieren Sie sich dazu in der Beschreibung des Treibers und bei Ihrem Festplattenhändler.

DMA = Nummer
   Dieser Parameter gibt an, welchen Direct Memory Access Kanal (DMA) der Controller benutzt, für den dieser Plattentreiber zuständig ist.

INT = Nummer
   Dieser Parameter gibt an, welche Interrupt Request Leitung (IRQ) der Controller benutzt, für den dieser Plattentreiber zuständig ist.

MEM = Adresse
   Dieser Parameter gibt an, welchen Speicherbereich der Controller benutzt, für den dieser Plattentreiber zuständig ist. Die Angabe muß hexadezimal als absolute 5-stellige Speicheradresse angegeben werden.

PORT = Nummer
   Dieser Parameter gibt an, welchen I/O Port der Controller benutzt, für den dieser Plattentreiber zuständig ist. Die Adresse wird hexadezimal angegeben.

SLOT = Nummer
   Dieser Parameter gibt an, in welchem PS/2 Erweiterungs-Slot der Controller steckt, für den dieser Plattentreiber zuständig ist. Haben Sie beispielsweise zwei gleiche Controller, wird der Treiber automatisch den Controller wählen, den er zuerst findet. Wollen Sie aber, daß der Treiber den 2. Adapter benutzt, können Sie das mit dem "SLOT"-Parameter eingeben.

Konsole-Kommandos

Während wie schon erwähnt PS2ESDI.DSK und PS2MFM.DSK die Informationen über die Hardware-Einstellungen selbständig auslesen können, benötigen DCB.DSK und ISADISK.DSK auf jeden Fall folgende Parameterangaben:

DCB.DSK
   PORT: Voreinstellung 340, mögliche Werte: 320, 328, 340, 348, 380, 388.

ISADISK.DSK
   PORT: Voreinstellung 1F0, mögliche Werte: 170, 1F0.

   INT: Voreinstellung E, mögliche Werte B, C, E, F.

5.17.3 Laden von LAN-Treibern

Die LAN-Treiber sind die Verbindung zwischen dem Betriebssystem und den im Fileserver installierten Netzwerkadaptern. Die LAN-Treiber initialisieren die Hardware der Adapterkarten und sorgen dafür, daß Netzwerk-Datenpakete empfangen und verschickt werden können. Bei der Auslieferung von NetWare erhalten Sie die Treiber für die gängisten Netzwerkadapter.

Zusätzlich zu diesen Standardtreibern existieren von verschiedenen Herstellern spezielle NetWare-LAN-Treiber für deren Netzwerkadapter. Diese Treiber der Hersteller werden mit den Adaptern zusammen geliefert und zwar normalerweise auf Disketten, die mit LAN_DRV.xxx gelabelt sind.

Die Dateien der NetWare LAN-Treiber haben die Extension ".LAN".

☞ Wenn Ihr Fileserver über mehr als 16 Megabyte an Arbeitsspeicher verfügt, kann dies zusammen mit Busmaster-Adapterkarten oder solchen, die On-Line DMA benutzen, zu Adressierungskonflikten führen. Wenn Ihr Fileserver ein EISA-Rechner ist, lösen Sie dieses Problem durch den Eintrag "Auto Register Memory Above 16 Megabytes = OFF" in der STARTUP.NCF-Datei. Siehe hierzu die Beschreibung dieses Parameters beim Konsole Kommando *SET*. Wenn der Fileserver ein Microchannel- oder ISA-Rechner ist, streichen Sie den Befehl REGISTER MEMORY aus der AUTOEXEC.NCF Datei.

Es gibt Treiber, die für mehrere gleichartige Netzwerkadapter in einem Server mehrmals mit unterschiedlichen Parametern geladen werden und die zwar getrennte Datenbereiche, aber den selben Programmcode benutzen. Dadurch brauchen nicht zwei gleiche Kopien des Treibers im Arbeitsspeicher zu liegen. Andere

LAN-Treiber beherrschen diese Art des Sparens von Speicherplatz nicht.

LAN-Treiber der NetWare v3.00 arbeiten auch unter NetWare v3.11 normal. Beim Ladevorgang wird eventuell eine Meldung erscheinen, daß dieser Treiber alte API-Aufrufe benutzt. Wenden Sie sich in diesem Fall an Ihren Netzwerkhändler, um neue Treiberversionen zu beziehen.

NMAGENT Die LAN-Treiber von NetWare v3.11 benötigen das Modul NMAGENT. Dieses Modul muß vor den Treibern geladen werden, andernfalls versucht der LAN-Treiber das Modul automatisch nachzuladen. NMAGENT stellt das Interface zwischen LAN-Treibern und Netzwerkmanagement-Treibern her. Siehe dazu auch im Kapitel *NetWare Loadable Modules* unter *NMAGENT*.

Die Treiber werden mit Parametern geladen, die die Hardware-Konfiguration des jeweiligen Netzwerkadapters bestimmen.

Jeder der unten aufgeführten Parameter muß der Hardware-Einstellung des jeweiligen Controllers genau entsprechen. Bei allen LAN-Treibern darf jeder Parameterwert nur einmal vorkommen, da sonst Hardware-Konflikte unter den Adaptern auftreten. Eine Ausnahme bilden manche Adapter, die sich die von ihnen benötigten Interrupt-Leitungen mit anderen Adaptern teilen können (interrupt sharing). Informieren Sie sich hierüber bei dem Händler für diese Adapter.

Logische Ethernet und Token-Ring Treiber können so konfiguriert werden,
Boards   daß sie Pakete mit verschiedenen Paketkonventionen (Parameter FRAME) verarbeiten können. In diesem Fall laden Sie den selben Treiber zweimal. Hierbei sind die Parametereinstellungen, die sich auf die Hardware beziehen, gleich: Es handelt sich ja um ein und denselben Adapter. Nur der Parameter FRAME unterscheidet sich bei den beiden Aufrufen. Das Betriebssystem wird diesen Adapter wie zwei verschiedene Adapter (logische Boards) behandeln.

Sie müssen auch darauf achten, daß die Hardware-Konfiguration Ihres Adapters nicht in Konflikt mit anderen Hardware-Komponenten im Rechner kommt, z.B. Festplatten-Controllern oder der Mausschnittstelle. Diese und viele anderen Komponenten benutzen ebenfalls Speicherbereiche, Interrupt-Leitungen, I/O Ports usw., dementsprechend muß die Einstellung der Adapter-Hardware gewählt werden. Es folgt eine Liste der Interrupt-Leitungen und der I/O Portadressen, die von den gängisten Hardware-Komponenten in einem Rechner belegt werden.

☞ Wenn die LPT3 existiert, gilt für die parallelen Schnittstellen:

- LPT1 Schnittstelle: Interrupt 7, Ports 3BC - 3BE
- LPT2 Schnittstelle: Interrupt 5, Ports 378 - 37A
- LPT3 Schnittstelle: Ports 278 - 27A

Andernfalls:

- LPT1 Schnittstelle: Interrupt 7, Ports 378 - 37F
- LPT2 Schnittstelle: Interrupt 5, Ports 278 - 27F

Sonstige Hardware-Komponenten:

- COM1 Schnittstelle: Interrupt 4, Ports 3F8 - 3FF
- COM2 Schnittstelle: Interrupt 3, Ports 2F8 - 2FF
- Standard AT-Controller: Interrupt 14 (dezimal), Ports 1F0-1F8 und 170-177
- Disketten Controller: Interrupt 6, Ports 1F0-1F8 und 3F0-3F7
- Bandlaufwerk Controller: Interrupt 5, Ports 280-28F
- EGA-Graphikadapter: Interrupt 2, Ports 3C0-3CF
- VGA-Graphikadapter: Ports 102 und 46E8
- Mono-Graphikadapter (Hercules): Ports 3B0-3Bf
- CGA-Graphikadapter: Ports 3D0-3DF

☞ Entspricht eine der Parameterangaben nicht der tatsächlichen Hardwarekonfiguration des jeweiligen Adapters, verweigert LOAD das Laden dieses Treibers.

Wenn der LAN-Treiber einen Parameter benötigt, den Sie beim Ladebefehl nicht mit angegeben haben, wird das System Sie während des Ladevorgangs auffordern, diesen einzugeben.

Es folgt eine Auflistung der möglichen Parameter für die LAN-Treiber. Oft benötigen die Treiber nur einen Teil dieser Parameter. Das hängt völlig von dem Netzwerkadapter ab, den Sie benutzen. Informieren Sie sich dazu in der Beschreibung des Treibers und bei Ihrem Netzwerkhändler.

DMA = Nummer
  Dieser Parameter gibt an, welchen Direct Memory Access Kanal (DMA) der Netzwerkadapter benutzt, für den dieser LAN-Treiber zuständig ist.

FRAME = Angabe
   Dieser Parameter gibt an, unter welcher Konvention der Paketorganisation Pakete über diesen Treiber verschickt und empfangen werden. Informieren Sie sich bitte in den Beschreibungen der herstellerabhängigen LAN-Treiber, welche der folgenden Möglichkeiten beim jeweiligen Treiber angegeben werden können.

- ETHERNET_802.3
- ETHERNET_802.2
- ETHERNET_II
- ETHERNET_SNAP
- TOKEN-RING
- TOKEN-RING_SNAP
- IBM_PCN2_802.2
- IBM_PCN2_SNAP
- NOVELL_RX-NET

   Novell benutzt als Voreinstellung der Ethernet-LAN-Treiber die IEEE 802.3-Spezifikation. Wir empfehlen jedoch die Benutzung des Ethernet V2.0-Standards. Der Grund dafür liegt darin, daß bei Ethernet V2.0 ein bestimmtes Feld im Paketkopf dazu benutzt wird, das Protokoll zu markieren, unter dem dieses Paket verschickt wurde. Dieses Feld wird unter IEEE 802.3 zur Angabe der Gesamtlänge des Pakets genutzt. Leider hat NOVELL den IEEE 802.3-Standard nicht "sauber" implementiert, so daß es zu Konflikten mit anderen IEEE 802.3-Benutzern kommen kann. Stellen Sie also besser sofort auf den Ethernet V2.0 Standard um:

FRAME=ETHERNET_II

☞   Vergessen Sie nicht, die IPX-Treiber der Arbeitsstationen ebenfalls auf den Ethernet V2.0-Standard umzustellen. Siehe dazu im Kapitel *WSGEN* unter dem Punkt *Konfigurieren des IPX-Treibers mit ECONFIG und DCONFIG.*

INT = Nummer
   Dieser Parameter gibt an, welche Interrupt Request Leitung (IRQ) der Netzwerkadapter benutzt, für den dieser LAN-Treiber zuständig ist.

LS = Anzahl
Dieser Parameter bestimmt die Anzahl der 802.5 Link Stationen für Token-Ring LAN-Treiber.

MEM = Adresse
Dieser Parameter gibt an, welchen Speicherbereich der Netzwerkadapter benutzt, für den dieser LAN-Treiber zuständig ist. Die Angabe muß hexadezimal als absolute 5-stellige Speicheradresse angegeben werden.

NAME = Adaptername
Dieser Parameter gibt dem Netzwerkadapter, für den der LAN-Treiber zuständig ist, einen logischen Namen, auf den man sich später beziehen kann. Vergeben Sie diesen Namen dann, wenn Sie mehrere Netzwerkadapter der gleichen Art in einem Server installiert haben. Durch die Angabe eines Namens "wissen" später andere Kommandos wie BIND, welches Board gemeint ist. Der Name kann 17 Buchstaben lang sein.

PORT = Nummer
Dieser Parameter gibt an, welchen I/O Port der Netzwerkadapter benutzt, für den dieser LAN-Treiber zuständig ist. Die Adresse wird hexadezimal angegeben.

RETRIES = Anzahl
Dieser Parameter gibt an, wie oft der Treiber einen Sendeversuch wiederholt, wenn dieser fehlschlägt.

SAPS = Anzahl
Dieser Parameter gibt die Anzahl der Service Access Points Stations (SAPS) für einen 802.5 Token-Ring LAN-Treiber an.

SLOT = Nummer
Dieser Parameter gibt an, in welchem PS/2 Erweiterungs-Slot der Adapter steckt, für den dieser LAN-Treiber zuständig ist. Haben Sie beispielsweise zwei gleiche Adapter, wird der Treiber automatisch den Adapter wählen, den er zuerst findet. Wollen Sie aber, daß der Treiber den 2. Adapter benutzt, können Sie das mit dem "SLOT"-Parameter eingeben.

TBC = Anzahl
Dieser Parameter legt die Anzahl der Sende-Buffer (Transmit Buffer Count) in einem Token-Ring LAN-Treiber

TBZ = Größe
Dieser Parameter legt die Größe der Sende-Buffer (Transmit Buffer Size) in einem Token-Ring LAN-Treiber fest. Wenn sie

diesen Wert heraufsetzen, sollten Sie darauf achten, daß in diesem Fall auch der Systemparameter "Maximum Physical Receive Packet Size" mittels Eintrag in der STARTUP.NCF Datei erhöht werden muß. Näheres zu diesem Parameter unter dem *Konsole -Kommando SET.*

5.17.4 Laden von Name Space Modulen

Mit Name Space Modulen versetzen Sie NetWare Volumes in die Lage, Dateien abzuspeichern, die den Konventionen anderer Betriebsystemen als MS-DOS entsprechen. So hat man z.B. unter dem Betriebssystem UNIX die Möglichkeit, Dateien Namen zu geben, die länger als acht Buchstaben plus drei Extensionsbuchstaben sind. Wenn Sie Arbeitsstationen im Netz haben, die unter einem anderen Betriebssystem arbeiten und auf Ihrem Server trotzdem Ihre Dateien abspeichern wollen, müssen Sie den sogenannten "Name Space Support" auf dem entsprechenden Volume einführen.

Dazu müssen Sie das entsprechende Name Space Modul laden. Um den Name Space Support schließlich auf einem bestimmten Volume zu installieren, benutzen Sie das Konsole Kommando ADD NAME SPACE.

Das Filesystem unterhält dann zusätzlich zu den normalen Verzeichnistabellen parallel Tabellen, in denen die Dateiinformationen nach den Konventionen anderer Betriebssysteme gespeichert werden. Sie enhalten Name, Datum, aber auch so exotische Informationen wie die Icon-Information für graphische Benutzeroberflächen, wie den Macintosh-Finder.

☞ Name Space Module werden ohne Parameterangabe geladen.

Mit NetWare v3.11 werden folgende Name Space Module ausgeliefert:

- MAC : Namenskonventionen für Macintosh-Arbeitsstationen.

- OS2: Namenskonventionen für OS/2 Arbeitsstationen.

- NFS: Namenskonventionen für Arbeitstationen, die ihre Dateien via NFS (NetWork File System) über das Netz austauschen oder abspeichern, wie z.B. UNIX Stationen oder u.U. VMS-Rechner.

Die Dateien der Name Space Module haben die Extension ".NAM" und befinden sich auf der NetWare Operating System-2 Diskette. Informieren Sie sich bei Ihrem Netzwerkhändler über

Name Space Module von Drittanbietern, die von Novell unterstützt werden.

☞ Wollen Sie ein Name Space Modul mit UNLOAD wieder entladen, müssen alle Volumes, auf denen der Name Space Support installiert ist, vorher mit DISMOUNT deaktiviert werden.

5.17.5 Laden von NetWare Loadable Modules (NLMs)

Die NetWare Loadable Moduls (NLMs) stellen sozusagen ausführbare Programme für den Fileserver dar. Es kann sich hier um Dienst- oder Diagnoseprogramme mit Menüführung handeln (z.B. MONITOR, INSTALL), oder um Emulatoren (MATHLIBC), oder um Protokolltreiber, mit denen der Fileserver Datenübertragung mit Netzwerkpartnern praktizieren kann, die ein anderes Übertragungsprotokoll als IPX benutzen. Mit NetWare v3.11 werden eine ganze Reihe von NLMs mitgeliefert, die im Kapitel *NetWare Loadable Modules* einzeln beschrieben werden.

Die Dateien der Loadable Modules haben die Extension ".NLM" und befinden sich auf der NetWare Operating System-3 Diskette. Es existieren darüber hinaus andere NLMs verschiedenster Hersteller und für die verschiedensten Zwecke. Informieren Sie sich hierzu bei Ihrem Netzwerkhändler.

☞ Denken Sie immer daran, daß ein falsch oder bösartig programmiertes NLM großen Schaden im NetWare Betriebssystem anrichten kann. Benutzen Sie ausschließlich NLMs, die von Novell offiziell geprüft und unterstützt werden.

5.18 MEMORY

Dieser Befehl zeigt an, wieviel addressierbaren Speicher das System zur Verfügung hat.

Format `MEMORY <ENTER>`

Auf EISA Computern spricht NetWare v3.1x automatisch RAM über 16MB an. Auf ISA (AT-Bus) Computern addressiert NetWare nur bis zu 16MB automatisch. Benutzen Sie in diesem Fall das Konsole Kommando REGISTER MEMORY, um RAM über der 16MB Grenze anzusprechen.

Siehe auch   REGISTER MEMORY

5.19 MODULES

Benutzen Sie dieses Kommando, um folgende Informationen über geladenene Module zu erhalten:

- Den Kurznamen des Moduls
- Den expliziten Namen des Moduls
- Die Versionsnummer des Moduls

Format MODULES <ENTER>

Anwendung Nähere Erläuterungen zu den Modulen finden Sie in den Kapiteln *Konzepte* unter dem Punkt *Die Modulare Struktur von NetWare* und *NetWare Loadable Modules*.

Siehe auch LOAD

5.20 MOUNT

Mit diesem Kommando aktivieren Sie ein NetWare-Volume, welches Sie vorher mit dem Befehl DISMOUNT deaktiviert hatten. Es handelt sich hierbei fast immer um das Auswechseln von austauschbaren Laufwerken während laufendem Fileserver-Betrieb.

Format `MOUNT Volume-Name <ENTER>`

oder

`MOUNT ALL`

Ersetzen Sie `Volume-Name` durch den Namen des zu aktivierenden Volumes. Um alle Volumes zu aktivieren, geben Sie MOUNT ALL ein.

Siehe auch DISMOUNT

VOLUMES

5.21 NAME

Mit diesem Kommando können Sie sich den Namen Ihres Fileservers anzeigen lassen.

Format `NAME <ENTER>`

Es erscheint die Meldung:

`THIS IS SERVER XXX`

Siehe auch CONFIG
VERSION

5.22 OFF

Mit diesem Kommando können Sie den Bildschirm Ihres Fileservers löschen. Es entspricht dem DOS-Kommando CLS.

Format `OFF <ENTER>`

Siehe auch CLS

5.23 PROTOCOL

Mit diesem Kommando können Sie alle Datenübertragungs-Protokolle auflisten, welche die aktiven Protokoll-Treiber beim Betriebssystem angemeldet haben. Da das IPX Protokoll integraler Bestandteil von NetWare ist, ist das IPX-Protokoll als einziges Protokoll immer angemeldet. Andere Protokolle werden durch Protokoll-Treiber implementiert, die in Form von NLMs geladen werden (z.B. TCPIP.NLM oder APPLETLK.NLM).

PROTOCOL zeigt den Namen der Protokolle sowie die von ihnen benutzten Paketkonventionen (siehe LOAD: LAN-Treiber Parameter FRAME) an, wenn das Kommando ohne Parameter eingegeben wird.

Sie können mit PROTOCOL auch ein Protokoll "von Hand" beim Betriebssystem anmelden, wenn Sie den Parameter REGISTER benutzen. Dies dürfte jedoch nur zum Testen wichtig sein, normalerweise werden Protokolle ausschließlich von den Treiber-Modulen angemeldet.

Format `PROTOCOL [REGISTER Protokollname Frame ID] <ENTER>`

Anwendung Ersetzen Sie `Protokollname` durch den Namen des Prokolls, daß Sie beim Betriebssystem anmeldem möchten. `Frame` ist die Bezeichnung der Paketkonvention. Ersetzen Sie diesen Parameter durch eine der folgenden Angaben:

- ETHERNET_802.3
- ETHERNET_802.2
- ETHERNET_II
- ETHERNET_SNAP
- TOKEN-RING
- TOKEN-RING_SNAP
- IBM_PCN2_802.2
- IBM_PCN2_SNAP
- NOVELL_RX-NET

Ersetzen Sie `ID` durch den Protokolltyp. Dies ist eine vierstellige hexadezimale Zahl, die die Pakete dieses Protokolls gegenüber anderen Stationen im Netz kennzeichnet. Der Protokolltyp wird manchmal Typcode, PID, E-Typ oder SAP genannt, je nach LAN-Topologie (Ethernet, Token-Ring usw.).

Siehe auch LOAD

BIND

5.24 REGISTER MEMORY

Wenn Sie mehr als 16 Megabyte Arbeitsspeicher in Ihrem Fileserver installiert haben, können Sie mit diesem Kommando veranlassen, daß das Betriebssystem mit diesem Speicherbereich arbeiten kann. Normalerweise wird dieser Bereich nicht erkannt, es sei denn, sie verfügen über einen EISA-Rechner (Siehe auch Konsole Kommando *SET: Parameter "Auto Register Memory Above 16 Megabytes"*).

☞ Wenn Sie entweder durch das Kommando REGISTER MEMORY oder durch Einstellung des Systemparameters "Auto Register Memory Above 16 Megabytes = ON" des Kommandos SET, Speicher jenseits der 16 Megabyte-Grenze für das Betriebssystem freigeben, sollten Sie bedenken, daß Adapter- oder Controller-Karten, die entweder On-Line DMA verwenden oder Busmaster-Karten sind, zu Adressierungskonflikten führen kann. Wenn diese Karten Daten direkt in diese Speicherbereiche schreiben wollen, können sie den Speicher nicht richtig adressieren, weil sie nur mit 16- oder 24-Bit Adressen arbeiten können. Dadurch werden willkürlich Bereiche des Betriebssystems überschrieben, es sei denn, Sie benutzen echte 32-Bit-Karten. Eine andere Lösung ist der Einsatz von LAN- oder Plattentreibern, die das Adressierungsproblem von der Software-Seite her vermeiden. Informieren Sie sich hierzu bei Ihrem Netzwerkhändler.

Format REGISTER MEMORY Startadresse Länge <ENTER>

Ersetzen Sie Startadresse durch die hexadezimale Adresse, an der der Speicherbereich beginnt, der angemeldet werden soll. Dieser Wert wird normalerweise 1000000 betragen, was die hexadezimale Schreibweise von 16 Megabytes sind.

Ersetzen Sie Länge durch die Größe des anzumeldenden Speicherbereichs in Bytes (hexadezimale Schreibweise). Diese Länge muß durch 16 teilbar sein, in hexadezimaler Schreibweise also ein Vielfaches von 10h. Die folgende Liste zeigt Ihnen die Parameter einiger Standard-Konfigurationen :

- 20 MB Arbeitsspeicher: REGISTER MEMORY 1000000 400000

- 24 MB Arbeitsspeicher: REGISTER MEMORY 1000000 800000

- 28 MB Arbeitsspeicher: REGISTER MEMORY 1000000 C00000

- 32 MB Arbeitsspeicher: REGISTER MEMORY 1000000 1000000
- 36 MB Arbeitsspeicher: REGISTER MEMORY 1000000 1400000
- 40 MB Arbeitsspeicher: REGISTER MEMORY 1000000 1800000

Wenn Sie die Parameter richtig angegeben haben, erscheint nach der Eingabe des Kommandos die Meldung :

```
Memory successfully added
```

Um den Arbeitsspeicher in Ihrem Rechner jedesmal automatisch anzumelden, tragen Sie den Befehl in die AUTOEXEC.NCF Datei ein.

Siehe auch MEMORY

5.25 REMOVE DOS

Benutzen Sie dieses Kommando, um DOS aus dem RAM des Fileservers zu entfernen. Der freigewordene Speicherplatz wird nun dem Betriebssystem zum File Caching zur Verfügung gestellt.

Dieses Kommando kann auch als Sicherheitsvorkehrung eingesetzt werden. Ohne DOS können keine NetWare Loadable Modules von DOS-Laufwerken oder der DOS-Partition des Fileservers geladen werden.

Format REMOVE DOS <ENTER>

Das Kommando DOWN bringt Sie nach dem downfahren **nicht** mehr auf DOS-Ebene. Nachdem der Fileserver down gefahren wurde, kann der Fileserver mit dem Kommando EXIT neu gestartet werden. Mit dieser Funktion kann der Fileserver mit RCONSOLE auch über das Netz gebootet werden.

Siehe auch DOWN

EXIT

SECURE CONSOLE

5.26 RESET ROUTER

Mit diesem Kommando können Sie den Fileserver veranlassen, seine internen Router-Tabellen zu aktualisieren. In diesen Tabellen speichert jeder Fileserver die Informationen über sämtliche angeschlossene Netzwerke und Fileserver, die er erreichen kann, sowie über die NetWare-Router, mit deren "Überbrückung" er Pakete zu den jeweiligen Netzen oder Fileservern schicken kann.

Wenn Sie RESET ROUTER an der Fileserver-Konsole eingeben, fragt der Server über das Server Advertising Protocol (SAP) und das Router Information Protocol (RIP) alle erreichbaren Fileserver und Router nach deren neuesten Informationen ab. Er ist danach wieder auf dem neuesten Stand, d.h. er weiß, welche Fileserver am Netz arbeiten, welche dazugekommen sind, ob neue Router Übertragungswege zu anderen Netzen ermöglichen oder ob ein Router nicht mehr aktiv ist usw...

Normalerweise geschieht dieser Vorgang automatisch ca. alle zwei Minuten. Mit RESET ROUTER können Sie die Aktualisierung jederzeit von Hand veranlassen.

Format `RESET ROUTER <ENTER>`

Nach der vollendeten Aktualisierung der Tabellen meldet der Server

`"Router has been reset"`

Sie können diesen Vorgang übrigens sehr gut mitverfolgen, wenn Sie zu diesem Zeitpunkt das Tracking aktiviert haben (Konsole Kommando TRACK ON).

Siehe auch TRACK ON

DISPLAY NETWORKS

DISPLAY SERVER

5.27 SEARCH

Mit diesem Kommando erhält der Fileserver Anweisungen, wo NetWare Loadable Modules und .NCF-Dateien zu finden sind. Der Default Suchpfad ist SYS:SYSTEM. Mit SEARCH können Sie neue Pfade angeben, bestehende löschen und die vorhandenen sichten.

Format `SEARCH [ADD [Nummer] Pfad] <ENTER>`

oder

`SEARCH DEL Nummer <ENTER>`

Ersetzen Sie `Nummer` durch die Nummer des Suchpfades der hinzugefügt oder gelöscht werden soll.

Ersetzen Sie `Pfad` durch die vollständige Pfadangabe.

☞ Benutzen Sie das Kommando SECURE CONSOLE, können Sie SEARCH nicht mehr anwenden. Der Pfad SYS:SYSTEM bleibt bestehen, es können jedoch keine neuen Suchpfade definiert werden. In diesem Fall müssen sie den Server down fahren und neu booten, um zusätzliche Pfade eingeben zu können.

Anwendung

- Vorhandene Suchpfade sichten:
  Um die auf Ihrem Fileserver vorhandenen Suchpfade angezeigt zu bekommen, geben Sie ein:
  `SEARCH <ENTER>`

- Einen Suchpfad hinzufügen:
  Haben Sie NLMs in ein anderes Verzeichnis als SYS:SYSTEM kopiert und wollen Sie nun ohne Pfadangabe aufrufen, können Sie einen Suchpfad erstellen. Geben Sie das Kommando zum Laden eines NLMs ein, werden alle angegeben Suchpfade durchsucht. Sie können Suchpfade auf lokale Fileserver-Laufwerke vergeben, auf Netzwerklaufwerke legen oder bestimmte Laufwerksnummern spezifizieren.

- Lokale Laufwerkszuordnungen:
  Um das Laufwerk A: als Suchpfad zu definieren, geben Sie ein:
  `SEARCH ADD A: <ENTER>`
  Damit wird Laufwerk A: zum letzten Suchpfad der Suchliste.

- Zuordnung von Netzwerklaufwerken:
  Um ein Netzwerkverzeichnis als Suchpfad zu definieren, muß der Pfad mit Angabe des Volumes beginnen. Um das Verzeichnis SYS:MODULE als Suchpfad einzureihen, geben Sie ein:

  SEARCH ADD SYS:MODULE <ENTER>

- Bestimmtes Laufwerk spezifizieren:
  Geben Sie einen neuen Suchpfad ein, wird dieser an letzter Stelle in der Liste stehen und durchsucht werden. Soll ein bestimmter Pfad zuerst durchsucht werden, müssen Sie eine Nummer angeben. Soll das Laufwerk C: zuerst durchsucht werden, geben Sie ein:

  SEARCH ADD 1 C: <ENTER>

- Einen Suchpfad löschen:
  Selektieren Sie aus der Liste der vorhandenen Suchpfade den zu löschenden und geben Sie das Kommando DELETE mit der Nummer des Suchpfades an. Um Suchpfad 3 zu löschen, geben Sie ein:

  SEARCH DEL 3 <ENTER>

Siehe auch SECURE CONSOLE

LOAD

5.28 SECURE CONSOLE

Mir diesem Kommando können Sie folgende Sicherheitsvorkehrungen treffen:

- NetWare Loadable Modules können ausschließlich aus dem Verzeichnis SYS:SYSTEM geladen werden.
- Datums- und Zeitänderungen können ausschließlich vom Konsole-Operator durchgeführt werden.
- DOS vom Fileserver entfernen.

Format SECURE CONSOLE <ENTER>

Anwendung Folgende Sicherheitslücken werden mit der Anwendung von SECURE CONSOLE geschlossen:

- Ein NLM als Trojanisches Pferd

  Ein nicht autorisierter User könnte sich ein NLM programmieren, um Zugriff auf gewisse Informationen zu erlangen. Wurde SECURE CONSOLE nicht benutzt, kann ein Modul von einer DOS-Partition, einem Laufwerk oder einem Netzwerkverzeichnis geladen werden. Können NLMs von all diesen Laufwerken geladen werden, kann jeder, der Zugang zum Fileserver hat, ein Modul laden. NLMs können Daten der User-Accounts auf Betriebssystem-Sicherheitsebene verändern. Sie haben somit Zugriff auf das gesamte System und unterliegen keinen Beschränkungen. Es wird daher empfohlen, SECURE CONSOLE einzusetzen, besonders in sicherheitsempfindlichen Bereichen.

- Datums- und Zeitfaktoren

  Manche Accounting- und Sicherheitsfunktionen beruhen auf Datums- und Zeitangaben, wie z.B. Paßwort-, Zugangs- und Sperrfunktionen. Ein nicht autorisierter User könnte an der Konsole des Fileservers diese Funktionen ändern und somit umgehen. Mit SECURE CONSOLE wird dies verhindert, da Änderungen den Status des Konsole-Operators voraussetzen. Mit FCONSOLE kann das Datum und die Zeit zwar geändert werden, aber nur vom Supervisor oder einem Konsole Operator.

- DOS-Faktoren

  Ist der Zugriff auf DOS an der Fileserver-Konsole möglich, kann ein nicht authorisierter User den Fileserver down fahren und ein DOS-Programm starten. Dieses Programm kann so beschaffen sein, daß es Daten auf NetWare-Partitions verändert oder stiehlt. Ist DOS jedoch nicht mehr auf dem Fileserver, muß der User den Fileserver ausschalten und wieder einschalten, um Zugriff auf DOS zu haben. Haben Sie ein Power-On-Paßwort vergeben, d.h. ein Paßwort, das beim Einschalten abgefragt wird, so wird diesem User der Zugriff auf DOS unmöglich sein.

☞ Die Vergabe eines Power-On-Paßworts ist nicht auf jedem Computer möglich!

Siehe auch   MONITOR (NLM)

5.29 SEND

Mit diesem Kommando können Sie Nachrichten an eingeloggte User versenden. Der Programmablauf wird an allen Stationen unterbrochen, bis der User die Tastenkombination <CTRL> und <ENTER> drückt.

Format SEND "BOTSCHAFT" [TO] [User-Name] [and | or] [,] [Stationsnummer] <ENTER>

Ersetzen Sie Botschaft durch den Text, den Sie versenden möchten. Geben Sie keine User oder Stationsnummern an, wird die Botschaft an alle eingeloggten User gesendet. Sie können jedoch durch Angabe der Stationsnummer oder des Users Nachrichten an ausgewählte User senden. Geben Sie mehrere User oder Stationsnummern an, müssen diese durch Kommas, Leerschritte oder "and" getrennt werden. Sie erhalten die Stationsnummern der einzelnen User mit dem NLM MONITOR unter dem Punkt *Connection Information*.

Anwendung Die Nachricht erscheint immer in der letzten Bildschirmzeile. Sie muß mit der Tastenkombination <CTRL><ENTER> gelöscht werden. Alle User, außer den folgenden erhalten die gesendete Nachricht:

- User, die mit CASTOFF ALL den Empfang unterbunden haben.
- User, die über ACS oder NACS eingeloggt sind.
- User, die an entfernten Arbeitsstationen eingeloggt sind.
- User, die eine Grafikapplikation benutzen. An Arbeitsstationen mit aktiven Grafikprogrammen signalisiert nur der begleitende "Beep"-Ton, daß eine Botschaft angekommen ist.

☞ An Stationen, an denen Grafikprogramme aktiv sind, sollte immer das Kommando CASTOFF ALL eingegeben werden, um Programmabstürze zu verhindern.

Beispiel SEND "Um 13:00 Uhr bitte alle ausloggen" TO Tina AND Stephan

User Tina und User Stephan werden diese Nachricht erhalten, sofern Sie eingeloggt sind und nicht mit CASTOFF ALL den Empfang dieser Nachrichten verweigern.

Siehe auch BROADCAST

5.30 SET

Das Konsole-Kommando SET ermöglicht es Ihnen, während der Fileservers in Betrieb ist, die Einstellung einer Reihe von Systemparametern zu verändern. Normalerweise gewährleistet die Voreinstellung dieser Parameter für jeden Benutzer größtmögliche Netzleistung. Unter bestimmten Voraussetzungen können Sie jedoch durch die Änderung bestimmter SET-Parameter die Leistungsfähigkeit des Server-Betriebssystems erhöhen. Sie können SET auch dazu benutzen, die Einstellung der Systemparameter zu sichten, ohne sie zu verändern.

Die Einstellung fast aller Systemparameter, die Sie über SET ändern, können Sie auch in der Startdatei des Betriebssystems (AUTOEXEC.NCF) festlegen, so daß sie nach jedem Neustart des Servers automatisch gelten. Die AUTOEXEC.NCF Datei (NCF = NetWare Command File) können Sie mit dem NetWare Loadable Module INSTALL editieren. Bei Parametern, die nicht in der AUTOEXEC.NCF festgelegt sind, benutzt das Betriebssystem nach jedem Neustart die Voreinstellung für diese Parameter.

Format SET [Parameter][=neuer Wert] <ENTER>

Mögliche Parameter Wird SET ohne Parameterangabe aufgerufen, erscheint ein Liste von neun Parameter-Kategorien, aus der Sie durch die Eingabe einer Ziffer eine bestimmte auswählen. Sie erhalten danach die momentanen Einstellungen aller Parameter dieser Kategorie angezeigt.

1. Communications

2. Memory

3. File caching

4. Directory caching

5. File system

6. Locks

7. Transaction tracking

8. Disk

9. Miscellaneous

Sie können SET auch mit einem einzelnen Paramter aufrufen, in diesem Fall wird die Einstellung nur für diesen Parameter gezeigt. Darüber hinaus können Sie sich auch diejenigen Systemparameter anzeigen lassen, die Sie nicht mit SET verändern können, sondern nur über einen Eintrag in der STARTUP.NCF-Datei festlegen können. Diese Parameter sind:

- Auto Register Memory Above 16 Meg
- Auto TTS Backout Flag
- Cache Buffer Size
- Maximum Physical Receive Packet Size
- Maximum Subdirectory Tree Depth
- Minimum Packet Receive Buffers
- Reserved Buffers Below 16 Meg

Beispiel Wollen Sie eine Parametereinstellung ändern, geben Sie SET gefolgt von der Parameterangabe, einem Gleichheitszeichen sowie der neuen Einstellung ein:

```
SET Minimum File Cache Buffers=100
```

oder

```
SET Console Display Watchdog Logouts=ON .
```

Folgende Systemparameter (nach Kategorien geordnet) können verändert werden:

5.30.1 Console Display Watchdog Logouts

Kategorie Communications

Der Watchdog-Mechanismus (Wachhund) von NetWare bewirkt, daß der Server nach einer gewissen Zeit, innerhalb der er keine Pakete von einer bestimmten Arbeitsstation empfängt, Kontrollanfragen (Watchdog-Pakete) zu dieser Station schickt, um zu überprüfen, ob die Station noch normal arbeitet oder vielleicht abgestürzt ist. Im letzteren Fall merkt der Server dies daran, daß die Station auf den Watchdog nicht mehr reagiert und löst die Verbindung zu dieser Station. Der Parameter `Console Display Watchdog Logouts` gibt an, ob der Fileserver jedesmal, wenn er die Verbindung zu einer abgestürzten Arbeitsstation unterbricht, dies auf dem Fileserver-Konsoleschirm meldet. Diesen Parameter sollten Sie nur auf "ON" stellen, wenn in Ihrem Netz Arbeitsstationen aus irgendwelchen Gründen Probleme haben und häufig abstürzen.

Mögliche Werte : ON / OFF

Voreinstellung : OFF

5.30.2 Maximum Physical Receive Packet Size

Kategorie Communications Dieser Parameter bestimmt, wie groß die Datenpakete maximal sein dürfen (in Bytes), die der Fileserver auf eines seiner angeschlossenen Netzwerke verschickt. Bei der Berechnung der Nettodatenmenge, die pro Paket verschickt werden kann, muß bedacht werden, daß von diesem Wert die Größe des Paketheaders abgezogen werden muß. Diese wiederum hängt vom verwendeten Protokoll ab. (Headergröße IPX = 30 Byte) Dieser Parameter kann nicht mit SET verändert, sondern nur angezeigt werden! Um die Einstellung dieses Parameters zu ändern, ist ein Eintrag in der Datei STARTUP.NCF nötig. Wenn einige Netzwerkadapter in den Arbeitsstationen und der Fileserver selbst eine größere Paketgröße als der voreingestellte Wert dieses Parameters zulassen, erhöhen Sie diesen entsprechend.

Mögliche Werte : 618 bis 4202

Voreinstellung : 1514 (Maximum für Ethernet)

5.30.3 Maximum Packet Receive Buffers

Kategorie Communications Dieser Parameter gibt an, wieviel Bufferplätze das Betriebssystem höchstens bereitstellt, um empfangene Pakete von Arbeitsstationen darin zwischenzuspeichern. Überprüfen Sie durch MONITOR die Auslastung der Receive Buffers. Die Angabe der momentanen Anzahl der Receive Buffer erhalten Sie direkt nach dem Laden von MONITOR im Informationsfenster unter dem Punkt `Packet Receive Buffers`. Wenn dieser Momentanwert gleich dem eingestellten Höchstwert ist oder ihm nahekommt, sollten Sie diesen Parameter erhöhen. Ebenfalls in MONITOR können Sie ermitteln, ob ein Adapter innerhalb des Fileservers `No ECB Available`-Fehler meldet (Unter Menüpunkt `LAN Information`). Dies deutet ebenfalls auf ungenügende Anzahl von Receive Buffern hin. Bedenken Sie auch, daß jeder Service-Prozess Receive Bufferplätze anfordert. Um das eventuelle Defizit an Receive Buffern auszugleichen, können Sie auch den Parameter `Maximum Service Processes` herabsetzen. Dieser Parameter ist unter der Kategorie *Miscellaneous* aufgeführt.

Mögliche Werte : 50 bis 2000

Voreinstellung : 100

5.30.4 Minimum Packet Receive Buffers

Kategorie
Communications

Dieser Parameter gibt an, wieviele Bufferplätze für einkommende Pakete von Arbeitsstationen vom Betriebssystem auf jeden Fall zur Verfügung gestellt werden. Diese Plätze werden nach jedem Neustart des Fileservers reserviert. Sollten Sie nicht ausreichen, wird Ihr Fileserver kurz nach dem Bootvorgang recht langsam auf Anfragen von Arbeitsstationen reagieren und `No ECB Available`-Fehler anzeigen (In MONITOR unter dem Menüpunkt `LAN Information`). In diesem Fall müssen Sie den Wert dieses Parameters erhöhen. Dies kann nur durch einen Eintrag in der STARTUP.NCF-Datei erfolgen, über SET können Sie lediglich die Einstellung anzeigen lassen, aber nicht verändern!

Mögliche Werte : 10 bis 1000

Voreinstellung : 10

5.30.5 New Packet Recieve Buffer Wait Time

Kategorie
Communications

Dieser Parameter gibt an, wie lange das Betriebssystem wartet, bevor es einen zusätzlichen Bufferplatz für einkommende Pakete von Arbeitsstationen reserviert (in Sekunden), wenn gerade nicht genügend Plätze vorhanden sind . Dies soll verhindern, daß bei gelegentlichem, plötzlich stark ansteigendem Paketverkehr zuviele Bufferplätze auf einmal reserviert werden, die kurz danach nicht mehr gebraucht werden. Bedenken Sie, daß Sie durch die Erhöhung dieses Parameters zwar sparsam mit dem Speicher des Fileservers umgehen, gleichzeitig aber das Risiko eingehen, daß der Server bei solchen Spitzen in der Netzwerkbelastung Pakete verliert.

Mögliche Werte : 0.1 bis 20.0

Voreinstellung : 0.1

5.30.6 Number Of Watchdog Packets

Kategorie
Communications

Dieser Parameter gibt an, wieviele Watchdog-Pakete der Server zu einer nicht mehr antwortenden Station schickt, bevor er die Verbindung als gelöst ansieht.

Mögliche Werte : 5 bis 100

Voreinstellung : 10

Siehe auch   Console Display Watchdog Packets

5.30.7 Delay Between Watchdog Packets

Kategorie Communications
Dieser Parameter gibt an, wie lange der Server jeweils wartet, bevor er einer nicht antwortenden Station erneut ein Watchdog-Paket schickt (in Sekunden).

Mögliche Werte : 9.9 bis 626.2 (10 Minuten 26.2 Sekunden)

Voreinstellung : 296.6 (4 Minuten 56.6 Sekunden)

Siehe auch Console Display Watchdog Packets

Beispiel Die Angabe kann nach Minuten und Sekunden getrennt erfolgen.
```
SET Delay Between Watchdog Packets=5 minu-
tes 30.6 seconds
```

5.30.8 Delay Before First Watchdog Packet

Kategorie Communications
Dieser Parameter gibt an, wieviel Zeit der Server verstreichen läßt, bevor er das erste Watchdog-Paket losschickt.

Mögliche Werte : 15.7 bis 1252.3 (20 Minuten 52.3 Sekunden)

Voreinstellung : 296.6 (4 Minuten 56.6 Sekunden)

Die Angabe kann nach Minuten und Sekunden getrennt erfolgen.

Siehe auch Console Display Watchdog Packets

Beispiel
```
SET Delay Before First Watchdog Packet=5
minutes 30.6 seconds
```

5.30.9 Reply To Get Nearest Server

Kategorie Communications
Dieser Parameter gibt an, ob der Server auf Anfragen des Service Advertising Protocols (SAP) vom Typ `Get Nearest Server` antworten soll oder nicht. Zu einer näheren Beschreibung des SAP informieren Sie sich bei dem Konsole Kommando TRACK ON.

Mögliche Werte : ON / OFF

Voreinstellung : ON

5.30.10 Maximum Alloc Short Term Memory

Kategorie Memory
Der sogenannte `Short Term Memory Pool` wird vom Betriebssystem zur Speicherung von Informationen bezüglich Mappings von Arbeitsstationen, offener und gelockter Dateien, Verbindungen und Tabellen von NetWare Loadable Modules benutzt.

Dieser Parameter gibt an, wieviele Bytes maximal diesem Bereich zugeteilt werden können. Über MONITOR können Sie die momentane Größe dieses Speicherbereichs ermitteln (Menüpunkt Resource Information – im Informationsfenster unter dem Punkt Alloc Memory Pool). Reicht der dort angegebene Wert nahe an diesen Parameter heran, müssen Sie die Einstellung des Parameters erhöhen.

Mögliche Werte : 50000 bis 16777216

Voreinstellung : 2097152 (2 Megabyte)

5.30.11 Auto Register Memory Above 16 Megabytes

Kategorie Memory

Dieser Parameter gibt an, ob das Betriebssystem eventuell über der 16 Megabyte-Grenze vorhandenen Speicher (in EISA-Rechnern) automatisch an LAN- oder Festplattentreiber zuteilen darf oder nicht. Wenn in Ihrem Fileserver mehr als 16 Megabyte Speicher nutzbar ist, und entweder der LAN-Adapter oder der Festplattenkontroller eine Busmaster-Karte ist oder On-Line DMA benutzt, müssen Sie diesen Parameter unbedingt auf OFF setzen. Dann kann der, zum Treiber gehörigen Karte kein Speicher über 16 Megabyte mehr zugeteilt werden. Diesen Speicher könnte die Karte nicht mehr selbst adressieren (Busmasterkarten sprechen den Speicher selbst an), sondern würde Speicherbereiche des Betriebssystems überschreiben und damit den Server zum Absturz bringen. Diesen Parameter können Sie über SET nicht verändern, sondern nur anzeigen lassen. Veränderungen können nur durch einen Eintrag in der Datei STARTUP.NCF vorgenommen werden!

Mögliche Werte : ON / OFF

Voreinstellung : ON

5.30.12 Cache Buffer Size

Kategorie Memory

Dieser Parameter gibt die Größe der vom Cache-System verwendeten Buffer für das Cachen von Daten der NetWare-Volumes an (in Bytes). Das Vergrößern der Cachebuffer erhöht die Geschwindigkeit des Fileservers, verbraucht dafür aber auch viel Platz. Beachten Sie auch, daß die Größe der Cachebuffer nur so groß wie die kleinste Größe der Blocks auf ihren NetWare-Volumes sein sollte. Das Betriebssystem wird Volumes, die eine geringere Datenblockgröße als die Größe der Cachebuffer haben, **nicht** mounten! Diesen Parameter können Sie über SET nicht verändern, sondern nur anzeigen lassen. Veränderungen können nur durch einen Eintrag in der Datei STARTUP.NCF vorgenommen werden!

Mögliche Werte : 4096, 8192 und 16384

Voreinstellung : 4096

5.30.13 Reserved Memory Below 16 Meg

Kategorie Memory
Dieser Parameter gibt an, wieviele Speicher-Buffer aus dem Datei Cache System unterhalb der 16 MB-Grenze für LAN- oder Festplattentreiber reserviert werden, da diese Treiber bzw. die dazugehörigen Adapter oder Controller nicht auf Speicherbereiche oberhalb dieser Grenze zugreifen können. Diesen Parameter können Sie über SET nicht verändern, sondern nur anzeigen lassen. Veränderungen können nur durch einen Eintrag in der Datei STARTUP.NCF vorgenommen werden!

Mögliche Werte : 8 bis 200

Voreinstellung : 16

5.30.14 Minimum File Cache Buffers

Kategorie File Caching
Das Betriebssystem des Fileservers benutzt allen Speicherplatz, der nicht von anderen Prozessen benötigt wird, zum Cachen der Daten der NetWare-Volumes. Dieser Bereich für das Cachen ist variabel und nimmt ab, wenn für andere Aufgaben Speicher benötigt wird. Der Parameter "Minimum File Cache Buffers" gibt ein unteres Limit an, unter das die Anzahl der Cachebuffer nicht sinken darf, weil sonst die Festplattenoperationen des Servers sehr langsam würden. Aus diesem Grund darf das Limit nicht zu niedrig gewählt werden, damit dem Cache System auch immer genügend Buffer zur Verfügung stehen. Sollte die Anzahl der momentan wirklich vorhandenen Cache Buffers dieses Limit erreichen, wird das Betriebssystem auf der Konsole die Warnung anzeigen `Cache memory allocator exceeded minimum cache buffer left limit`. Wählen Sie das Limit allerdings zu hoch, fehlt anderen Prozessen innerhalb des Fileservers (z.B. NetWare Loadable Modules) der Speicher.

Mögliche Werte : 20 bis 1000

Voreinstellung : 20

5.30.15 Maximum Concurrent Disk Cache Writes

Kategorie
File Caching

Durch den Mechanismus des Elevator Seekings (siehe Kapitel *Konzepte - Beschleunigungsmechanismen*) werden Schreib- und Leseanfragen an die Festplatten des Servers in eine Liste aufgenommen und erst nach ihrer Sortierung bearbeitet. Der Parameter `Maximum Concurrent Disk Cache Writes` gibt an, wieviele Schreibanweisungen des Cache Systems zur gleichen Zeit in diese Liste aufgenommen werden können. Erhöhen Sie diesen Wert, wenn Sie merken, daß der Anteil der `Dirty Cache Buffers` an der Gesamtzahl der Cache Buffers sehr groß wird (über 70%). In diesem Fall muß die Schreibgeschwindigkeit für die Cache Buffer erhöht werden. Die Anzahl der `Dirty Cache Buffers` können Sie über das zentrale Informationsfenster von MONITOR ermitteln. Beachten Sie aber auch, daß Sie mit einer Vergrößerung dieses Parameters die Anzahl der Listenplätze für Lese-Anforderungen verkleinern und sich damit die Lesevorgänge auf der Festplatte verlangsamen.

Mögliche Werte : 10 bis 100

Voreinstellung : 50

5.30.16 Dirty Disk Cache Delay Time

Kategorie
File Caching

Normalerweise schreibt das Cache System von Netware die sogenannten `Dirty Blocks`, also veränderte Daten innerhalb des Cachings, erst dann auf die Festplatte zurück, wenn ein ganzer Block mit Daten gefüllt wurde. Blocks, die durch kleinere Schreibanfragen nicht vollständig gefüllt wurden, werden nach einer gewissen Wartezeit trotzdem auf die Festplatte geschrieben. Der Parameter `Dirty Disk Delay Time` legt diese Wartezeit fest (in Sekunden). Wenn in Ihrem Netz also oft kleinere Schreibanfragen auf den Server zukommen, können Sie durch die Verkürzung dieser Wartezeit das Risiko von Datenverlusten ein wenig einschränken (bei Serverabstürzen gehen die Daten der Dirty Blocks verloren). Beachten Sie jedoch, daß durch den Mehraufwand die Festplattenoperationen Ihres Servers dann um einiges langsamer werden können.

Mögliche Werte : 0.1 bis 10.0

Voreinstellung : 3.3

5.30.17 Minimum File Cache Buffer Treshold

Kategorie
File Caching

Mit diesem Parameter können Sie ein "Warnlimit" festlegen. Wenn die Anzahl der noch vorhandenen Cache Buffer sich immer weiter verringert, weil andere Prozesse des Betriebssystem den jeweiligen Speicher benötigen, können sie sich vom Fileserver warnen lassen, wenn diese Anzahl sich dem von Ihnen festgesetzen `Limit Minimum File Cache Buffers` zu sehr nähert. An der Fileserver Konsole wird dann die Meldung `Number of cache buffers is getting too low` erscheinen. Dies wird z.B. der Fall sein, wenn der Parameter `Minimum File Cache Buffers` den Wert 20 hat und `Minimum File Cache Buffer Treshold` den Wert 10. Sinkt die Anzahl der noch vorhandenen Cache Buffer nun unter 30 wird die Warnung ausgegeben.

Mögliche Werte : 0 bis 1000

Voreinstellung : 20

5.30.18 Directory Cache Buffer Non Referenced Delay

Kategorie
Directory
Caching

Dieser Parameter gibt an, wie lange ein Verzeichniseintrag im Cache System verweilen kann (in Sekunden), ohne daß auf ihn zugegriffen wird. Nach dieser Zeit wird der Eintrag durch einen anderen überschrieben, weil das Verzeichnis Cache System annimmt, daß er nicht mehr durch eine Station benutzt wird. Erhöhen Sie diesen Parameter beschleunigt sich der Dateizugriff, weil die Chance steigt, daß sich ein Verzeichniseintrag, der gerade angefordert wird, noch im schnellen Cache Speicher befindet. Andererseits steigt hierdurch auch die Anzahl der benötigten Verzeichnis Cache Buffer und damit auch der Speicherbedarf.

Mögliche Werte : 1.0 bis 300.0 (5 Minuten)

Voreinstellung : 5.5

Beispiel Die Angabe kann nach Minuten und Sekunden getrennt erfolgen.

```
SET Directory Cache Non Referenced Delay=1
minutes 20.0 seconds
```

5.30.19 Maximum Directory Cache Buffers

Kategorie
Directory
Caching

Dieser Parameter gibt an, wieviele Bufferplätze das Betriebssystem höchstens für das Directory Caching reservieren kann. Wurde einmal Speicher dem Directory Cache System als Bufferplatz zugeteilt, bleibt er in dieser Funktion, bis der Fileserver neu gebootet wird. Mit der Angabe dieses Maximums wird verhindert, daß zuviel Speicher für das Verzeichnis-Caching reserviert wird, der hinterher von keinem anderen Teil des Betriebssystems mehr genutzt werden kann. Sollten Sie also die Meldung erhalten, daß das Betriebssystem zu wenig Speicher zur Verfügung hat, sollte dieser Parameter heruntergesetzt werden. Dazu muß allerdings der Server neu gebootet werden. Ist die Einstellung allerdings zu niedrig, verlangsamt sich die Suche nach Einträgen innerhalb des Verzeichnissystems erheblich.

Mögliche Werte : 20 bis 4000

Voreinstellung : 500

5.30.20 Minimum Directory Cache Buffers

Kategorie
Directory
Caching

Dieser Parameter gibt an, wieviele Cache Buffer Plätze das Betriebssystem mindestens für das Verzeichnis-Caching reserviert. Ist dieser Parameter zu hoch eingestellt, geht wertvoller Speicher verloren, denn die Bufferplätze vom Verzeichnis-Caching werden nicht mehr freigegeben, bis der Server neu gebootet wird. Es sollten als Limit also wirklich nur soviel Buffer wie nötig eingestellt werden. Antwortet aber der Fileserver kurz nach dem Booten auf Anfragen bezüglich Verzeichnissuche sehr langsam, sollten Sie diesen Wert erhöhen, da die Anzahl der benötigten Buffer in diesem Fall viel höher ist als dieses Limit. Die Anzahl der momentan benutzten Buffer können Sie auch über das zentrale Informationsfenster von MONITOR unter dem Punkt `Directory Cache Buffers` ermitteln.

Mögliche Werte : 10 bis 2000

Voreinstellung : 20

5.30.21 Dirty Directory Cache Delay Time

Kategorie
Directory
Caching

Dieser Parameter gibt an, wie lange des Betriebssystem wartet, bevor es einen Verzeichnis Cache Block, dessen Daten sich geändert haben, zurück auf die Platte schreibt (in Sekunden). Erhöhen Sie den Wert, so wird die Gesamtgeschwindigkeit des Servers minimal zunehmen, weil er nicht so sehr mit dem Zurückschreiben von Verzeichnis Cache Buffern auf die Platte beschäftigt ist. Allerdings erhöht sich auch die Chance von Datenverlusten minimal (bei Serverabstürzen gehen die Daten der noch nicht auf der Festplatte aktualisierten Dirty Cache Blocks verloren). Andererseits verringern Sie die Chance von Datenverlusten etwas und verlangsamen den Server minimal, wenn Sie diesen Wert heruntersetzen, so daß das Betriebssystem die Buffer möglichst schnell auf die Festplatte zurückschreibt. Setzen Sie diesen Wert nicht auf null, denn das würde den Server erheblich verlangsamen.

Mögliche Werte : 0.0 bis 10.0

Voreinstellung : 0.5

5.30.22 Maximum Concurrent Directory Cache Writes

Kategorie
Directory
Caching

Durch den Mechanismus des Elevator Seekings (siehe Kapitel *Konzepte – Beschleunigungsmechanismen*) werden Schreib- und Leseanfragen an die Festplatten des Servers in eine Liste aufgenommen und erst nach ihrer Sortierung bearbeitet. Der Parameter `Maximum Concurrent Directory Cache Writes` gibt an, wieviele Schreibanweisungen des Verzeichnis Cache Systems zur gleichen Zeit in diese Liste aufgenommen werden können. Wenn Sie diesen Wert erhöhen, wird die Effizienz beim Schreiben von Verzeichnis Cache Buffern auf die Festplatte erhöht. Beachten Sie aber auch, daß Sie mit einer Vergrößerung dieses Parameters die Anzahl der Listenplätze für Lese-Anforderungen verkleinern und sich damit die Lesevorgänge auf der Festplatte verlangsamen.

Mögliche Werte : 5 bis 50

Voreinstellung : 10

5.30.23 Directory Cache Allocation Wait Time

Kategorie
Directory
Caching

Dieser Parameter gibt an, wie lange das Betriebssystem wartet, bevor es einen zusätzlichen Bufferplatz für das Verzeichnis Caching reserviert, nachdem es gerade schon einen Platz reserviert hat (in Sekunden). Dies soll verhindern, daß bei gelegentlichem plötzlich stark ansteigenden Anfragen an das Verzeichnis-System zuviele Bufferplätze auf einmal reserviert werden, die kurz danach nicht mehr gebraucht werden. Bedenken Sie, daß Sie durch die Erhöhung dieses Parameters zwar sparsam mit dem Speicher des Fileservers umgehen, daß aber gleichzeitig während dieser Wartezeit alle Anfragen für neue Verzeichnis Buffer Plätze ignoriert werden. Sollte 15 Minuten nach einem Neustart des Servers die Suche nach Verzeichniseinträgen (z.B. Verzeichnis anzeigen lassen) immer noch sehr langsam sein, sollten Sie diesen Wert heruntersetzen.

Mögliche Werte : 0.5 bis 120.0 (2 Minuten)

Voreinstellung : 2.2

Beispiel Die Angabe kann nach Minuten und Sekunden getrennt erfolgen

```
SET Directory Cache Allocation Wait Time=1
minutes 35.0 seconds
```

5.30.24 Immediate Purge Of Deleted Files

Kategorie Wenn dieser Parameter auf OFF gestellt ist, haben Sie die Möglichkeit, gelöschte Dateien unter bestimmten Bedingungen mit dem Menü-Utility SALVAGE wiederherzustellen. Ist die Einstellung ON, werden alle Dateien sofort nach dem Löschbefehl unwiederbringlich gelöscht und können mit SALVAGE nicht gerettet werden.
File System

Mögliche Werte : ON / OFF

Voreinstellung : OFF

5.30.25 Volume Low Warn All Users

Kategorie Dieser Parameter gibt an, ob der Fileserver Warnungen an die Benutzer verschicken soll (als Broadcast), wenn der freie Platz auf einem NetWare-Volume eine bestimmte Grenze unterschreitet (Parameter Volume Low Warning Treshold). Wenn dieser Parameter auf OFF gesetzt ist, werden keine Warnungen verschickt und sie sollten in diesem Fall mindestens einmal täglich überprüfen, ob auf den Volumes noch genügend Platz vorhanden ist (über CHKVOL oder VOLINFO).
File System

Mögliche Werte : ON / OFF

Voreinstellung : ON

5.30.26 Volume Low Warning Reset Treshold

Kategorie Wenn der Volume Low Warn All Users-Parameter auf "ON" steht, werden die Benutzer vom Fileserver gewarnt, wenn der noch vorhandene freie Platz auf dem Volume eine bestimmte Grenze unterschreitet (Parameter Volume Low Warning Treshold). In diesem Fall wird man sich bemühen, freien Platz auf diesem Volume zu schaffen, indem man schon gelöschte
File System

Dateien mittels PURGE entgültig löscht oder überflüssige Dateien gleichendültig löscht..

Durch das Erzeugen neuer Dateien kann der Fall auftreten, daß der vorhandene freie Platz auf diesem Volume immer um die Warnungsgrenze herum schwankt. Um zu verhindern, daß der Server in solchen Fällen nicht jedesmal neue Warnungen verschikken muß, gibt der Parameter Volume Low Warning Reset Treshold einen bestimmten Betrag an Platz an, der nach der ersten Warnung wieder frei werden muß, bevor das Warnsystem wieder aktiviert wird. Dieser Betrag wird in Blocks angegeben. Ein Block ist die kleinste Einheit, in der auf einem NetWare Volume Daten geschrieben oder gelesen werden können.

Beispiel Die Blockgröße eines Volumes beträgt 4 KB. Das Warnlimit Volume Low Warning Treshold beträgt 256. Wenn auf dem Volume also weniger als 1 MB Speicher frei ist, werden Warnungen an die User verschickt. Wenn der Volume Low Warning Reset Treshold nun 128 beträgt, muß nach der ersten Warnung mindestens wieder ein halbes MB zusätzlich frei werden, also insgesamt 1,5 MB, bevor das Warnsystem für dieses Volume wieder aktiviert wird. Wenn danach der freie Platz wieder unter 1 MB sinkt, wird erneut gewarnt.

Mögliche Werte : 0 bis 100000 Voreinstlelung : 256

5.30.27 Volume Low Warning Treshold

Kategorie Wenn der Volume Low Warn All Users-Parameter auf "ON" File System steht, werden die Benutzer vom Fileserver gewarnt, wenn der noch vorhandene freie Platz auf dem Volume eine bestimmte Grenze unterschreitet. Der Parameter Volume Low Warning Reset Treshold gibt diese Grenze an, und zwar in Blocks. Ein Block ist die kleinste Einheit, in der auf einem NetWare-Volume Daten geschrieben oder gelesen werden können.

Mögliche Werte : 0 bis 100000

Voreinstellung : 256

5.30.28 Minimum File Delete Wait Time

Kategorie Wenn der Parameter Immediate Purge Of Deleted Files auf File System OFF gesetzt ist, gehen unter NetWare die gelöschten Dateien nicht vollständig verloren, sondern können eine bestimmte Zeit lang mit dem Menü-Utility SALVAGE bequem wiederhergestellt werden. Der Parameter Minimum File Delete Wait Time gibt die Zeit an, die die gelöschte Datei noch mindestens in einem wiederherstellbaren Zustand verbringt. Vollends gelöscht wird sie dann erst, wenn diese Zeitspanne abgelaufen ist und kein Platz mehr auf dem Volume vorhanden ist (weniger als 1/32 freier Platz). Das heißt, daß NetWare so lange wie möglich versucht, die Datei als wiederherstellbar zu erhalten. Dieser Parameter hat keinen Einfluß darauf, daß die Dateien auch mittels PURGE zu jeder Zeit endgültig gelöscht werden können.

Mögliche Werte : 0.0 seconds bis 7 days

Voreinstellung : 1 minute 5.9 seconds

Beispiel Die Angabe kann nach Tagen, Stunden, Minuten und Sekunden getrennt erfolgen.

```
SET Minimum File Delete Wait Time=2 days
12 hours 5 minutes 30.0 seconds
```

5.30.29 File Delete Wait Time

Kategorie Der Parameter File Delete Wait Time gibt die Zeit an,
File System innerhalb der das Betriebssystem versucht, die gelöschte Datei noch in einem wiederherstellbaren Zustand zu halten.

Der Unterschied zum Parameter Minimum File Delete Wait Time ist, daß Dateien, die sich im wiederherstellbaren Zustand befinden und deren File Delete Time noch nicht abgelaufen ist, trotzdem vollends gelöscht werden, wenn kein Platz mehr auf dem Volume ist, während die Minimum File Delete Time auf jeden Fall abgewartet wird, auch wenn das Volume voll ist. Vollends gelöscht wird sie dann aber auch erst, wenn diese Zeitspanne abgelaufen ist und kein Platz mehr auf dem Volume vorhanden ist (weniger als 1/32 freier Platz). Das heißt, daß NetWare so lange wie möglich versucht, die Datei als wiederherstellbar zu erhalten. Dieser Parameter hat keinen Einfluß darauf, daß die Dateien auch mittels PURGE zu jeder Zeit endgültig gelöscht werden können.

Mögliche Werte : 0.0 seconds bis 7 days

Voreinstellung : 5 minutes 29.6 seconds

Beispiel Die Angabe kann nach Tagen, Stunden, Minuten und Sekunden getrennt erfolgen.

```
SET File Delete Wait Time=2 days 12 hours
5 minutes 30.0 seconds
```

5.30.30 Maximum Percent Of Volume Used By Directory

Kategorie Dieser Parameter gibt den Anteil am Speicherplatz der Volumes
File System des Fileservers an, die ein Verzeichnis belegen darf (in Prozent).

Mögliche Werte : 5 bis 50

Voreinstellung : 13

5.30.31 Maximum Percent Of Volume Space Allowed For Extended Attributes

Kategorie Dieser Parameter gibt den Anteil am Speicherplatz der Volumes
File System des Fileservers an, der für die Speicherung der Extended Attributes verwendet werden darf (in Prozent).

Mögliche Werte : 5 bis 50

Voreinstellung : 10

5.30.32 Maximum Extended Attributes Per File Or Path

Kategorie Dieser Parameter gibt an, wieviele Extended Attributes jeder
File System Datei oder jedem Unterverzeichnis auf den Volumes des Fileservers höchstens vergeben werden dürfen.

Mögliche Werte : 4 bis 512

Voreinstellung : 8

5.30.33 NCP File Commit

Kategorie Dieser Parameter gibt an, ob eine Arbeitsstation dem Fileserver
File System über das NetWare Core Protocol (NCP) eine Anforderung schicken kann, alle für diese Arbeitsstation ausstehenden Schreiboperationen innerhalb des Cache Systems sofort auszuführen. Steht der Parameter auf ON, schreibt der Fileserver nach einer solchen Anfrage sofort alle Dirty Cache Blocks, die zu der betreffenden Arbeitsstation gehören, auf die Platte. Lautet die Einstellung dieses Parameters OFF, verweigert er die Ausführung eines solchen Befehls.

Mögliche Werte : ON / OFF

Voreinstellung : ON

5.30.34 Maximum Subdirectory Tree Depth

Kategorie
File System
Dieser Parameter legt fest, bis zu welcher Tiefe Unterverzeichnisse auf den Volumes des Servers ineinander geschachtelt werden dürfen. Manche DOS-Programme können keine Verzeichnispfade mit mehr als z.B. 10 hintereinandergeschachtelten Unterverzeichnissen verarbeiten. In diesem Fall müssen Sie Maximum Subdiretory Tree Depth heruntersetzen. Diesen Parameter können Sie über SET nicht verändern, sondern nur anzeigen lassen. Veränderungen können nur durch einen Eintrag in der Datei STARTUP.NCF vorgenommen werden!

Mögliche Werte : 10 bis 100

Voreinstellung : 25

5.30.35 Turbo FAT Re-Use Wait Time

Kategorie
File System
Bei Zugriffen auf Dateien, die mehr als 64 Plätze in der Dateizuordnungstabelle (FAT) belegen, baut das Betriebssystem automatisch eine Turbo FAT Indizierung auf, die den Zugriff auf diese Datei erheblich beschleunigt. Da der Aufbau dieser Indizierung Zeit in Anspruch nimmt, löscht das Betriebssystem den Index nicht sofort aus dem Speicher, wenn die Datei geschlossen wird, sondern wartet noch eine bestimmte Zeit, bevor es diesen Speicherbereich für eine neue Indizierung verwendet. Sollte innerhalb dieser Zeit noch einmal auf diese Datei zugegriffen werden, ist der Index noch vorhanden und damit der Zugriff enorm beschleunigt. Der Turbo FAT Re-Use Wait Time gibt diese Zeitspanne an. Erhöhen Sie den Parameter, wenn Sie wissen, daß an dem Fileserver öfter Dateien kurz nach dem Schließen der Datei zur weiteren Bearbeitung neu geöffnet werden. Bedenken Sie hierbei, daß sich hierdurch der Speicherbedarf erhöht, da die Indextabellen ja länger im Speicher verweilen und in dieser Zeit für die Erstellung neuer Tabellen neuer Speicherplatz reserviert werden muß.

Mögliche Werte : 0.0 seconds bis 1 hour 5 minutes 54.6 seconds

Voreinstellung : 5 minutes 29.6 seconds

Beispiel
Die Angabe kann nach Stunden, Minuten und Sekunden getrennt erfolgen.

```
SET Turbo FAT Re-Use Wait Time = 10 minutes 30.0 seconds
```

5.30.36 Maximum Record Locks Per Connection

Kategorie Locks

Dieser Parameter gibt an, wieviele Record Locks (Datensatzsperrungen) eine einzelne Arbeitsstation am Fileserver auslösen kann. Erhöhen Sie den Wert, wenn eine Applikation auf einer Station nicht läuft, weil dort nicht genug Locks getätigt werden können.

Mögliche Werte : 10 bis 10000

Voreinstellung : 500

5.30.37 Maximum File Locks Per Connection

Kategorie Locks

Dieser Parameter gibt an, wieviele File Locks (Dateisperrung) eine einzelne Arbeitsstation am Fileserver auslösen kann. Erhöhen Sie den Wert, wenn eine Applikation auf einer Station nicht läuft, weil dort nicht genug Locks getätigt werden können. Bei File Locks werden im Gegensatz zu Record Locks nicht nur einzelne Datensätze der Datei gesperrt, sondern die gesamte Datei.

Mögliche Werte : 10 bis 1000

Voreinstellung : 250

5.30.38 Maximum Record Locks

Kategorie Locks

Dieser Parameter gibt an, wieviele Record Locks insgesamt gleichzeitig (von allen Stationen) am Fileserver getätigt werden können.

Mögliche Werte : 100 bis 200000

Voreinstellung : 20000

5.30.39 Maximum File Locks

Kategorie Locks

Dieser Parameter gibt an, wieviele Record Locks insgesamt gleichzeitig (von allen Stationen) am Fileserver getätigt werden können. Bei File Locks werden im Gegensatz zu Record Locks nicht nur einzelne Datensätze der Datei gesperrt, sondern die gesamte Datei.

Mögliche Werte : 100 bis 100000

Voreinstellung : 10000

5.30.40 Auto TTS Backout Flag

Kategorie Transaction Tracking Ist dieser Parameter auf ON gestellt, so wird der Fileserver nach einem Stromausfall beim darauffolgenden Bootvorgang automatisch die unterbrochenen Transaktionen in den Urzustand zurückversetzen oder dies jedenfalls versuchen, damit die Gültigkeit aller Indextabellen und Zuordnungen innerhalb von Datenbanksystemen gewahrt bleibt. Lautet die Einstellung OFF, so erscheint beim Bootvorgang die Meldung Incomplete transaction(s) found. Do you wish to back them out?. Sie werden also zuerst gefragt, ob das TTS in Aktion treten soll oder nicht. Diesen Parameter können Sie über SET nicht verändern, sondern nur anzeigen lassen. Veränderungen können nur durch einen Eintrag in der Datei STARTUP.NCF vorgenommen werden!

Mögliche Werte : ON / OFF

Voreinstellung : OFF

5.30.41 TTS Abort Dump Flag

Kategorie Transaction Tracking Nach einem Stromausfall versucht das TTS des Betriebssystems beim nächsten Booten die unterbrochenen Transaktionen in den Urzustand zurückzuversetzen, damit die Gültigkeit aller Indextabellen und Zuordnungen innerhalb von Datenbanksystemen gewahrt bleibt. Ist der Parameter "TTS Abort Dump" auf "ON" gestellt, protokolliert der Server diesen Vorgang in der Datei TTS$LOG.ERR mit, damit Sie hinterher die Möglichkeit haben, zu sehen, welche Dateien und welche Transaktionen von dem Absturz betroffen wurden.

Mögliche Werte : ON / OFF

Voreinstellung : OFF

5.30.42 Maximum Transactions

Kategorie Transaction Tracking Dieser Parameter gibt an, wieviele Transaktionen insgesamt (von allen Stationen gemeinsam) auf einmal am Fileserver angemeldet und vom TTS überwacht werden können.

Mögliche Werte : 100 bis 10000

Voreinstellung : 10000

5.30.43 TTS UnWritten Cache Wait Time

Kategorie
Transaction
Tracking
Dieser Parameter gibt die Zeitspanne an, die ein Datenblock, der gerade von einer Transaktion betroffen ist, maximal im TTS Caching System verbleibt, ohne auf die Festplatte zurückgeschrieben zu werden (in Sekunden). Ist für diesen Block die Zeitspanne abgelaufen, versucht das TTS Cache System, die Daten bei der nächstmöglichen Gelegenheit auf die Festplatte zurückzuschreiben.

Mögliche Werte : 11.0 bis 659.1 (10 Minuten 51.1 Sekunden)

Voreinstellung : 65.9

Beispiel Die Angabe kann nach Minuten und Sekunden getrennt erfolgen.

```
SET TTS UnWritten Cache Wait Time=5 minu-
tes 30.6 seconds.
```

5.30.44 TTS Backout File Truncated Wait Time

Kategorie
Transaction
Tracking
Das Transaction Tracking System von NetWare benutzt für die Überwachung der Transaktionen das sogenannte TTS Backout File, in dem die notwendigen Informationen gespeichert werden, um bei eventuellem Serverabsturz den vorhergehenden Zustand wiederherzustellen. Hierfür ändert sich die Größe der Backout-Datei je nach momentaner Menge der Transaktionen. Das TTS gibt einen Dateiblock aus dieser Datei aber nicht sofort wieder frei, nachdem er nicht mehr gebraucht wird, sondern wartet eine Weile, damit bei einer neu angemeldeten Transaktion nicht gleich wieder ein neuer Dateiblock vom Dateisystem angefordert werden muß, obwohl kurz vorher einer freigegeben wurde. Der Parameter TTS Backout File Truncated Wait Time gibt diese Zeit an. Erhöhen Sie diesen Parameter, wenn an Ihrem Fileserver häufig Transaktionen durchgeführt werden.

Mögliche Werte : 1 minute 5.9 seconds bis 1 days 2 hours 21 minutes 51.3 seconds

Voreinstellung : 59 minutes 19.2 seconds

Beispiel Die Angabe kann nach Tagen, Stunden, Minuten und Sekunden getrennt erfolgen.

```
SET TTS Backout File Truncated Wait Time=1
days 1 hours 5 minutes 30.0 seconds
```

5.30.45 Enable Disk Read After Write Verify

Kategorie Disk   Dieser Parameter legt fest, ob das Betriebssystem nach jedem Schreibvorgang auf der Festplatte des Servers die gerade geschriebenen Daten mit den noch vorhandenen Daten im Speicher vergleicht. Besitzen Sie z.B. eine Festplatte, die diesen Prüfmechanismus intern ausführt, können Sie diesen Parameter auf "OFF" stellen, was die Prüfung durch das Betriebssystem unterbindet und die Geschwindigkeit der Schreiboperationen verdoppeln kann.

Mögliche Werte : ON / OFF

Voreinstellung : ON

Siehe auch   *Monitor* Option *Disk Information*

5.30.46 Allow Unencrypted Passwords

Kategorie Miscellaneous   Steht dieser Parameter auf "ON", so läßt der Fileserver zu, daß sich Stationen einloggen und dabei das Paßwort des Benutzers unverschlüsselt übers Netz schicken. Dies birgt natürlich die Gefahr in sich, daß das Paket mit dem unverschlüsselten Paßwort unterwegs von einer anderen Station mit einem Netzwerkanalyseprogramm oder ähnlichem ausspioniert wird. Allerdings kann der Fileserver nicht pauschal alle Stationen abweisen, die Ihr Paßwort nicht verschlüsseln. Denn NetWare Shells von älteren Versionen, die sich ja auch auf Stationen im Netz befinden könnten, beherrschen den Verschlüsselungsmechanismus gar nicht und könnten sich sonst nicht mehr am Fileserver einloggen. Sie sollten also diesen Parameter nur auf "OFF" stellen, wenn Sie sicher sind, daß überall im Netz mit den NetWare Shells der neuesten Version gearbeitet wird.

Mögliche Werte : ON / OFF

Voreinstellung : ON

5.30.47 Display Spurious Interrupt Alerts

Kategorie Miscellaneous   Dieser Parameter gibt an, ob folgender Fehler eine Meldung auf dem Fileserver-Bildschirm erzeugt: Innerhalb des Fileservers hat ein Adapter, ein Controller oder sonstige Hardware einen oder mehrere Interrupts ausgelöst, die eigentlich für einen anderen Teil der Hardware reserviert war. Solche Interrupts mit falschem Verursacher nennt man Spurious Interrupts, und auf dem Konsolebildschirm wird die Meldung erscheinen "Spurious hardware interrupt detected", wenn der Parameter "Display Spurious Interrupts Alerts" auf "ON" steht. In diesem Fall fahren Sie den Server down, entfernen alle zusätzliche Hardware aus dem Rechner und starten SERVER.EXE. Nach und nach fügen Sie jetzt langsam alle Hardwarekomponenten wieder in den Server ein (natürlich müssen Sie zwischendurch immer den Server downfahren und ausschalten!). So können Sie ermitteln, welcher Teil der Hardware die fehlerhaften Interrupts ausgelöst hat.

Mögliche Werte : ON / OFF

Voreinstellung : ON

5.30.48 Display Lost Interrupt Alerts

Kategorie Miscellaneous

Dieser Parameter gibt an, ob folgender Fehler eine Meldung auf dem Fileserverbildschirm erzeugt: Innerhalb des Fileservers hat ein Adapter, ein Controller oder sonstige Hardware einen Interrupt ausgelöst, um eine Anfrage an das Betriebssystem zu starten. Bevor aber das System die Anfrage beantworten konnte, hat der zugehörige Hardware-Treiber diese zurückgezogen. Solche Interrupts werden "Lost Interrupts" genannt und deuten auf entweder auf Fehler in einer Hardwarekomponente oder in einem Treiber hin. Auf dem Konsole-Bildschirm wird dann die Meldung `Interrupt controller detected a lost hardware interrupt` erscheinen, wenn der Parameter `Display Lost Interrupt Alerts` auf "ON" steht. Entladen Sie in so einem Fall alle Treiber und laden Sie sie danach einzeln nach und nach wieder, damit Sie feststellen können, welcher Treiber das Problem verursacht.

Mögliche Werte : ON / OFF

Voreinstellung : ON

5.30.49 Display Disk Device Alerts

Kategorie Miscellaneous

Dieser Parameter gibt an, ob das Betriebssystem Meldungen über die installierten Festplatten auf dem Fileserver-Bildschirm ausgibt. Lautet die Einstellung "ON", werden Meldungen in folgende Fällen ausgegeben: Ein zusätzliches Laufwerk wurde installiert, eines der Laufwerke wurde aktiviert, deaktiviert, gemountet oder dismountet. Die Meldungen haben ungefähr diese Form: `Device #0 (20000) ISA Type 023 activated.`

Mögliche Werte : ON / OFF

Voreinstellung : OFF

5.30.50 Display Incomplete IPX Packet Alerts

Kategorie Miscellaneous
Dieser Parameter gibt an, ob folgender Fehler eine Meldung auf dem Fileserver-Bildschirm erzeugt: Der Fileserver hat ein unvollständiges IPX Paket erhalten. Die Ursache für diesen Fehler ist nicht ganz einfach zu ermitteln, da sowohl die Hardware oder der Treiber der abschickenden Station als auch der Treiber oder die Hardware des Servers selbst sowie Übertragungsfehler durch das Kabel hierfür verantwortlich sein können.

Mögliche Werte : ON / OFF

Voreinstellung : ON

5.30.51 Display Relinquish Control Alerts

Kategorie Miscellaneous
Dieser Parameter gibt an, ob folgender Fall eine Meldung auf dem Fileserver-Bildschirm erzeugt: Eines der aktiven NetWare Loadable Modules im Fileserver hat die volle Prozessorleistung des Servers für mehr als 0.4 Sekunden in Anspruch genommen, ohne dem Betriebssystem die Möglichkeit zu geben, sich um die dringenden Organisationsaufgaben im Server zu kümmern. Dieses Zurückgeben der Kontrolle an das Betriebssystem wird relinquish control genannt. Versäumt eines der geladenen Module dies, kann der Fileserver natürlich nicht mehr richtig arbeiten, und wenn der Parameter Display Relinquish Control Alerts auf ON steht, wird folgende Meldung auf dem Fileserver-Bildschirm ausgegeben:

```
Name Process did not relinquish control
frequently. Modul:  Name Code Offset in mo-
dule: hexadresse"
```

Setzen Sie diesen Parameter auf ON, wenn Sie selbst NLMs entwickeln.

Mögliche Werte : ON / OFF

Voreinstellung : OFF

5.30.52 Display Old API Names

Kategorie Miscellaneous
Dieser Parameter gibt an, ob folgender Fall eine Meldung auf dem Fileserver-Bildschirm erzeugt: Ein NetWare Loadable Module wird geladen, das alte Funktionen des API (Application Programmers Interface), der Schnittstelle zwischen Server und NLMs, benutzt. Diese funktionieren zwar, wurden aber in der Version NetWare v3.11 durch schnellere Funktionen ersetzt. Steht der Parameter Display Old API Names auf ON, wird in

einem solchen Fall beim Laden des NLMs folgende Meldung erscheinen: `Module is using old API: Name`. Wenden Sie sich in einem solchen Fall an den Händler dieses NLMs. Sie sollten diesen Parameter auch auf `ON` stellen, wenn Sie selbst NLMs entwickeln.

Mögliche Werte : ON / OFF

Voreinstellung : OFF

5.30.53 Pseudo Preemption Time

Kategorie Miscellaneous — Dieser Parameter ist für den Gebrauch durch einige NLMs gedacht, um ihren Umgang mit der Prozessorzeit des Servers zu regeln. Setzen Sie diesen Parameter nur, wenn Ihnen in der Dokumentation eines NLMs ein bestimmter Wert geraten wird.

Mögliche Werte : 1000 bis 10000

Voreinstellung : 2000

5.30.54 Maximum Outstanding NCP Searches

Kategorie Miscellaneous — Dieser Parameter gibt an, wieviele Anfragen von Arbeitsstationen nach einer Verzeichnissuche der Fileserver zur selben Zeit zuläßt. Normalerweise läuft pro Station nur eine Anfrage auf einmal. Setzen Sie diesen Wert herauf, wenn Sie z.B. Applikationen einsetzen, die viele Dateioperationen gleichzeitig ausführen.

Mögliche Werte : 10 bis 1000

Voreinstellung : 51

5.30.55 New Service Process Wait Time

Kategorie Miscellaneous — Dieser Parameter gibt die Zeitspanne an, die das Betriebssystem nach dem Erzeugen eines Service Prozesses wartet, bevor es einen neuen Service Prozess erzeugt (in Sekunden). Service Prozesse werden für jede empfangene Anfrage einer Arbeitsstation an den Server erzeugt. Die Wartezeit soll verhindern, daß bei plötzlich auftretendem Anstieg der Anfragen an den Server zu viele Ressourcen bereitgestellt werden, die schon kurze Zeit später nicht mehr gebraucht werden. Wird dieser Parameter allerdings zu hoch gesetzt, besteht die Gefahr, daß der Server nicht mehr schnell genug auf einkommende Anfragen reagiert oder sogar Pakete verliert.

Mögliche Werte : 0.3 bis 20.0

Voreinstellung : 2.2

5.30.56 Maximum Service Processes

Kategorie
Miscellaneous
Dieser Parameter gibt an, wieviel Service Prozesse das Betriebssystem zur gleichen Zeit erzeugen kann. Service Prozesse werden für jede empfangene Anfrage einer Arbeitsstation an den Server erzeugt. Sie können die Anzahl der momentan aktiven Service Prozesse in dem zentralen Informationsfenster von MONITOR ermitteln. Wenn dieser Momentanwert an das hier angegebene Maximum heranreicht, sollten Sie den Parameter Maximum Service Processes erhöhen.

Mögliche Werte : 5 bis 40

Voreinstellung : 20

5.31 SET TIME

Mit diesem Kommando stellen Sie die Uhrzeit und das Datum Ihre Fileservers ein.

Format   `SET TIME [Monat/Tag/Jahr] [Stunde:Minute:Sekunde] <ENTER>`

Siehe auch   SET TIMEZONE

TIME

Konsole-Kommandos

5.32 SET TIMEZONE

Verwenden Sie SET TIMEZONE, um die Zeitzone für das ladbare Modul CLIB zu konfigurieren. Diese Information wird von Modulen verwendet, die auf das Modul CLIB zugreifen.

Beim Start des Fileservers ist die Zeitzone per default auf EST5EDT eingestellt: Eastern Standard Time, 5 Stunden unterschied zu GMT, Eastern Daylight Time. GMT bedeutet Greenwich Mean Time (das Örtchen Greenwich ist ein Vorort von London und liegt auf dem 0-ten Längengrad).

Format SET TIMEZONE [Zone[Stunden[Sommerzeit]]] <ENTER>

Falls die Eingabe des Kommandos ohne Paramter erfolgt, wird die aktuelle Einstellung der Zeitzone angezeigt.

Ersetzen Sie Zone durch eine drei Zeichen lange Abkürzung des Namens der Zeitzone (z.B. MEZ für Mitteleuropäische Zeit).

Ersetzen Sie Stunden durch die Anzahl der Stunden, um die die Zeitzone westlich von Greenwich "entfernt" ist. Falls die Zeitzone östlich von Greenwich liegt, setzen Sie ein + vor die Anzahl der Stunden. (z.B. Mitteleuropa: +1).

Falls gerade Sommerzeit ist, fügen Sie noch die Abkürzung für den Namen der Sommerzeitzone an (z.B. MESZ für Mitteleuropäische Sommerzeit).

☞ Dieses Kommando übernimmt die eingegebene Zeichenkette ohne Kontrolle! Den Autoren ist nicht bekannt, ob die Angabe der Zeitzone irgendwelche Auswirkungen auf das Verhalten bestimmter NLMs hat.

In Mitteleuropa haben wir die MEZ (MittelEuropäische Zeit). Um also die Zeitzone für Deutschland zu setzen, geben Sie ein:

SET TIMEZONE MEZ

Siehe auch CLIB (NLM)

5.33 SPEED

Dieses Kommando zeigt die Prozessorgeschwindigkeit an.

Format SPEED <ENTER>

Die Geschwindigkeit des Prozessors wird bestimmt durch:

- Die Taktgeschwindigkeit des Rechners (16MHz, 20MHz, 25MHz usw...)
- CPU-Typ (80386SX, 80386, 80486 usw...)
- Anzahl der Wait-States (0, 1, 2 usw...)

Eine 80386SX CPU, die mit 16MHz läuft, sollte eine "Geschwindigkeit" von etwa 95 haben. Eine 80386 CPU die mit 16MHz läuft, sollte eine Geschwindigkeit von etwa 120 haben. Die meisten Rechner verfügen über eine Turbo-Taste bzw. lassen sich per SETUP auf eine bestimmte Geschwindigkeit einstellen. Unter NetWare 386 sollten Sie die höchste Geschwindigkeit einstellen.

Konsole-Kommandos 233

5.34 TIME

Dieses Kommando zeigt die Uhrzeit und das Datum des Fileservers an.

g@ZWISCHEN = Format

```
TIME <ENTER>
```

Anwendung Um die Einstellung zu ändern, benutzen Sie das Kommando SET TIME.

Siehe auch SET TIME

5.35 TRACK OFF

Mit diesem Kommando wird die Anzeige der ein- und ausgehenden Meldungen des Service Advertising Protocols (SAP) und des Routing Information Protocols (RIP) ausgeschaltet (Router Trakking Screen). Damit wird das Kommando TRACK ON rückgängig gemacht.

Format TRACK OFF <ENTER>

Siehe auch TRACK ON

5.36 TRACK ON

Mit diesem Kommando erzeugen Sie den Router Tracking Screen auf dem Fileserver-Monitor. Sie können über <CTRL-ESCAPE> oder <ALT-ESCAPE> zu diesem Bildschirm wechseln und sehen dann die Anzeige aller ein- und ausgehenden Pakete des Service Advertising Protocols (SAP) und des Routing Information Protocols (RIP).

Durch diese beiden Protokolle wird die Datenübertragung und Wegevermittlung in Novell-Internets organisiert. Internets sind mehrere, durch NetWare-Router gekoppelte Netze. Allerdings sind die beiden oben angesprochenen Protokolle auch in isolierten Netzen absolut notwendig, weil sie neuen Arbeitsstationen ermöglichen, einen Fileserver zu finden. Mit dem SAP werden Informationen über Server angefordert und vergeben, mit dem RIP werden Informationen über Netzwerke angefordert und vergeben.

Diese ein- und ausgehenden Requests (Anforderungen) und Responses (Antworten) werden auf dem Router Tracking Bildschirm angezeigt.

Format `TRACK ON <ENTER>`

Folgende Anzeigen sind möglich:

Die ein- und ausgehenden Pakete werden zeilenweise angezeigt. Allen Anzeigen ist das Merkmal gleich, daß am Anfang jeder Zeile ein "IN" oder "OUT" angibt, ob es sich um ein vom Server empfangenes oder abgeschicktes Paket handelt.

Danach erscheint immer in eckigen Klammern die zehn Byte lange Internet-Adresse, die die Quelle bzw. das Ziel dieses Paketes anzeigt. Die ersten vier Bytes bilden die Netzwerkadresse, die letzen sechs Bytes bilden die Knotenadresse. Die Anzeige dieser Adressen erfolgt hexadezimal, die Anzeige "FFFFFFFFFFFF" steht für die Broadcastadresse (= alle Stationen).

Nach der Adresse wird die Uhrzeit gezeigt, zu der das Paket empfangen oder abgeschickt wurde.

Nun unterscheiden sich die Anzeigen wie folgt.

- SAP Anfragen

    Hier existieren zwei verschiedene Anfragen. Mit "`Get Nearest Server`" ermittelt eine Station den ihr nächstgelegenen Server. Mit "`Get All Server Info`" ermittelt eine Station bzw. ein anderer Fileserver oder Router, alle überhaupt erreichbaren Server.

- RIP Anfragen

    Die Angabe "`Route Request`" bedeutet, daß durch dieses Anfragepaket alle erreichbaren Netzwerkinformationen angefordert werden. Die Fileserver und Router antworten dann mit einer Liste aller Netze, die Ihnen bekannt sind.

- SAP Antworten

    Dies sind Antworten auf eine vorausgegangene SAP Anfrage. Es erscheint meist eine Liste von mehreren Servern mit jeweils dem Servernamen und einer Zahl. Diese Zahl gibt an, wieviele NetWare-Brücken ein Paket passieren muß, um zu diesem Server zu gelangen (der sogenannte Hop-Count). Wenn der Fileserver direkt auf eine "`Get Nearest Server`"-Anfrage antwortet, wird der Text "`Give Nearest Server xxx`" ausgegeben.

- RIP Antworten

    Dies ist die Antwort auf einen RIP Request. Es wird eine Liste von mehreren Netzwerken (oder nur einem) angezeigt. Für jedes Netzwerk wird jeweils die vier Byte lange Netzwerkadresse und zwei Zahlen angegeben. Die erste Zahl gibt an, wieviele NetWare-Router ein Paket passieren muß, um zu diesem Netzwerk zu gelangen (der sogenannte Hop-Count). Die zweite Zahl gibt die Zeit an, die das Paket bis dorthin braucht (in BIOS Ticks, d.h. 1/18 Sekunden).

Beispiel
```
IN [00000001:00005A101234] 4:44:12pm Get
Nearest Server

OUT [00000001:00005A101234] 4:44:12pm Give
Nearest Server JIMI

IN [00000001:00005A101234] 4:44:12pm Route
Request

OUT [00000001:00005A101234] 4:44:12pm
00000815 1/2
```

Dies ist die typische Anzeige, wenn eine Arbeitsstation frisch gebootet wird und die Verbindung zu irgendeinem Fileserver sucht.

Beachten Sie, daß bei Router Tracking nicht nur Fileserver, sondern auch andere Arten von Servern (Print Server, Job Server, Archive Server usw.) angezeigt werden, da auch sie die Protokolle SAP und RIP beherrschen.

Siehe auch DISPLAY NETWORKS

DISPLAY SERVERS

RESET ROUTER

TRACK OFF

5.37 UNBIND

Mit diesem Kommando können Sie ein Protokoll, welches Sie zuvor mit BIND einem LAN-Treiber zugeordnet haben, wieder entfernen. Wenn Sie z.B. die Netzwerknummer des IPX-Protokolls an einem LAN-Treiber ändern wollen, müssen Sie das IPX Protokoll mit UNBIND von dem betreffenden Treiber entfernen und mit BIND die Angabe eines neuen Protokoll Parameters wieder zuordnen.

Format UNBIND Protokoll [FROM] LAN-Treiber | Adaptername [Treiber-Parameter] [Protokoll-Parameter]

Ersetzen Sie Protokoll durch den Namen des Protokolls, das von dem LAN-Treiber entfernt werden soll. Wenn Sie das IPX-Protokoll entfernen wollen, geben Sie hier einfach IPX an. Da andere Protokolltreiber nicht zusammen mit NetWare ausgeliefert werden, sondern eigene Produkte sind, erfahren Sie den entsprechenden Protokoll-Namen dieser Protokolle in den Produktbeschreibungen dieser Treiber.

Ersetzen Sie LAN-Treiber durch den Namen des LAN-Treibers, den Sie zuvor mit LOAD geladen hatten und von dem Sie dieses Protokoll entfernen wollen. Sie können an dieser Stelle auch den "Namen" des Netzwerk-Adapters verwenden, den Sie zuvor beim Laden des LAN-Treibers angegeben haben.

Treiber-Parameter
  Sie können hier einen oder mehrere Parameter angeben, damit Sie den LAN-Treiber und damit den Netzwerkadapter identifizieren können, der von diesem LAN-Treiber bedient wird. Es kann der Fall eintreten, daß Sie zwei gleiche Adapter mit den selben Treibern in Ihrem Fileserver installiert haben. Dann müssen Sie eindeutig bestimmen, welcher der beiden Treiber vom Protokollentbunden werden soll. Geben Sie als Parameter nicht den Namen des LAN-Treibers, sondern den Adapternamen an, dann brauchen Sie die Treiberparameter nicht anzugeben.

  Die Treiberparameter müssen in eckige Klammern "[ ]" eingeschlossen werden.

  Haben Sie allerdings den Namen des LAN-Treibers angegeben, müssen Sie Ihn noch genauer identifizieren, indem Sie die Parameter, die Sie beim Laden dieses LAN-Treibers mit LOAD angegeben haben, hier wiederholen.

Mögliche Parameter:

- DMA = Nummer
- FRAME = Name
- INT = Nummer
- MEM = Nummer
- PORT = Nummer
- SLOT = Nummer

Ist der LAN-Treiber, von dem Sie ein Protokoll entfernen wollen, nur einmal geladen worden, brauchen Sie keine Treiber-Parameter anzugeben, um Ihn näher zu identifizieren. Sind mehrere gleiche LAN-Treiber geladen und Sie haben keine Treiber-Parameter angegeben, wird Ihnen eine Liste der entsprechenden Adapter gezeigt, aus der Sie einen bestimmen müssen.

5.38 UNLOAD

Mit diesem Kommando deaktivieren Sie NetWare Loadable Modules, die zuvor mit dem Konsole-Kommando LOAD geladen wurden. Dadurch wird das betreffende NLM aus dem Fileserverspeicher entfernt und alle Ressourcen freigegeben, die von diesen NLM benutzt wurden.

UNLOAD wird auch dazu benutzt, Treiber zu deaktivieren, die durch neuere Versionen ersetzt werden sollen.

Format `UNLOAD Modulname <ENTER>`

☞ Wenn Sie einen Treiber oder ein Protokollmodul mit UNLOAD deaktivieren, müssen Sie beachten, ob im Fileserver noch andere Module geladen sind, die den betreffenden Treiber benötigen und dann nicht mehr funktionieren.

Wenn Sie LAN-Treiber entladen, werden die Arbeitsstationen in dem betreffenden Netz ab diesem Zeitpunkt keine Verbindung mit dem Server mehr haben.

Wenn Sie mit UNLOAD ein Name Space Modul deaktivieren wollen, müssen Sie vorher alle Volumes dismounten, die diesen Name Space Support benutzen.

Siehe auch ADD NAME SPACE

DISMOUNT

UNBIND

5.39 UPS STATUS

Mit diesem Kommando sichten Sie den Status Ihres UPS (Unterbrechungsfreie Stromversorgung).

Format UPS STATUS

Anwendung Haben Sie das Modul UPS nicht geladen, erhalten Sie eine Fehlermeldung, wenn Sie dieses Kommando einsetzen. Ist es geladen, erhalten Sie ein Fenster mit folgenden Angaben:

Power being used
UPS benutzt entweder kommerziellen Strom (commercial) oder das Notstromaggregat (battery).

Discharge time requested/remaining
Die erste Zahlenangabe ist eine Schätzung, wie lange das Notstromaggregat den Fileserverbetrieb aufrechthalten kann.

Die zweite Zahlenangabe ist die Zeit, die noch verbleibt, bis das Notstromaggregat leer ist. Ist das Notstromaggregat nicht aktiv, sind die erste und die zweite Zahl identisch.

Battery status
Das Notstromaggregat ist entweder aufgeladen (recharged), fast leer (low) oder wird gerade aufgeladen (being recharged).

Recharge time requested/remaining
Die erste Zahlenangabe ist eine Schätzung, wie lange das Notstromaggregat braucht, um aufgeladen zu werden, von völlig entleertem Zustand ausgehend.

Die zweite Zahlenangaben ist die verbleibende Zeit, die das Notstromaggregat braucht, um aufgeladen zu werden; vom momentanen Zustand ausgehend.

Current network power status
Dieses Feld zeigt an, ob der Fileserver gerade mit kommerziellem Strom (normal) oder Notstrom (Server down) läuft und wieviele Minuten Notstrom verbleiben (Server going down in __ minutes).

Siehe auch UPS TIME

5.40 UPS TIME

Benutzen Sie dieses Kommando, um die Werte für die Lauf- und Ladezeit des Notstromaggregats festzulegen.

Haben Sie das Modul UPS nicht geladen, erhalten Sie eine Fehlermeldung bei Anwendung dieses Kommandos.

Format `UPS TIME [discharge recharge]`

Um die Werte `Discharge time requested` und `Recharge time requested` im Status-Fenster von UPS STATUS zu ändern, haben Sie zwei Parameter zur Verfügung:

`Discharge = n`
 Ersetzen Sie n durch die Anzahl der Minuten, die das Notstromaggregat den Netzwerkbetrieb aufrechterhalten kann.

`Recharge = n`
 Ersetzen Sie n durch die Anzahl der Minuten, die das Notstromaggregat benötigt, um vollständig aufgeladen zu werden.

Siehe auch UPS STATUS

5.41 VERSION

Mit diesem Kommando sehen Sie die Betriebssystemversion, die Sie auf dem Fileserver installiert haben, sowie den Copyright-Vermerk.

Format `VERSION <ENTER>`

Siehe auch CONFIG

5.42 VOLUMES

Mit diesem Kommando erhalten Sie die Liste der Volumes, die auf Ihrem Fileserver gemounted sind.

Format VOLUMES

Siehe auch MOUNT

DISMOUNT

SERVER BACKUP 6

6.1 Einleitung

Backup SERVER BACKUP dient zum Anlegen einer Sicherungskopie der Daten eines Fileservers. Eine solche Sicherungskopie bezeichnet man als Backup.

Restore Das Gegenstück zum Anlegen einer Sicherungskopie ist das Zurückspielen von einer Sicherungskopie auf den Fileserver. Dadurch wird der Originalzustand der Daten wiederhergestellt. Diesen Vorgang bezeichnet man als Restore-Vorgang.

SERVER BACKUP bietet zwei grundsätzliche Backup-Möglichkeiten:

Sie können eine Sicherungskopie eines Fileservers anlegen, wobei der Backup-Vorgang auf einem anderen Fileserver abläuft. In diesem Fall gibt es einen Ziel-Server, von welchem die Sicherungskopie erstellt wird. Auf dem Quell-Server wird der Backup-Vorgang durchführt, somit hängt das Backup-Medium, z.B. ein WANGTEK Tape Streamer, auch an diesem Fileserver.

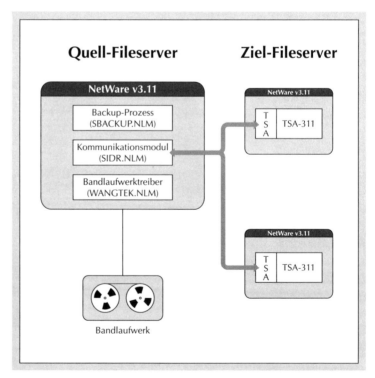

6-1 Anwendung von SBACKUP mit zwei Fileservern

Server Backup

Sie können eine Sicherungskopie des Fileservers anlegen, der auch den Backup-Vorgang durchführt. In diesem Fall sind Quell- und Ziel-Server identisch.

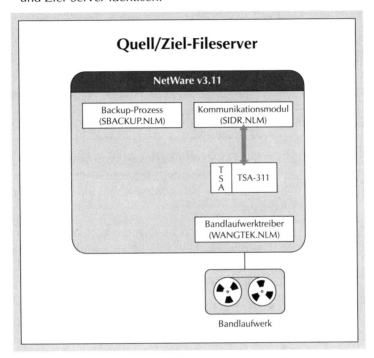

6-2 Anwendung von SBACKUP an einem Fileserver

Die notwendige Software für diese beiden Prozesse besteht aus der Software für den Quell-Server:

SBACKUP.NLM
   Dieses NLM enthält das Backup-Interface. Damit werden Benutzeranfragen ausgewertet, der Backup-Vorgang eingeleitet und die entsprechenden Module aktiviert.

SIDR.NLM
   Dieses NLM ist der Novell Data Requester. Damit werden Daten zu und vom Quell-Server zu dem TSA.NLM des Ziel-Servers übertragen. Dabei wird das Novell Storage Management Services Protocol (SMSP) eingesetzt.

WANGTEK.NLM
   Dieses NLM ist der Treiber für das Backup-Medium.

...und Software für den Ziel-Server:

`TSA.NLM`
: Dieses NLM ist die Verbindung zwischen dem Data Requester und dem zielspezifischen Modul z.B. TSA-311.

`TSA-311.NLM`
: Dieses NLM ist der zielspezifische Teil von SERVER BACKUP für Fileserver die unter NetWare v3.11 laufen. Damit werden Daten gemäß der Struktur des Zielservers verarbeitet.

Es gibt einige wichtige Punkte, die Sie beachten sollten, bevor Sie SERVER BACKUP benutzen:

- SERVER BACKUP und NBACKUP.EXE sind unterschiedlich!

  Die Datenformate des Backup-Vorganges sind nicht kompatibel. Das bedeutet, Sie können ein Backup nur auf das System zurückspielen, von welchem Sie das Backup angefertigt haben.

  NBACKUP.EXE unterstützt DOS- und Macintosh-Namenskonventionen. SERVER BACKUP unterstützt zusätzlich OS/2 und NFS. Weitere Informationen über NBACKUP lesen Sie im Kapitel *NetWare-Utilities*.

- SBACKUP.NLM muß von der Konsole eines Fileservers aus gestartet werden und das Backup-Medium muß am Fileserver angeschlossen sein.

- Um die Sicherheit Ihres Systems nicht zu gefährden, sollte die Benutzung von SERVER BACKUP eingeschränkt werden. Dafür werden der Supervisor oder gleichgestellte Usern empfohlen.

- Die Formate der Dateinamen sind unterschiedlich. Das Interface unterstützt ausschließlich DOS-Namen und Pfade. Es wer- den jedoch alle dateispezifische Informationen kopiert und zurückgespielt.

  Wollen Sie einen Dateinamen mit abweichendem Format angeben, so verwenden Sie bitte das DOS-Analogon. Information bezüglich der DOS-Namenskonventionen finden Sie meist in der Dokumentation der Software enthalten.

  Die Log-Dateien enthalten den DOS-äquivalenten Namen, obwohl sie während des Backup-Vorganges im Statusfenster ihren Originalnamen tragen.

Server Backup

- Volumes dürfen nicht ge- oder dismounted werden während des Backup-Vorganges. Damit würde das Risiko der Datenkorruption drastisch erhöht!

6.2 Installation von SERVER BACKUP

Dieser Abschnitt enthält die nötige Information über Soft- und Hardware-Anforderungen sowie die detaillierte Anleitung zur Installation.

6.2.1 Hard- und Software-Anforderungen

SERVER BACKUP unterstützt folgende Kombinationen von Bandlaufwerken und Controllern:

- Wangtek Bandlaufwerke mit einem PC36 (60, 125 oder 150/125) Controller oder einem Quick O2 Controller.
- Andere können später hinzugefügt werden.

Der Quell-Server benötigt etwa 3MB mehr RAM, als der Ziel-Server. SERVER BACKUP läuft nicht mit weniger als 2MB! Dies ergibt sich aus dem zusätzlichen Laden der NLMs. Weitere Informationen hierzu erhalten Sie unter dem Punkt *Performance-Optimierung*.

SERVER BACKUP benutzt folgende Software: Diese Dateien wurden während der Installation oder des Upgrades auf Ihren Fileserver kopiert. Sie müssen die Version benutzen, die mit dem NetWare 386 v3.11 Gesamtpaket geliefert wurde.

- NetWare 386 v3.11 Betriebssystem
- STREAMS
- SPXS
- TLI
- CLIB
- NUT.NLM

6.2.2 Die Installation der Software auf einem Fileserver

Die SERVER BACKUP Software wurde automatisch während des Installations- oder des Upgrade-Vorganges geladen.

Informationen zu den Treibern für die Backup-Medien werden in der Datei DIBI2$DV.DAT gespeichert. Diese befindet sich im Verzeichnis SYS:SYSTEM/DIBI. Urspruglich enthält diese Datei nur einen einzigen Treiber: den für Wangtek Bandlaufwerke. Wollen Sie dieser Datei Treiber hinzufügen oder andere löschen, so müssen Sie zuerst das NLM EDIT laden, bevor Sie diese Datei editieren können. Geben Sie ein:

```
LOAD EDIT SYS:SYSTEM/DIBI/DIBI2$DV.DAT
```

Geben Sie den Treibernamen und die Einstellungen für den Controller ein. Diese Information ist in den Dokumentationen des Treibers und des Controllers enthalten.

6.3 Der Backup- und der Restore-Vorgang

In diesem Abschnitt erhalten Sie die Informationen die Sie benötigen, um den Backup- sowie den Restore-Vorgang auszuführen.

6.3.1 Das Laden der TSA– und SBACKUP– Module

1. Laden Sie das NLM TSA auf dem Ziel-Server. Geben Sie an der Konsole ein:

```
LOAD TSA
```

Das Programm lädt automatisch die notwendigen Module und Dateien.

2. Laden Sie SBACKUP auf dem Quell-Server. Geben Sie an der Konsole ein:

```
LOAD SBACKUP Parameter
```

Die Erklärung der Parameter finden Sie unter dem Punkt *Performance-Optimierung*.

3. Sie müssen Ihren User-Namen und Ihr Paßwort angeben. Ist in der Datei DIBI2$DV.DAT mehr als ein Eintrag, müssen Sie

einen Treiber auswählen. Durch die Auswahl aus der Liste wird der Treiber automatisch gelinkt.

6.3.2 Einen Ziel-Server für den Backup- oder Restore-Vorgang bestimmen

1. Geben Sie Ihren User-Namen und Ihr Paßwort auf dem Quell-Server ein. Nach diesen Angaben, befinden Sie sich im Hauptmenü.

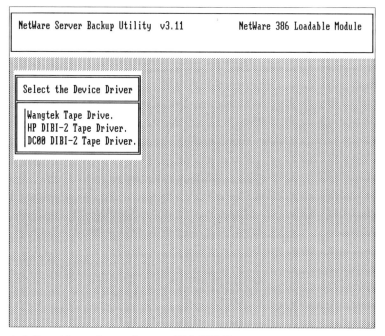

6-3 Das Hauptmenü von SBACKUP

2. Wählen Sie die Option "Select Target to Backup/Restore".

Sind mehrere Requester vorhanden, werden Sie aufgefordert, den entsprechenden aus der Liste auszuwählen, bevor Sie die Liste der Ziel-Server erhalten.

Aus der Liste der vorhandenen Ziel-Server, die ein TSA geladen haben, müssen Sie den entsprechenden wählen. Haben Sie nur ein TSA geladen, erscheint keine Liste.

3. Geben Sie Ihren User-Namen und Ihr Paßwort für den Ziel-Server ein.

6.3.3 Backup-Vorgang auf ein Bandlaufwerk am Quell-Server einleiten

1. Wählen Sie die Option "`Backup Menu`" aus dem Hauptmenü.

2. Wählen Sie die Option "`Select Working Directory`" aus dem Menü.

3. Tippen Sie den vollständigen Pfad des Arbeitsverzeichnisses ein oder benutzen Sie dazu die <Insert>-Taste. Das Arbeitsverzeichnis muß sich auf dem Quell-Server befinden. Wurde das angegebene Verzeichnis noch nicht erstellt, werden Sie gefragt, ob Sie den Pfad kreieren wollen. Mit <ENTER> wird ein Pfad angelegt, mit <ESCAPE> verlassen Sie diese Option, ohne ein Verzeichnis erstellt zu haben.

4. Wählen "`Backup Selected Target`" aus dem Backup-Menü. Sie erhalten das Fenster `Backup Options`.

Die einzelnen Felder haben Folgende Bedeutung:

`What to back up`
Sie können einen Fileserver, ein Volume, eine Bindery oder ein Verzeichnis kopieren. Die Default-Einstellung ist "`Fileserver`". Um den Default-Wert zu ändern, drücken Sie zuerst <ENTER> und anschließend <INSERT>. Wählen Sie aus der erscheinenden Liste die entsprechenden Daten. Kopieren Sie ein Volume, können Sie diese Auswahl auch auf Unterverzeichnisebene treffen. Quittieren Sie zuerst mit <ESCAPE> und drücken Sie anschließend <ENTER>.

`Session Description`
Benennen Sie den Backup-Vorgang mit einem einzigartigen Namen. Geben Sie eine Kurzbeschreibung des Vorgangs ein. Diese darf maximal 59 Zeichen lang sein. Sie könnten z.B. angeben, ob dies ein wöchentlich oder monatlich ausgeführter Backup ist, das Datum, den Namen der Person, welche den Vorgang ausführt etc... Diese Beschreibung wird in den Bakkup- und Error-Protokollen festgehalten.

`Exclude Options`
Mit dieser Option rufen Sie ein zusätzliches Fenster auf, in welchem Daten die nicht kopiert werden sollen, spezifiziert werden können. Das könnten z.B. Hidden-Dateien sein oder Dateien die seit dem letzten Backup nicht verändert wurden.

Die Default-Einstellung ist "No". Das hat zur Folge, daß sämtliche Daten im angegebenen Bereich kopiert werden.

Include/Exclude Options
Mit dieser Option rufen Sie ein zusätzliches Fenster auf, in welchem Sie Daten die in den Backup-Vorgang ein- bzw. ausgeschlossen werden sollen, angeben können. Sie möchten z.B. nur ein Verzeichnis im Volume SYS: sichern. Somit wird das Volume SYS: in den Vorgang eingeschlossen und alle Verzeichnisse in diesem Volume, bis auf das auserwählte, werden ausgeschlossen. Die Default-Einstellung ist "None". Das hat zur Folge, daß sämtliche Daten im angegebenen Bereich gesichert werden.

Clear Modify Bit
Mit dieser Option können Sie angeben, ob das "Modify since last archived bit" entfernt werden soll. Default-Wert ist "No". Das Modify Bit kennzeichnet Dateien, die seit dem letzten Backup verändert wurden. Geben Sie hier also "Yes" an, und "Modified Files Only" wird beim nächsten Backup ausgewählt, wird diese Datei nicht gesichert werden, auch wenn sie verändert wurde. Geben Sie "No" an, und "Modified Files Only" wird beim nächsten Backup ausgewählt, wird die Datei gesichert, auch wenn sie nicht verändert wurde.

Append This Session
Diese Option erscheint nur, wenn Ihr Bandlaufwerk nicht automatisch nach einem Vorgang zurückspult. Geben Sie hier "Yes" an, wird diese Sicherungskopie an die letzte angehängt. Somit wird keine bereits vorhandene überschrieben. Geben Sie hier "No" an, passiert das Gegenteil.

5. Nachdem Sie Ihre Optionen spezifiziert haben, drücken Sie zweimal die <Escape>-Taste, um die Angaben zu sichern und "Backup Options" zu verlassen.

6. Geben Sie bei der Frage "Proceed with Backup?" "Yes" an, außer Sie möchten an dieser Stelle den Vorgang abbrechen.

7. Wählen Sie die entsprechende Option aus dem "Start Backup Menu" aus. Sie haben zwei Möglichkeiten:

Backup jetzt starten
Sie können den Backup-Vorgang jetzt starten. Dazu geben Sie die Media-ID-Information an. Diese Information ist die spezifische Kennzeichnung der Kassette. Das könnte z.B. das Datum und die Uhrzeit des Vorgangs sein, die Kassettennummer etc...

Diese Information sollte natürlich auch auf der Kassette selbst stehen. Legen Sie die Kassette ein und drücken Sie <ENTER> um den Vorgang zu starten.

Backup später starten Sie können den Backup-Vorgang jetzt eingeben, damit er später automatisch startet. Dazu geben Sie das Startdatum sowie die Startzeit in dem "Start Backup Timer"-Fenster ein. Default-Wert ist 11:59:59 des heutigen Tages. Drücken Sie <ESCAPE>, um das Fenster zu verlassen. Geben Sie den Typ des Backup-Mediums an und drücken Sie <ENTER>. Legen Sie die Kassette ein und drücken Sie <ENTER>.

Sobald der Backup-Vorgang startet, erscheint ein Status-Fenster, in welchem angezeigt wird, welche Daten gerade gesichert werden, welche Daten bereits gesichert sind und wieviel Zeit der Vorgang in Anspruch genommen hat. Das untere Fenster zeigt Fehler an, die während des Vorgangs entstehen.

9. Ist der Vorgang beendet, geben Sie <ENTER> ein, um wieder in das "Backup-Menu" zu kommen. Wird ein automatischer Vorgang mit Timer eingeleitet, beendet oder der Vorgang wurde abgebrochen, befinden Sie sich automatish wieder im Hauptmenü.

10. Sehen Sie sich das Error-Protokoll an. Wurden Dateien während des Vorgangs offengehalten, so wurden sie nicht gesichert. Sie erscheinen jedoch im Error-Protokoll.

11. Wollen Sie anschließend einen weiteren Backup-Vorgang starten, wählen Sie im Hauptmenü einen neuen Ziel-Server an.

6.3.4 Restore-Vorgang auf einem Ziel-Server einleiten

Unter NetWare ist die Default-Einstellung für "Set Immediate Purge Of Deleted Files" auf "Off" gesetzt. Das bedeutet, daß mit DELETE gelöschte Dateien nicht sofort endültig gelöscht werden. Das hat zur Folge, daß Sie bei einem Restore-Vorgang mit dieser Einstellung einkalkulieren müssen, daß Sie ca. 20% mehr Speicherplatz benötigen. Diese Dateien werden auch zurückgespielt. Haben Sie nicht ausreichend Speicherplatz zur Verfügung, setzen Sie "Set Immediate Purge Of Deleted Files" auf "On", damit diese Dateien endgültig gelöscht werden und somit weniger Platz benötigt wird.

Mit Hilfe des Backup-Protokolls können Sie ermitteln, welche Daten zurückgespielt werden sollen.

1. Wählen Sie das "Restore Menü" aus dem Hauptmenü aus.

2. Wählen Sie die Option "Select Working Directory".

3. Tippen Sie den Pfad ein, den Sie bereits bei dem Backup-Vorgang als "Working Directory" angegeben hatten. Sie können ihn auch mit <INSERT> zusammensetzen.

4a. Wählen Sie "Restore Session", wenn Sie aus vergangenen Session-Dateien eine zum Restore-Vorgang auswählen möchten.

4b. Wählen Sie die Option "Restore without Session Files", wenn Sie eine Kassette sequentiell nach dem entsprechenden Backup-Vorgang durchsuchen wollen.

5. Es erscheint ein Fenster mit den Restore Options.

Die einzelnen Fenster haben folgende Bedeutung:

Overwrite Existing Parent
   Wählen Sie diese Option, wenn Sie vorhandene "Parent"-Verzeichnisse, d.h. Verzeichnisse die Unterverzeichnisse und Dateien enthalten, überschreiben möchten. Die Default-Einstellung ist "Yes". Das hat zur Folge, daß alle Trustees und Attribute des "Parent"-Verzeichnisses gesichert wurden und somit auch zurückgespielt werden. Existiert kein "Parent"-Verzeichnis, wird es erstellt und zurückgespielt.

Overwrite Existing Children
   Wählen Sie diese Option, wenn Sie vorhandene "Children", d.h. Unterverzeichnisse oder Dateien, die keine weiteren Unterverzeichnisse oder Dateien beinhalten, überschreiben möchten. Die Default-Einstellung ist "Yes". Das hat zur Folge, daß alle Trustees und Attribute der "Children" gesichert wurden und somit zurückgespielt werden. Existiert noch kein "Children"-Verzeichnis, wird es erstellt und zurückgespielt, unabhängig davon, welche Einstellung hier gewählt wurde.

Include/Exclude Options
   Mit dieser Option wählen Sie, ob bestimmte Daten im Restore-Vorgang ein- und ausgeschlossen werden sollen. Mit <ENTER> erhalten Sie eine Liste zusätzlicher Optionen. Die Default-Einstellung ist "None", was zur Folge hat, daß sämtliche Daten des entsprechenden Backup-Vorganges zurückgespielt werden.

Destination Paths
   Mit dieser Option können Sie Daten auf ein anderes Volume oder Verzeichnis zurückspielen als das, von dem der Backup

stammt. Drücken Sie <ENTER> und geben Sie den Quellpfad, d.h. woher die Daten stammen, in das Feld "Source Path" ein. Geben Sie einen falschen Pfad an, erhalten Sie entweder eine Fehlermeldung oder der Vorgang funktioniert nicht.

In das Feld "Destination Path" geben Sie das Ziellaufwerk ein, d.h. wohin die Daten zurückgespielt werden sollen. Geben Sie einen nicht vorhandenen Pfad ein, wird dieser erstellt. Der Pfad wird im Backup-Protokoll eingetragen. Löschen Sie diesen Pfad nicht nach dem Restore-Vorgang, wird der nächste Vorgang im selben Pfad erfolgen.

6. Nachdem Sie die Informationen im Fenster "Restore Options" eingegeben haben, drücken Sie <ESCAPE> um die Option zu verlassen und Ihre Angaben zu speichern.

7. Antworten Sie auf die Frage "Proceed with Restore?" mit "Yes", außer Sie möchten den Vorgang an dieser Stelle abbrechen.

8. Antworten Sie auf die Frage "Start Restore" mit "Yes".

9. Legen Sie die Kassette nach der Aufforderung ein. Es erscheint die Meldung "Mounting Media". Sobald der Restore-Vorgang startet, erscheint ein Status-Fenster, in welchem angezeigt wird, welche Daten gerade gesichert werden, welche Daten bereits gesichert sind und wieviel Zeit der Vorgang in Anspruch genommem hat. Das untere Fenster zeigt Fehler an, die während des Vorgangs entstehen.

10. Ist der Restore-Vorgang beendet, erscheint das "Restore Menu" wieder auf den Bildschirm.

11. Sehen Sie im Error-Protokoll nach, ob, und wenn ja, welche Fehler aufgetreten sind.

6.3.5 Einen Backup- oder Restore-Vorgang unterbrechen

1. Drücken Sie die Taste <ESCAPE>.

2. Es erscheint ein Fenster mit der Frage "Do you want to abort this session?". Drücken Sie <ENTER> um zu bestätigen. Der Vorgang wird abgebrochen, sobald der letzte Datensatz gesichert oder zurückgespielt wurde.

3. Drücken Sie abermals <ENTER>, um wieder in das Backup- oder Restore-Menü zu gelangen.

6.3.6 Sichten eines Error-Protokolls

Das Error-Protokoll verzeichnet alle Fehler, die während eines Backup- oder Restore-Vorganges auftreten. Die Fehler des Restore-Vorgangs werden an das Fehlerprotokoll des entsprechenden Backup-Vorgangs angehängt. Die Meldung "Restore Session Begins" kennzeichnet die Stelle an der das Restore-Protokoll beginnt.

1. Rufen Sie SBACKUP auf und geben Sie den Pfad zu dem Arbeitsverzeichnis ein, welches die Session-Dateien für die Backup- oder Restore-Vorgänge enthält.

2. Wählen Sie entweder das Restore- oder das Backup-Menü.

3. Wählen Sie die Option "View Error Log". Es erscheint eine Liste der Session-Dateien.

4. Wählen Sie die entsprechende Datei des Vorgangs aus, dessen Error-Protokoll Sie sichten wollen. Das Protokoll erscheint anschließend auf dem Bildschirm.

6.3.7 Sichten des Backup-Protokolls

Das Backup-Protokoll verzeichnet alle "Parent"- und "Children"-Datensätze, die im Laufe des Vorgangs gesichert wurden. Für jeden Backup-Vorgang wird ein Backup-Protokoll erstellt.

1. Rufen Sie SBACKUP auf und spezifizieren Sie den Pfad zu dem entsprechenden Arbeitsverzeichnis des Backup-Vorgangs.

2. Wählen Sie die Option "View Backup Log". Es erscheint eine Liste der Session-Dateien. Die Dateien sind durch die Kurzbeschreibung, das Datum, die Uhrzeit und die Quelle gekennzeichnet.

3. Wählen Sie den Vorgang, dessen Dateien Sie sichten möchten. Das Backup-Protokoll listet alle Daten auf, die während des Vorgangs gesichert wurden, sowie die spezifische Media-ID-Information. Mit den Pfeiltasten können Sie die gesamte Datei sehen.

6.4 Performance-Optimierung

Die Geschwindigkeit des Backup-Vorgangs hängt von mehreren Faktoren ab. Die Konfiguration des Fileservers ist entscheidend sowie die Art des Backup-Vorgangs. Ein Fileserver, der eigene

Daten sichert, ist etwa viermal so schnell wie ein Fileserver, der Daten eines anderen Servers sichert.

Indem Sie LOAD SBACKUP mit bestimmten Parametern angeben, können Sie die Anzahl und Größe der Buffer verändern, um die Geschwindigkeit von SERVER BACKUP zu erhöhen. Empfehlungen zur Änderung dieser Größen finden Sie in der begleitenden Dokumentation Ihres Treibers für das Backup-Medium.

Benutzen Sie folgendes Kommandoformat:

```
LOAD SBACKUP [Parameter]
```

Folgende Parameter können eingesetzt werden:

Buffers
  Sie können einen Wert zwischen 2 und 10 angeben. Default-Wert ist 4.

Size
  Sie können einen Wert zwischen 16KB und 2040KB angeben. Default-Wert ist 256KB.

☞ Das Ändern dieser Größen kann, wenn es nicht gemäß den Empfehlungen ausgeführt wird, zur Übertragung von korrupten Daten führen!

Sie können auch mit dem SET-Kommando die Buffer-Größe verändern. Dieses Kommando muß in der Datei STARTUP.NCF enthalten sein.

- Haben Sie einen Fileserver, in dem 4 MB RAM installiert sind, ist die maximal zulässige Einstellung 500.

- Haben Sie einen Fileserver, in dem 5 MB RAM installiert sind, ist die maximal zulässige Einstellung 1000.

Ändern Sie die Fileserver-Einstellungen mit SET, müssen Sie den Fileserver erst down fahren und neu starten, damit das Kommando zur Wirkung kommt. Nähere Informationen dazu lesen Sie im Kapitel *Konsole Kommandos* unter *SET*.

Upgrade – Einleitung 7

7.1 Einleitung

NetWare 2.x   Mit dem Menü-Utility Upgrade können Fileserver unter NetWare 286 v.2.x auf einen Fileserver unter NetWare 386 v3.11 umgerüstet werden. Bei diesem sogenannten Upgrade-Vorgang sind größere Veränderungen nötig, damit weder Daten noch Sicherheitsinformationen dabei verlorengehen.

NetWare 3.x   Rüsten Sie einen Fileserver unter NetWare 386 v3.0 auf NetWare 386 v3.11 um, so werden im wesentlichen die Systemdateien, die Betriebssystemdatei SERVER.EXE und einige Treiber geändert. Dies wird mit dem Utility INSTALL vorgenommen. Benutzen Sie für diese Umrüstung das Utility UPGRADE nicht.

Auf den folgenden Seiten werden beide Upgrade-Möglichkeiten im einzelnen beschrieben.

7.2 Upgrade von NetWare 3.x auf NetWare 3.11

Für dieses Upgrade benötigen Sie das NLM INSTALL, um die neuen Systemdateien zu kopieren. Anschließend müssen Sie die Datei SERVER.EXE, den/die Festplattentreiber und einige NLMs auf das Bootmedium kopieren.

☞ Sofern Sie Treiber einsetzen, die von Drittanbietern geliefert wurden (*.DSK oder *.LAN), müssen Sie die Kompatibiliät zu NetWare 386 v3.11 überprüfen.

Normalerweise sollten keine Fehler auftreten, wenn Sie Treiber benutzen, die für NetWare 386 v3.0 geschrieben wurden. Sie erhalten jedoch eine Fehlermeldung, daß sie "alte API-Befehle benutzen und diese austauschen sollten": `Old API calls are being used. Contact the vender for a later version.`

Folgende Schritte sind nötig, um einen Fileserver unter NetWare 386 v3.0 auf NetWare 3.11 umzurüsten:

7.2.1 Ausloggen aller User

Während des Upgrade-Vorgangs können keine User im Netzwerk arbeiten. Informieren Sie eventuell arbeitende User mit dem Kommando BROADCAST, daß sie sich ausloggen müssen. Verwenden Sie desweiteren das Konsolekommando DISABLE LOGIN, damit sich keine User einloggen können. Sorgen Sie

Upgrade – Einleitung 261

dafür, daß alle User ausgeloggt sind. Überprüfen Sie dies mit dem NLM MONITOR. In der Option `Connection Information` sehen Sie auch die Verbindungen, die im Status `Not-Logged-In` sind. Drücken Sie <DELETE>, um auch diese Verbindungen zu löschen.

7.2.2 Rekonstruieren von Dateien mit SALVAGE

Sofern Sie irgendwelche Dateien wiederherstellen möchten, sollten Sie dies tun, bevor Sie den Upgrade-Vorgang beginnen. Benutzen Sie hierfür das Utility SALVAGE. Sobald Sie ein Volume unter der neuen NetWare-Version aktivieren, werden alle Daten endgültig gelöscht. Die gelöschten Dateien werden am Bildschirm als "Deleted Files" aufgelistet.

7.2.3 Sicherungskopie

Erstellen Sie in jedem Fall vor dem Upgrade-Vorgang eine Sicherungskopie aller Daten.

7.2.4 Vergrößern der DOS-Partition (optional)

Sofern Sie die DOS-Partition einer internen Festplatte vergrößern möchten, lesen Sie bitte die nötigen Erklärungen im Kapitel *Installation des Fileservers*, im Punkt *DOS-Partition einrichten*.

☞ Vergewissern Sie sich, daß Sie über Sicherungskopien verfügen. Beim Löschen einer Partition werden alle Daten zerstört. Bevor Sie die Größe einer Partition ändern können, müssen Sie diese löschen und mit neuen Werten erneut einrichten.

7.2.5 Ändern der Boot-Dateien des Fileservers

Löschen Sie, nachdem Sie eine Sicherungskopie angefertigt haben, alle Dateien auf dem Bootmedium, außer:

- *.BAT
- *.COM
- STARTUP.NCF

Sie müssen dies tun, denn einige Dateien von NetWare v3.0 sind mit NetWare v3.11 nicht kompatibel, z.B. VREPAIR.

7.2.6 Kopieren der NetWare v3.11 Boot-Dateien auf das Boot-Medium

Kopieren Sie die Dateien der NetWare-Systemdiskette *NetWare Operating System-1* auf das Bootmedium.

☞ Sie können Platz auf dem Boot-Medium sparen, indem Sie nur die nötigen Festplattentreiber, sowie die NLMs auf das Boot-Medium kopieren, die Sie auch tatsächlich brauchen.

7.2.7 Kopieren der Systemdateien mit INSTALL

Laden Sie das NLM INSTALL, um die neuen Dateien in die Verzeichnisse SYSTEM und PUBLIC zu kopieren. Wenn Sie den Kopiervorgang mit dem NLM INSTALL vornehmen, ist gewährleistet, daß alle Dateien mit den nötigen Attributen versehen werden.

1. Booten Sie den Fileserver unter DOS und wechseln Sie auf das Laufwerk, welches die Datei SERVER.EXE enthält.

2. Rufen Sie das NLM SERVER auf. Benutzen Sie den Parameter na, damit keine alten Versionen eines LAN-Treibers oder NLMs geladen werden:

```
SERVER -na <ENTER>
```

3. Laden Sie das NLM INSTALL:

```
LOAD [Pfadangabe] INSTALL <ENTER>
```

Ersetzen Sie Pfadangabe durch die Angabe des Pfades, in dem sich die Datei INSTALL.NLM befindet.

5. Beantworten Sie die Frage Mount Vol SYS? mit Yes.

4. Wählen Sie die Option System Options aus dem Hauptmenü.

5. Wählen Sie die Option Copy System and Public Files. Sie werden nun aufgefordert, die NetWare-Disketten einzulegen. Wenn Sie bestimmte Dateien nicht kopieren möchten, drücken Sie bei der Aufforderung, diese Diskette einzulegen, die Taste <F7>. Es wird jedoch empfohlen, alle Dateien neu einzuspielen.

Geben Sie nun an der Fileserver-Konsole den Befehl zum Aufruf der Datei AUTOEXEC.NCF ein:

```
AUTOEXEC <ENTER>
```

Upgrade – Einleitung

7.3 Upgrade von NetWare 286 v2.x auf NetWare 386 v.3.11

Mit dem Utility UPGRADE werden Daten und Sicherheitsinformationen von einem Fileserver unter NetWare 286 v2.x auf einen Fileserver unter NetWare 386 v3.11 übertragen.

☞ Es wird ein 80386-Prozessor benötigt.

Einige Anwendungen können nicht umgerüstet werden, funktionieren in den meisten Fällen jedoch auch unter NetWare 3.11 einwandfrei. Ob ein Programm eine Re-Installation erfordert, lesen Sie in der jeweiligen Dokumentation.

7.3.1 Warum Upgrade ?

NetWare 386 weist wichtige Veränderungen gegenüber NetWare 286 auf, die erfordern, daß ein Umrüsten nur mit dem Utility UPGRADE vorgenommen wird. Die Daten können nicht einfach von einem Fileserver unter NetWare 286 auf einen Fileserver unter NetWare 386 kopiert werden. Die sechs wichtigsten Veränderungen sind folgende:

- Die Partition-Tabellen sowie das Dateisystemformat wurden verändert.

- Die Bindery (NetWare-eigene Datenbank) besteht nun aus drei Dateien, anstatt aus zwei Dateien. Dies erfordert eine Re-Organisation der Bindery.

- Das Format der User ID (User Identifikationsnummer) wurde geändert, sodaß alle User neue IDs benötigen.

- Die Paßwörter werden unter NetWare 386 bereits an der Arbeitsstation verschlüsselt, um größte Sicherheit zu gewährleisten.

- Es wurden neue Zugriffsrechte eingeführt, andere wurden geändert. Nähere Informationen lesen Sie im Kapitel *Zugriffsrechte*.

- NetWare 386 ermöglicht das Setzen von sechs Verzeichnis- und 14 Dateiattributen.

- Die Maximum Rights Maske wurde ersetzt durch die Inherited Rights Maske. Nähere Informationen lesen Sie im *Kapitel Zugriffsrechte*.

- Rechte können nun sowohl auf Verzeichnis- als auch auf Dateiebene erteilt werden. Die Zusammensetzung der effektiven Rechte hat sich dadurch verändert. Nähere Informationen zu den Rechten lesen Sie im Kapitel *Zugriffsrechte*.

Das Utility UPGRADE übersetzt alle NetWare 286-Rechte in NetWare 386 Rechte. Es übersetzt die Bindery und weist allen Usern automatisch neue ID-Nummern zu. Alle Maximum Rights Masken werden umgeändert in Inherited Rights Masken.

7.3.2 Veränderung der Zugriffsrechte

In der NetWare 386 wurden folgende Veränderungen für DOS-Arbeitsstationen in den Verzeichnisrechten vorgenommen. Nähere Erläuterungen zu den Zugriffsrechten unter NetWare 386 lesen Sie im Kapitel *Zugriffsrechte*.

Das Utility UPGRADE übersetzt die Rechte von NetWare 286 wie folgt:

Create
: *Create* wird einem User nur dann in NetWare 386 übertragen, wenn er unter NetWare 286 über das Recht *Open* verfügte.
Veränderung: *Create* erlaubt einem User Verzeichnisse einzurichten, ohne die gleichzeitige Zuweisung von *Parental* (jetzt *Access Control*).

Delete
: Dieses Recht wird in ERASE umgewandelt.
Veränderung: Außer der Umbenennung in *Erase* wurden keine Veränderungen eingeführt.

Modify
: Dieses Recht gibt es unter NetWare 386 auch.
Veränderung: Ein User braucht das Recht *Parental* (jetzt *Access Control*) nicht mehr zusätzlich, um Verzeichnisse oder Dateien umzubenennen.

Open
: Dieses Recht gibt es unter NetWare 386 nicht.
Veränderung: Dieses Recht wird automatisch zugewiesen, wenn eines der Rechte *Read, Write* oder *Create* erteilt wird.

Parental
: Das Recht *Parental* wird in NetWare 386 umgewandelt in das Recht *Access Control*.
Veränderung: Alle Rechte, die einem User durch die Erteilung dieses Rechtes zugewiesen wurden, können sowohl auf Un-

Upgrade – Einleitung

terverzeichnis- als auch auf Datei-Ebene entzogen werden. *Access Control* ermöglicht nicht automatisch das Einrichten oder Umbenennen von Unterverzeichnissen.

Read
Dieses Recht steht unter NetWare 386 ebenfalls zur Verfügung. Dieses Recht wird nur zugewiesen, wenn unter NetWare 286 das Recht *Open* erteilt war. Ist dies nicht der Fall, wird kein Recht zugewiesen.

Search
Das Recht *Search* heißt jetzt *File Scan*.
Veränderung: Das Recht, die Root eines Verzeichnis aufzulisten, wird automatisch zugewiesen, sobald ein User eines der acht Rechte erteilt bekommt.

Write
Dieses Recht gibt es nach wie vor in NetWare 386. Es wird nur dann zugewiesen, wenn unter NetWare 286 auch das Recht *Open* erteilt war.
Veränderung: Die explizite Zuweisung von *Open* ist nicht mehr nötig, damit das Recht *Write* zur Auswirkung kommt.

7.3.3 Veränderung der Datei-Attribute

NetWare 386 bietet sechs neue Attribute, die auf Dateiebene zugewiesen werden können:

- Copy Inhibit
- Delete Inhibit
- Read Audit
- Rename Inhibit
- Purge
- Write Audit

An den bestehenden Attributen wurden folgende Veränderungen vorgenommen:

Non Shareable
Das Attribut *Non-Shareable* kann nicht mehr explizit einer Datei zugewiesen werden. Sobald von einer Datei das Attribut *Shareable* gelöscht wird, ist diese *Non Shareable*.

Modified Since Last Backup
: Das Attribut *Modified Since Last Backup* heißt unter NetWare 386 *Archive Needed*.

Indexed
: Das Attribut *Indexed* wird unter NetWare 386 automatisch allen Dateien zugewiesen, die mehr als 64 reguläre FAT-Einträge aufweisen.

Read/Write
: Das Attribut *Read/Write* kann ebenso wie das Attribut *Non-Shareable* nicht mehr explizit zugewiesen werden. Sobald einer Datei das Attribut *Read Only* entzogen wird, ist sie mit dem Attribut *Read/Write* versehen.

Execute only
: Dateien, die mit dem Attribut *Execute only* versehen waren, werden beim Upgrade-Vorgang nicht kopiert. Sie müssen von den Orginal-Disketten erneut in den NetWare 386 Fileserver eingespielt werden.

Nähere Erläuterungen zu den Dateiattributen unter NetWare 386 lesen Sie im Kapitel *Zugriffsrechte* im Punkt *Dateiattribute*.

7.3.4 Veränderung der Verzeichnisattribute

NetWare 386 weist folgende Änderungen in den Verzeichnisattributen auf:

Es werden drei neue Verzeichnisattribute eingeführt:

- Delete Inhibit
- Rename Inhibit
- Purge

An den vorhandenen Verzeichnisattributen wurden folgende Veränderungen durchgeführt.

Private
: Das Attribut *Private* gibt es unter NetWare 386 nicht mehr und wird deshalb nicht übertragen. Sie müssen den Usern, die Zugriff auf Verzeichnisse hatten, die mit dem Attribut *Private* versehen waren, das Recht *Create* auf diese Verzeichnisse erteilen.

☞ Wenn Sie von den NetWare-Versionen v.2.0 - v.2.12 auf NetWare 386 umsteigen, müssen Sie alle Attribute von Hand eingeben, da

Upgrade – Einleitung

in diesen Versionen keine Verzeichnisattribute zur Verfügung standen.

☞ Steigen Sie von NetWare v2.15 oder NetWare 2.2 um, so ändern sich die zur Verfügung gestandenen Attribute nicht. Ansonsten gelten die Veränderungen wie oben besprochen.

7.3.5 Vorbereitungen für den Upgrade-Vorgang

Bevor Sie mit dem Upgrade-Vorgang beginnen können, müssen Sie einige Vorbereitungen treffen, damit das Umrüsten reibungslos verläuft.

7.3.5.1 Vorbereitungen für die Macintosh-Unterstützung

Sofern Sie Macintosh-Dateien auf einem NetWare v3.11 Fileserver speichern möchten, müssen Sie einen der folgenden Punkte durchführen:

- Installieren Sie die NetWare Services for Macintosh (eigenes Novell-Produkt) auf Ihrem NetWare v3.11 Fileserver. Dieses Produkt erlaubt einfachste Unterstützung für angeschlossene Macintosh-Arbeitsstationen.

- Konfigurieren Sie Ihren NetWare 386 Fileserver als einen Ziel-Fileserver unter NetWare v2.15, auf dem *NetWare for Macintosh* installiert ist. Nähere Erläuterungen erfahren Sie aus der Macintosh-Dokumentation.

7.3.5.2 Vorbereitungen am Fileserver

Wenn eine der folgenden Bedingungen zutrifft, müssen Sie Definitionen ändern, bevor Sie den Upgrade-Vorgang starten:

Namens- NetWare 286 erlaubt 14 Zeichen lange Namen für Verzeichnisse
konventionen und Dateien. NetWare 386 erlaubt lediglich 8 Zeichen pro
unter NetWare Verzeichnis oder Datei. Sofern Sie Verzeichnisse oder Dateien auf Ihrem NetWare 286 Fileserver gespeichert haben, deren Namen länger als 8 Zeichen sind, so müssen Sie:

- diese umbenennen, bevor Sie den Upgrade-Vorgang beginnen

- oder mit dem Utility UPGRADE die betroffenen Verzeichnisse oder Dateien umbenennen. UPGRADE verkürzt längere Namen auf 8 Zeichen plus 3 Zeichen nach dem Punkt (Extension).

Verzeichnisse NetWare 286 v2.15 erlaubt es, Verzeichnisse mit den Attributen
mit den System oder Hidden zu versehen. Solche Verzeichnisse oder
Attributen Dateien werden beim Upgrade-Vorgang nicht übertragen. Sie
System oder haben zwei Möglichkeiten, diese Dateien auf den NetWare
Hidden v3.11 Fileserver zu übertragen:

- Sichern Sie diese Verzeichnisse auf einer Diskette und kopieren Sie diese anschließend manuell auf den Fileserver unter NetWare 386.

- Entfernen Sie die beiden Attribute vor dem Upgrade-Vorgang und weisen Sie die beiden Attribute nach Beendigung des Upgrade-Vorganges erneut zu.

Maximale NetWare 386 ist per Default so eingerichtet, daß lediglich eine
Unterver- Unterverzeichnis-Tiefe (Maximum Subdirectory Tree Depth) von
zeichnistiefe 25 erlaubt ist. Haben Sie unter NetWare 286 Verzeichnisstrukturen, die tiefer sind als 25, müssen Sie einen der folgenden Schritte durchführen:

- Ändern Sie vor dem Upgrade-Vorgang die Verzeichnisstruktur auf dem NetWare 286 Fileserver, so, daß diese an NetWare 386 angepaßt ist.

- Benutzen Sie das Konsole-Kommando SET am NetWare 386 Fileserver, um die Default-Einstellung zu ändern. Nähere Erläuterungen lesen Sie im Kapitel *Konsole Kommandos* im Punkt *SET MAXIMUM SUBDIRECTORY TREE DEPTH*.

7.3.5.3 Vorbereitungen für das Zusammenfassen mehrerer Fileserver

Sofern Sie vorhaben, mehrere Fileserver unter NetWare 286 in einem Fileserver unter NetWare 386 zusammenzufassen, so müssen Sie folgende Punkte beachten:

- Sofern Sie das Accounting auf Ihren NetWare 286 Fileservern installiert haben und einige User Konten auf mehreren Fileservern besitzen, sollten Sie die aktuelle Kontenhöhe vor dem Upgrade notieren. Sie müssen die Kontenhöhe nach dem Upgrade-Vorgang per Hand an Ihrem NetWare 386 Fileserver eintragen.

- Sind mehrere Zugangseinschränkungen (Account Restrictions) für User definiert, so müssen Sie vor dem Upgrade-Vorgang entscheiden, welche Zugangseinschränkungen gelten sollen. Rüsten Sie den Fileserver, auf dem die gewünschten Zugangseinschränkungen definiert sind, als letzten um.

- Planen Sie genügend Speicherplatz auf dem Volume SYS: des NetWare 386 Fileservers ein. Der Fileserver braucht Platz für die Informationen der zusätzlichen User.

- Abhängig von den Optionen, die Sie beim Upgrade-Vorgang treffen, kann es passieren, daß die System Login Scripts immer wieder überschrieben werden. Fertigen Sie vorsichtshalber eine Sicherungskopie der Datei NET$LOG.DAT von jedem NetWare 286 Fileserver auf einer Diskette an. Sollten Sie versehentlich das gewünschte System Login Script beim Upgrade-Vorgang überschreiben, können Sie es anschließend per Hand auf Ihren NetWare 386 Fileserver kopieren.

7.4 Zwei Upgrade-Methoden

NetWare 386 bietet zwei Möglichkeiten des Upgrades an:

- Transfer Methode
- Backup Device Methode

7.4.1 Transfer Methode

Bei der Transfer Methode werden die Daten direkt von einem NetWare 286 Fileserver auf einen NetWare 386 Fileserver übertragen.

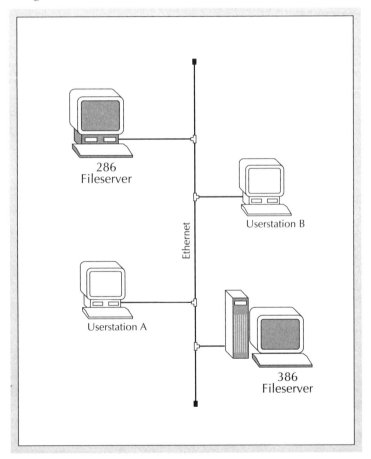

7-1 Upgrade mit der Transfer-Methode

Upgrade – Einleitung

7.4.2 Die Backup Device Methode

Bei der Backup Device Methode sichern Sie die Daten des NetWare 286 Fileservers auf einem Speichermedium. Anschließend installieren Sie NetWare 386 v3.11 auf dem Fileserver und spielen die Daten auf dem neu installierten Fileserver ein.

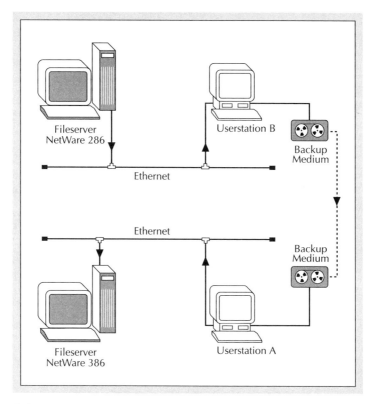

7-2 Upgrade mit der Backup-Device-Methode

Sie müssen die Backup Device Methode benutzen, wenn eine der folgenden Bedingungen zutrifft:

- Sie haben nur einen Fileserver in Ihrem Netzwerk, der momentan mit NetWare 286 betrieben wird, jedoch über einen 80386 Prozessor verfügt.
- Sie benutzen die gleichen Festplatten für NetWare 386, die Sie für NetWare 286 benutzt haben.

Im folgenden wird zunächst die Transfer Methode beschrieben. Die Beschreibung der Backup Device Methode ist im folgenden Kapitel beschrieben.

7.5 Schritte nach dem Upgrade

Da die Schritte, die nach dem Upgrade-Vorgang nötig sind, bei beiden Methoden identisch sind, werden sie in diesem Kapitel beschrieben. Führen Sie das Upgrade nach der gewünschten oder erforderlichen Methode durch und gehen Sie vor wie folgt:

7.5.1 Installation der NetWare 386 Systemdateien

Je nach Option, die Sie während des Upgrade-Vorganges gewählt haben, sind die Systemdateien nun entweder doppelt auf dem NetWare 386 Fileserver, oder die NetWare 386 Systemdateien wurden von den NetWare 286 Systemdateien überschrieben. Dementsprechend sind unterschiedliche Vorgehensweisen nötig:

System-dateien überschrieben Haben Sie die NetWare 386 Utilities überschrieben, müssen Sie nun die NetWare 386-Utilities neu auf den NetWare v3.11 Fileserver einspielen. Folgende Schritte sind dafür nötig:

1. Geben Sie an der Konsole des NetWare 386 Fileservers ein:

```
LOAD INSTALL <ENTER>
```

2. Wählen Sie aus dem Hauptmenü die Option System Options.

3. Wählen Sie Copy System and Public Files. Sie werden anschließend aufgefordert, die NetWare 386 System-Disketten einzulegen.

4. Wurde das System Login Script des NetWare 386 Fileservers überschrieben, müssen Sie dieses neu einspielen. Benutzen Sie dazu die Kopie, die Sie während vor dem Upgrade-Vorgang angelegt haben.

Upgrade – Einleitung

System- Haben Sie beim Upgrade die Option `Rename Restored File`
dateien benutzt, sind Sie die NetWare Systemdateien zweifach auf dem
umbenannt NetWare 386 Fileserver vorhanden. In diesem Fall sind folgende
Schritte nötig:

1. Loggen Sie sich als Supervisor am NetWare v3.11 Fileserver ein. Wechseln Sie in das Verzeichnis SYS:PUBLIC.

2. Ändern Sie die Attribute der Dateien mit der Extension .Unn, indem Sie folgendes eingeben:

```
FLAG *.U* N <ENTER>
```

3. Löschen Sie alle Dateien mit der Extension .U*.

```
DEL *.U* <ENTER>
```

4. Führen Sie diese Schritte in den anderen Systemverzeichnissen – SYS:SYSTEM, SYS:LOGIN und SYS:MAIL – ebenfalls durch.

7.5.2 Ändern der Paßwörter

Da die Paßwörter auf dem NetWare 286 Fileserver in verschlüsselter Form abgelegt waren, wurden diese nicht auf den NetWare 386 Fileserver übertragen. Sie müssen mit SYSCON allen Usern neue Paßwörter zuweisen.

Sofern Sie den Usern erlauben, ihr Paßwort selbst zu ändern, werden diese beim ersten Einloggen am NetWare 386 Fileserver aufgefordert, ein neues Paßwort einzugeben.

7.5.3 Überprüfung auf doppelte Dateien

Sofern Sie die Optionen `Rename Existing File` oder `Rename Restored File` benutzt haben, werden Sie wahrscheinlich einige Dateien doppelt auf Ihrem NetWare 386 Fileserver vorfinden. Diese Dateien tragen alle die Extension .Unn. Benutzen Sie das NetWare-Kommando NDIR, um diese Dateien zu finden. Sie können diese dann umbenennen oder löschen. Geben Sie ein:

```
NDIR *.U* /SUB <ENTER>
```

Nähere Erläuterungen zum Kommando NDIR lesen Sie im Kapitel *NetWare Kommandos* im Punkt *NDIR*.

7.5.4 Kopieren der Dateien mit dem Attribut Execute only

Die Dateien des NetWare 286 Fileservers, die mit dem Attribut *Execute only* versehen waren, wurden nicht auf den NetWare 386 Fileserver übertragen. Sie müssen dementsprechend die Programmdateien neu auf den NetWare 386 Fileserver kopieren und diese anschließend erneut mit dem Attribut *Execute only* versehen. Nähere Erläuterungen zum Attribut *Execute Only* lesen Sie im Kapitel *Zugriffsrechte* im Punkt *Dateiattribute*.

7.5.5 Überprüfen der Programme

Überprüfen Sie nach dem Upgrade-Vorgang, ob alle Ihre Programme funktionieren. Einige Programme laufen nicht mehr einwandfrei, wenn Sie mit dem Utility UPGRADE kopiert wurden. Folgende Bedingungen erfordern eine Neuinstallation eines Programmes:

- Die .EXE-Datei eines Programmes wurde nicht übertragen

- Das Programm ist pfadspezifisch installiert worden und Sie haben die Verzeichnisstruktur auf dem NetWare 386 Fileserver geändert.

- Einige DOS-Programme arbeiten nicht einwandfrei, wenn Sie auf Volumes installiert werden, die mehr als 32 MB Speicherkapazität aufweisen. Schränken Sie in diesem Fall die Speicherkapazität des Verzeichnisses, in dem sich das Programm befindet, mit dem Utility DSPACE ein. Sie können das Verzeichnis, in dem sich das Programm befindet, auch mit dem Kommando MAP als Pseudo-Root Verzeichnis deklarieren. Nähere Erläuterungen über *DSPACE* lesen Sie im Kapitel *NetWare Utilities*, nähere Erläuterungen über *MAP* lesen Sie in den Kapiteln *Datenstrukturen* und *NetWare-Kommandos*.

7.5.6 Überprüfen der Verzeichnis-Sicherheit

Sie sollten die Einstellungen der Verzeichnisse überprüfen, wenn Sie an Ihrem NetWare 286 Fileserver eine der folgenden Optionen benutzt haben:

- Maximum Rights Masken

- Das Attribut Private

- Die Attribute System und Hidden

- Zugangseinschränkungen (Account Restrictions)

7.5.6.1 Maximum Rights Maske

Überprüfen Sie die effektiven Rechte aller Verzeichnisse, die in NetWare 286 über die Maximum Rights Maske geregelt wurden. Die *Maximum Rights Masken* aller Verzeichnisse wurden nicht auf den NetWare 386 Fileserver übertragen.

Die *Maximum Rights Maske* wurde ersetzt durch die *Inherited Rights Maske*. Deren Wirkung unterscheidet sich vollständig von der Wirkung der *Maximum Rights Maske*. Alle *Inherited Rights Masken* enthalten dementsprechend alle verfügbaren Rechte. Benutzen Sie FILER, um die Liste aller User und Usergruppen zu sehen, die in den einzelnen Verzeichnissen Rechte aufweisen. Nähere Erläuterungen lesen Sie im Kapitel *Zugriffsrechte*.

7.5.6.2 Das Attribut Private

Haben Sie das Upgrade von einem NetWare 2.15 Fileserver durchgeführt und auf diesem Fileserver Verzeichnisse mit dem Attribut *Private* versehen, müssen Sie diese Verzeichnisse überprüfen. Entfernen Sie sämtliche Rechte aus der Inherited Rights Maske und weisen Sie den Usern, die Dateien in diese Verzeichnisse kopieren sollen, das Recht Create zu. Nähere Erläuterungen dazu lesen Sie im Kapitel *Zugriffsrechte*.

7.5.6.3 Die Attribute System und Hidden

Wenn Sie diese Attribute von einigen Verzeichnissen entfernt haben, damit sie auf den NetWare 386 Fileserver übertragen werden konnten, müssen Sie diese Attribute erneut zuweisen. Benutzen Sie dazu FILER oder FLAGDIR. Nähere Erläuterungen dazu lesen Sie in den Kapiteln *Zugriffsrechte, NetWare Menü-Utilities* und *NetWare Kommandos*.

7.5.6.4 Zugangseinschränkungen

Sofern Sie mehrere NetWare 286 Fileserver auf einen NetWare 386 Fileserver übertragen haben, müssen Sie die Zugangseinschränkungen auf dem NetWare 386 Fileserver überprüfen. Benutzen Sie dazu das NetWare-Kommando SECURITY.

7.5.7 Überprüfen auf unnötige Dateien

Die folgenden NetWare 286-Utilities können unter NetWare 386 v3.11 nicht mehr angewendet werden:

- VAP-Dateien

- LARCHIVE.EXE
- LRESTORE.EXE
- MACBACK.EXE
- NARCHIVE.EXE
- NRESTORE.EXE

Waren diese Dateien in den Verzeichnissen SYS.PUBLIC oder SYS:SYSTEM, wurden sie automatisch nicht auf den NetWare 386 Fileserver übertragen. Befanden sie sich nicht in einem dieser Verzeichnisse, so müssen Sie diese Dateien noch löschen.

Die Programme HIDEFILE.EXE und SHOWFILE.EXE können unter NetWare 386 weiterhin eingesetzt werden. Diese Dateien werden beim Upgrade in das Verzeichnis SYS:SYSTEM kopiert.

7.5.8 Ändern der Login Scripts

Passen Sie die Login Scripts der NetWare 386 Umgebung an. Dies betrifft im wesentlichen Mappings. Hat ein User beispielsweise ein Mapping auf ein Verzeichnis, in welchem er keine Rechte aufweist, so erhält er beim Einloggen die Meldung:

```
Attempt to map drive to invalid path in
MAP command.
```

Löschen Sie dieses Drive Mapping aus dem Login Script oder fügen Sie die Variable IF..THEN in das System Login Script ein. Nähere Erläuterungen zum Kommando *MAP* lesen Sie im Kapitel *NetWare Kommandos*. Nähere Erläuterungen zu den *Login Scripts* lesen Sie im Kapitel *Login Scripts*.

7.5.9 Erstellen neuer Boot-Disketten

Alle User benötigen die neue Shell und den neuen IPX-Treiber, damit sie sich am NetWare v3.11 Fileserver einloggen können. Nähere Erläuterungen dazu lesen Sie im Kapitel *Arbeitsstationen*

Sollten Sie mehrere Fileserver in Ihrem Netzwerk haben, sollten Sie auf jeden Fall die neueste Shell benutzen, damit keine Konflikte auftreten.

7.5.10 Kopieren der NetWare 386 Utilities

Sollten Sie Fileserver unter NetWare 2.1x in Ihrem Netzwerk betreiben, können Sie die NetWare 386 v.3.11 Utilities auf diesen

Fileservern ebenfalls benutzen. Löschen Sie dazu die Dateien im Verzeichnis SYS:PUBLIC des NetWare 286 Fileservers und kopieren Sie die NetWare 386 Utilities in dieses Verzeichnis. Beachten Sie, daß Sie das System Login Script des NetWare 286 Fileservers nicht löschen. Versehen Sie die Datei NET$LOG.DAT mit dem Attribut *Shareable/Read only*. Alle anderen Dateien müssen Sie mit dem Attribut *Normal* versehen, bevor Sie sie löschen können.

☞ Hinweis: In einem Internetwork werden Login Scripts solange nicht korrekt ausgeführt, bis Sie die Login-Programme in alle LOGIN-Verzeichnisse kopiert haben.

Das Upgrade ist nunmehr beendet. Die User können sich am Fileserver einloggen.

Upgrade mit der Transfer-Methode 8

8.1 Einleitung

Um die Transfer Methode durchführen zu können, benötigen Sie:

- Zwei Fileserver: den aktuellen Fileserver unter NetWare 286 und den neuen Fileserver unter NetWare 386. Nähere Erläuterungen zur Installation von NetWare 386 v3.11 lesen Sie im Kapitel *Installation des Fileservers*.

- Eine Arbeitsstation mit mindestens 640 KB Arbeitsspeicher und einem High Density Laufwerk.

- Achten Sie darauf, daß der Fileserver unter NetWare 386 über genügend Speicherkapazität verfügt.

8.1.1 Vorbereitungen für die Benutzung von UPGRADE

Bevor Sie das Utility UPGRADE aufrufen, sind folgende Schritte nötig:

1. Installieren Sie den NetWare 386 Fileserver. Lesen Sie dazu die Erläuterungen im Kapitel *Installation des Fileservers*. Hinweise, die das Upgrade betreffen, sind in diesem Kapitel entsprechend markiert.

2. Richten Sie mindestens eine Arbeitsstation mit den NetWare 386 Treibern ein. Nähere Erläuterungen hierzu lesen Sie im Kapitel *Arbeitsstationen*.

3. Sofern Sie eine tiefere Verzeichnisstruktur auf dem NetWare 386 Fileserver benötigen, können Sie dies mit dem Konsole-Kommando SET einstellen. Lesen Sie dazu im Kapitel *Konsole Kommandos* den Punkt *SET Maximum Subdirectory Tree Depth*.

4. Loggen Sie alle User aus dem NetWare 286 Fileserver aus und geben Sie an der Konsole des NetWare 286 Fileservers das Konsole-Kommando DISABLE LOGIN ein:

```
DISABLE LOGIN <ENTER>
```

5. Benutzen Sie an einer Arbeitsstation, die am NetWare 286 Fileserver eingeloggt ist, das Kommando BINDFIX. Dieses Kommando überprüft die NetWare-eigene Datenbank (Bindery) auf Konsistenz und löscht sämtliche Informationen von gelöschten Usern. Dabei werden auch alle Mail-Verzeichnisse gelöschter User gelöscht. Geben Sie an der Arbeitsstation ein:

```
BINDFIX <ENTER>
```

Beantworten Sie die Frage, ob Sie die Mail-Verzeichnisse löschen sollen, mit Yes.

6. Machen Sie eine Sicherungskopie der Daten auf Ihrem NetWare 286 Fileserver.

7. Loggen Sie sich als Supervisor am NetWare 386 Fileserver ein. Vergewissern Sie sich, daß keine TSR-Programme aktiv sind. TSR-Programme verbleiben im RAM der Arbeitsstation. Das Utility UPGRADE benötigt jedoch mindestens eine Arbeitsstation in der 640 KB RAM installiert sind.

8. Sofern Sie bereits ein System Login Script für den NetWare 386 Fileserver erstellt haben, sollten Sie die Datei NET$LOG.DAT, die sich im Verzeichnis SYS:PUBLIC befindet, auf einer Diskette absichern. Falls das System Login Script während des Upgrade-Vorganges überschrieben wird, können Sie das von Ihnen erstellte System Login Script anschließend auf den NetWare 386 Fileserver kopieren.

8.2 Das Utility UPGRADE

Nachdem alle Vorbereitungen getroffen sind, kann nun der eigentliche Upgrade-Vorgang beginnen. Die Datei UPGRADE.EXE befindet sich im Verzeichnis SYS:SYSTEM. Folgende Schritte sind nötig, um das Upgrade mit der Transfer-Methode durchzuführen. Rufen Sie am DOS-Prompt das Utility Upgrade auf:

Upgrade <ENTER>

Es erscheint das Menü Select The Desired Device mit den Optionen DOS Device und Wangtek Tape Drive.

2. Wählen Sie Wangtek Tape Drive, wenn Sie über ein solches Speichermedium verfügen. In den meisten Fällen werden Sie jedoch mit einem DOS Speichermedium arbeiten. Als DOS-Device werden alle Speichermedien bezeichnet, die über einen DOS-Laufwerksbuchstaben angesprochen werden. Nähere Erläuterungen zu DOS-Devices und Non DOS-Devices lesen Sie im Kapitel *NetWare Menü-Utilities* im Punkt *NBACKUP*. Es erscheint das Hauptmenü von UPGRADE:

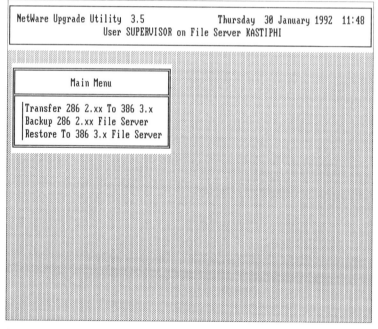

8-1 Das Hauptmenü von UPGRADE

Upgrade mit der Transfer-Methode

3. Wählen Sie die Option Transfer 286 2.xx To 386 3.x aus dem Hauptmenü aus. Es erscheint das Menü Transfer Menu mit folgenden Optionen:

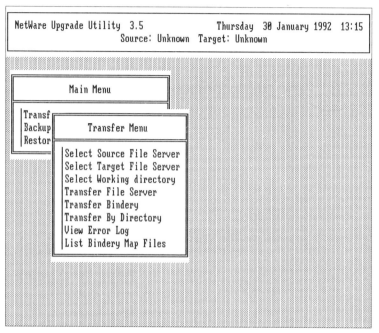

8-2 Das Transfer Menü in UPGRADE

8.2.1 Select Source File Server

Wählen Sie diese Option, um den Quell-Fileserver, also den NetWare 286 Fileserver, auszuwählen. Es kann kein Fileserver sein, der unter NetWare 386 v3.0 betrieben wird.

Sind Sie im NetWare 286 Fileserver nicht eingeloggt, drücken Sie <INSERT>, wählen den NetWare 286 Fileserver aus und loggen sich als Supervisor ein.

Sind Sie bereits eingeloggt, wählen Sie den NetWare 286 Fileserver aus der Liste aus. Der Name des Fileservers, den Sie ausgewählt haben, erscheint in der obersten Bildschirmzeile nach Source:. Solange Sie keinen Quell-Fileserver ausgewählt haben, steht hier Unknown.

8.2.2 Select Target Fileserver

Wählen Sie hier den NetWare 386 Fileserver aus, auf den die Daten des NetWare 286 Fileservers übertragen werden sollen. Der Name des Fileservers erscheint in der obersten Bildschirmzeile nach `Target:`. Solange Sie keinen Ziel-Fileserver ausgewählt haben, steht hier `Unknown`.

8.2.3 Select Working Directory

Bestimmen Sie hier das sogenannte *Working Directory*. In diesem Arbeitsverzeichnis werden Protokolldateien abgelegt. Das Arbeitsverzeichnis kann nicht auf einem wechselbaren Speichermedium sein. Es kann angelegt werden auf:

- einer lokalen Festplatte
- einem Netzwerklaufwerk auf dem NetWare-386 Fileserver
- einem Netzwerklaufwerk auf einem 286 Fileserver. Es darf allerdings nicht der Fileserver sein, den Sie umrüsten.

Sie haben zwei Möglichkeiten, das Arbeitsverzeichnis auszuwählen:

- Tippen Sie den kompletten Pfad ein
- Benutzen Sie die Auswahlboxen und stellen Sie den Pfad mit den Tasten <INSERT>, <ENTER> und <ESCAPE> zusammen.

8.2.4 Transfer File Server

Wählen Sie diese Option an, wenn Sie alle Daten des NetWare 286 Fileservers auf einmal übertragen möchten. Es werden dann alle Daten aller Volumes und die Bindery übertragen. Sie können diese Option wählen, wenn Sie genügend Speicherplatz auf dem NetWare 386 Fileserver haben und keine Auswahl der Directories treffen möchten, die Sie übertragen.

Nachdem Sie diese Option angewählt haben, erscheint das Formular `Transfer Description`. Sie müssen folgende Definitionen treffen:

`Transfer Description`
  Geben Sie einen Namen an, der das Upgrade benennt.

`Files To Exclude`
  Per Default ist hier None eingetragen, dies bedeutet, daß alle Dateien übertragen werden. Wenn Sie diesen Eintrag ändern möchten, gehen Sie mit den Pfeiltasten auf die Option und

Upgrade mit der Transfer-Methode

drücken Sie <INSERT>. Sie können jetzt eingeben, welche Dateien nicht übertragen werden sollen.

Tippen Sie entweder die Dateinamen aller Dateien ein, die nicht übertragen werden sollen oder benutzen Sie Suchmuster (wildcards), die bestimmen, welche Dateien nicht übertragen werden sollen.

☞ Alle VAPs (Value Added Processes), die in den Verzeichnissen SYS:SYSTEM oder SYS:PUBLIC gespeichert sind, werden automatisch nicht übertragen.

`Directory Exists`
Per Default ist hier `Combine Directory Contents` eingetragen. Sie legen mit dieser Opiton fest, wie gleichnamige Verzeichnisse übertragen werden. UPGRADE wird gleichnamige Verzeichnisse finden, wenn Sie mehrere NetWare 286 Fileserver zu einem NetWare 386 Fileserver aufrüsten. Wenn Sie die Default-Einstellung ändern möchten, wählen Sie das Feld `Directory Exists` an und drücken <ENTER>. Es erscheint das Menü `Directory Exists` mit folgenden Optionen:

`Combine Directory Contents`
Mit der Default-Einstellung werden die Inhalte zweier gleichnamiger Verzeichnisse in einem zusammengefaßt.

`Rename Existing Directory`
Upgrade benennt existierende Verzeichnisse um. Die Verzeichnisse erhalten automatisch die Extension .Unn. nn wird ersetzt durch durchlaufende Nummern: Das erste Verzeichnis erhält die Extension .U00, das zweite Verzeichnis .U01, usw.

`Interactive`
Wenn Sie diese Option anwählen, werden Sie jedesmal, wenn zwei gleichnamige Verzeichnisse auftreten, gefragt, was mit diesen geschehen soll. Sie können dann die Inhalte zweier gleichnamiger Verzeichnisse in einem zusammenfassen oder das existierende Verzeichnis umbenennen. Entscheiden Sie, ein Verzeichnis umzubenennen, müssen Sie den gewünschten Namen angeben.

☞ Alle von NetWare eingerichteten Verzeichnisse, SYS:SYSTEM, SYS:MAIL und SYS:LOGIN, sowie deren automatisch erstellte Unterverzeichnisse) werden immer zusammengefaßt. Jegliche Angaben, die Sie treffen, werden ignoriert.

File Exists
Mit dieser Option legen Sie fest, wie gleichnamige Dateien übertragen werden sollen. Die Default-Einstellung ist: Rename Restored File.

☞ Wichtig: Benutzen Sie eine andere als die Default-Einstellung, werden die NetWare 386 Utilities von den NetWare 286 Utilities überschrieben. Benutzen Sie die Default-Einstellung nur dann, wenn Sie auf dem NetWare 386 Fileserver genügend Speicherplatz haben, da alle NetWare-Utilities zweimal auf dem Volume SYS: vorhanden sein werden.

☞ Haben Sie nicht genügend Speicherkapazität, müssen Sie die Option Overwrite Existing File benutzen. In diesem Fall müssen Sie nach dem Upgrade die NetWare 386-Utilities neu auf den Fileserver kopieren.

Sofern Sie eine andere Einstellung benutzen möchten, wählen Sie dieses Feld an und wählen eine der folgenden Optionen aus:

Interactive
Wenn Sie diese Option benutzen, werden Sie jedesmal gefragt, was mit gleichnamigen Dateien geschehen soll. Sie können die existierende Datei überschreiben, die existierende Datei umbenennen oder die zu übertragende Datei umbenennen. Wenn Sie eine Datei umbenennen, müssen Sie in einem Fenster den Namen eintragen.

Overwrite existing File
Mit dieser Option wird die zu übertragende Datei die existierende Datei überschreiben.

Rename Existing File
Wenn Sie diese Option benutzen, so werden die existierenden Dateien automatisch umbenannt. Alle gleichnamigen Dateien werden die Extension .Unn erhalten. Die erste Datei erhält die Extension .U00, die zweite erhält die Extension .U01 usw.

Rename Restored File
Wenn Sie die Default-Einstellung benutzen, werden automatisch alle zu übertragenden Dateien umbenannt. Gleichnamige existierende Dateien erhalten die Extension .Unn. nn wird hierbei ersetzt durch .U00, .U01, usw.

☞ Wenn Sie den gesamten Fileserver auf einmal übertragen, lesen Sie bitte weiter im Punkt *Beginn des Transfers.*

Upgrade mit der Transfer-Methode

8.2.5 Transfer Bindery

Wählen Sie diese Option an, wenn Sie nicht alle Daten des NetWare 286 Fileservers auf den NetWare 386 Fileserver übertragen möchten. Sie müssen in diesem Fall zuerst die Bindery übertragen und anschließend in der Option Transfer Selected Directories die Verzeichnisse auswählen, die auf den NetWare 386 Fileserver übertragen werden sollen.

Bei der Übertragung der Bindery werden zunächst die Bindery-Objekte, dann die Eigenschaften der Objekte und zuletzt die Werte der Eigenschaften übertragen. Das Utility UPGRADE erstellt eine Datei, in der jedes Objekt der NetWare 286 Bindery der neuen NetWare 386 ID-Nummer zugeordnet wird. Diese Datei trägt die Extension .BMF und kann in der Option List Bindery Map Files angesehen werden.

☞ Wenn Sie die Bindery aufgrund aufgetretener Fehler ein zweites Mal übertragen müssen, müssen Sie erst die Datei mit der Extension .BMF löschen, bevor Sie den Vorgang wiederholen können.

Transfer-Beschreibung eingeben
Sie müssen im Fenster Transfer Description den Transfervorgang benennen. Geben Sie hier einen Namen ein, der sich von den Namen anderer Übertragungen unterscheidet.

Bestätigen Sie die Eingabe mit <ESCAPE> und beantworten Sie die Frage Save Changes mit Yes.

☞ Wenn Sie die Bindery übertragen möchten, lesen Sie bitte weiter im Punkt *Transfer beginnen*.

8.2.6 Transfer Selected Directories

Nachdem Sie die Bindery übertragen haben, können Sie nun die Verzeichnisse auswählen, die Sie auf den NetWare 386 Fileserver übertragen möchten. Sofern die Bindery nicht übertragen wurde, können Sie keine Verzeichnisse übertragen.

Sie müssen außerdem bereits den Quell-Fileserver (*Source*), den Ziel-Fileserver (*Target*) sowie das Arbeitsverzeichnis ausgewählt haben. Lesen Sie dazu die entsprechenden Punkte in diesem Kapitel durch.

Verzeichnisse können auf zwei Arten übertragen werden:

- Wenn Sie bereits ein gleichnamiges Volume auf dem NetWare 386 Fileserver eingerichtet haben überträgt NetWare die Verzeichnisstruktur von einem Volume auf das andere.

- Wenn Sie kein gleichnamiges Volume auf dem NetWare 386 Fileserver eingerichtet haben, müssen Sie einen Pfad angeben, in den UPGRADE die Verzeichnisstruktur kopieren soll. Sie können nach Beendigung des Upgrade-Vorgangs ein Volume anlegen und die Struktur von dem angegebenen Pfad in das Volume kopieren. Dies ist sicher die umständlichere Art. Wir empfehlen auf jeden Fall Volumes vor dem Upgrade-Vorgang einzurichten.

Sobald Sie die Option Transfer Option anwählen, erhalten sie das Formular Transfer Options. Wenn Sie die Default-Einstellungen übernehmen möchten, bestätigen Sie dies mit <ESCAPE>. Beantworten Sie die Frage Save Changes mit Yes. Wenn Sie eine der folgenden Optionen ändern möchten, wählen Sie dieses an. Das Ändern der Default-Einstellung ist in der jeweiligen Erklärung beschrieben:

Transfer Description

Geben Sie einen Namen für den Übertragungsvorgang ein, der sich von allen anderen Namen von Übertragungen unterscheidet.

Transfer Subdirectories

Diese Option bestimmt, ob die Unterverzeichnisse eines Verzeichnisses automatisch übertragen werden oder nicht. Default Yes. Wenn Sie dies ändern möchten, wählen Sie das Feld an und drücken N.

Transfer Trustee Rights

Diese Option bestimmt, ob Trustee Assignments, die für dieses Verzeichnis erteilt wurden, automatisch übertragen werden. Default: Yes. Sie ändern die Einstellung, indem Sie das Feld anwählen und N drücken.

Files To Include

Diese Option erlaubt es Ihnen, die Dateien auszuwählen, die automatisch übertragen werden sollen. Es werden nur die Dateien übertragen, die hier ausgewählt wurden. Default: Alle Dateien werden übertragen. Wenn Sie dies ändern möchten, drücken Sie <ENTER>. Drücken Sie <INSERT> und geben Sie den Dateinamen an, der nicht übertragen werden sollen. Sie können auch Suchmuster angeben, um zu bestimmen, welche Dateien übertragen werden sollen. Bestätigen Sie mit <ESCAPE>.

Files To Exclude
Mit dieser Option können Sie festlegen, welche Dateien nicht übertragen werden sollen. Die Definition, die hier eingetragen ist, gilt vor der Definition, die in der Option Files To Include eingetragen ist. Ist eine Datei in beiden Optionen eingetragen, wird sie dementsprechend nicht übertragen. Default: Keine Dateien werden von der Übertragung ausgeschlossen. Die Selektion erfolgt genauso, wie unter der Option Files To Include beschrieben wurde.

☞ VAPs (Value Added Processes) werden automatisch nicht übertragen.

Source Directory
Mit dieser Option geben Sie den kompletten Pfad des Verzeichnisses an, welches Sie übertragen möchten. Wählen Sie das Feld an und drücken Sie <ENTER>. Sie können den Pfad entweder eintippen oder über die Auswahlboxen zusammenstellen.

Directory Exists
Per Default ist hier Combine Directory Contents eingetragen. Sie legen mit dieser Opiton fest, wie gleichnamige Verzeichnisse übertragen werden. UPGRADE wird gleichnamige Verzeichnisse finden, wenn Sie mehrere NetWare 286 Fileserver zu einem NetWare 386 Fileserver aufrüsten. Wenn Sie die Default-Einstellung ändern möchten, wählen Sie das Feld Directory Exists an und drücken <ENTER>. Es erscheint das Menü Directory Exists mit folgenden Optionen:

Combine Directory Contents
Mit der Default-Einstellung werden die Inhalte zweier gleichnamiger Verzeichnisse in einem zusammengefaßt.

Rename Existing Directory
UPGRADE benennt existierende Verzeichnisse um. Die Verzeichnisse erhalten automatisch die Extension .Unn. nn wird ersetzt durch durchlaufende Nummern: Das erste Verzeichnis erhält die Extension .U00, das zweite Verzeichnis .U01, usw.

Interactive
Wenn Sie diese Option anwählen, werden Sie jedesmal, wenn zwei gleichnamige Verzeichnisse auftreten, gefragt, was mit diesen geschehen soll. Sie können dann die Inhalte zweier gleichnamiger Verzeichnisse in einem zusammenfassen oder

das existierende Verzeichnis umbenennen. Entscheiden Sie, ein Verzeichnis umzubenennen, müssen Sie den gewünschten Namen angeben.

☞ Alle von NetWare eingerichteten Verzeichnisse, SYS:SYSTEM, SYS:MAIL und SYS:LOGIN, sowie deren automatisch erstellte Unterverzeichnisse) werden immer zusammengefaßt. Jegliche Angaben, die Sie treffen, werden ignoriert.

File Exists
Mit dieser Option legen Sie fest, wie gleichnamige Dateien übertragen werden sollen. Die Default-Einstellung ist: Rename Restored File.

☞ Wichtig: Benutzen Sie eine andere als die Default-Einstellung, werden die NetWare 386 Utilities von den NetWare 286 Utilities überschrieben. Benutzen Sie die Default-Einstellung nur dann, wenn Sie auf dem NetWare 386 Fileserver genügend Speicherplatz haben, da alle NetWare-Utilities zweimal auf dem Volume SYS: vorhanden sein werden.

☞ Haben Sie nicht genügend Speicherkapazität, müssen Sie die Option Overwrite Existing File benutzen. In diesem Fall müssen Sie nach dem Upgrade die NetWare 386-Utilities neu auf den Fileserver kopieren.

Sofern Sie eine andere Einstellung benutzen möchten, wählen Sie dieses Feld an und wählen eine der folgenden Optionen aus:

Interactive
Wenn Sie diese Option benutzen, werden Sie jedesmal gefragt, was mit gleichnamigen Dateien geschehen soll. Sie können die existierende Datei überschreiben, die existierende Datei umbenennen oder die zu übertragende Datei umbenennen. Wenn Sie eine Datei umbenennen, müssen Sie in einem Fenster den Namen eintragen.

Overwrite existing File
Mit dieser Option wird die zu übertragende Datei die existierende Datei überschreiben.

Rename Existing File
Wenn Sie diese Option benutzen, so werden die existierenden Dateien automatisch umbenannt. Alle gleichnamigen Dateien werden die Extension .Unn erhalten. Die erste Datei erhält die Extension .U00, die zweite erhält die Extension .U01 usw.

Rename Restored File
Wenn Sie die Default-Einstellung benutzen, werden automa-

Upgrade mit der Transfer-Methode

tisch alle zu übertragenden Dateien umbenannt. Gleichnamige existierende Dateien erhalten die Extension .Unn. nn wird hierbei ersetzt durch .U00, .U01, usw.

8.3 Beginn des Transfers

Im folgenden sind die Vorgänge beim Übertragen aller Daten eines Fileservers beschrieben. Haben Sie nur die Bindery und ausgewählte Verzeichnisse übertragen, lesen Sie bitte unter den entsprechenden Punkten nach. Diese sind, sofern sie abweichend sind, gekennzeichnet.

Nachdem Sie das Formular Transfer Options ausgefüllt haben, drücken Sie <ESCAPE> und beantworten die Frage Save Changes mit Yes. Beantworten Sie die Frage Start Transfer ebenfalls mit Yes, damit die Übertragung beginnt.

Treten irgendwelche Fehler während der Übertragung auf, erscheinen entsprechende Fehlermeldungen am Bildschirm. Die Fehlermeldungen werden zusätzlich in einer Protokolldatei festgehalten. Lesen Sie dazu nach im Punkt *Sichten der Fehlermeldungen*.

Sie können die Übertragung jederzeit abbrechen. Drücken Sie dazu <ESCAPE>. Sobald der aktuelle Vorgang beendet ist, erscheint eine Meldung, die es Ihnen erlaubt, den Upgrade-Vorgang zu unterbrechen. Wenn Sie einen unterbrochenen Upgrade-Vorgang ein zweites Mal durchführen möchten, müssen Sie in jedem Fall zuerst die Bindery übertragen. Lesen Sie dazu die Erläuterungen im Punkt *Bindery ein zweites Mal übertragen*.

Sollte der Upgrade-Vorgang nicht beginnen, lesen Sie bitte den Abschnitt T*roubleshooting beim Upgrade*.

8.4 Anzeigen der Übertragung

Sobald die Übertragung beginnt, teilen Statusmeldungen am Bildschirm mit, welche Dateien gerade übertragen werden, welche bereits übertragen wurden, wieviel Dateien übertragen wurden und wieviel Zeit bereits vergangen ist. Das Fenster am unteren Bildschirmrand protokolliert alle Fehler, die während der Übertragung auftreten. Solange sich die Anzeige im Fenster

`Activity` ändert, ist die Übertragung noch nicht abgeschlossen.

8.4.1 Anzeigen der Bindery-Übertragung

Bei der Übertragung der Bindery werden zunächst die Bindery-Objekte, dann die Eigenschaften der Objekte und zuletzt die Werte der Eigenschaften übertragen. Das Utility UPGRADE erstellt eine Datei, in der jedes Objekt der NetWare 286 Bindery der neuen NetWare 386 ID-Nummer zugeordnet wird. Diese Datei trägt die Extension .BMF und kann in der Option `List Bindery Map Files` angesehen werden.

☞ Wenn Sie die Bindery aufgrund aufgetretener Fehler ein zweites Mal übertragen müssen, müssen Sie erst die Datei mit der Extension .BMF löschen, bevor Sie den Vorgang wiederholen können. Löschen Sie diese Datei nicht bevor der Upgrade-Vorgang abgeschlossen ist und Sie die übertragenen Daten überprüft haben. Diese Datei gewährleistet, daß jedes Bindery Objekt die entsprechenden Eigenschaften und Werte für die einzelnen Verzeichnisse und Dateien sowie seine Trustee Assignments behält. Ist die Datei .BMF gelöscht, können keine weiteren Verzeichnisse übertragen werden.

Hat ein NetWare 386 Bindery-Objekt den gleichen Namen wie ein NetWare 286 Bindery Objekt, erhalten Sie eine entsprechende Meldung. Die Übertragung wird unterbrochen und Sie müssen entscheiden, ob ein neues Objekt eingerichtet werden soll (`Yes`), oder die beiden Objekte zusammengefaßt werden sollen (`No`).

Geben Sie `No` an, um die Bindery-Objekte zusammenzufassen so werden das Login Script, der Kontostand und die Zugangseinschränkungen auf dem NetWare 386 Fileserver von den Werten des zu übertragenden Objektes überschrieben.

Geben Sie `Yes` an, wird ein neues Objekt eingerichtet und Sie werden aufgefordert, einen Namen für das Objekt einzugeben.

☞ Wenn Sie mehr als einen NetWare 286 Fileserver auf einen NetWare 386 Fileserver übertragen und die entsprechenden Eigenschaften und Werte nicht protokolliert haben, sollten Sie gleichnamige Bindery-Objekte nicht zusammenfassen.

8.4.1.1 Richtlinien für gleichnamige Bindery-Objekte

Im folgenden sind einige Richtlinien für das Zusammenfassen gleichnamiger Objekte, die Option `Combine Bindery Objects`, aufgeführt:

Supervisor
  Wenn Sie mit `No` antworten, so wird der NetWare 286 Supervisor zum NetWare 386 Supervisor. Das Login Sript des NetWare 286 Supervisors wird das Login Script des NetWare 386 Supervisors überschreiben.

  Antworten Sie mit `Yes`, so müssen Sie einen neuen Namen für den NetWare 286 Supervisor eingeben. Das Login Script für den Supervisor auf dem NetWare 386 Fileserver wird nicht überschrieben.

Everyone
  Antworten Sie `No`, wenn die Gruppe Everyone des NetWare 286 Fileservers zur Gruppe Everyone auf dem NetWare 386 Fileserver werden soll. Die Rechte, die die NetWare 286 Gruppe Everyone hatte, werden zu den Rechten addiert, die der Gruppe Everyone von NetWare 386 zugewiesen wurden.

  Antworten Sie `Yes`, so müssen Sie für die Gruppe Everyone von NetWare 286 einen neuen Namen für den NetWare 386 Fileserver eingeben. Die Eigenschaften, die der Gruppe Everyone auf dem NetWare 286 Fileserver zugeordnet wurden, gelten auf dem NetWare 386 Fileserver nicht.

☞ Werden die beiden Gruppen Everyone nicht zusammengefaßt, so sind die NetWare 286 User nicht automatisch Mitglieder in der Gruppe Everyone auf dem NetWare 386 Fileserver.

Guest
  Beantworten Sie die Frage mit `No`, so werden alle Rechte, die dem User Guest auf dem NetWare 286 Fileserver zugewiesen wurden, dem User Guest auf dem NetWare 386 Fileserver zugewiesen.

  Anworten Sie mit `Yes`, so müssen Sie einen neuen Namen für den User Guest auf dem NetWare 386 Fileserver eingeben. Es werden keine Eigenschaften des Users Guest von NetWare 286 auf die Eigenschaften des Users Guest von NetWare 386 übertragen.

Andere Objekte
Haben z.B. zwei unterschiedliche User den gleichen Namen, sollten Sie einen umbenennen. Antworten Sie also mit `Yes` und geben Sie einen neuen Namen ein.

Wurde der gleiche User auf beiden Fileservern eingerichtet, können Sie die Werte und Eigenschaften zusammenfassen. Antworten Sie also mit `No`.

8.4.2 Anzeigen der Übertragung von Verzeichnissen

Nachdem die Bindery übertragen wurde, werden die Verzeichnisse und Dateien vom NetWare 286 Fileserver auf den NetWare 386 Fileserver übertragen. Das sogenannte Bindery Map File weist den einzelnen Verzeichnissen und Dateien die richtigen Eigenschaften zu. Dies betrifft im wesentlichen die Trustee Assignments, Ownership und Attribute.

Sofern Sie im Formular `Transfer Options`, die Option `Directory Exists` oder `File Exists` auf `Interactive` gesetzt haben, wird der Upgrade-Vorgang immer dann unterbrochen, wenn zwei gleichnamige Verzeichnisse oder Dateien gefunden werden. Sie müssen dann entscheiden, was mit dem jeweiligen Verzeichnis oder der jeweiligen Datei geschehen soll. Lesen Sie dazu die Erläuterungen in den Punkten `Directory Exists` und `File Exists`.

8.5 Sichten der Fehlermeldungen

Sobald die Übertragung beendet ist, erscheint die Meldung `Transfer Completed`. Sofern Sie das Fenster `Error Message` Meldungen enthält oder Sie die Meldung `Transfer Terminated` erhalten haben, wählen Sie die Option `View Error Log`.

Einige der Meldungen sind rein informativ, andere zeigen an, daß der Upgrade-Vorgang wiederholt werden muß. Wurde ein Upgrade-Vorgang frühzeitig abgebrochen, müssen Sie die Bindery erneut übertragen. Wurde der Upgrade-Vorgang unterbrochen, nachdem die Bindery bereits übertragen wurde, können Sie das Upgrade beenden, indem Sie mit der Option `Transfer Selected Directories` die Verzeichnisse übertragen.

Upgrade mit der Transfer-Methode

Sind keine Fehlermeldungen aufgetreten, ist der Upgrade-Vorgang beendet. Drücken Sie zweimal <ESCAPE>, um das Utility UPGRADE zu verlassen. Lesen Sie weiter im Kapitel *Upgrade-Einleitung* unter dem Punkt *Schritte nach dem Upgrade*.

8.6 Bindery zum zweiten Mal übertragen

Die folgenden Schritte sollten nur angewendet werden, wenn der Upgrade-Vorgang während der Übertragung der Bindery unterbrochen wurde.

1. Geben Sie an den Konsolen beider Fileserver das Konsole-Kommando ENABLE LOGIN ein:

ENABLE LOGIN <ENTER>.

2. Loggen Sie sich am NetWare 386 Fileserver als Supervisor ein. Benutzen Sie das Kommando BINDREST, um die Bindery zu rekonstruieren. Nähere Erläuterungen zu diesem Kommando lesen Sie im Kapitel *NetWare Kommandos* im Punkt *BINDREST*:

BINDREST <ENTER>

3. Rufen Sie das Utility UPGRADE erneut auf.

4. Wählen Sie die Option DOS Device aus dem Menü Select the desired Device.

5. Wählen Sie die Option Transfer 286 2.xx To 386 3.x.

6. Bestimmen Sie den Ziel-Fileserver (Target).

7. Wählen Sie die Option List Bindery Map Files aus dem Transfer Menu. Löschen Sie aus der Liste die Datei, die den Fileserver-Namen auflistet, für den Sie den Upgrade-Vorgang wiederholen möchten. Sind andere Dateien in der Liste mit dem Hinweis Corrupted versehen, löschen Sie diese ebenfalls.

8. Übertragen Sie die Bindery erneut.

8.7 Troubleshooting beim Transfer

Es können eine Reihe allgemeiner Fehlermeldungen auftreten, die den Upgrade-Vorgang unterbrechen oder gar nicht erst starten. Die am häufigsten auftretenden Fehlermeldungen sind nachfolgend aufgelistet:

Too many Connections
Diese Meldung zeigt an, daß außer der Station, an der das Utility UPGRADE läuft noch andere Stationen an einem der beiden Fileserver eingeloggt sind. In diesem Falle wird der Upgrade-Vorgang nicht gestartet. Sie erhalten eine Liste aller User oder VAPs, die am Fileserver "attached" sind. Die Überschrift des Menüs zeigt an, ob der User am NetWare 286 oder am NetWare 386 Fileserver eingeloggt ist. Führen Sie einen der folgenden Schritte durch:

- Senden Sie den angeschlossenen Usern Meldungen, daß sie sich ausloggen müssen. Wählen Sie dazu den User an und geben Sie die Nachricht im erscheinenden Fenster ein.

- Unterbrechen Sie die Verbindung, indem Sie den User anwählen und <DELETE> drücken. Alle geöffneten Dateien werden im Fileserver geschlossen, bevor der User ausgeloggt wird.

- Tun Sie dies nicht, wenn ein User eine Datenbankdatei oder eine Textverarbeitungsdatei offen hält.

- Benutzen Sie diese Option auch, um VAPs zu löschen.

Können Sie eine Verbindung zu einem NetWare 286 Fileserver nicht löschen, so fahren Sie diesen mit dem Kommando DOWN herunter und booten ihn neu.

Lost Connections
Sofern Sie Ihre Verbindung zu Ihrem Arbeitsverzeichnis, Ziel- oder Quellverzeichnis verlieren, wird der Upgrade-Vorgang unterbrochen. Sie müssen die Übertragung erneut durchführen. Lesen Sie dazu die Erläuterungen in den Punkten *Bindery ein zweites Mal übertragen* und T*ransfer Selected Directories*.

Volume is full
Haben Sie auf dem NetWare 386 Volume nicht genügend Speicherkapazität, wird der Upgrade-Vorgang unterbrochen, sobald das Volume voll ist. Sie werden eine Reihe von Meldungen erhalten, die anzeigen, daß das Volume fast voll ist.

Sobald der Upgrade-Vorgang unterbrochen wird, erhalten Sie eine Meldung ähnlich der folgenden:

```
Error -23 writing to file "Dateiname".
Volume "Volume-Name" out of space.
```

Fügen Sie in diesem Fall eine weitere Festplatte hinzu, und richten Sie ein weiteres Volume-Segment für das Volume ein. Nähere Erläuterungen dazu lesen Sie im Kapitel *NetWare Loadable Modules* im Punkt *INSTALL.NLM*.

Nachdem Sie mehr Speicherkapazität hinzugefügt haben, können Sie die verbliebenen Verzeichnisse übertragen. Lesen Sie dazu die Erläuterungen im Punkt *Transfer Selected Directories*.

Upgrade mit der Backup-Device-Methode 9

9.1 Einleitung

Um die Backup-Device-Methode durchführen zu können, benötigen Sie zunächst ein Backup-Medium, welches in Ihrem Netzwerk angeschlossen ist. Sie führen das Backup Ihrer Daten mit dem Utility UPGRADE durch, installieren Ihren Fileserver unter NetWare 386 v.3.11 und spielen die Daten des NetWare 286 Fileservers vom Backup-Medium zurück auf den NetWare v3.11 Fileserver.

9.1.1 Zwei Backup-Medien

UPGRADE unterscheidet zwischen zwei Backup-Medien:

DOS-Device Als "DOS-Device" (DOS-Gerät) bezeichnet man alle Geräte, die über einen DOS-Laufwerksbuchstaben angesprochen werden. Dazu gehören zunächst Floppy-Laufwerke, DOS-Festplatten und Netzwerklaufwerke. Weiterhin sind dies Geräte, die über einen DOS-Gerätetreiber (DEVICE= in der Datei CONFIG.SYS) angesprochen werden, z.B. manche Bandlaufwerke und optische Laufwerke (auch WORM genannt).

Non-DOS Device Als Non-DOS-Devices werden die Geräte bezeichnet, welche nicht über einen DOS-Laufwerksbuchstaben angesprochen werden, sondern einen speziellen Treiber benötigen.

Für solche Geräte ist die Datei DIBI$DRV.DAT relevant, die im Verzeichnis SYS:PUBLIC gespeichert ist: In dieser Datei sind die in NetWare v3.11 verfügbaren Treiber für Non-DOS-Devices aufgeführt. Sie erhalten diese Liste auch, wenn Sie UPGRADE aufrufen. Sobald Sie das Non-DOS-Device aus der Liste auswählen, wird der Treiber in UPGRADE aktiviert.

Sollten Sie ein Backupmedium benutzen, welches am NetWare 286 Fileserver (z.B. Wangtek Bandlaufwerk) angeschlossen ist, so führen Sie das Backup durch und installieren das Gerät anschließend an einer Arbeitsstation.

☞ Einige Backup-Geräte z.B. Wangtek-Bandlaufwerke, spulen die Kasetten nach jedem Backup-Vorgang zurück. Alle Daten werden bei jedem neuen Backup-Vorgang überschrieben. Beachten Sie deshalb, daß Sie für das Upgrade zwei Kassetten benutzen; eine für das Sichern der Bindery, die andere für das Sichern der Daten.

9.1.2 Durchführung der Backup Device-Methode

Um die Backup-Device-Methode durchführen zu können, benötigen Sie:

- Eine Arbeitsstation mit mindestens 640 KB Arbeitsspeicher und einem High Density Laufwerk. Sofern Sie nur einen Fileserver in Ihrem Netzwerk installiert haben, muß die Arbeitsstation über eine Festplatte verfügen.

- Ein Backup-Device, das in Ihrem Netzwerk angeschlossen ist.

9.1.2.1 Überblick über die Backup-Device-Methode

In der folgenden Liste sind alle Schritte aufgeführt, die während des Upgrade-Vorganges mit der Backup Device Methode nötig sind:

- Zweifaches Backup der Daten des NetWare 286 Fileserver: eines mit Ihrer üblichen Backup-Methode, das andere mit Upgrade.

- Installation des NetWare 386 v3.11 Fileservers

- Installation von mindestens einer Arbeitsstation mit der NetWare 386 v3.11 Shell.

- Zurückspielen der Daten des NetWare 286 Fileservers auf den NetWare 386 v3.11 Fileserver mit UPGRADE.

- Durchführen einiger Sicherheitsüberprüfungen, bevor sich User am NetWare 386 v3.11 Fileserver einloggen.

9.1.3 Vorbereitungen für die Benutzung von UPGRADE

Bevor Sie das Utility UPGRADE aufrufen, sind folgende Schritte nötig:

1. Loggen Sie alle User aus dem NetWare 286 Fileserver aus und geben Sie an der Konsole des NetWare 286 Fileservers das Konsole-Kommando DISABLE LOGIN ein:

```
DISABLE LOGIN <ENTER>
```

2. Benutzen Sie an einer Arbeitsstation, die am NetWare 286 Fileserver eingeloggt ist, das Kommando BINDFIX. Dieses Kommando überprüft die NetWare-eigene Datenbank (Bindery) auf Konsistenz und löscht sämtliche Informationen von gelöschten

Usern. Dabei werden auch alle Mail-Verzeichnisse gelöschter User gelöscht. Geben Sie an der Arbeitsstation ein:

```
BINDFIX <ENTER>
```

Beantworten Sie die Frage, ob Sie die Mail-Verzeichnisse löschen sollen, mit Yes.

3. Machen Sie mit Ihrer üblichen Backup-Methode eine Sicherungskopie der Daten auf Ihrem NetWare 286 Fileserver.

4. Loggen Sie sich als Supervisor am NetWare 286 Fileserver ein. Das Utility UPGRADE benötigt eine Arbeitsstation in der mindestens 640 KB RAM installiert sind. Vergewissern Sie sich, daß keine TSR-Programme aktiv sind. TSR- Programme verbleiben im RAM der Arbeitsstation.

☞ In der Datei CONFIG.SYS muß der Wert FILES mindestens 20 sein.

Upgrade mit der Backup Device Methode

9.2 Das Utility UPGRADE

Nachdem alle Vorbereitungen getroffen sind, kann nun der eigentliche Upgrade-Vorgang beginnen. Die Datei UPGRADE.EXE befindet sich im Verzeichnis SYS:SYSTEM. Folgende Schritte sind nötig, um das Upgrade mit der Backup Device Methode durchzuführen.

1. Kopieren Sie alle Daten der Diskette mit dem Label *UPGRADE* auf das Laufwerk, von dem aus Sie UPGRADE starten. Dies kann ein Netzwerklaufwerk, eine Festplatte oder ein Diskettenlaufwerk sein. Rufen Sie am DOS-Prompt das Utility UPGRADE auf:

Upgrade <ENTER>

Es erscheint das Menü Select The Desired Device mit den Optionen DOS Device und Wangtek Tape Drive.

Nachdem Sie die entsprechende Option angewählt haben, erscheint das Hauptmenü von UPGRADE:

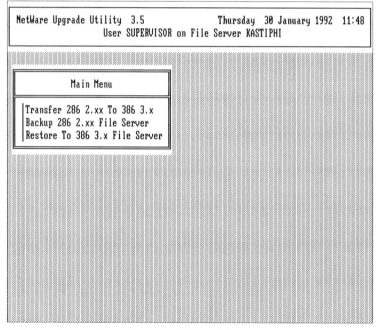

9-1 Das Hauptmenü von UPGRADE

3. Wählen Sie die Option Backup 286 2.xx aus dem Hauptmenü aus. Es erscheint das Menü Backup Menu mit folgenden Optionen:

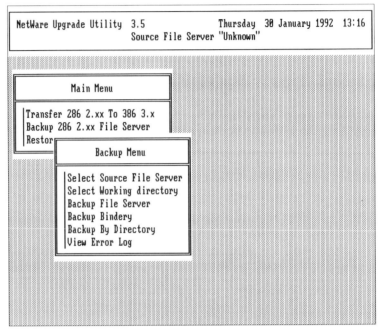

9-2 Das Menü Backup Menu von UPGRADE

9.2.1 Select Source File Server

Wählen Sie diese Option, um den Quell-Fileserver, also den NetWare 286 Fileserver, auszuwählen. Es kann kein Fileserver sein, der unter NetWare 386 v3.0 betrieben wird.

Sind Sie im NetWare 286 Fileserver nicht eingeloggt, drücken Sie <INSERT>, wählen den NetWare 286 Fileserver aus und loggen sich als Supervisor ein.

Sind Sie bereits eingeloggt, wählen Sie den NetWare 286 Fileserver aus der Liste aus. Der Name des Fileservers, den Sie ausgewählt haben, erscheint in der obersten Bildschirmzeile nach Source:. Solange Sie keinen Quell-Fileserver ausgewählt haben, steht hier Unknown.

9.2.2 Select Working Directory

Bestimmen Sie hier das sogenannte *Working Directory*. In diesem Arbeitsverzeichnis werden Protokolldateien abgelegt. Das Arbeitsverzeichnis kann nicht auf einem wechselbaren Speichermedium sein. Es kann angelegt werden auf:

- einer lokalen Festplatte
- einem Netzwerklaufwerk auf einem 286 Fileserver. Es darf allerdings nicht der Fileserver sein, den Sie umrüsten.

☞ Wenn diese Daten verloren gehen, haben Sie keine Möglichkeit, die Daten auf dem NetWare 386 Fileserver einzuspielen. Wir empfehlen Ihnen daher, eine Sicherungskopie dieser Dateien nach dem Backup-Vorgang anzufertigen.

Sie haben zwei Möglichkeiten, das Arbeitsverzeichnis auszuwählen:

- Tippen Sie den kompletten Pfad ein
- Benutzen Sie die Auswahlboxen und stellen Sie den Pfad mit den Tasten <INSERT>, <ENTER> und <ESCAPE> zusammen.

9.2.2.1 Auswahl der Backup-Methode

Sie haben nun mehrere Möglichkeiten, das Backup des NetWare 286 Fileservers durchzuführen:

- Wenn Sie über genügend Speicherkapazität auf Ihrem Bakkup-Medium verfügen, können Sie alle Daten auf einmal absichern. Wählen Sie in diesem Fall die Option Backup Fileserver.
- Müssen Sie die Kassetten Ihres Bandlaufwerkes wechseln, so müssen Sie zuerst die Bindery und anschließend die Verzeichnisse absichern. Wählen Sie dazu zunächst die Option Backup Bindery und anschließend Backup By Directory.
- Dies gilt auch dann, wenn Sie nicht alle Daten des NetWare 286 Fileservers auf Ihrem NetWare 386 v3.11 Fileserver einspielen möchten.

9.2.3 Backup File Server

Wählen Sie diese Option an, wenn Sie alle Daten des NetWare 286 Fileservers auf einmal sichern möchten. Es werden dann alle Daten aller Volumes und die Bindery abgesichert.

Nachdem Sie diese Option angewählt haben, erscheint das Formular Backup Options. Sie müssen folgende Definitionen treffen:

Session Description
  Geben Sie einen Namen an, der das Backup benennt.

Files To Exclude
  Per Default ist hier None eingetragen, dies bedeutet, daß alle Dateien gesichert werden. Wenn Sie diesen Eintrag ändern möchten, gehen Sie mit den Pfeiltasten auf die Option und drücken Sie <INSERT>. Sie können jetzt eingeben, welche Dateien nicht gesichert werden sollen.

  Tippen Sie entweder die Dateinamen aller Dateien ein, die nicht gesichert werden sollen oder benutzen Sie Suchmuster (wildcards), die bestimmen, welche Dateien nicht gesichert werden sollen.

☞ Alle VAPs (Value Added Processes), die in den Verzeichnissen SYS:SYSTEM oder SYS:PUBLIC gespeichert sind, werden automatisch nicht gesichert.

Destination Directory
  Geben Sie hier den Pfad ein, der Ihr Backup-Medium kennzeichnet. Dies kann ein Diskettenlaufwerk, eine Festplatte, ein Bandlaufwerk oder ein Netzwerklaufwerk auf einem anderen Fileserver sein.

☞ Für bestimmte Backup-Medien, z.B. Wangtek gilt diese Option nicht.

Tippen Sie den Pfad ein oder stellen Sie ihn über Auswahlboxen zusammen.

  Sobald Sie die Angaben getroffen haben, drücken Sie <ESCAPE> und beantworten die Frage Save Changes mit Yes. Beantworten Sie die Frage Start Backup mit Yes, wenn Sie den Backup-Vorgang beginnen möchten. Lesen Sie dazu weiter im Punkt *Anzeigen des Backup-Vorgangs*

9.2.4 Backup Bindery

Wählen Sie diese Option an, wenn Sie nicht alle Daten des NetWare 286 Fileservers absichern möchten oder nicht genügend Platz auf Ihrem Speichermedium haben, um alle Daten auf einmal abzusichern. Sie müssen in diesem Fall zuerst die Bindery absichern und anschließend in der Option Backup by Direc-

Upgrade mit der Backup Device Methode

tory Directories die Verzeichnisse auswählen, die auf das Backup-Medium übertragen werden sollen.

Sie müssen im Fenster Session Description den Backup-Vorgang benennen. Geben Sie hier einen Namen ein, der sich von den Namen anderer Backup-Vorgänge unterscheidet.

Destination Directory
Geben Sie hier den Pfad ein, der Ihr Backup-Medium kennzeichnet. Dies kann ein Diskettenlaufwerk, eine Festplatte, ein Bandlaufwerk oder ein Netzwerklaufwerk auf einem anderen Fileserver sein.

☞ Für bestimmte Backup-Medien, z.B. Wangtek gilt diese Option nicht.

Tippen Sie den Pfad ein oder stellen Sie ihn über Auswahlboxen zusammen.

Bestätigen Sie die Eingabe mit <ESCAPE> und beantworten Sie die Frage Save Changes mit Yes.

Beantworten Sie die Frage Start Backup mit Yes, wenn Sie den Backup-Vorgang beginnen möchten. Lesen Sie dazu weiter im Punkt *Anzeigen des Backup-Vorgangs*.

9.2.5 Backup by Directories

Nachdem Sie die Bindery übertragen haben, können Sie nun die Verzeichnisse auswählen, die Sie auf das Backup-Medium übertragen möchten. Sofern die Bindery nicht übertragen wurde, können Sie keine Verzeichnisse übertragen.

Sie müssen außerdem bereits den Quell-Fileserver (*Source*) und das Arbeitsverzeichnis ausgewählt haben. Lesen Sie dazu die entsprechenden Punkte in diesem Kapitel durch.

Sobald Sie die Option Backup By Directory anwählen, erhalten sie das Formular Backup Options. Wenn Sie eine der folgenden Optionen ändern möchten, wählen Sie dieses an. Das Ändern der Default-Einstellung ist in der jeweiligen Erklärung beschrieben:

Session Description
Geben Sie einen Namen für den Backup-Vorgang ein, der sich von allen anderen Namen von Backup-Vorgängen unterscheidet.

Backup Subdirectories
: Diese Option bestimmt, ob die Unterverzeichnisse eines Verzeichnisses automatisch gesichert werden oder nicht. Default Yes. Wenn Sie dies ändern möchten, wählen Sie das Feld an und drücken N.

Backup Trustees
: Diese Option bestimmt, ob Trustee Assignments, die für dieses Verzeichnis erteilt wurden, automatisch abgesichert werden. Ist dies der Fall, so werden die Trustee Assignments den NetWare 386 Rechten angepaßt. Default: Yes. Sie ändern die Einstellung, indem Sie das Feld anwählen und N drücken.

Files To Include
: Diese Option erlaubt es Ihnen, die Dateien auszuwählen, die automatisch gesichert werden sollen. Es werden nur die Dateien gesichert, die hier ausgewählt wurden. Default: Alle Dateien werden gesichert. Wenn Sie dies ändern möchten, drücken Sie <ENTER>. Drücken Sie <INSERT> und geben Sie den Dateinamen an, der nicht gesichert werden sollen. Sie können auch Suchmuster angeben, um zu bestimmen, welche Dateien gesichert werden sollen. Bestätigen Sie mit <ESCAPE>.

Files To Exclude
: Mit dieser Option können Sie festlegen, welche Dateien nicht gesichert werden sollen. Die Definition, die hier eingetragen ist, gilt vor der Definition, die in der Option Files To Include eingetragen ist. Ist eine Datei in beiden Optionen eingetragen, wird sie dementsprechend nicht gesichert. Default: Keine Dateien werden vom Backup ausgeschlossen. Die Selektion erfolgt genauso, wie unter der Option Files To Include beschrieben wurde.

☞ VAPs (Value Added Processes) werden automatisch nicht übertragen.

Source Directory
: Mit dieser Option geben Sie den kompletten Pfad des Verzeichnisses an, welches Sie absichern möchten. Wollen Sie die gesamte Struktur eines Volumes absichern, geben Sie diesen Pfad ein. Wählen Sie das Feld an und drücken Sie <ENTER>. Sie können den Pfad entweder eintippen oder über die Auswahlboxen zusammenstellen.

Upgrade mit der Backup Device Methode

Destination Directory
Geben Sie hier den Pfad ein, der Ihr Backup-Medium kennzeichnet. Dies kann ein Diskettenlaufwerk, eine Festplatte, ein Bandlaufwerk oder ein Netzwerklaufwerk auf einem anderen Fileserver sein.

☞ Für bestimmte Backup-Medien, z.B. Wangtek gilt diese Option nicht.

Tippen Sie den Pfad ein oder stellen Sie ihn über Auswahlboxen zusammen.

Bestätigen Sie die Eingabe mit <ESCAPE> und beantworten Sie die Frage Save Changes mit Yes.

Beantworten Sie die Frage Start Backup mit Yes, wenn Sie den Backup-Vorgang beginnen möchten. Lesen Sie dazu weiter im Punkt *Anzeigen des Backup-Vorgangs*

9.3 Beginn des Backups

Nachdem Sie das Formular Backup Options ausgefüllt haben, drücken Sie <ESCAPE> und beantworten die Frage Save Changes mit Yes. Beantworten Sie die Frage Start Backup ebenfalls mit Yes, damit der Backup-Vorgang beginnt.

Treten irgendwelche Fehler während des Backups auf, erscheinen entsprechende Fehlermeldungen am Bildschirm. Die Fehlermeldungen werden zusätzlich in einer Protokolldatei festgehalten. Lesen Sie dazu nach im Punkt *Sichten der Fehlermeldungen.*

Sie können den Backup-Vorgang jederzeit abbrechen. Drücken Sie dazu <ESCAPE>. Sobald der aktuelle Vorgang beendet ist, erscheint eine Meldung, die es Ihnen erlaubt, den Vorgang zu unterbrechen.

Sollte der Backup-Vorgang nicht beginnen, lesen Sie bitte den Abschnitt *Troubleshooting beim Backup.*

9.4 Anzeigen des Backups

Sobald das Backup beginnt, teilen Statusmeldungen am Bildschirm mit, welche Dateien gerade gesichert werden, welche bereits gesichert wurden, wieviel Dateien gesichert wurden und wieviel Zeit bereits vergangen ist. Das Fenster am unteren Bildschirmrand protokolliert alle Fehler, die während des Backups auftreten.

Verwenden Sie ein auswechselbares Backup-Medium, zeigt das Feld Media ID die Nummer der aktuell eingelegten Kassette an.

Am übersichtlichsten ist es, wenn Sie die Kassetten vor dem Einlegen numerieren, damit Sie sie in der richtigen Reihenfolge einlegen, um die Daten auf dem NetWare v3.11 Fileserver einzuspielen.

Solange sich die Anzeige im Feld Activity ändert, ist der Backup-Vorgang noch nicht abgeschlossen.

9.4.1 Anzeigen des Bindery-Backups

Beim Backup der Bindery werden zunächst die Bindery-Objekte, dann die Eigenschaften der Objekte und zuletzt die Werte der Eigenschaften übertragen. Die entsprechenden Dateien heißen UPGR$BND.nnn. Sobald die Bindery ohne Fehler gesichert wurden, werden Sie aufgefordert, den Backup-Vorgang fortzuführen.

9.4.2 Anzeigen des Backups von Verzeichnissen

Nachdem die Bindery gesichert wurde, werden die Verzeichnisse und Dateien gesichert. Dabei wird das Volume SYS: zuerst auf das Backup-Medium übertragen. Die Daten des Volumes werden in Dateien namens UPGR$nnn.nnn gesichert. nnn steht hierbei für die durchlaufende Numerierung der Dateien.

9.5 Sichten der Fehlermeldungen

Sobald das Backup beendet ist, erscheint die Meldung Backup Completed. Sofern Sie das Fenster Error Message Meldungen enthält oder Sie die Meldung Backup Terminated erhalten haben, wählen Sie die Option View Error Log.

Einige der Meldungen sind rein informativ, andere zeigen an, daß der Backup-Vorgang wiederholt werden muß. Entdeckt UPGRADE beispielsweise eine beschädigte Datei, wird der Backup-Vorgang unterbrochen. Sie müssen die Datei auf dem NetWare 286 Fileserver erst löschen, bevor Sie den Backup-Vorgang fortführen können.

Sind keine Fehlermeldungen aufgetreten, ist der Upgrade-Vorgang beendet. Drücken Sie zweimal <ESCAPE>, um das Utility UPGRADE zu verlassen. Lesen Sie weiter im Kapitel *Upgrade – Einleitung* unter dem Punkt *Schritte nach dem Upgrade*.

9.6 Troubleshooting beim Backup

Es können eine Reihe allgemeiner Fehlermeldungen auftreten, die den Backup-Vorgang unterbrechen oder gar nicht erst starten. Die am häufigsten auftretenden Fehlermeldungen sind nachfolgend aufgelistet:

Die Arbeitsstation stürzt ab, sobald Sie das Speichermedium auswählen
  Folgende Gründe können den Absturz verursachen:

- Das Backup-Medium ist nicht an der Arbeitsstation angeschlossen.

- Sie wählten einen falschen Treiber aus.

- Das Backup-Medium wurde nicht so konfiguriert, wie es die Default-Einstellungen im DIBI-Treiber erforderten.

Backup device is full
  Sobald Sie mehr Daten ausgewählt haben, als auf dem gewählten Backup-Medium Platz haben, wird der Backup-Vorgang unterbrochen. Führen Sie zuerst das Backup der Bindery durch und anschließend das Backup der Verzeichnisse.

Too many Connections
Diese Meldung zeigt an, daß außer der Station, an der das Utility UPGRADE läuft noch andere Stationen am Fileserver eingeloggt sind. In diesem Falle wird der Backup-Vorgang nicht gestartet. Sie erhalten eine Liste aller User oder VAPs, die am Fileserver "attached" sind. Führen Sie einen der folgenden Schritte durch:

- Senden Sie den angeschlossenen Usern Meldungen, daß sie sich ausloggen müssen. Wählen Sie dazu den User an und geben Sie die Nachricht im erscheinenden Fenster ein.

- Unterbrechen Sie die Verbindung, indem Sie den User anwählen und <DELETE> drücken. Alle geöffneten Dateien werden im Fileserver geschlossen bevor der User ausgeloggt wird.

☞ Tun Sie dies nicht, wenn ein User eine Datenbankdatei oder eine Textverarbeitungsdatei offen hält.

- Benutzen Sie diese Option auch, um VAPs zu löschen.

Können Sie eine Verbindung zu einem NetWare 286 Fileserver nicht löschen, so fahren Sie diesen mit dem Kommando DOWN herunter und booten ihn neu.

9.7 Installation des NetWare v3.11 Fileservers

Die Installation des NetWare v3.11 Fileservers ist im Kapitel *Installation des Fileservers* ausführlich erläutert. Installieren Sie Ihren Fileserver nach diesen Anweisungen.

9.8 Installation einer Arbeitsstation

Sie müssen mindestens eine Arbeitsstation mit den NetWare 386 v3.11 Treibern installieren. Die genaue Anleitung dazu lesen Sie im Kapitel *DOS-Arbeitsstationen*.

9.9 Einspielen der Daten auf den NetWare v3.11 Fileserver

Nachdem Sie den NetWare v3.11 Fileserver installiert haben, müssen Sie nun die Daten des NetWare 286 Fileservers auf dem NetWare 386 Fileserver einspielen. Auch dies wird mit dem Utility UPGRADE realisiert.

Bevor Sie dies tun, sollten Sie folgende Schritte durchführen:

Maximale Unterverzeichnistiefe NetWare 386 ist per Default so eingerichtet, daß lediglich eine Unterverzeichnis-Tiefe (Maximum Subdirectory Depth) von 25 erlaubt ist. Haben Sie unter NetWare 286 Verzeichnisstrukturen, die tiefer sind als 25, müssen Sie die Default-Einstellung am NetWare 386 Fileserver ändern.

Editieren Sie die Datei STARTUP.NCF und fügen Sie folgendes Kommando ein:

```
SET MAXIMUM SUBDIRECTORY TREE DEPTH = N
```

Ersetzen Sie N durch einen Wert zwischen 26 und 100. Nähere Erläuterungen zu der Datei STARTUP.NCF lesen Sie im Kapitel *Installation des Fileservers*. Nähere Erläuterungen zum Konsole-Kommando SET lesen Sie im Kapitel *Konsole-Kommandos* unter dem Punkt *SET*.

Absichern des System Login Script Sollten Sie bereits ein System-Login Script für Ihren NetWare 386 Fileserver erstellt haben, sollten Sie dieses auf Diskette kopieren. Denn sobald Sie die Daten des NetWare 286 Fileservers einspielen, überschreiben Sie das System Login Script des NetWare 386 Fileservers. Das System Login Script finden Sie in der Datei NET$LOG.DAT im Verzeichnis SYS:PUBLIC.

9.9.1 Aufruf von Upgrade (Restore)

Loggen Sie sich als Supervisor im NetWare 386 Fileserver ein. Das Utility UPGRADE befindet sich im Verzeichnis SYS:SYSTEM. Rufen Sie UPGRADE auf:

```
UPGRADE <ENTER>
```

Wählen Sie aus dem Menü `Select Storage Device` das Device aus, das Sie für das Backup benutzt haben.

Wählen Sie aus dem Hauptmenü die Option `Restore to 386 3.x File Server` aus.

Es erscheint das Menü Restore Menu mit folgenden Optionen:

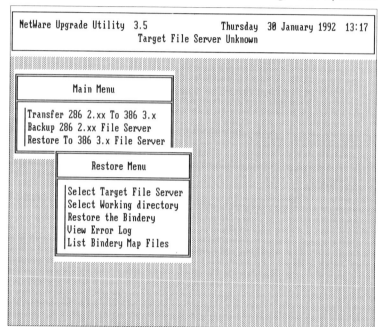

9-3 Das Menü Restore Menu

9.9.2 Select Target Fileserver

Wählen Sie hier den NetWare 386 Fileserver aus, auf den die Daten des NetWare 286 Fileservers übertragen werden sollen. Der Name des Fileservers erscheint in der obersten Bildschirmzeile nach Target: Solange Sie keinen Ziel-Fileserver ausgewählt haben, steht hier Unknown.

9.9.3 Select Working Directory

Bestimmen Sie hier das Arbeitsverzeichnis. Es muß das gleiche Arbeitsverzeichnis sein, welches Sie für das Backup benutzt haben. UPGRADE sucht nach bestimmten Dateien, die während des Backups angelegt wurden. UPGRADE benötigt diese Dateien, damit die Daten eingespielt (restored) werden können. Tippen Sie den kompletten Pfad ein oder benutzen Sie die Auswahlboxen und stellen Sie den Pfad mit den Tasten <INSERT>, <ENTER> und <ESCAPE> zusammen.

9.9.4 Restore the Bindery

UPGRADE überprüft, ob die Bindery auf dem NetWare 386 Fileserver eingespielt wurde. Solange dies nicht der Fall ist, können keine Daten eingespielt werden. Die Option Restore Session erscheint erst dann im Hauptmenü, wenn die Bindery auf den NetWare 386 Fileserver übertragen wurde.

Sie müssen angeben, wo sich die Backup-Datei der Bindery befindet. Ist die Pfadangabe richtig, drücken Sie <ENTER>.

Hat sich der Pfad geändert, müssen Sie diesen eingeben. Drücken Sie <F3> und geben Sie den Pfad an. Sie können auch <INSERT> drücken und den Pfad aus einer Liste auswählen. Bestätigen Sie die Angabe des Pfades mit <ENTER>.

☞ Für bestimmte Backup-Geräte benötigen Sie keine Pfadangabe.

Bestätigen Sie die Frage Start Restore mit Yes, damit das Wiedereinspielen der Bindery beginnt.

9.10 Anzeigen des Restore

Sobald das Wiedereinspielen beginnt, teilen Statusmeldungen am Bildschirm mit, welche Dateien gerade übertragen werden, welche bereits übertragen wurden, wieviel Dateien übertragen wurden und wieviel Zeit bereits vergangen ist. Das Fenster am unteren Bildschirmrand protokolliert alle Fehler, die während der Übertragung auftreten. Solange sich die Anzeige im Fenster Activity ändert, ist die Übertragung noch nicht abgeschlossen.

9.10.1 Anzeigen der Bindery-Übertragung

Bei der Übertragung der Bindery werden zunächst die Bindery-Objekte, dann die Eigenschaften der Objekte und zuletzt die Werte der Eigenschaften übertragen. Das Utility UPGRADE erstellt eine Datei, in der jedes Objekt der NetWare 286 Bindery der neuen NetWare 386 ID-Nummer zugeordnet wird. Diese Datei trägt die Extension .BMF und kann in der Option List Bindery Map Files angesehen werden.

☞ Wenn Sie die Bindery aufgrund aufgetretener Fehler ein zweites Mal übertragen müssen, müssen Sie erst die Datei mit der Extension .BMF löschen, bevor Sie den Vorgang wiederholen können. Löschen Sie diese Datei nicht bevor der Upgrade-Vorgang abgeschlossen ist und Sie die übertragenen Daten überprüft haben. Diese Datei gewährleistet, daß jedes Bindery Objekt die entsprechenden Eigenschaften und Werte für die einzelnen Verzeichnisse und Dateien sowie seine Trustee Assignments behält. Ist die Datei .BMF gelöscht, können keine weiteren Verzeichnisse übertragen werden.

Hat ein NetWare 386 Bindery-Objekt den gleichen Namen wie ein NetWare 286 Bindery Objekt, erhalten Sie eine entsprechende Meldung. Die Übertragung wird unterbrochen und Sie müssen entscheiden, ob ein neues Objekt eingerichtet werden soll (Yes) oder die beiden Objekte zusammengefaßt werden sollen (No).

Geben Sie No an, um die Bindery-Objekte zusammenzufassen so werden das Login Script, der Kontostand und die Zugangseinschränkungen auf dem NetWare 386 Fileserver von den Werten des zu übertragenden Objektes überschrieben.

Geben Sie Yes an, wird ein neues Objekt eingerichtet und Sie werden aufgefordert, einen Namen für das Objekt einzugeben.

☞ Wenn Sie mehr als einen NetWare 286 Fileserver auf einen NetWare 386 Fileserver übertragen und die entsprechenden Eigenschaften und Werte nicht protokolliert haben, sollten Sie gleichnamige Bindery-Objekte nicht zusammenfassen.

9.10.1.1 Richtlinien für gleichnamige Bindery-Objekte

Im folgenden sind einige Richtlinien für das Zusammenfassen gleichnamiger Objekte, die Option `Combine Bindery Objects`, aufgeführt:

Supervisor
Wenn Sie mit `No` antworten, so wird der NetWare 286 Supervisor zum NetWare 386 Supervisor. Das Login Sript des NetWare 286 Supervisors wird das Login Script des NetWare 386 Supervisors überschreiben.

Antworten Sie mit `Yes`, so müssen Sie einen neuen Namen für den NetWare 286 Supervisor eingeben. Das Login Script für den Supervisor auf dem NetWare 386 Fileserver wird nicht überschrieben.

Everyone
Antworten Sie `No`, wenn die Gruppe Everyone des NetWare 286 Fileservers zur Gruppe Everyone auf dem NetWare 386 Fileserver werden soll. Die Rechte, die die NetWare 286 Gruppe Everyone hatte, werden zu den Rechten addiert, die der Gruppe Everyone von NetWare 386 zugewiesen wurden.

Antworten Sie `Yes`, so müssen Sie für die Gruppe Everyone von NetWare 286 einen neuen Namen für den NetWare 386 Fileserver eingeben. Die Eigenschaften, die der Gruppe Everyone auf dem NetWare 286 Fileserver zugeordnet wurden, gelten auf dem NetWare 386 Fileserver nicht.

☞ Werden die beiden Gruppen Everyone nicht zusammengefaßt, so sind die NetWare 286 User nicht automatisch Mitglieder in der Gruppe Everyone auf dem NetWare 386 Fileserver.

Guest
Beantworten Sie die Frage mit `No`, so werden alle Rechte, die dem User Guest auf dem NetWare 286 Fileserver zugewiesen wurden, dem User Guest auf dem NetWare 386 Fileserver zugewiesen.

Anworten Sie mit `Yes`, so müssen Sie einen neuen Namen für den User Guest auf dem NetWare 386 Fileserver eingeben. Es werden keine Eigenschaften des Users Guest von NetWare 286 auf die Eigenschaften des Users Guest von NetWare 386 übertragen.

Andere Objekte
　Haben z.B. zwei unterschiedliche User den gleichen Namen, sollten Sie einen umbenennen. Antworten Sie also mit `Yes` und geben Sie einen neuen Namen ein.

　Wurde der gleiche User auf beiden Fileservern eingerichtet, können Sie die Werte und Eigenschaften zusammenfassen. Antworten Sie also mit `No`.

9.10.2 Anzeigen des Einspielens von Verzeichnissen

Erst nachdem die Bindery eingespielt wurde, können die Verzeichnisse und Dateien des NetWare 286 Fileserver auf dem NetWare 386 Fileserver eingespielt werden. Die Option `Restore Session` wird auch erst dann im Hauptmenü erscheinen, wenn die Bindery auf dem NetWare 386 Fileserver eingespielt wurde. Das sogenannte Bindery Map File weist den einzelnen Verzeichnissen und Dateien die richtigen Eigenschaften zu. Dies betrifft im wesentlichen die Trustee Assignments, Ownership und Attribute.

Wählen Sie die Option `Restore Session` aus dem Hauptmenü aus.

Sie müssen im Formular `Restore Options` angeben, was mit gleichnamigen Verzeichnissen und gleichnamigen Dateien geschehen soll. Wenn Sie die Default-Werte übernehmen möchten, drücken Sie <ESCAPE> und beantworten die Frage `Save Changes` mit `Yes`.

Wenn Sie die Angaben ändern möchten, ändern Sie diese wie folgt erläutert, drücken dann <ESCAPE> und beantworten die Frage `Save Changes` mit `Yes`.

Directory Exists
　Per Default ist hier `Combine Directory Contents` eingetragen. Sie legen mit dieser Opiton fest, wie gleichnamige Verzeichnisse übertragen werden. Wenn Sie die Default-Einstellung ändern möchten, wählen Sie das Feld `Directory Exists` an und drücken <ENTER>. Es erscheint das Menü `Directory Exists` mit folgenden Optionen:

　Combine Directory Contents
　Mit der Default-Einstellung werden die Inhalte zweier gleichnamiger Verzeichnisse in einem zusammengefaßt.

Rename Existing Directory
UPGRADE benennt existierende Verzeichnisse um. Die Verzeichnisse erhalten automatisch die Extension .Unn. nn wird ersetzt durch durchlaufende Nummern: Das erste Verzeichnis erhält die Extension .U00, das zweite Verzeichnis .U01, usw.

Interactive
Wenn Sie diese Option anwählen, werden Sie jedesmal, wenn zwei gleichnamige Verzeichnisse auftreten, gefragt, was mit diesen geschehen soll. Sie können dann die Inhalte zweier gleichnamiger Verzeichnisse in einem zusammenfassen oder das existierende Verzeichnis umbenennen. Entscheiden Sie, ein Verzeichnis umzubenennen, müssen Sie den gewünschten Namen angeben.

☞ Alle von NetWare eingerichteten Verzeichnisse SYS:SYSTEM, SYS:MAIL und SYS:LOGIN, sowie deren automatisch erstellte Unterverzeichnisse) werden immer zusammengefaßt. Jegliche Angaben, die Sie treffen, werden ignoriert.

File Exists
Mit dieser Option legen Sie fest, wie gleichnamige Dateien übertragen werden sollen. Die Default-Einstellung ist: Rename Restored File.

☞ Wichtig: Benutzen Sie eine andere als die Default-Einstellung, werden die NetWare 386 Utilities von den NetWare 286 Utilities überschrieben. Benutzen Sie die Default-Einstellung nur dann, wenn Sie auf dem NetWare 386 Fileserver genügend Speicherplatz haben, da alle NetWare-Utilities zweimal auf dem Volume SYS: vorhanden sein werden.

☞ Haben Sie nicht genügend Speicherkapazität, müssen Sie die Option Overwrite Existing File benutzen. In diesem Fall müssen Sie nach dem Upgrade die NetWare 386-Utilities neu auf den Fileserver kopieren.

Sofern Sie eine andere Einstellung benutzen möchten, wählen Sie dieses Feld an und wählen eine der folgenden Optionen aus:

Interactive
Wenn Sie diese Option benutzen, werden Sie jedesmal gefragt, was mit gleichnamigen Dateien geschehen soll. Sie können die existierende Datei überschreiben, die existierende Datei umbenennen oder die zu übertragende Datei umbenennen. Wenn Sie eine Datei umbenennen, müssen Sie in einem Fenster den Namen eintragen.

Overwrite existing File
Mit dieser Option wird die zu übertragende Datei die existierende Datei überschreiben.

Rename Existing File
Wenn Sie diese Option benutzen, so werden die existierenden Dateien automatisch umbenannt. Alle gleichnamigen Dateien werden die Extension .Unn erhalten. Die erste Datei erhält die Extension .U00, die zweite erhält die Extension .U01 usw.

Rename Restored File
Wenn Sie die Default-Einstellung benutzen, werden automatisch alle zu übertragenden Dateien umbenannt. Gleichnamige existierende Dateien erhalten die Extension .Unn. nn wird hierbei ersetzt durch .U00, .U01, usw.

9.11 Beginn des Restore-Vorgangs

Nachdem Sie das Formular Restore Options ausgefüllt haben, drücken Sie <ESCAPE> und beantworten die Frage Save Changes mit Yes. Beantworten Sie die Frage Start Restore ebenfalls mit Yes, damit die Übertragung beginnt.

Treten irgendwelche Fehler während des Restore-Vorgangs auf, erscheinen entsprechende Fehlermeldungen am Bildschirm. Die Fehlermeldungen werden zusätzlich in einer Protokolldatei festgehalten. Lesen Sie dazu nach im Punkt *Sichten der Fehlermeldungen*.

Sie können den Restore-Vorgang jederzeit abbrechen. Drücken Sie dazu <ESCAPE>. Sobald der aktuelle Vorgang beendet ist, erscheint eine Meldung, die es Ihnen erlaubt, den Restore-Vorgang zu unterbrechen. Wenn Sie einen unterbrochenen Restore-Vorgang ein zweites Mal durchführen möchten, müssen Sie in jedem Fall zuerst die Bindery übertragen. Lesen Sie dazu die Erläuterungen im Punkt *Bindery ein zweites Mal übertragen*.

Sollte der Restore-Vorgang nicht beginnen, lesen Sie bitte den Abschnitt T*roubleshooting beim Restore*.

9.12 Sichten der Fehlermeldungen

Nachdem der Restore-Vorgang beendet ist, erhalten Sie die Meldung Restore Completed. Wählen Sie die Option View Error Log.

Einige der Meldungen sind rein informativ, andere zeigen an, daß der Restore-Vorgang wiederholt werden muß.

Sind keine Fehlermeldungen aufgetreten, ist der Upgrade-Vorgang beendet. Drücken Sie zweimal <ESCAPE>, um das Utility UPGRADE zu verlassen. Lesen Sie weiter im Kapitel *Upgrade-Einleitung* unter dem Punkt *Schritte nach dem Upgrade*

9.13 Bindery zum zweiten Mal einspielen

Sollte der Restore-Vorgang unterbrochen worden sein, müssen Sie die Bindery ein zweites Mal im NetWare 386 Fileserver einspielen.

1. Geben Sie an der Konsole des NetWare 386 Fileservers ein:

ENABLE LOGIN <ENTER>.

2. Benutzen Sie das Kommando BINDREST, um die Bindery zu rekonstruieren. Nähere Erläuterungen zu diesem Kommando lesen Sie im Kapitel *NetWare Kommandos* im Punkt *BINDREST*:

BINDREST <ENTER>

3. Rufen Sie das Utility UPGRADE erneut auf.

4. Wählen Sie die Option DOS Device aus dem Menü Select the desired Device.

5. Wählen Sie die Option Restore To 386 3.x File Server.

6. Bestimmen Sie den Ziel-Fileserver (Target).

7. Wählen Sie die Option List Bindery Map Files aus dem Restore Menu. Löschen Sie aus der Liste die Datei, die den Fileserver-Namen auflistet, für den Sie den Upgrade-Vorgang wiederholen möchten. Sind andere Dateien in der Liste mit dem Hinweis Corrupted versehen, löschen Sie auch diese. Drücken Sie <ESCAPE>, um wieder in das Hauptmenü zu gelangen.

8. Übertragen Sie die Bindery erneut.

9.14 Troubleshooting beim Restore

Es können eine Reihe allgemeiner Fehlermeldungen auftreten, die den Restore-Vorgang unterbrechen oder gar nicht erst starten. Die am häufigsten auftretenden Fehlermeldungen sind nachfolgend aufgelistet:

```
Too many Connections
```
Diese Meldung zeigt an, daß außer der Station, an der das Utility UPGRADE läuft, noch andere Stationen an einem der beiden Fileserver eingeloggt sind. In diesem Falle wird der Restore-Vorgang nicht gestartet. Sie erhalten eine Liste aller User oder VAPs, die am Fileserver attached sind. Führen Sie einen der folgenden Schritte durch:

- Senden Sie den angeschlossenen Usern Meldungen, daß sie sich ausloggen müssen. Wählen Sie dazu den User an und geben Sie die Nachricht im erscheinenden Fenster ein.

- Unterbrechen Sie die Verbindung, indem Sie den User anwählen und <DELETE> drücken. Alle geöffneten Dateien werden im Fileserver geschlossen bevor der User ausgeloggt wird.

☞ Tun Sie dies nicht, wenn ein User eine Datenbankdatei oder eine Textverarbeitungsdatei offen hält.

```
Lost Connections
```
Sofern Sie Ihre Verbindung zu Ihrem Arbeitsverzeichnis, Ziel-Fileserver oder Backup-Medium verlieren, wird der Restore-Vorgang unterbrochen. Sie müssen die Übertragung erneut durchführen. Lesen Sie dazu die Erläuterungen unter den Punkten *Bindery ein zweites Mal übertragen* und *Restore Session*.

```
Macintosh-Dateien
```
Sofern Sie Macintosh-Dateien von Ihrem NetWare-286 Fileserver auf den NetWare 386 Fileserver eingespielt haben, müssen Sie die Unterstützung dieser Namenskonvention auf dem NetWare 386 Fileserver installieren. Tun Sie dies nicht, erhalten Sie eine Fehlermeldung, sobald UPGRADE auf eine Macintosh-Datei stößt. Sie erhalten die Meldung:

```
MAC Name Space not Supported for Volume
"Volume-Name"; cannot proceed.
```

Führen Sie einen der folgenden Schritte durch:

- Installieren Sie die "NetWare Services for MACINTOSH" (eigenes Novell-Produkt) auf Ihrem NetWare 3.11 Fileserver. Dieses Produkt erlaubt einfachste Unterstützung für angeschlossene Macintosh-Arbeitsstationen.
- Konfigurieren Sie Ihren NetWare 386 Fileserver als einen Ziel-Fileserver unter NetWare 2.15, auf dem NetWare for Macintosh installiert ist. Nähere Erläuterungen lesen Sie in der Macintosh Dokumentation.

Um die Macintosh-Unterstützung am NetWare 3.11 Fileserver zu aktivieren, müssen Sie zwei Schritte vornehmen:

1. Geben Sie an der Konsole des Fileservers ein:

```
LOAD MAC <ENTER>
```

Fügen Sie diesen Befehl auch in die Datei Startup.NCF ein, damit er bei jedem Starten des Fileservers ausgeführt wird.

2. Geben Sie an der Konsole des Fileservers ein:

```
ADD NAME SPACE MACINTOSH FOR Volume-Name
<ENTER>
```

Ersetzen Sie Volume-Name durch den Namen des Volumes, auf dem die Macintosh-Dateien gespeichert werden sollen.

Nähere Erläuterungen zu diesem Kommando lesen Sie im Kapitel *Installation des Fileservers*.

Fernsteuerung 10
des Fileservers

10.1 Einleitung

NetWare bietet unter der Bezeichnung Remote Manegement Facility (RMF) einen Mechanismus, mit dem jeder NetWare v3.11 Fileserver ferngesteuert werden kann, wenn er dafür entsprechend konfiguriert wurde.

Sie können dann von einer Arbeitsstation im Netz oder von einer über Modem mit dem Server verbundenen Station, Verbindung mit dem Server aufnehmen. Auf der fernsteuernden Station benötigen Sie dazu eines der beiden Menü-Utilities RCONSOLE (Verbindung übers Netz) oder ACONSOLE (Verbindung über ein Modem). Nachdem Sie die Verbindung zu einem Server aufgenommen haben und sich als berechtigter "Remote Console Operator" ausgewiesen haben, sehen Sie auf dem Bildschirm Ihrer Arbeitsstation den momentanen Fileserver-Konsolebildschirm. Alle Eingaben, die Sie ab jetzt machen, gelten so, als ob Sie direkt am Fileserver säßen.

Der NetWare RMF-Mechanismus bietet z.B. die Möglichkeit, unerfahrene Konsole Operatoren beim Üben an der Fileserver-Konsole anzuleiten. Die größten Vorteile liegen jedoch sicher darin, daß der SUPERVISOR eines großen Netzwerks, von seinem Arbeitsplatzrechner aus mehrere Fileserver "direkt" bedienen kann. Diese Server können sich dabei an völlig verschiedenen Orten befinden.

Sicherheit Dies entspricht der Anforderung, daß der Fileserver eigentlich so unzugänglich aufgestellt werden sollte, daß unberechtigte Personen keinen Zugang zur Fileserver-Konsole haben.

Service Mit ACONSOLE (Asynchronous Remote Console) kann der Fileserver auch über große Strecken hinweg auf Fehlerquellen diagnostiziert werden. Beispielsweise kann ein Fachmann so nötige Veränderungen an den System- und Treiberparametern vornehmen, ohne selbst anwesend sein zu müssen. Diese Möglichkeit wird noch durch das Menü-Utility RSETUP erweitert, das es ermöglicht, provisorische Bootdisketten für Fileserver zu erzeugen, die dann ferngesteuert werden können.

☞ RCONSOLE und ACONSOLE können nur mit Fileservern zusammenarbeiten, die dafür speziell vorbereitet wurden. An den betreffenden Servern müssen die Module REMOTE.NLM und ein entsprechender Remote Treiber geladen sein (RSPX.NLM oder RS232.NLM). Andernfalls wird der Fileserver nicht in der Liste der fernsteuerbaren Server erscheinen, die Ihnen ACONSOLE und RCONSOLE anbieten. Siehe dazu auch Kapitel *NetWare Loadable Modules*.

Fernsteuerung des Fileservers

10.2 RCONSOLE

Mit dem Utility RCONSOLE können Sie einen speziell dafür vorbereiteten Fileserver von einer Arbeitsstation im Netz aus bequem fernsteuern.

Die Verbindung zwischen Arbeitsstation und Server funktioniert auch, wenn die Arbeitsstation durch Kommunikations-Server (z.B. Novell Access Server) in das LAN des Fileservers eingebunden ist.

Nachdem Sie mit RCONSOLE die Verbindung zu einem Server aufgenommen haben und sich als berechtigter "Remote Console Operator" ausgewiesen haben, sehen Sie auf dem Bildschirm Ihrer Arbeitsstation den momentanen Fileserver-Konsolebildschirm. Alle Eingaben, die Sie ab jetzt machen, gelten so, als ob Sie direkt am Fileserver sitzen würden.

Während der Fernsteuerung durch RCONSOLE bleibt die wirkliche Fileserver-Tastatur aktiv. Ebenso können mehrere Arbeitsstationen den Server zur gleichen Zeit fernsteuern. In diesem Fall muß darauf geachtet werden, daß es nicht zu Eingabekonflikten kommt. Die Tastatureingaben der Fileserver-Tastatur sowie die Angaben der fernsteuernden Stationen kommen beim Betriebssystem in der Absendereihenfolge an. Dies bietet aber auch die Möglichkeit, einen unerfahrenen Konsole-Operator zu trainieren und notfalls von außen in seine Konsole-Eingaben einzugreifen, analog zum zusätzlichen Brems- und Gaspedal für den Fahrlehrer.

☞ RCONSOLE kann nur mit Fileservern zusammenarbeiten, die dafür speziell vorbereitet wurden. An den betreffenden Servern müssen die Module REMOTE.NLM und RSPX.NLM geladen sein. Andernfalls wird der Fileserver nicht in der Liste der fernsteuerbaren Server erscheinen, die Ihnen RCONSOLE anbietet. Siehe dazu auch Kapitel *NetWare Loadable Modules*.

RCONSOLE kann von jeder Arbeitsstation aus aufgerufen werden. Jeder User, dem das Konsole-Paßwort oder das Supervisor-Paßwort bekannt ist, kann den Fileserver fernsteuern.

RCONSOLE sollte jedoch dem SUPERVISOR vorbehalten bleiben und befindet sich deswegen auch in SYS:SYSTEM Verzeichnis. Rufen Sie RCONSOLE auf.

```
RCONSOLE <ENTER>
```

Sie sehen nun eine Liste der fernsteuerbaren Server. Selektieren Sie den gewünschten Server mit dem Menübalken und <EN-

TER>. Sie werden aufgefordert, ein gültiges Paßwort einzugeben. Das kann entweder das Supervisor-Paßwort dieses Servers sein, das Paßwort, das in MONITOR bei `Lock File Server Console` angegeben wurde, oder das Paßwort, das beim Start des Moduls REMOTE.NLM am Fileserver angegeben wurde.

Danach erscheint der momentane Konsolebildschirm dieses Servers und Sie können so tun, als ob Sie direkt am Server säßen.

Durch Betätigung der "*"-Taste des numerischen Tastenblocks bekommen Sie das Menü `Available Options` von RCONSOLE. Hier können Sie unter folgenden Optionen wählen:

10.2.1 Exit Remote Console

Hiermit beenden Sie die Fernsteuerung des betreffenden Servers. Sie können dies auch direkt durch <SHIFT-ESCAPE> veranlassen, ohne das Menü zu benutzen. Nachdem RCONSOLE Sie nochmals gefragt hat, ob Sie das wirklich wünschen, kommen Sie zurück zu der Auswahlliste der fernsteuerbaren Server. Sie können von hier aus einen anderen Server fernsteuern oder mit <ESCAPE> das Utilty RCONSOLE verlassen.

10.2.2 Select a Screen to View

Mit dieser Option bekommen Sie eine Liste der momentan aktiven Modulbildschirme am Server. Dies entspricht der Betätigung von <CTRL-ESCAPE> direkt am Fileserver. Sie können nun den Bildschirm wählen, den Sie sehen wollen. Am "echten" Fileserver können Sie mit <ALT-ESCAPE> direkt zum nächsten Bildschirm umschalten. Diese Funktion erreichen Sie während der Fernsteuerung mit RCONSOLE durch Betätigung der "+" und "-" Taste auf dem numerischen Tastenblock Ihrer Tastatur. Mit "+" wechseln Sie zum nächsten Modulbildschirm, mit "-" zum vorangegangenen.

10.2.3 Scan File Server Directory

Mit dieser Option können Sie die Verzeichnisse der Server-Laufwerke sehen. Dies gilt nicht nur für NetWare-Volumes, sondern auch für DOS-Partitionen oder Diskettenlaufwerke, die im Server installiert sind.

Sie werden aufgefordert, den Pfad zu diesem Verzeichnis anzugeben. Sie können nun ein NetWare-Verzeichnis angeben, z.B.
```
SYS:PUBLIC/BIN <ENTER>
```

oder ein DOS-Verzeichnis, z.B.

`C:\TREIBER <ENTER>`

☞ Versuchen Sie nicht, den Inhalt des Laufwerks B: zu sichten, wenn am Fileserver nur ein Diskettenlaufwerk installiert ist ! In diesem Fall wird Ihre fernsteuernde Arbeitsstation nicht mehr weiterarbeiten, bis direkt am Fileserver eine Taste betätigt wird.

10.2.4 Transfer Files to Server

Mit dieser Option können Sie Dateien von der Arbeitsstation, von welcher Sie den Fileserver fernsteuern, auf ein Laufwerk des Servers kopieren.

Geben Sie zuerst die Datei an, die kopiert werden soll. Dieses kann sich entweder auf einem lokalem Laufwerk der Arbeitsstation oder auf einem Netzwerklaufwerk dieser Arbeitsstation befinden. Sie können auch durch die Angabe von Wildcards ("*") mehrere Dateien zum kopieren auswählen.

Danach müssen Sie das Verzeichnis auswählen, in das die Datei(en) kopiert werden soll(en). Dies kann entweder auf einem NetWare-Volume dieses Fileservers oder auf einem lokalen Laufwerk des Server-Rechners liegen.

☞ Versuchen Sie nicht, das Laufwerk B: des Servers als Ziellaufwerk anzugeben, wenn der Server-Rechner nur über ein Diskettenlaufwerk verfügt ! In diesem Fall wird Ihre fernsteuernde Arbeitsstation nicht mehr weiterarbeiten, bis direkt am Fileserver eine Taste betätigt wird.

10.2.5 Transfer System and Public Files

Mit dieser Option können Sie alle Systemdateien und Utilities des NetWare-Betriebssystems auf einen ferngesteuerten Server kopieren. Sie können dies dadurch bewältigen, indem Sie den Aufforderungen von RCONSOLE folgen und die System-Disketten einzeln hintereinander kopieren. Sie haben aber auch die Möglichkeit, auf einer Festplatte oder einem Netzwerklaufwerk ein Verzeichnis mit folgenden Unterverzeichnissen anzulegen :

- SYSTEM-1
- SYSTEM-2
- SYSTEM-3
- DOSUTIL-1

- DOSUTIL-2
- DOSUTIL-3
- PRINT
- UPGRADE
- BACKUP

In diese Unterverzeichnisse kopieren Sie den Inhalt der entsprechenden NetWare System-Disketten. RCONSOLE wird dann das Kopieren der System-Dateien auf den Server automatisch durchführen.

10.2.6 Spezielle Aufgaben von RCONSOLE

Sie können mit RCONSOLE folgende "exotische" Probleme meistern, um einen Fileserver ferngesteuert zu managen.

10.2.6.1 Fernbooten des Fileservers

Sie können mit RCONSOLE den Fileserver ferngesteuert neu booten. Voraussetzung dafür ist, daß der Ladevorgang der beiden Module REMOTE.NLM und RSPX.NLM durch einen Eintrag in der AUTOEXEC.NCF automatisiert ist. Ansonsten kann die Station die fernsteuernde Verbindung zum Server nach dessen Bootvorgang nicht mehr aufbauen. Sie können mit dem Modul INSTALL.NLM über RCONSOLE die AUTOEXEC.NCF Datei editieren und bei Bedarf folgende Zeilen hinzufügen:

```
LOAD REMOTE <Paßwort>

LOAD RSPX
```

Danach laden Sie über RCONSOLE das Modul EDIT.NLM und erzeugen folgende kleine NCF-Datei (NetWare Command File):

```
REMOVE DOS

DOWN

EXIT
```

Diese Datei plazieren Sie im SYS:SYSTEM Verzeichnis und rufen sie dann über RCONSOLE auf. Dies wird einen Warmstart des Server-Rechners veranlassen. In dieser Zeit bleibt die Verbindung zum Server natürlich unterbrochen. Eine Meldung erscheint, daß die Verbindung unterbrochen wurde. Drücken Sie die <ESCAPE>-Taste. Nach einigen Minuten wird der neu gebootete Server wieder im Available Servers-Menü erscheinen und kann neu ferngesteuert werden.

10.2.6.2 Neue LAN-Treiber-Version installieren

Das Problem dieses Vorgangs ist, daß Sie den alten LAN-Treiber mit UNLOAD deaktivieren müssen, bevor Sie die neue LAN-Treiberversion laden können. Während dieser Zeit kann der Server natürlich keine Pakete empfangen oder abschicken. Also wird auch die Verbindung zu RCONSOLE unterbrochen sein. Die Lösung liegt, wie schon beim ferngesteuerten Booten in der Verwendung einer NCF-Datei (NetWare Command File). Die darin enthaltenen Befehle werden auch dann abgearbeitet, wenn die Verbindung zu Ihrer Arbeitsstationen kurzzeitig unterbrochen wird.

Sie können eine NCF-Datei mit dem Modul EDIT.NLM erzeugen. Laden Sie diese über RCONSOLE und editieren Sie die erstellte Datei folgendermaßen:

UNLOAD <Alter Treiber>

AUTOEXEC

Zuvor müssen Sie noch über die Option Transfer Files to Server des RCONSOLE-Menüs die neue Version des Treibers in das Verzeichnis kopieren, von dem aus dieser LAN-Treiber geladen wird. Wenn Sie dieses Verzeichnis nicht kennen, müssen Sie die AUTOEXEC.NCF Datei sichten, um es zu ermitteln.

10.3 ACONSOLE

Mit dem Menü-Utility ACONSOLE haben Sie die Möglichkeit, einen Fileserver von einem Computer aus fernzusteuern, der über ein Modem mit dem Fileserver verbunden ist.

Zu diesem Zweck müssen sowohl am Fileserver als auch an der steuernden Station ein Hayes-Kompatibles Modem mit der Baudrate 2400, 3600, 4800, 7200, 9600 oder 14400 installiert sein. Außerdem müssen auf der Station folgende Dateien vorhanden sein:

- ACONSOLE.EXE
- ACONSOLE.HLP
- IBM$RUN.OVL
- LAN$RUN.OVL
- $RUN.OVL
- SYS$ERR.DAT
- SYS$HELP.DAT
- SYS$MSG.DAT

Nachdem Sie mit ACONSOLE die Verbindung zu einem Server aufgenommen haben und sich als berechtigter "Remote Console Operator" ausgewiesen haben, sehen Sie auf dem Bildschirm Ihrer Arbeitsstation den momentanen Fileserver-Konsolebildschirm. Alle Eingaben, die Sie ab jetzt machen, gelten so, als ob Sie direkt am Fileserver sitzen würden.

Während der Fernsteuerung durch ACONSOLE bleibt die wirkliche Fileserver-Tastatur aktiv. Ebenso können mehrere Arbeitsstationen den Server zur gleichen Zeit fernsteuern. In diesem Fall muß darauf geachtet werden, daß es nicht zu Eingabekonflikten kommt. Die Tastatureingaben der Fileserver-Tastatur sowie die Angaben der fernsteuernden Stationen kommen beim Betriebssystem in der Absendereihenfolge an.

☞ ACONSOLE kann nur mit Fileservern zusammenarbeiten, die dafür speziell vorbereitet wurden. An den betreffenden Servern müssen die Module REMOTE.NLM und RS232.NLM geladen sein. Andernfalls wird der Fileserver nicht in der Liste der fernsteuerbaren Server erscheinen, die Ihnen ACONSOLE anbietet. Siehe dazu auch im Kapitel *NetWare Loadable Modules*.

Fernsteuerung des Fileservers

ACONSOLE kann von jeder Arbeitsstation aus aufgerufen werden. Jeder User, dem das Konsole-Paßwort oder das Supervisor-Paßwort bekannt ist, kann ferngesteuert auf den Fileserver zugreifen. ACONSOLE sollte jedoch dem SUPERVISOR vorbehalten bleiben und befindet sich deswegen auch im Verzeichnis SYS:SYSTEM.

Rufen Sie ACONSOLE auf.

```
ACONSOLE <ENTER>
```

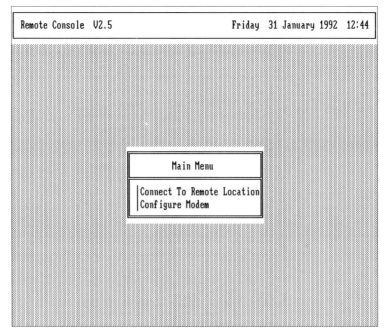

10-1 Das Hauptmenü von ACONSOLE

10.3.1 Configure Modem

Mit dieser Option können Sie Ihr Modem konfigurieren. Sie sehen folgenden Bildschirm vor sich, an dem Sie die momentane Einstellung des Modems Ihrer Station sichten können. Durch Selektion der einzelnen Punkte mit Menübalken und <ENTER> können Sie Einstellungen verändern.

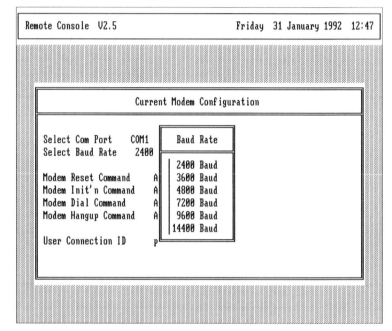

10-2 Die Konfiguration eines Modems

Select Com Port
  Hier geben Sie an, an welcher seriellen Schnittstelle das Modem angeschlossen ist.

Select Baud Rate
  Hier geben Sie die Baudrate Ihres Modems an.

Modem Reset/Init'n/Dial/Hangup Command
  Hier geben Sie die Kommandosequenzen für Ihr Modem an. Informieren Sie sich hierzu in der Beschreibung Ihres Modems.

User Connection ID
  Hier geben Sie eine Identifikation ein (z.B. Ihren Namen).

10.3.2 Connect To Remote Location

Wählen Sie diese Option, um mit dem Fileserver, den Sie fernsteuern wollen, Kontakt aufzunehmen. Zuerst erscheint eine Meldung, mit der Ihnen ACONSOLE mitteilt, daß gerade das Modem der Station initialisiert wird. Danach sehen Sie eine Liste der erreichbaren Server und der dazugehörigen Telefonnummern. Diese Liste können Sie jederzeit erweitern, indem Sie an dieser Stelle <INSERT> drücken.

Selektieren Sie einen Server mit dem Menübalken und <ENTER> aus der Liste. Sie werden aufgefordert, ein gültiges Paßwort einzugeben. Das kann entweder das Supervisor-Paßwort dieses Servers sein, das Paßwort, das in MONITOR bei Lock File Server Console angegeben wurde, oder das Paßwort, das beim Start des Moduls REMOTE.NLM am Fileserver angegeben wurde.

Danach erscheint der momemtane Konsolebildschirm dieses Servers und Sie können so tun, als ob Sie direkt am Server säßen.

Durch Betätigung der "*"-Taste des numerischen Tastenblocks bekommen Sie ein Available Options Menü von ACONSOLE. Hier können unter folgenden Optionen wählen:

10.3.2.1 Exit Remote Console

Hiermit beenden Sie die Fernsteuerung des betreffenden Servers. Sie können dies auch direkt durch <SHIFT-ESCAPE> veranlassen, ohne das Menü zu benutzen. Nachdem ACONSOLE Sie nochmals gefragt hat, ob Sie das wirklich wünschen, kommen Sie zurück zu der Auswahlliste der fernsteuerbaren Server. Sie können von hier aus einen anderen Server fernsteuern oder mit <ESCAPE> das Utilty ACONSOLE verlassen.

10.3.2.2 Select a Screen to View

Mit dieser Option bekommen Sie eine Liste der momentan aktiven Modulbildschirme am Server. Dies entspricht der Betätigung von <CTRL-ESCAPE> direkt am Fileserver. Sie können nun den Bildschirm wählen, den Sie sehen wollen. Am echten Fileserver können Sie mit <ALT-ESCAPE> direkt zum nächsten Bildschirm umschalten. Diese Funktion erreichen Sie während der Fernsteuerung mit ACONSOLE durch Betätigung der "+" und "-" Taste auf dem numerischen Tastenblock Ihrer Tastatur. Mit "+" wechslen Sie zum nächsten Modul, mit "-" zum vorangegangenen.

10.3.2.3 Scan File Server Directory

Mit dieser Option können Sie die Verzeichnisse der Server-Laufwerke sehen. Dies gilt dies nicht nur für NetWare-Volumes, sondern auch für DOS-Partitions oder Diskettenlaufwerke, die im Server installiert sind.

Sie werden aufgefordert, den Pfad zu diesem Verzeichnis anzugeben. Sie können nun ein NetWare-Verzeichnis angeben, z.B.

```
SYS:PUBLIC/BIN <ENTER>
```

oder ein DOS-Verzeichnis, z.B.

```
C:\TREIBER <ENTER>
```

☞ Versuchen Sie nicht, den Inhalt des Laufwerks B: zu sichten, wenn am Fileserver nur ein Diskettenlaufwerk installiert ist ! In diesem Fall wird Ihre fernsteuernde Arbeitsstation nicht mehr weiterarbeiten, bis direkt am Fileserver eine Taste betätigt wird.

10.3.2.4 Transfer Files to Server

Mit dieser Option können Sie Dateien von der Arbeitsstation, von welcher Sie den Fileserver fernsteuern, auf ein Laufwerk des Servers kopieren.

Geben Sie zuerst die Datei an, die kopiert werden soll. Diese kann sich entweder auf einem lokalem Laufwerk oder auf einem Netzwerklaufwerk der Arbeitsstation befinden. Sie können auch durch die Angabe von Wildcards ("*") mehrere Dateien zum kopieren auswählen.

Danach müssen Sie das Verzeichnis auswählen, in das die Datei(en) kopiert werden soll(en). Dies kann entweder auf einem NetWare-Volume dieses Fileserver liegen oder auf einem lokalen Laufwerk des Server-Rechners.

☞ Versuchen Sie nicht, das Laufwerk B: des Servers als Ziellaufwerk anzugeben, wenn der Server-Rechner nur über ein Diskettenlaufwerk verfügt ! In diesem Fall wird Ihre fernsteuernde Arbeitsstation nicht mehr weiterarbeiten, bis direkt am Fileserver eine Taste betätigt wird.

10.3.2.5 Transfer System and Public Files

Mit dieser Option können Sie alle Systemdateien und Utilities des NetWare-Betriebssystems auf einen ferngesteuerten Server kopieren.

☞ Wir raten Ihnen ab, diese Option unter ACONSOLE zu benutzen. Die asynchrone Datenübertragung von ACONSOLE gewährt keine vollständige Datensicherheit. Wenn der Fileserver während Kopiervorgängen mit ACONSOLE starker Netzwerkbelastung ausgesetzt ist, kann ein "TIME OUT" Fehler in der Datenübertragung auftreten, weil der Server zuerst seine eigentlichen Aufgaben wahrnehmen muß und deswegen die Bestätigung für die von ACONSOLE empfangenen Daten zu spät abschickt.

Sie können das Kopieren dadurch bewältigen, indem Sie den Aufforderungen von ACONSOLE folgen und die System-Disketten einzeln hintereinander kopieren. Sie haben aber auch die Möglichkeit, auf einer Festplatte oder einem Netzwerklaufwerk ein Verzeichnis mit folgenden Unterverzeichnissen anzulegen :

- SYSTEM-1
- SYSTEM-2
- SYSTEM-3
- DOSUTIL-1
- DOSUTIL-2
- DOSUTIL-3
- PRINT
- UPGRADE
- BACKUP

In diese Unterverzeichnisse kopieren Sie den Inhalt der entsprechenden NetWare System-Disketten. ACONSOLE wird dann das Kopieren der System-Dateien auf den Server automatisch durchführen.

10.3.3 Ferngesteuertes Booten mit ACONSOLE

Sie können mit ACONSOLE den Fileserver ferngesteuert neu booten. Voraussetzung dafür ist, daß der Ladevorgang der beiden Module REMOTE.NLM und RS232.NLM durch einen Eintrag in der AUTOEXEC.NCF automatisiert ist. Sonst kann die Station die fernsteuernde Verbindung zum Server nach dessen Bootvorgang nicht mehr aufbauen. Sie können mit dem Modul INSTALL.NLM über ACONSOLE die AUTOEXEC.NCF Datei editieren und bei Bedarf folgende Zeilen hinzufügen:

```
LOAD REMOTE <Paßwort>
```

```
LOAD RS232 <COM-Port Nummer> <Modem
Geschwindigkeit>
```

Danach laden Sie über ACONSOLE das Modul EDIT.NLM und erzeugen folgende kleine NCF-Datei (NetWare Command File):

```
REMOVE DOS

DOWN

EXIT
```

Diese Datei plazieren Sie im SYS:SYSTEM Verzeichnis und rufen sie dann über ACONSOLE auf. Dies wird einen Warmstart des Servers veranlassen. In dieser Zeit bleibt die Verbindung zum Server natürlich unterbrochen. Eine Meldung erscheint, daß die Verbindung unterbrochen wurde. Drücken Sie die <ESCAPE>-Taste. Nach einigen Minuten wird der neu gebootete Server wieder im `Available Servers`-Menü erscheinen und kann neu ferngesteuert werden.

10.4 RSETUP

Mit dem Menü-Utility RSETUP haben Sie die Möglichkeit, eine Bootdiskette für einen neuen Fileserver zu erstellen, mit der Sie diesen Fileserver "provisorisch" aktivieren können und ihn dann mit den Utilities RCONSOLE oder ACONSOLE ferngesteuert fertig konfigurieren.

Stellen Sie sich folgende Situation vor: Ein Netzwerkhändler verkauft drei verschiedene Rechnertypen als NetWare-Fileserver und will seinen Kunden ferngesteuerte Unterstützung anbieten. Mit RSETUP kann er für verschiedene Rechnertypen und Konfigurationen die passenden Bootdisketten-Konfigurationen speichern und bei Bedarf die passenden Bootdisketten erzeugen.

Mit einer dieser Bootdisketten kann ein Server beim Kunden dann soweit aktiviert werden, daß die grundlegenden Betriebssystem-Funktionen arbeiten, der Server Zugriff auf das Volume SYS: hat, Pakete senden und empfangen kann und von außen ferngesteuert werden kann. Nun benutzt der Netzwerkhändler das Utility ACONSOLE, um ferngesteuert zusätzliche Treiber für Festplatten, Netzwerkadapter oder Protokolle usw. zu laden und deren Parameter richtig anzupassen. Er kann dem Kunden auch die Einstellung wichtiger Systemparameter abnehmen, wenn dieser damit nicht zurechtkommt. Kurz: Der Händler kann von weitem sowohl die Installation als auch die Wartung eines Fileservers durchführen.

RSETUP bietet nun die Möglichkeit, diese Vorgehensweise zu initiieren, indem man damit die grundlegende Bootdiskette für einen fernsteuerbaren Server erzeugt. Es geht hier nur darum, den Server soweit zu aktivieren, bis man ihn fernsteuern und damit fertig konfigurieren kann. Die Bootdiskette enthält demnach nur das Betriebssystem Programm SERVER.EXE sowie Platten- und LAN-Treiber und die NLMs, die den Server fernsteuerbar machen: REMOTE.NLM, RS232.NLM und RSPX.NLM.

RSETUP erfordert ca. 2 MegaByte Plattenkapazität. Diese kann auf der lokalen Platte der Station vorhanden sein, von der aus man RSETUP aufruft, oder auch auf einem Netzwerklaufwerk dieser Station.

RSETUP kann von jeder Arbeitsstation aus aufgerufen werden.

RSETUP <ENTER>

Sie sehen nun das Menü NetWare RMF Setup.

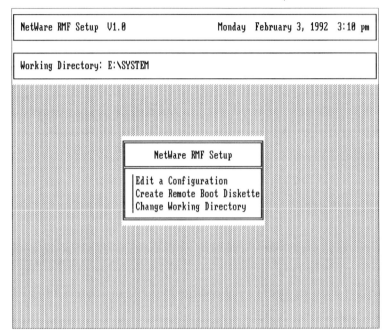

10-3 Das Hauptmenü von RSETUP

10.4.1 Edit a Configuration

Mit dieser Option können Sie die Konfiguration eines zukünftigen Fileservers festlegen. Dies dient dazu, daß bei mehreren gleichen Rechnern die einmal gespeicherten Angaben wieder verwendet werden können.

Zuerst erscheint eine Liste der schon existierenden Konfigurationen mit deren logischen Namen. Aus dieser Liste können Sie eine Konfiguration auswählen, um diese zu verändern. Wollen Sie eine Konfiguration neu erzeugen, drücken Sie <INSERT> und geben Sie einen logischen Namen an, der Sie hinterher an diese Konfiguration errinnert, z.B. den Rechnertyp, für den Sie diese Konfiguration erzeugen.

Es öffnet sich ein Fenster, in dem Sie die einzelnen Punkte eingeben oder verändern können, die zur Angabe der Konfiguration nötig sind.

Fernsteuerung des Fileservers 341

☞ Wenn Sie nicht alle Informationen angeben, die für eine Fileserver-Aktivierung nötig sind, können Sie keine Bootdiskette erstellen (Option `Create Remote Boot Diskette`).

☞ Sie können sich unter dem Konsole Kommano LOAD (Plattentreiber / LAN-Treiber) und im Kapitel *Installation des Fileservers* ausführlich über die genaue Bedeutung der folgenden Angaben und Parameter informieren.

```
NetWare RMF Setup  V1.0                    Monday February 3, 1992  3:10 pm

                            NetWare RMF Setup

Editing:              test
                                    Bus type:              AT
FileServer Name:      SUP           Disk Driver Name:      DCB.DSK
                                    Driver Port:
Internal Network Number: 1          Driver Int:
                                    Driver DMA:
Physical Network Number: 1223       Driver Memory address:
                                    Slot Number:
Remote Driver:        RS232.NLM
                                    LAN Driver Name:       TOKEN.LAN
Remote Password:      net           Driver Port:
                                    Driver Int:
Communication Port:   1             Driver Frame name:
                                    Driver DMA:
Baud Rate:            2400          Driver Memory address:
                                    Driver Node address:
Modem Init String:    ATS0=1        Driver SAPS:
                                    Slot Number:
```

10-4 Parameter zur Konfiguration eines Fileservers

`FileServer Name`
   Dies ist der Servername des neuen Servers.

`Internal NetWork Number`
   Dies ist die interne Netzwerkadresse des IPX-Protokolls des neuen Fileservers. Geben Sie eine achtstellige hexadezimale Nummer ein.

`Physical NetWork Number`
   Dies ist die tatsächliche, von außen sichtbare Netzwerkadresse des IPX-Protokolls des neuen Fileservers. Geben Sie eine achtstellige hexadezimale Nummer ein, die der Netzwerkadresse des LANs gleichen muß, in dem der Server installiert werden soll. Soll der Server Grundstock eines neuen LANs

werden, muß sich diese Adresse von allen anderen dort angeschlossenen LANs unterscheiden.

Remote Driver
Wählen Sie hier durch <ENTER> aus dem dann erscheinenden Menü den Treiber, der über die Art bestimmt, mit der der neue Server ferngesteuert werden soll. RS232.NLM ist der Treiber für Fernsteuerung über asynchrone Datenübertragung per Modem, RSPX.NLM ist der Treiber für die Fernsteuerung über das Netzwerk.

Remote Password
Hier müssen Sie das Paßwort festlegen, das für den Zugriff auf den neuen Fileserver per Fernsteuerung benötigt wird. Dieses Paßwort wird beim Laden des Moduls REMOTE auf dem neuen Server als Parameter benutzt werden (siehe auch Kapitel *NetWare Loadable Modules - REMOTE)*

Communication Port
Hier müssen Sie die Nummer der seriellen Schnittstelle festlegen, an der das Modem am neuen Fileserver installiert ist, falls Sie unter dem Punkt Remote Driver RS232.NLM gewählt haben. Drücken Sie dazu <ENTER> und wählen Sie eine Schnittstelle aus der erscheinenden Liste.

Baud Rate
Hier müssen Sie die Geschwindigkeit des am neuen Fileserver installierten Modems in Baud angeben, falls Sie unter dem Punkt Remote Driver RS232.NLM gewählt haben. Drücken Sie dazu <ENTER> und wählen Sie eine Baudrate aus der erscheinenden Liste.

Modem Init String
Hier müssen Sie das Initialisierungskommando Ihres Modems eintragen. Informieren Sie sich hierüber in der Bedienungsanleitung Ihres Modems.

Bus Type
Hier müssen Sie den Typ des Datenbusses des neuen Fileservers auswählen, z.B. AT für ISA-Rechner. Drücken Sie dazu <ENTER> und wählen Sie einen Bustyp aus der erscheinenden Liste.

Disk Driver Name
Hier müssen Sie den Namen des Plattentreibers einer Festplatte im neuen Fileserver angeben.

Driver Port
Hier können Sie eine I/O Port-Nummer angeben, falls der von Ihnen angegebene Plattentreiber I/O Ports benutzt.

Driver Int
Hier können Sie eine Interrupt-Nummer angeben, falls der von Ihnen angegebene Plattentreiber Interrupts benutzt.

Driver Memory Address
Hier können Sie eine Speicher-Adresse angeben, falls der von Ihnen angegebene Plattentreiber Shared Memory benutzt.

Slot Number
Hier können Sie die Nummer des Erweiterungs-Slots angeben, in dem der Controller installiert ist, für den dieser Plattentreiber zuständig ist. Dies ist notwendig, falls Ihr Rechner ein Microchannel-Rechner ist.

LAN Driver Name
Hier müssen Sie den Namen des LAN-Treibers einer Festplatte im neuen Fileserver angeben.

Driver Port
Hier können Sie eine I/O Port-Nummer angeben, falls der von Ihnen angegebene LAN-Treiber I/O Ports benutzt.

Driver Int
Hier können Sie eine Interrupt-Nummer angeben, falls der von Ihnen angegebene LAN-Treiber Interrupts benutzt.

Driver Frame Name
Hier können Sie eine Paketkonvention angeben, die der IPX-Treiber des neuen Servers verwenden soll.

Driver Memory Address
Hier können Sie eine Speicher-Adresse angeben, falls der von Ihnen angegebene LAN-Treiber Shared Memory benutzt.

Slot Number
Hier können Sie die Nummer des Erweiterungs-Slots angeben, in dem der Netzwerkadapter installiert ist, der von diesem LAN-Treiber bedient wird. Dies ist nur notwendig, falls Ihr Rechner ein Microchannel-Rechner ist.

Wenn Sie alle Parameter angegeben haben, drücken Sie <ESCAPE> und antworten Sie auf die Frage, ob diese Konfiguration gespeichert werden soll, mit Yes.

10.4.2 Create Remote Boot Diskette

Unter dieser Option können Sie eine Bootdiskette für einen neuen Server erzeugen. Dabei wird eine der, in der Option Edit A Configuration erzeugten Konfigurationen benutzt.

Sie benötigen zum Erzeugen der Bootdiskette folgende NetWare System-Disketten :

- System-1

- System-2

- System-3

Zunächst sehen Sie die Liste der bisher existierenden Konfigurationen angezeigt. Sie sollten in der Option Edit A Configuration jeder Konfiguration einen logischen Namen geben, an dem Sie diese Konfiguration jetzt leicht erkennen, z.B. den Rechner-Namen, für den die jeweilige Konfiguration erzeugt wurde.

Wählen Sie eine Konfiguration mittels Menübalken und der Taste <ENTER> aus. RSETUP wird Sie jetzt auffordern, die System-Disketten in einer bestimmten Reihenfolge einzulegen, damit es die erforderlichen Dateien in das momentane Arbeitsverzeichnis kopieren kann.

Legen Sie danach eine fertig formatierte Diskette in Laufwerk A: ein, die alle erforderlichen Boot-Dateien enthält (formatiert mit DOS-FORMAT plus Option /s). RSETUP fragt nun mit Proceed to create boot diskette, ob es die Bootdiskette nun erzeugen soll. Antworten Sie darauf mit Yes. Das Kopieren der NetWare-Dateien auf die Bootdiskette dauert ein paar Minuten.

☞ Wenn Sie eine Konfiguration nur unvollständig angegeben haben, wird RSETUP an dieser Stelle nicht alle erforderlichen NetWare System-Dateien im Arbeitsverzeichnis finden und einen Fehler melden. In diesem Fall müssen Sie entweder eine vollständige Konfiguration wählen oder in der Option Edit A Configuration die unvollständige Konfiguration nochmals editieren.

Entfernen Sie nun die fertige Bootdiskette aus dem Laufwerk und beschriften Sie sie mit der Seriennummer der System-Disketten, die Sie verwendet haben, und dem Namen der verwendeten Konfiguration.

Auf der Diskette befinden sich nun alle notwendigen Dateien, um den Fileserver automatisch mit dem Einschalten des Rechners zu aktivieren und ihn per RCONSOLE oder ACONSOLE fernzusteuern. Dies wird dadurch bewerkstelligt, daß RSETUP sowohl die DOS-Startdatei AUTOEXEC.BAT als auch die NetWare-Startdateien AUTOEXEC.NCF und STARTUP.NCF passend erzeugen kann.

10.4.3 Change Working Directory

Mit dieser Option können Sie das Verzeichnis wechseln, das RSETUP dazu benutzt, die Konfigurationen abzuspeichern und zu laden sowie die NetWare System-Dateien zwischenzuspeichern.

NetWare Router 11

11.1 Einleitung

Früher wurden die NetWare-Router als NetWare-Bridges bezeichnet. In einigen Utilities taucht der Begriff Bridges nach wie vor auf, ist aber im eigentlichen Sinne nicht zutreffend. Sowohl Bridges als auch Router dienen der Kopplung von zwei oder mehreren Netzwerksegmenten.

Internetwork Sobald zwei oder mehr Netzwerke miteinander verbunden sind, spricht man von einem Internetwork. Die User können sämtliche Ressourcen aller Segmente benutzen, sofern sie über genügend Rechte verfügen.

Bridge Eine Bridge transportiert Datenpakete des gleichen Protokolls über verschiedene Netzwerksegmente.

Router Im Gegensatz zu einer Bridge ist ein Router "intelligent". Er ist nicht nur in der Lage, Datenpakete über verschiedene Netzwerksegmente zu senden, er tut dies auch noch auf dem effizientesten Weg.

Darüberhinaus kann der NetWare-Router Datenpakete in Netzwerksegmente senden, die eine andere Topologie benutzen, oder auch andere Protokolle. So kann beispielsweise ein Datenpaket von einem Netzwerksegment, in dem die Daten mit dem Ethernet-Übertragungsprotokoll über ein RG/58-Koaxialkabel übertragen werden, in ein Netzwerksegment gesendet werden, welches Datenpakete mit einem Glasfaserkabel und dem FDDI-Übertragungsprotokoll sendet.

11.1.1 Interner und externer Router

NetWare kennt zwei Arten von Routern. Interne und externe NetWare Router.

Interner NetWare-Router Als interner NetWare-Router wird ein Fileserver bezeichnet, der gleichzeitig als Router konfiguriert wird. Dabei werden zwei oder mehr Netzwerkadapter im Fileserver installiert. Dadurch können unterschiedliche Topologien verwendet werden. Die Router-Funktionen sind hierbei im Betriebssystem integriert. Während der Installation des Fileservers werden zwei Netzwerkadapter ausgewählt, die unterschiedlich konfiguriert werden. Dadurch wird der Fileserver in die Lage versetzt, die Routing-Funktionen ausführen zu können. Unterliegt der Fileserver einer hohen Belastung, sollte diese Möglichkeit nicht benutzt werden.

Externer Als externer Router wird eine Arbeitsstation bezeichnet, in wel-
NetWare- cher der Router eingerichtet wird. Auf dieser Station wird das
Router   Programm ROUTER.EXE installiert. Die Funktionsweise ist die-
          selbe, wie beim internen NetWare-Router.

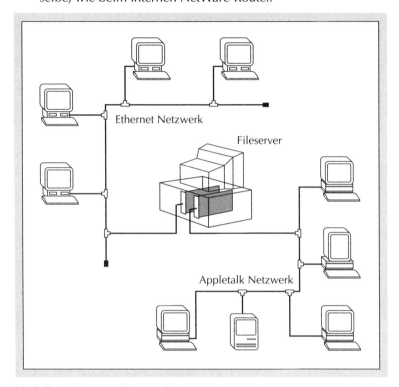

11-1 Externer NetWare-Router

Haben Sie mehrere Fileserver in Ihrem Netzwerk, können Sie den Datenverkehr effizient gestalten, indem Sie ein sogenanntes Backbone einrichten. Ein Kabel verbindet alle Fileserver. Über dieses zentrale Kabel werden nur die Datenpakete gesendet, die in die einzelnen Netzwerksegmente transportiert werden müssen. Dadurch erfolgt eine Entlastung in den einzelnen Netzwerksegmenten, da jeder Fileserver in erster Linie sein Netzwerksegment bedient. Die Grafik auf der folgenden Seite illustriert diese Anwendungsmöglichkeit:

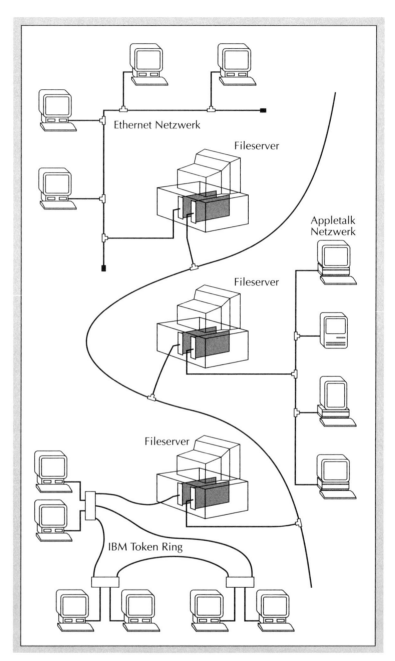

11-2 Backbone-Lösung mit NetWare-Routern

11.1.2 Lokale und entfernte Router

NetWare-Router können auf zwei Arten betrieben werden: lokal (local Router) oder entfernt (remote Router).

Lokaler Router   Als lokaler Router wird ein Router bezeichnet, der Kabelsegmente verbindet, die innerhalb der entsprechenden Längenlimitierung liegen.

Entfernter Router   Verbindet ein NetWare-Router Kabelsegmente, die über den Limitierungen liegen, oder die über ein Modem verbunden sind, so wird dieser als entfernter Router bezeichnet.

11.1.3 Dedizierter und nicht-dedizierter Router

NetWare-Router können im dedizierten (dedicated) und im nicht-dedizierten (non-dedicated) Modus betrieben werden. Bei der Entscheidung, in welchem Modus der Router betrieben werden soll, sollten in jedem Fall die Kosten gegen das Risiko des Ausfalls des Routers abgewogen werden.

Dedizierter Router   Ein dedizierter Router ist ein Rechner, der lediglich die Routing-Funktionen durchführt. Der größte Vorteil dieser Betriebsart ist die Zuverlässigkeit.

Nicht-dedizierter Router   Ein nicht-dedizierter Router arbeitet gleichzeitig als Router und als Arbeitsstation. Der entscheidende Nachteil dieser Betriebsart ist die Unzuverlässigkeit: Stürzt die Arbeitsstation ab, stürzt auch der Router ab. Dadurch werden sämtliche Verbindungen, die der Router unterhielt, unterbrochen. Der andere Nachteil eines nicht-dedizierten Routers ist die geringere Performance.

11.1.4 Protected Mode und real Mode

Zwei Faktoren entscheiden, ob ein externer Router im protected oder im real Mode betrieben werden kann:

- Der Microprozessor in dem Rechner, der das Routing übernimmt
- Die Menge an RAM, die in diesem Rechner installiert wird.

Protected Mode	Ein Router, der im protected Mode betrieben wird, benötigt einen 80286, 80386 oder 80486 Microprozessor und kann über 8 MB RAM verfügen. Wird der Router im protected Mode betrieben, wird das Programm ROUTER.EXE in das extended RAM ausgelagert.
Real Mode	Router, die im real Mode betrieben werden, benötigen lediglich einen 8086 oder 8086 Microprozessor und können nur 1 MB RAM ansprechen. Die Datei ROUTER.EXE wird dabei im konventionellen DOS-Speicher innerhalb 640 KB liegen.
☞	Wird ein Router, der über einen 80286, 80386 oder 80486 Microprozessesor verfügt, im real Mode betrieben, so wird dieser wie ein 8086 Prozessor arbeiten.

11.2 Installation eines Routers

Installation eines internen Routers
Die Installation eines internen Routers wird während der Fileserver-Installation vollzogen. Konfigurieren Sie die benutzten Netzwerkadapter unterschiedlich und geben Sie unterschiedliche Netzwerkadressen ein. Nähere Erläuterungen finden Sie im Kapitel *Installation des Fileservers*.

Installation eines externen Routers
Externe Router werden mit dem Utility ROUTEGEN installiert. Vergewissern Sie sich, daß an dieser Arbeitsstation genügend RAM installiert ist. Die Routing-Software erfordert ca. 300-500 KB RAM.

11.3 Anwendung von ROUTEGEN

Nachdem Sie alle Netzwerkadapter (mindestens 2) installiert haben, können Sie den ROUTEGEN-Lauf durchführen:

1. Booten Sie eine Arbeitsstation unter DOS 3.0 oder höher.

2. Legen Sie die Arbeitskopie der Diskette ROUTEGEN in ein Diskettenlaufwerk ein und rufen Sie ROUTEGEN auf:

```
ROUTEGEN <ENTER>
```

Sie erhalten ein Fenster mit einer Begrüßungsmeldung und einigen Erläuterungen. Drücken Sie <ENTER>.

NetWare Router

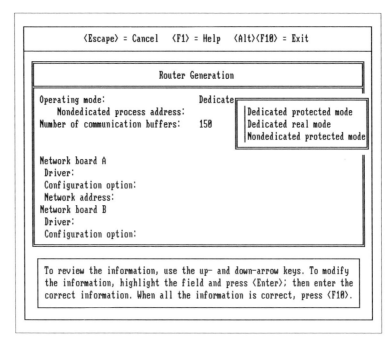

11-3 Router-Parameter definieren

3. Es erscheint das Menü Router Generation. Sie müssen nun einige Parameter angeben. Folgende Parameter werden abgefragt:

Operating mode
  Geben Sie hier den Modus an, in dem der Router betrieben werden soll. Die Erläuterungen zu den einzelnen Modi sind in der Einleitung dieses Kapitels beschrieben. Drücken Sie <ENTER> und wählen Sie die gewünschte Betriebsart aus. Folgende Modi sind möglich:

  Dedicated protected mode
  Dedicated real mode
  Nondedicated protected Mode

Nondedicated process address
  Haben Sie im "Operating mode" die Option "Nondedicated protected Mode" angewählt, so müssen Sie hier eine einzigartige, hexadezimale Netzwerkadresse angeben. Diese wird benötigt, wenn der Router als Arbeitsstation genutzt wird. Nähere Erläuterungen zu Netzwerkadressen finden Sie im Kapitel *Installation des Fileservers.*

`Number of communication buffers`

In diesem Feld legen Sie die Anzahl der Kommunikationspuffer fest. Kommunikationspuffer werden vom Router verwendet, um empfangene Datenpakete bis zu deren Weiterleitung zwischenzuspeichern.

Die Standardeinstellung für die Anzahl der Kommunikationspuffer ist 150. Erlaubt sind Werte zwischen 40 und 1000.

Jeder Puffer benötigt etwa ein halbes Kilobyte (0,5 KB) Speicher. Übernehmen Sie am besten mindestens den Standardwert.

`Network Board X`

Hier können Sie bis zu vier Netzwerkadapter konfigurieren.

a. Um einen Treiber für den installierten Netzwerkadapter anzuwählen, bewegen Sie den Lichtbalken auf das Feld "`Driver:`". Drücken Sie <ENTER>. Es erscheint eine Liste der Treiber für verschiedene Netzwerkadapter.

Falls der Name des Treibers für Ihren Netzwerkadapter nicht in der Liste enthalten ist, können Sie weitere Treiber von Diskette hinzuladen. Dazu benötigen Sie eine Diskette mit der Bezeichnung LAN_DRV_XXX (XXX steht für eine dreistellige Zahl, die herstellerabhängig ist). Schneider & Koch hat die Nummer 215. Diese Diskette wird mit dem Netzwerkadapter geliefert oder kann vom Hersteller des Adapters bezogen werden.

Zum Hinzuladen eines Treibers drücken Sie <INSERT>, legen Sie die Diskette mit der Bezeichnung LAN_DRV_XXX in ein Diskettenlaufwerk ein und drücken Sie <ENTER>.

☞ Falls Sie Macintosh-Arbeitsstationen einsetzen möchten, muß in der Zeile Ihres Treibers die Kennzeichnung `w/AT1` oder `w/AT2` stehen.

b. Bewegen Sie den Lichtbalken auf die Zeile mit dem für Ihren Netzwerkadapter zuständigen Treiber und drücken Sie <ENTER>.

c. Selektieren Sie das Feld `Configuration Option:` und drücken Sie <ENTER>. Es erscheint eine Liste der möglichen Treiberkonfigurationen. Wählen Sie diejenige Konfiguration aus, die mit den Hardware-Einstellungen Ihres Netzwerkadapters übereinstimmt (Option 0 entspricht der Standardeinstellung).

☞ Bei einigen Adaptern wird die Hardware nicht per Jumper, DIP-Schalter o.ä., sondern per Software, also vom für den Adapter zuständigen Treiber, eingestellt. Solche Treiber konfigurieren den Adapter entsprechend der hier ausgewählten Konfiguration.

Konfigurationen, bei denen Hardware-Konflikte mit anderen bereits eingegebenen Hardware-Konfigurationen bestehen, sind mit einem Stern (*) gekennzeichnet und dürfen nicht verwendet werden.

d. Im Feld Network address: tragen Sie die Netzwerkadresse des Netzwerkes ein, an das der Adapter angeschlossen ist. Nähere Erläuterungen zu den Netzwerkadressen finden Sie im Kapitel *Installation des Fileservers*.

4. Drücken Sie <F10>, nachdem Sie alle Parameter angegeben haben. Sie erhalten die Meldung Creating NetWare Router am Bildschirm. Es folgen Meldungen, ähnlich den folgenden:

```
Novell Linker, Version x
Linking ROUTEGEN:ROUTER.EXE
Insert disk LAN_DRV_215 in any drive
```

5. Sie werden aufgefordert, die Diskette, auf der sich die ausgewählten LAN-Treiber befinden, in ein Diskettenlaufwerk einzulegen und eine beliebige Taste zu drücken.

Sie werden anschließend aufgefordert, die Diskette ROUTEGEN in ein Laufwerk einzulegen und eine beliebige Taste zu drücken.

NetWare wird jetzt die Betriebssystemsoftware für den Router linken und konfigurieren. Nach kurzer Zeit erhalten Sie die Meldung

```
Configuring NetWare Router.
```

Nachdem dies erfolgt ist, erhalten Sie Informationen, daß:

- Der ROUTEGEN-Lauf beendet ist.
- Sie die Datei ROUTER.EXE von der Diskette ROUTEGEN auf eine bootfähige DOS-Diskette kopieren sollen
- Sie anschließend den Rechner, der als Router eingesetzt werden soll, mit dieser Diskette booten sollen
- Sie den Router mit dem Befehl ROUTER starten können.

11.4 Betrieb eines Routers

Nachdem Sie die Router-Software generiert haben, müssen Sie Boot-Disketten anfertigen, damit der Router gestartet werden kann.

11.4.1 Bootdiskette für einen dedizierten Router

1. Formatieren Sie eine Diskette mit dem /s-Parameter, damit die DOS-Systemdateien übertragen werden. Sie können DOS 3.0 oder höher zum Booten benutzen.

2. Kopieren Sie die Datei ROUTER.EXE auf die Bootdiskette. Diese befindet sich auf der ROUTEGEN-Diskette.

3. Erstellen Sie eine AUTOEXEC.BAT-Datei mit dem Kommando COPY CON oder einem Texteditor. In dieser Datei muß nur eine Zeile enthalten sein:

ROUTER

11.4.2 Bootdiskette für einen nichtdedizierten Router

1. Formatieren Sie eine Diskette mit dem /s-Parameter, damit die DOS-Systemdateien übertragen werden. Sie können DOS 3.0 oder höher zum Booten benutzen.

2. Kopieren Sie die Dateien ROUTER.EXE und CONSOLE.COM auf die Bootdiskette. Die Datei ROUTER.EXE befindet sich auf der ROUTEGEN-Diskette. Die Datei CONSOLE.COM befindet sich entweder:

- Im Verzeichnis SYS:LOGIN.

- Im Verzeichonis SYS:PUBLIC.
- Auf der Diskette DOSUTIL-1.

3. Erstellen Sie auf der Bootdiskette mit COPY CON oder einem Texteditor die Datei CONFIG.SYS mit folgendem Inhalt:

```
Files=20
Buffers=20
```

4. Erstellen Sie mit COPY CON oder einem Texteditor eine AUTOEXEC.BAT-Datei mit folgendem Inhalt:

```
ROUTER
NETx
F:
LOGIN
```

Ersetzen Sie NETx durch:

- NET3, wenn Sie DOS 3.0 benutzen
- NET4, wenn Sie DOS 4.0 benutzen
- NET5, wenn Sie DOS 5.0 benutzen

☞ Laden Sie auf gar keinen Fall IPX. Dieses Protokoll ist im Router integriert.

11.5 Booten eines Routers

Nachdem Sie die Bootdisketten erstellt haben, können Sie den Router jetzt booten:

1. Legen Sie die Boot-Diskette in ein Laufwerk des Rechners ein, der als Router benutzt werden soll. Während die Router-Software geladen wird, erscheint eine Meldung ähnlich der folgenden am Bildschirm:

```
NetWare Real Mode Internetwork Router
Initializing LAN A
:
```

Dedizierter Router Wird der Router im dedizierten Modus betrieben, so erscheint der Konsole-Prompt am Bildschirm. Dies zeigt an, daß der Router in Betrieb ist.

Nicht- Wird der Router im nicht-dedizierten Modus betrieben, und
dedizierter haben Sie die AUTOEXEC.BAT wie oben erläutert erstellt, wer-
Router den Sie aufgefordert einen Login-Namen und das eventuell
dazugehörende Paßwort einzugeben.

Wenn Sie auf den Konsole-Prompt des Routers umschalten möchten, geben Sie ein:

CONSOLE <ENTER>

Möchten Sie den Router wieder als Arbeitsstation benutzen, geben Sie ein:

DOS <ENTER>.

An der Konsole des Routers können folgende Kommandos eingegeben werden, die im Kapitel *Konsole-Kommandos* beschrieben sind:

- CONFIG
- DOS
- DOWN
- OFF
- VERSION

DOS-Arbeitsstationen 12

12.1 Einleitung

IPX.COM und NETx.COM
Um einer DOS-Arbeitsstation den Zugriff auf die Daten eines NetWare-Fileservers zu ermöglichen, wird ein spezielles Programm benötigt: die sogenannte Shell. Diese Shell kommuniziert mit dem Fileserver über ein speziell für NetWare entwickeltes Kommunikationsprotokoll namens NCP (NetWare Core Protocol). Die einzelnen Datenpakete werden von der Shell über den IPX-Treiber (Internetwork Packet eXchange) auf das Netzwerk geschickt bzw. von dort empfangen. Das NCP-Protokoll benutzt das IPX-Protokoll, es "setzt auf ihm auf". An allen Arbeitsstationen müssen also diese Module geladen sein: der IPX-Treiber und die Shell.

Für die einzelnen DOS-Versionen kommen verschiedene Shells zum Einsatz. Der Programmname der Shell identifiziert dabei die DOS-Version, für die diese Shell zuständig ist:

- NET3.COM für DOS 3.xx
- NET4.COM für DOS 4.xx
- NET5.COM für DOS 5.xx

☞ Im folgenden wird die Shell oft abkürzend mit Netx.COM bezeichnet, wobei das "x" eine der Ziffern 3 - 5 repräsentiert. Es existiert auch eine spezielle Shell, die tatsächlich den Namen NETX.COM trägt. Diese Shell kann universell für alle DOS-Versionen verwendet werden, benötigt allerdings auch mehr Speicher als die bisherigen Shells.

Die Shells werden als fertiges Programm geliefert.

☞ Falls Sie MS-DOS v5.00 verwenden, so finden Sie die zuständige Shell (NET5.COM) auf einer der mit DOS gelieferten Disketten.

Der IPX-Treiber wird jedoch nicht als fertiges Programm geliefert. Dieser Treiber bedient direkt den im Arbeitsplatzrechner installierten Netzwerkadapter. Der für die Bedienung des Netzwerkadapters zuständige Programmteil innerhalb des IPX-Treibers wird LAN-Treiber genannt. Für die einzelnen Netzwerkadapter der verschiedenen Hersteller existieren jeweils speziell für einen Adaptertyp konzipierte LAN-Treiber.

ECONFIG
Mit dem Kommando ECONFIG kann definiert werden, mit welchem Ethernet-Standard der Pakettreiber IPX betrieben werden soll.

DOS-Arbeitsstationen

SHELL.CFG Darüberhinaus erlaubt NetWare ein spezielles Konfigurieren der Shell mit Parametern, die in der Datei SHELL.CFG editiert sein müssen.

Remote Booting NetWare erlaubt den Einsatz von Computern, die über keinerlei lokale Laufwerke verfügen. Diese Stationen müssen das Booten direkt über den Fileserver realisieren. Die Boot-Dateien müssen dementsprechend auf dem Fileserver abgelegt sein. Dies erfolgt mit dem Utility DOSGEN.

12.2 Ausführen von WSGEN

Um ein lauffähiges IPX zu erhalten, wird mit dem Programm WSGEN (Workstation Generation) der für Ihren Netzwerkadapter zuständige LAN-Treiber ausgewählt und gleichzeitig für dessen spezielle Hardware-Einstellung konfiguriert. Anschließend generiert WSGEN die ausführbare Programmdatei IPX.COM.

1. Booten Sie eine Arbeitsstation mit DOS 3.0 oder höher. An der Arbeitsstation wird ein Diskettenlaufwerk mit hoher Kapazität benötigt, d.h. ein 1.2 MB Laufwerk für 5 1/4" Disketten bzw. ein 1.44 MB Laufwerk für 3 1/2" Disketten.

2. Legen Sie die Arbeitskopie der Diskette WSGEN in das Diskettenlaufwerk ein, wechseln Sie auf dieses Laufwerk und starten Sie WSGEN durch Eingabe von:

WSGEN <ENTER>

3. Es erscheint ein Fenster mit einigen Informationen:

- Eine Begrüßungsmeldung

- Ein Hinweis, daß Sie die Planung der Installation der Arbeitsstationen abgeschlossen haben sollten.

- Hinweise über die Funktionstastenbelegung in WSGEN:
  <ESCAPE>
  um zum vorherigen Bildschirm zurückzukehren
  <ALT> und <F10>
  um das Programm zu verlassen
  <F1>
  um Hilfsbildschirme in englischer Sprache zu erhalten.

Drücken Sie <ENTER>.

4. Es erscheint eine Liste der LAN-Treiber für verschiedene Netzwerkadapter.

```
      <Escape> = Cancel    <F1> = Help    <Alt><F10> = Exit
 Select the driver that matches the network board in your workstation.

     ┌─────────────────────────────────────────────────────┐
     │▲│IBM Token-Ring  v2.60 (901022)                     │
     │  │NetWare NE/2  v2.02EC (900718)                    │
     │  │NetWare NE1000  v3.02EC (900831)                  │
     │  │NetWare NE2000  v1.05EC (900718)                  │
     │  │NetWare Turbo RX-Net  v2.11 (901217)              │
     │  │SK Token-Ring V1.09 /Source Rooting sup. (910108) │
     │  │SK-FDDI Shell V1.1                                │
     │  │SK-NET G16 Version 5.5                            │
     │  │SK-NET G8 Version 5.5                             │
     │  │SK-Personal Version 5.5                           │
     └─────────────────────────────────────────────────────┘


     ┌─────────────────────────────────────────────────────┐
     │  Highlight the correct driver; then press <Enter>.  │
     │  If the driver you want is not listed, press <Insert>.│
     └─────────────────────────────────────────────────────┘
```

12-1 Auswahl des LAN-Treibers mit WSGEN

Falls der Name des LAN-Treibers für Ihren Netzwerkadapter nicht in der Liste enthalten ist, können Sie weitere Treiber von Diskette hinzuladen. Dazu benötigen Sie eine Diskette mit der Bezeichnung LAN_DRV_XXX (XXX steht für eine dreistellige Zahl, die herstellerabhängig ist). Diese Diskette wird mit dem Netzwerkadapter geliefert oder kann vom Hersteller des Adapters bezogen werden.

Zum Hinzuladen eines LAN-Treibers drücken Sie <INSERT>, legen Sie die Diskette mit der Bezeichnung LAN_DRV_XXX in ein Diskettenlaufwerk ein und drücken Sie <ENTER>.

5. Bewegen Sie den Menübalken auf die Zeile mit dem für Ihren Netzwerkadapter zuständigen Treiber und drücken Sie <ENTER>.

6. Es erscheint eine Liste der möglichen Treiberkonfigurationen. Wählen Sie diejenige Konfiguration aus, die mit den Hardware-Einstellungen Ihres Netzwerkadapters übereinstimmt (Option 0 entspricht der Standardeinstellung). Selektieren Sie die gewünschte Option und drücken Sie <ENTER>.

☞ Bei einigen Netzwerkadaptern wird die Hardware nicht per Jumper, DIP-Schalter o.ä., sondern per Software, also vom für den Adapter zuständigen LAN-Treiber, eingestellt (z.B. beim SK G16 und SK G8 Board). Solche Treiber konfigurieren den Adapter entsprechend der hier ausgewählten Konfiguration.

7. Selektieren Sie im jetzt erscheinenden Fenster die Option Yes, generate workstation software und drücken Sie <ENTER>.

8. WSGEN generiert nun die Programmdatei IPX.COM und legt diese auf der Diskette WSGEN ab. Anschließend wird in einem Fenster die ausgewählte Konfiguration nochmals angezeigt. Verlassen Sie WSGEN durch Drücken von <ENTER>.

12.3 Starten der Arbeitsstation

Um von Ihrer Arbeitsstation auf die Daten des Fileservers zugreifen zu können, muß die Shell und das IPX geladen werden. Dazu müssen zunächst einige wenige Eintragungen in den Dateien CONFIG.SYS und AUTOEXEC.BAT gemacht werden.

Arbeitsstation mit eigener Festplatte Wenn die Arbeitsstation eine Festplatte besitzt und diese auch für den Boot-Vorgang genutzt wird, richten Sie einfach ein Verzeichnis für die benötigten Netzwerkprogramme ein. Nennen Sie dieses Verzeichnis z.B. NETZ. Geben Sie also an der Arbeitsstation ein:

```
MD C:\NETZ <ENTER>
```

Legen Sie dann die Diskette WSGEN in das Diskettenlaufwerk der Arbeitsstation ein und kopieren Sie die mit WSGEN generierte Datei IPX.COM zusammen mit der für die DOS-Version der Arbeitsstation zuständigen Shell (NETx.COM) in das eben erstellte Verzeichnis. Die DOS-Version können Sie durch folgende Eingabe ermitteln:

```
VER <ENTER>
```

Sie erhalten eine Meldung ähnlich der folgenden:

```
MS-DOS Version 5.00
```

Im Beispiel ist also an der Arbeitsstation die DOS-Version 5.00 im Einsatz und folglich wird die Shell namens NET5.COM benötigt. Das Kopieren von IPX und der Shell geschieht durch Eingabe von:

```
COPY A:\IPX.COM C:\NETZ <ENTER>
COPY A:\NET5.COM C:\NETZ <ENTER>
```

☞ Falls Sie tatsächlich DOS 5.00 verwenden und sich die Datei NET5.COM nicht auf der Diskette WSGEN befinden sollte, so finden Sie diese Datei auf einer der mit DOS 5.00 gelieferten Disketten.

Als nächstes müssen Sie noch einige Eintragungen in den Dateien CONFIG.SYS und AUTOEXEC.BAT vornehmen.

CONFIG.SYS Editieren Sie zunächst die Datei CONFIG.SYS. Durch den Parameter LASTDRIVE bestimmen Sie das erste Netzwerklaufwerk. Der, dem im Alphabet direkt auf die Angabe bei LASTDRIVE folgende Buchstabe, ist der Laufwerksbuchstabe des ersten Netzwerklaufwerkes. Dieses wird nach dem Starten der Shell automatisch auf das Verzeichnis SYS:LOGIN auf dem Fileserver gemappt.

Alle weiteren Buchstaben im Alphabet stehen ebenfalls für Netzwerklaufwerke zur Verfügung. LASTDRIVE sollte deshalb maximal auf M gesetzt werden, damit noch genügend freie Buchstaben übrig bleiben.

Falls in Ihrer CONFIG.SYS noch keine Zeile mit dem Parameter LASTDRIVE existiert, so fügen Sie diese ein. Anderenfalls ändern Sie die Zeile einfach. Damit beispielsweise Laufwerk F: das erste Netzwerklaufwerk wird, muß folgende Angabe gemacht werden:

```
LASTDRIVE=e
```

☞ Fehlt der Eintrag von LASTDRIVE in Ihrer CONFIG.SYS, so wird normalerweise automatisch Laufwerk F: das erste Netzwerklaufwerk. Dies entspricht der Standardeinstellung. Falls Sie jedoch mehrere Festplatten bzw. Partitionen und/oder Gerätetreiber wie z.B. RAMDRIVE.SYS verwenden, kann der Buchstabe des ersten Netzwerklaufwerkes ein ganz anderer sein. Es ist mühsam durch Probieren herausfinden zu müssen, welcher das ist. Deshalb sollte die Angabe von LASTDRIVE unbedingt gemacht werden.

In die Datei AUTOEXEC.BAT werden nun noch die Kommandos zum Starten von IPX und der Shell aufgenommen. Alternativ können Sie für dieses Kommandos auch eine seperate Batch-Datei anlegen. Das Beispiel bezieht sich auf die Angabe von LASTDRIVE=e in der Datei CONFIG.SYS und die Verwendung von DOS 5.00. Bei anderen DOS-Versionen muß einfach die entsprechende Shell (NET3.COM oder NET4.COM anstatt NET5.COM) gestartet werden. Nehmen Sie folgende Kommandos in Ihre AUTOEXEC.BAT-Datei auf:

DOS-Arbeitsstationen 365

Beispiel
```
C:\NETZ\IPX
C:\NETZ\NET5
F:
LOGIN
```

Booten von Diskette Kopieren Sie die mit WSGEN generierte Datei IPX.COM zusammen mit der für die DOS-Version der Arbeitsstation zuständigen Shell auf die Boot-Diskette der Arbeitsstation. Beide Dateien befinden sich auf der Diskette WSGEN.

Die CONFIG.SYS der Arbeitsstation muß natürlich auch den Parameter LASTDRIVE =E aufweisen, damit Laufwerk F: das erste Netzwerklaufwerk wird.

Auch die AUTOEXEC.BAT-Datei muß die gleichen Parameter aufweisen, wie oben erläutert:

Beispiel
```
IPX
NETx
F:
LOGIN
```

Sobald Sie Ihre Arbeitsstation booten, wird automatisch eine Verbindung zum Fileserver hergestellt. Sie erhalten eine Meldung ähnlich der folgenden:

```
Attached to FS1
```

Sie werden aufgefordert Ihren User-Namen einzugeben:

```
Enter your login name:
```

Diese Aufforderung stammt vom Kommando LOGIN.

Siehe auch LOGIN

12.4 Auslagern der NetWare Shell

NetWare v3.11 erlaubt das Auslagern der Shell-Datei NETx.COM in den Speicherbereich oberhalb der 640 KB-Grenze. Verfügen Sie über Expanded oder Extended RAM in Ihrer Arbeitsstation, können Sie die Shell EMSNETx.EXE oder XMSNETx.EXE verwenden.

Durch das Auslagern der Shell bleibt mehr konventionelles RAM übrig, welches von anderen Programmen unter DOS genutzt werden kann. Das Auslagern der Shell verringert Probleme mit speicherintensiven Programmen, die das konventionelle RAM von DOS benötigen.

☞ Im folgenden werden diese beiden Shells oft abkürzend mit EMSNetx.COM bzw. XMSNETx.COM bezeichnet, wobei das "x" eine der Ziffern 3 - 5 repräsentiert. Es existieren jedoch auch zwei spezielle Shells, die tatsächlich EMSNETX.COM und XMSNETX.-COM heißen. Je nach benutztem RAM, der oberhalb der 640 KB-Grenze liegt, können Sie eine der Shells unabhängig von der eingesetzten DOS-Version auslagern.

Expanded Memory (EMS) Ein Expanded Memory Manager blendet RAM in ein Fenster ein, welches innerhalb des ersten MBs liegt. Dadurch können Programme unter DOS bis zu 32 MB RAM verwalten. Die NetWare Expanded Memory Shell lagert den größten Teil der Shell aus dem konventionellen DOS-Speicher aus und legt diesen in den expanded Speicherbereich. Hierbei werden ca. 33 KB der Shell ausgelagert, während ca. 7 KB im konventionellen Speicher verbleiben müssen.

Die NetWare Expanded Memory Shell entspricht dem LIM/EMS-Standard (Lotus/Intel/Microsoft/Expanded Memory Specification) 4.0 und höher. Beachten Sie, daß dadurch der von Ihnen verwendete EMS-Manager auch mindestens der Spezifikation 4.0 oder höher genügen muß.

Um die NetWare Expanded Memory Shell zu laden, müssen Sie:

- einen EMS-Treiber laden (von Drittanbietern), indem Sie ihn in die CONFIG.SYS Datei der jeweiligen Arbeitsstation eintragen.

- die Datei EMSNETx.EXE auf die Boot-Diskette Ihrer Arbeitsstation kopieren (x steht hierbei für die benutzte DOS-Version, z.B. für DOS 4.0 würde die Shell EMSNET4.COM heißen).

- den Aufruf von EMSNETx.EXE in die Datei AUTOEXEC.BAT ihrer Boot-Diskette integrieren.

Beispiel Sie benutzen die Datei EMSNET4.EXE. Sie müßten in Ihrer AUTOEXEC.BAT folgende Zeile integrieren:

```
EMSNET4
```

☞ Die Datei EMSNETx.EXE kann nur angewendet werden, wenn Sie in Ihrem PC DOS 3.0 oder höher benutzen.

Extended Memory (XMS) Sofern Sie über Extended RAM in Ihrem PC verfügen, können Sie die NetWare Shell in den XMS-Bereich (oberhalb der 1MB-Grenze) auslagern. Dabei werden ca. 34 KB der Shell ausgelagert, während ca. 6 KB im konventionellen RAM verbleiben müssen.

Die NetWare Extended Memory Shell entspricht dem XMS-Standard 2.0 und höher. Beachten Sie, daß dadurch der von Ihnen verwendete XMS-Manager auch mindestens der Spezifikation 2.0 oder höher genügen muß.

☞ Benutzen Sie DOS 5.0, so sorgt wird der XMS-Bereich schon von DOS zum Speichersparen genutzt. In diesem Fall laden Sie die normale Shell mit dem neuen DOS-Befehl Load High. Wenn Sie XMSNETx.EXE verwenden, wird die Shell nicht ausgelagert werden können, da dieser Bereich schon als benutzt markiert wurde.

Damit Sie die Extended Memory Shell benutzen können, müssen Sie:

- Einen XMS-Memory Manager laden (Drittanbieter), indem Sie ihn in die CONFIG.SYS Datei der jeweiligen Arbeitsstation eintragen.
- Die NetWare Extended Memory Shell (XMSNETx.EXE) auf die Boot-Diskette ihres PCs kopieren.
- Den Aufruf der Datei XMSNETx.EXE in die AUTOEXEC.EXE ihrer Boot-Diskette integrieren.

Beispiel Sie benutzen DOS 4.0 und möchten die Shell auslagern. Der Aufruf in der AUTOEXEC.BAT müßte folgendermaßen aussehen:

```
XMSNET4
```

☞ Die Datei XMSNETx.EXE kann nur angewendet werden, wenn Sie in Ihrem PC DOS 3.0 oder höher benutzen.

12.5 Booten von Arbeitsstationen ohne lokale Laufwerke

Booten über das Netzwerk
Es ist ohne weiteres möglich, Arbeitsstationen, die über keinerlei lokale Laufwerke verfügen, in ein Netzwerk zu integrieren. Dabei wird der Anschluß an den Fileserver über sogenannte Remote Boot-Dateien realisiert.

Hardware-Voraussetzung
In der Arbeitsstation muß ein BOOT-EPROM installiert sein: entweder direkt auf dem Netzwerkadapter, oder auf einem separaten Adapter. Auf diesem EPROM ist ein einfacher Treiber implementiert, der sozusagen eine erste Verbindung zum Fileserver herstellt.

DOSGEN
Die für den Anschluß am Fileserver nötigen Dateien müssen auf dem Fileserver abgelegt sein und für die Stationen ohne lokale Speichermedien verfügbar gemacht werden. Dies wird mit dem Utility DOSGEN realisiert.

Zunächst müssen Sie für Arbeitsstationen ohne lokale Laufwerke Boot-Disketten erstellen. Mit DOSGEN werden dann die einzelnen Boot-Dateien in einer sogenannten Image-Datei zusammengefaßt und auf dem Fileserver abgelegt.

☞ Sofern Sie mehrere Fileserver in ihrem Netzwerk haben, müssen Sie die Image-Dateien auf alle Fileserver kopieren, damit der Anschluß der Arbeitsstation in jedem Fall gewährleistet ist.

Die Grafik auf der nächsten Seite illustriert die Funktionsweise des Remote Bootings:

DOS-Arbeitsstationen 369

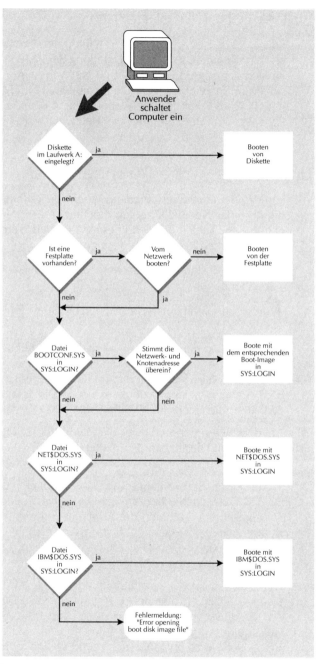

12-2 Funktionsweise des Remote-Bootings

12.5.1 Einheitlicher Rechnertyp

Sofern Sie nur einen Rechnertyp haben, den Sie über das Netzwerk booten möchten, ist die Erstellung der Image-Datei äußerst einfach. Sie starten DOSGEN und NetWare wird auf dem Fileserver im Verzeichnis SYS:LOGIN die Datei NET$DOS.SYS anlegen. Damit können sich alle User, die an einer solchen Arbeitsstation arbeiten, über das Netzwerk beim Fileserver einloggen.

12.5.2 Unterschiedliche Rechnertypen

Sofern Sie mehrere verschiedene Typen von Rechnern benutzen, die über das Netzwerk booten möchten, müssen unterschiedliche Image-Dateien auf den Fileserver kopiert werden. Von unterschiedlichen Rechnertypen spricht man:

- wenn die installierten Netzwerkadapter unterschiedliche Treiber benötigen.

- die Rechner mit unterschiedlichen DOS-Versionen laufen sollen.

Für jeden Rechnertyp muß eine Image-Datei auf dem Fileserver vorhanden sein. Der Name der Image-Datei wird von Ihnen definiert. Achten Sie dabei darauf, daß Sie anhand des Namens den Rechnertyp identifizieren können. Die Image-Datei muß zwingend die Extension .SYS tragen.

BOOT-CONF.SYS Auf dem Fileserver muß auch die Datei BOOTCONF.SYS abgelegt werden. Diese Datei beinhaltet die Informationen darüber, welche Arbeitsstation auf welche Image-Datei zugreifen muß.

Während des Bootvorganges wird – wie üblich – die AUTOEXEC.BAT-Datei auf der Boot-Image-Datei abgearbeitet. Sobald die Shell gestartet wird, kann die Arbeitsstation nicht mehr auf die Boot-Image-Datei zugreifen. Stattdessen versucht diese nun auf die AUTOEXEC.BAT in SYS:LOGIN zuzugreifen. Falls diese dort tatsächlich gefunden wird, läuft alles normal weiter.

Verschiedene Stapeldateien Das Problem ist: Wie erstellt man individuelle AUTOEXEC.BAT-Dateien? Dazu wird keine AUTOEXEC in SYS:LOGIN benötigt. Auf der Diskette wird in AUTOEXEC nur eine Zeile mit dem Aufruf einer individuellen Start-Batch-Datei eingetragen. Diese Batch-Datei wird nun auch nach SYS:LOGIN kopiert.

Beispiel Sie haben drei verschiedene Rechnertypen in Ihrem Netzwerk. Sie müssen deshalb drei verschiedene Image-Dateien erstellen.

DOS-Arbeitsstationen

Nehmen wir an, Sie nennen diese:

- BOOTDSK1.SYS,
- BOOTDSK2.SYS
- BOOTDSK3.SYS

Der Übersicht wegen wäre es sinnvoll, den Stapeldateien ähnliche Namen zu geben.

- BOOTDSK1.BAT für BOOTDSK1.SYS
- BOOTDSK2.BAT für BOOTDSK2.SYS
- BOOTDSK3.BAT für BOOTDSK2.SYS

In den AUTOEXEC.BAT-Dateien müßte dann der Aufruf der entsprechend Stapeldatei eingetragen sein.

Beispiel In der AUTOEXEC.BAT für die Boot-Image-Datei mit Namen BOOTDSK1.SYS würde lediglich eine Zeile enthalten sein:

```
BOOTDSK1
```

Die Stapeldateien müssen sowohl auf der Boot-Diskette enthalten sein, als auch später per Hand in das Verzeichnis SYS:LOGIN kopiert werden.

Im folgenden wird nun die Anwendung von DOSGEN beschrieben.

12.6 DOSGEN

Mit DOSGEN wird der Inhalt einer Boot-Diskette zu einer sogenannten Boot-Image-Datei verarbeitet. Die Zusammenhänge des Remote-Bootings sind auf den vorherigen Seiten erläutert, im folgenden wird nur noch der DOSGEN-Lauf beschrieben.

☞ Sofern Sie keinen anderen Namen angeben, wird DOSGEN die Boot-Image-Datei automatisch NET$DOS.SYS nennen. Ist bereits eine Datei mit diesem Namen im aktuellen Verzeichnis vorhanden, wird diese überschrieben.

12.6.1 Erstellen einer Boot Image-Datei

Sofern Sie alle Rechner mit demselben LAN-Treiber und mit derselben DOS-Version betreiben, reicht eine einzige Boot Image-Datei im Fileserver, damit diese Stationen über das Netzwerk booten können. Erstellen Sie die Boot-Image-Datei wie nachfolgend erläutert.

1. Erstellen Sie an einer Arbeitsstation, die über ein Diskettenlaufwerk verfügt, eine Boot-Diskette, die folgende Dateien beinhalten muß:

- DOS-System Dateien IBMBIO.SYS und IBMDOS.SYS bzw. IO.SYS und MSDOS.SYS
- COMMAND.COM
- generierte IPX.COM
- NETx.COM
- AUTOEXEC.BAT

Die AUTOEXEC.BAT-Datei muß folgendes enthalten:

```
IPX
NETx
F:
LOGIN
```

2. Loggen Sie sich an dem Fileserver, für den Sie die Boot Image-Datei erstellen möchten, als Supervisor ein.

3. Legen Sie die Boot-Diskette, die Sie erstellt haben in Laufwerk A: ein.

3. Definieren Sie zwei Drive Mappings:

`MAP F:=SYS:SYSTEM <ENTER>`

`MAP G:=SYS:LOGIN <ENTER>`

4. Wechseln Sie auf Laufwerk G:

5. Geben Sie ein:

`F:DOSGEN <ENTER>`

Es erscheinen ähnliche Informationen am Bildschirm, wie nachfolgend aufgelistet:

```
Floppy Type f9 = Quad Density, 15 Sectors
per track
Total Floppy Space 2400 Sectors
Setting Up System Block.
Setting Up FAT Tables.
Setting Up Directory Structures.
Traversing Directory Structures.
Processing IO.SYS
Processing MSDOS.SYS
Processing COMMAND.COM
Processing IPX.COM
Processing NET5.COM
Processing AUTOEXEC.BAT
Transferring Data to NET$DOS.SYS
```

Erhalten Sie eine solche "Erfolgsmeldung", so hat die Erstellung der Boot Image-Datei funktioniert.

6. Sie müssen jetzt noch die richtigen Datei-Attribute vergeben:

```
FLAG NET$DOS.SYS SRO <ENTER>
```

Diese Attribute bewirken, daß die Boot Image-Datei von mehreren Stationen gleichzeitig gelesen, jedoch nicht verändert werden kann.

12.6.2 Erstellen mehrerer unterschiedlicher Boot Image-Dateien

Sofern Sie Boot Image-Dateien für mehrere Rechner erstellen möchten, die entweder unterschiedliche LAN-Treiber oder unterschiedliche DOS-Versionen benutzen, müssen Sie auf dem Fileserver unterschiedliche Boot Image-Dateien einrichten. Verfahren Sie, wie nachfolgend erläutert.

☞ Wichtiger Hinweis: Notieren Sie die Knoten- und die Netzwerkadresse jeder Station, die sich über Remote Booting beim Fileserver einloggen soll. Sie brauchen diese Information für die Datei BOOTCONF.SYS.

1. Erstellen Sie an einer Arbeitsstation, die über ein Diskettenlaufwerk verfügt, Boot-Disketten für jeden einzelnen Rechnertyp mit dazugehöriger DOS-Version. Diese Disketten müssen folgende Dateien beinhalten:

- Die DOS-System Dateien IBMBIO.SYS und IBMDOS.SYS bzw. IO.SYSund MSDOS.SYS.
- die entsprechende COMMAND.COM
- die generierte IPX.COM
- NETX.COM
- die AUTOEXEC.BAT-Datei
- die Stapeldatei mit den Boot-Kommandos

Die AUTOEXEC.BAT-Dateien müssen den Aufruf der Stapeldatei enthalten, die die richtigen Kommandos enthält.

Nehmen wir an, Sie haben drei verschiedene Rechnertypen in Ihrem Netzwerk. Sie müssen deshalb drei verschiedene Image-Dateien erstellen. Nehmen wir an, Sie nennen diese:

- BOOTDSK1.SYS
- BOOTDSK2.SYS
- BOOTDSK3.SYS

Der Übersicht wegen wäre es sinnvoll, die Stapeldateien gleich zu benennen.

- BOOTDSK1.BAT für BOOTDSK1.SYS
- BOOTDSK2.BAT für BOOTDSK2.SYS
- BOOTDSK3.BAT für BOOTDSK2.SYS

In den AUTOEXEC.BAT-Dateien müßte dementsprechend der Aufruf für die jeweils richtige Stapeldatei enthalten sein.

Beispiel In der AUTOEXEC.BAT für die Boot-Image-Datei mit Namen BOOTDSK1.SYS würde lediglich eine Zeile enthalten sein:

```
BOOTDSK1
```

Die Stapeldateien müssen sowohl auf der Boot-Diskette enthalten sein, als auch später per Hand in das Verzeichnis SYS:LOGIN kopiert werden. Sie müssen die Kommandos für den logischen Anschluß an den Fileserver beinhalten:

```
IPX
NETx
F:
LOGIN
```

DOS-Arbeitsstationen

2. Loggen Sie sich an dem Fileserver, für den Sie Boot Image-Dateien erstellen möchten, als Supervisor ein.

3. Legen Sie die Boot-Diskette, die Sie für den "ersten" Rechnertyp erstellt haben, in Laufwerk A: ein.

5. Definieren Sie zwei Drive Mappings:

```
MAP F:=SYS:SYSTEM <ENTER>

MAP G:=SYS:LOGIN <ENTER>
```

6. Wechseln Sie auf Laufwerk G:

7. Wenn Sie nun DOSGEN starten, müssen Sie für jede Boot Image-Datei den richtigen Namen angeben. Möchten Sie beispielsweise die Boot Image-Datei BOOTDSK1.SYS auf dem Fileserver erstellen, würde der Aufruf von DOSGEN folgendermaßen aussehen:

```
F:DOSGEN BOOTDSK1.SYS <ENTER>
```

Es erscheinen ähnliche Informationen am Bildschirm, wie nachfolgend aufgelistet:

```
Floppy Type f9 = Quad Density, 15 Sectors
per track
Total Floppy Space 2400 Sectors
Setting Up System Block.
Setting Up FAT Tables.
Setting Up Directory Structures.
Traversing Directory Structures.
Processing IO.SYS
Processing MSDOS.SYS
Processing COMMAND.COM
Processing IPX.COM
Processing NET5.COM
Processing AUTOEXEC.BAT
Transferring Data to BOOTDSK1.SYS
```

Erhalten Sie eine solche "Erfolgsmeldung", so hat die Erstellung der Boot Image-Datei funktioniert.

8. Sie müssen nun noch entsprechende Datei-Attribute vergeben, damit die Boot Image-Datei von mehreren Stationen gleichzeitig geöffnet, jedoch nicht verändert werden kann. Geben Sie ein:

```
FLAG BOOTDSK1.SYS SRO <ENTER>
```

9. Wiederholen Sie diese Schritte für alle anderen Rechnertypen.

12.6.2.1 Erstellen der Datei BOOTCONF.SYS

NetWare benötigt eine Datei mit dem Namen BOOTCONF.SYS, damit für jede Station, die sich via Netzwerk einloggt, die richtige Boot Image-Datei geöffnet wird. Diese Datei muß sich im Verzeichnis SYS:LOGIN befinden. Diese Datei beinhaltet eine Liste aller Netzwerk- und Knotenadressen mit der dazugehörigen Boot Image-Datei.

☞ Fügen Sie später Stationen hinzu, die über das Netzwerk booten, müssen Sie die entsprechenden Einträge in diese Datei eintragen.

Benutzen Sie einen Texteditor oder das DOS-Kommando COPY CON. Die Einträge müssen dabei folgendes Format haben.

```
0xNetzwerkadresse, Knotenadresse = Dateiname der Boot Image-Datei
```

☞ Das erste Zeichen "Null x" ist eine Null (nicht der Buchstabe O) gefolgt vom Buchstaben x.

Beispiel Nehmen wir an, Sie möchten in die BOOTCONF.SYS die Einträge für drei Stationen machen. Alle Stationen befinden sich im gleichen Netzwerk und benutzen daher die gleiche Netzwerkadresse.

- Station 1 hat die Ethernetadresse 00005a101234 und benötigt die Boot Image-Datei BOOTDSK1.SYS

- Station 2 hat die Ethernetadresse 00005a100815 und benötigt die Boot Image-Datei BOOTDSK2.SYS

- Station 3 hat die Ethernetadresse 00005a104711 und benötigt die Boot Image-Datei BOOTDSK3.SYS.

Die Datei BOOTCONF.SYS müßte folgendermaßen aussehen. Nehmen wir an, Sie erstellen sie mit dem DOS-Kommando COPY CON.

```
COPY CON BOOTCONF.SYS <ENTER>
0x1,00005a101234=BOOTDSK1.SYS <ENTER>
0x1,00005a100815=BOOTDSK2.SYS <ENTER>
0x1,00005a104711=BOOTDSK3.SYS <CTRL>-<Z>
<ENTER>
```

☞ Wenn Sie mehrere Fileserver in Ihrem Netzwerk haben, müssen die Datei BOOTCONF.SYS und die Stapeldateien auf alle Fileserver kopiert werden.

12.7 Konfigurieren der Shell mit SHELL.CFG

NetWare bietet die Möglichkeit mit speziellen Parametern die Konfiguration der Boot-Dateien IPX.COM und NETx.COM für DOS-Stationen abzuändern. Diese Parameter müssen in einer Datei mit dem Namen SHELL.CFG eingetragen werden, die mit einem Texteditor oder mit dem DOS-Kommando COPY CON erstellt wird. Die Parameter betreffen im wesentlichen die Art und Weise, wie die Arbeitsstation Datenpakete, Druckaufträge, DOS-Versionen und Suchpfade behandelt.

Die Datei SHELL.CFG muß auf die Bootdiskette kopiert werden. Sie kann folgende Parameter enthalten:

12.7.1 IPX.COM-Parameter

Um für IPX.COM eine andere Konfigurationsdatei als SHELL.-CFG zu verwenden, kann der Name dieser Datei beim Aufruf von IPX folgendermaßen angegeben werden:

```
IPX -cDateiname
```

Folgende Parameter können in der Konfigurationsdatei angewendet werden, um den Pakettreiber zu konfigurieren.

CONFIG OPTION=Nummer
  Dieser Parameter überschreibt sämtliche Konfigurationen, die mit WSGEN oder DCONFIG für den Netzwerkadapter angegeben wurden. Entspricht dem Aufruf von IPX.COM mit dem Parameter -o. Um die möglichen Optionen zu sichten, starten Sie IPX mit dem Parameter -d.

INT64
  Mit diesem Parameter können Anwendungen, die den Interrupt 64h benutzen, auf IPX-Dienste zugreifen. IPX benutzt jetzt den Interrupt 64h, um mit früheren NetWare-Versionen kompatibel zu sein. Stürzt ein Programm, welches den Interrupt 64h braucht ab, müssen Sie diesen Parameter auf OFF setzen. Voreinstellung: ON.

INT7A
  Siehe Erläuterung unter INT64. Auch hier ist die Voreinstellung ON.

IPATCH=Adresse Wert
: Mit diesem Parameter können alle Adressen in der Datei IPX.COM mit beliebigen Werten "gepatcht" werden.

IPX PACKET SIZE LIMIT = Nummer
: Mit diesem Parameter wird dem LAN-Treiber die maximale Paketgröße mitgeteilt. Die maximale Paketgröße eines Ethernet-LAN-Treibers ist 1500 Bytes. Verändern Sie diesen Wert, wenn Sie an Ihrer Arbeitsstation entsprechende Fehlermeldungen erhalten. Sie können einen Wert zwischen 576 und 6500 Bytes angeben.

☞ Nicht alle Treiber unterstützen diesen Parameter.

IPX RETRY COUNT=Nummer
: Dieser Parameter bestimmt, wie oft ein Paket neu gesendet wird. Es ist dann sinnvoll, diesen Parameter zu verändern, wenn in Ihrem Netzwerk viele Pakete verlorengehen. Voreinstellung: 20 erneute Versuche.

IPX SOCKETS=Nummer
: Dieser Parameter bestimmt die maximale Anzahl an "Sockets", die eine Arbeitsstation geöffnet haben kann. Manche Programme brauchen eine größere Anzahl als die Voreinstellung von 20.

SPX ABORT TIMEOUT=Nummer
: Dieser Parameter bestimmt, wie lange SPX auf eine Antwort von der anderen Seite der Verbindung wartet. Erhält SPX nach Ablauf dieser Zeit keine Antwort, wird die Verbindung abgebrochen. Die Voreinstellung ist 540 Ticks (ca. 30 Sekunden).

SPX CONNECTIONS=Nummer
: Dieser Parameter bestimmt die maximale Anzahl der SPX-Verbindungen, die eine Station zur selben Zeit benutzen kann. Voreinstellung: 15 Verbindungen.

SPX LISTEN TIMEOUT=Nummer
: Dieser Parameter bestimmt, wie lange SPX auf ein Paket von der anderen Seite der Verbindung wartet, bevor es Pakete anfordert, die bestätigen sollen, daß die Verbindung noch aktiv ist. Voreinstellung: 108 Ticks (ca. 6 Sekunden).

DOS-Arbeitsstationen

SPX VERIFY TIMEOUT=Nummer
Dieser Parameter bestimmt, wie oft SPX ein Paket an die andere Seite der Verbindung sendet, um ihr zu melden, daß die Verbindung von dieser Seite noch aktiv ist. Werden keine Pakete von einem Programm gesendet, so sendet SPX Pakete in regelmäßigen Abständen an die andere Seite, um zu gewährleisten, daß die Verbindung bestehen bleibt. Voreinstellung: 54 Ticks (ca. 3 Sekunden).

12.7.2 EMSNETx.COM-Parameter

Folgender Parameter kann benutzt werden, um die Shell, die in das Expanded Memory ausgelagert wird, zu konfigurieren:

ENTRY STACK SIZE=Nummer
Benutzen Sie diesen Parameter, um zu gewährleisten, daß Programm-Code, der sich im Expanded Memory befindet, im Memory Page Frame (Fenster) sichtbar ist. Viele TSR-Programme, die das Expanded Memory benutzen, brauchen diese Angabe. Voreinstellung: 10. Der Wertebereich liegt zwischen 5 und 40.

12.7.3 NETx.COM-Parameter

Mit folgenden Parametern kann die konventionelle Shell konfiguriert werden.

ALL SERVERS=ON/OFF
Dieser Parameter bestimmt, ob das Signal "Ende eines Prozesses" an alle Server gesendet wird, oder nur an die Server, die mit diesem Vorgang zu tun hatten. Voreinstellung: OFF. Dies bedeutet, per Default wird dieses Signal nur an die Server gesendet, die mit diesem Vorgang zu tun hatten.

CACHE BUFFER=Nummer
Dieser Parameter bestimmt, wie viele 512 Bytes große Puffer die Shell für das lokale Caching benutzt. Das Caching gilt für Dateien, die nur von dieser Station geöffnet wurden und die nicht dem TTS unterliegen. Durch das Hochsetzen der Anzahl der Cache Puffer wird das sequentielle Lesen und Schreiben schneller. Die Voreinstellung ist 5.

```
EOJ=ON/OFF
```
Dieser Parameter bestimmt, ob Dateien, Semaphoren und Locks automatisch nach der Beendigung eines Vorgangs geschlossen werden. Voreinstellung: ON.

```
FILE HANDLES=Nummer
```
Dieser Parameter bestimmt, wieviele Dateien eine Station gleichzeitig im Netzwerk offen halten darf. Der Wert für Dateien, die sich auf einem lokalen Laufwerk der Arbeitsstation befinden, wird über die Datei CONFIG.SYS geregelt. Einige Programme brauchen allerdings mehr als die Voreinstellung von 40. Sollten Sie entsprechende Fehlermeldungen an Ihrer Arbeitsstation erhalten, empfiehlt es sich, diesen Wert hochzusetzen.

```
HOLD=ON/OFF
```
Dieser Parameter bestimmt, ob die Dateien einer Arbeitsstationen offen gehalten werden sollen, nachdem auf sie zugegriffen wurde und sie geschlossen wurden. Steht dieser Parameter auf ON, so werden die Dateien solange offen gehalten, bis das Programm, welches diese Dateien benutzt, beendet wird. Die Voreinstellung: OFF.

```
LOCAL PRINTERS=Nummer
```
Dieser Parameter überschreibt den Wert im BIOS, der angibt, wieviele lokale Druckerschnittstellen in der Arbeitsstation vorhanden sind. Setzen Sie diesen Parameter auf Null, so besteht keine Gefahr, daß eine Station abstürzt, die versucht einen Bildschirminhalt auszudrucken, obwohl kein Drucker angeschlossen ist und kein Spooling aktiviert wurde.

```
LOCK DELAY=Nummer
```
Dieser Parameter bestimmt, wie lange die Shell wartet, bevor sie versucht, einen Lock zu erhalten. Greifen mehrere User auf eine Datei zu, kann es sein, daß die Shell nicht in der Lage ist, den Zugriff innerhalb der zuerteilten Wartezeit zu erhalten. Wenn Sie an einer Arbeitsstation entsprechende Fehlermeldungen erhalten, sollten sie diesen Parameter verändern. Voreinstellung: 1.

☞ Diese Nummer wird für Sperrmechanismen (Locks) angewendet, die keine Wartemöglichkeit haben. Für Locks, die eine Wartemöglichkeit haben, wird die Wartezeit folgendermaßen errechnet:

Multiplizieren Sie die Angabe dieses Parameters mit der Angabe der LOCK RETRIES. Multiplizieren Sie diesen Wert mit zwei. Das Ergebnis ist die Zeit (in Ticks), die eine Arbeitsstation auf einen Lock wartet.

LOCK RETRIES=Nummer
Dieser Parameter bestimmt, wie oft die Shell versucht, einen Lock vom Netzwerk zu bekommen. Dieser Parameter ist nur ein Teil der Gleichung, die bestimmt, wielange die Shell warten wird, um Zugriff auf eine gesperrte Datei zu erhalten. Erhält eine Arbeitsstation öfter eine entsprechende Fehlermeldung, sollte dieser Wert hochgesetzt werden. Voreinstellung: 3.

LONG MACHINE TYPE=Name des Typs
Dieser Parameter erlaubt es, der Shell jedesmal mitzuteilen, welcher Rechnertyp benutzt wird, wenn die Variable %MACHINE abgefragt wird. Die Angabe darf maximal sechs Zeichen lang sein. Am effizientesten ist es, wenn Sie hier die DOS-Version angeben. Voreinstellung: IBM_PC.

MAX CUR DIR LENGTH=Nummer
Erhält DOS den Befehl "Get Current Directory", werden vom Pfad 64 Bytes geholt. Früher erlaubte die Shell, 128 Bytes zu holen. Um die Kompatibilität zu gewährleisten, ist dieser Parameter nun konfigurierbar. Der Wertebereich liegt zwischen 64 und 255.

MAX PATH LENGTH=Nummer
In DOS ist eine ASCII-Zeichenkette gültig, die bis zu 128 Bytes lang ist. Für Pfadangaben im Netzwerk reicht dieser Wert manchmal nicht aus. NetWare erlaubt die Konfiguration so, daß eine Pfadangabe bis zu 255 Zeichen lang sein kann. Der Wertebereich liegt zwischen 64 und 255. Voreinstellung: 255.

MAX TASK=Nummer
Dieser Parameter bestimmt die maximale Anzahl an Prozessen (Tasks), die gleichzeitig aktiv sein können. Einige Multitasking-Programme, wie beispielsweise MS-Windows, erlauben das gleichzeitige Öffnen mehrerer Programme. Können Sie, wenn Sie ein solches Multitasking-Programm benutzen, kein weiteres Programm öffnen, sollten Sie diesen Wert hochsetzen. Der Wertebereich liegt zwischen 20 und 128. Voreinstellung: 31.

PATCH=Adresse Wert
   Dieser Parameter erlaubt das "Patchen" von jeder Adresse in der Shell mit einem beliebigen Wert. Verwenden Sie diesen Parameter, wenn Sie ein auftretendes Problem durch Umprogrammieren lösen können. Der Patch-Parameter bestimmt die Ortung der Bytes und fügt die richtigen Werte ein.

PREFERRED SERVER=Name des Servers
   Mit diesem Parameter können Sie bestimmen, welcher Ihr Default-Fileserver sein soll. Normalerweise erfolgt der Anschluß einer Arbeitsstation immer an dem Server, der am schnellsten erreichbar ist.

PRINT HEADER=Nummer
   Dieser Parameter bestimmt die Größe der Puffer, in denen die Informationen über die Initialisierung eines Druckers für einen Druckauftrag gespeichert sind. Wenn Sie Druckaufträge mit vielen Informationen an den Drucker senden und dieser nicht alle Informationen erhält, sollten Sie die Größe des Print Headers verändern. Der Wertebereich liegt zwischen 0 und 255. Voreinstellung: 64 Bytes

PRINT TAIL=Nummer
   Dieser Parameter bestimmt die Größe der Puffer, in denen Informationen über das Zurücksetzen eines Druckers nach Beendigung eines Druckauftrages, gespeichert sind. Sollte sich Ihr Drucker nicht nach jedem Druckauftrag zurücksetzen, sollten Sie diesen Parameter abändern. Der Wertebereich liegt zwischen 0 und 255. Voreinstellung: 16 Bytes

READ ONLY COMPATIBILITY = ON/OFF
   Dieser Parameter bestimmt, ob eine Datei, die mit dem Attribut *Read Only* versehen ist, von einem Read/Write-Zugriff geöffnet werden kann. Einige Programme benötigen, daß dieser Parameter auf ON steht. Voreinstellung: OFF

SEARCH MODE=Modus
   Dieser Parameter bestimmt, ob die Shell die definierten Suchpfade durchsucht, wenn eine ausführbare Programmdatei weitere Dateien benötigt. Nähere Erläuterungen zu den einzelnen Suchmodi finden Sie im Kapitel *Datenstrukturen* unter *SMODE*.

SET STATION TIME=ON/OFF
   Die Shell synchronisiert normalerweise die aktuelle Uhrzeit der Arbeitsstation mit der Uhrzeit im Fileserver. Wenn Sie das

nicht möchten, setzen Sie diesen Parameter auf OFF. Voreinstellung: ON

SHARE=ON/OFF
Dieser Parameter erlaubt einem Prozess (Parent), sämtliche Ressourcen an einen Unterprozess (Child) weiterzureichen. Üblicherweise werden einem Prozess Ressourcen schneller weitergereicht, als es Zeit in Anspruch nehmen würde, neue File Handles für ihn zu erstellen. Voreinstellung: ON.

SHORT MACHINE TYPE = Typ des Rechners
Dieser Parameter entspricht dem Parameter LONG MACHINE TYP. Der einzige Unterschied ist, daß dieser SHORT MACHINE TYPE für Overlay-Dateien benutzt wird. Dieser Parameter wird gebraucht, wenn die Login Script Variable %SMACHINE abgefragt wird. Diese Angabe kann bis zu 6 Zeichen lang sein. Voreinstellung: IBM.

SHOW DOTS=ON/OFF
NetWare stellt im Gegensatz zu DOS keine Verzeichniseinträge für Punkt (.) und Zweifach-Punkt (..) zur Verfügung. Die Shell ist in der Lage, dies zu emulieren. Voreinstellung: OFF. Setzen Sie diesen Parameter auf ON, wenn Sie MS-Windows benutzen.

SPECIAL UPPERCASE=ON/OFF
Normalerweise unterstützt die Shell die Übersetzung in Versalien von ASCII-Zeichen, die über 128 liegen, nicht. Setzen Sie diesen Parameter auf ON, so wird die Shell den Befehl an DOS weiterreichen. Spezielle Zeichen erfordern dies. Voreinstellung: OFF.

TASK MODE=Nummer
Dieser Parameter bestimmt, wie die Shell virtuelle Management-Prozesse behandelt. Der Default-Wert (2) eignet sich für den Einsatz von MS-Windows 3.0. Setzen Sie ältere Versionen oder ein anderes Multitasking-Programm ein, sollten Sie diesen Parameter auf 1 setzen. Sofern Sie kein Multitasking-Programm benutzen, können Sie Ihren Rechner ein bißchen schneller machen, wenn Sie diesen Wert auf 0 setzen.

12.8 Konfigurieren des IPX-Treibers mit ECONFIG und DCONFIG

Mit dem Programm WSGEN haben Sie einen speziell für eine bestimmte Arbeitsstation konfigurierten Treiber erzeugt. Wollen Sie diese Einstellung an einem bestehenden IPX-Treiber ändern, benutzen Sie dazu die Programme ECONFIG.COM und DCONFIG.COM.

12.8.1 ECONFIG

Bei der Datenübertragung über Ethernet-LANs gibt es zwei verschiedene wichtige Konventionen der Paketorgansisation:

- Die Ethernet IEEE 802.3 - Spezifikation

- Die Ethernet V2.0 - Spezifikation

Novell unterstützt beide Spezifikationen. Dabei ist es jedoch zwingend, daß alle Kommunikationspartner, also der Server und alle Arbeitsstationen, die selbe Paketart zur Datenübertragung benutzen, da Treiber, die auf IEEE 802.3-Spezifikation eingestellt sind, Pakete der Ethernet V2.0-Spezifikation ignorieren und umgekehrt. Novell benutzt als Voreinstellung die IEEE 802.3-Spezifikation. Wir empfehlen jedoch die Benutzung des Ethernet V2.0-Standards. Der Grund dafür liegt darin, daß bei Ethernet V2.0 ein bestimmtes Feld im Paketkopf dazu benutzt wird, das Protokoll zu markieren, unter dem dieses Paket verschickt wurde. Dieses Feld wird unter IEEE 802.3 als Angabe der Gesamtlänge des Pakets genutzt.

In heterogenen Netzen, d.h. in Netzen, in denen über mehrere verschiedene Protokolle kommuniziert wird, hat sich der Betrieb mit dem Ethernet V2.0- Standard als die bessere Lösung erwiesen, da bei Verwendung des IEEE 802.3-Standards Konflikte mit anderen IEEE 802.3-Benutzern nicht ausgeschlossen sind. Der Grund dafür ist die Tasache, daß Novell die IEEE 802.3 Spezifikation nicht richtig erfüllt. In den "Novell-IEEE 802.3" Paketen fehlt das LLC-Feld (Logical Link Control). Dieses Feld dient dazu, mehreren IEEE 802.3-Benutzern im selben Netz die Unterscheidung der Pakete zu ermöglichen. Durch die Nichteinhaltung des echten IEEE 802.3 Standards ist diese Unterscheidung nicht mehr möglich. Befindet sich z.B. ein Microsoft LAN-MANAGER-Server im selben Netz, sind Probleme von vornherein abzusehen, da dieses Netzwerkbetriebssystem standardmäßig ebenfalls IEEE 802.3 Protokolle benutzt. Auch wenn Sie zur Zeit ein reines

Novell-Netz betreiben, könnte es ja sein, daß in Zukunft zusätzlich UNIX-Maschinen oder Rechner der Mittleren Datentechnik ins Netz eingebunden werden, die für die Netzwerkkommunikation andere Protokolle benutzen. Stellen Sie also besser sofort auf den Ethernet V2.0 Standard um.

Bei der Fileserver Installation geben sie hierzu beim Laden des LAN-Treibers die Option

```
FRAME=Ethernet_II
```

an.

Nun müssen Sie noch die IPX-Treiber, die Sie mit WSGEN erzeugt haben, auf diesen Standard einstellen, da WSGEN als Voreinstellung ebenfalls einen IEEE 802.3-Standard IPX-Treiber erzeugt. Mit dem Programm ECONFIG können Sie die Einstellung der Ethernet Spezifikation bei IPX-Treibern sowohl anzeigen lassen als auch verändern.

Konfiguration sichten Wenn Sie die Konfiguration des Treibers anzeigen lassen wollen, geben Sie ein:

```
ECONFIG [Pfad] IPX.COM
```

Ersetzen Sie *Pfad* durch die Laufwerksangabe und den Verzeichnisnamen des Verzeichnisses, in dem sich der IPX.COM Treiber befindet. Hierauf gibt ECONFIG eine Meldung aus die so ähnlich aussieht:

```
SHELL: Novell Ethernet (IEEE 802.3 compatible)
```

oder

```
SHELL: Ethernet Typefield: 8137 (assigned Novell type constant)
```

Ethernet v2.0 Wenn Sie die Konfiguration auf Ethernet V2.0 ändern wollen, geben Sie ein:

```
ECONFIG [Pfad] IPX.COM SHELL:e 8137
```

Ersetzen Sie *Pfad* durch die Laufwerksangabe und den Verzeichnisnamen des Verzeichnisses, in dem sich der IPX.COM Treiber befindet.

IEEE 802.3 Wenn Sie die Konfiguration auf Ethernet IEEE 802.3 ändern wollen, geben Sie ein:

```
ECONFIG [Pfad] IPX.COM SHELL:n
```

Ersetzen Sie *Pfad* durch die Laufwerksangabe und den Verzeichnisnamen des Verzeichnisses ersetzen, in dem sich der IPX.COM Treiber befindet.

12.8.2 DCONFIG

Mit dem Programm DCONFIG können Sie die Hardware-Konfiguration des IPX-Treibers verändern. Dies kann z.B. der Fall sein, wenn Sie den IPX-Treiber auf einer Arbeitsstation einsetzen wollen, deren Netzwerkadapter anders konfiguriert ist als in dem vorhandenen IPX-Treiber vorgesehen. Sie brauchen in diesem Fall WSGEN nicht erneut aufzurufen, sondern können den Treiber mit DCONFIG direkt den Hardwaregegebenheiten anpassen. Rufen Sie den IPX.COM-Treiber mit der Option -d auf, um eine Liste der möglichen Konfigurationen und den dazugehörigen Nummern zu bekommen. Merken Sie sich die Nummer der von Ihnen gewünschten Konfiguration und geben Sie ein:

```
DCONFIG [Pfad] IPX.COM:,Nummer
```

Ersetzen Sie *Pfad* durch die Laufwerksangabe und den Verzeichnisnamen des Verzeichnisses , in dem sich der IPX.COM Treiber befindet.

Ersetzen Sie *Nummer* durch die Nummer der von Ihnen gewünschten Konfiguration.

Wenn Sie sehen wollen, welche Konfiguration momentan in Ihrem IPX-Treiber festgelegt ist, rufen Sie IPX.COM mit der Option -i auf. Wollen Sie den Treiber nur ein einziges Mal unter der veränderten Konfiguration starten, rufen Sie IPX.COM mit der Option -o auf, wobei Sie für *Nummer* die Nummer der von Ihnen gewünschten Konfiguration einsetzen. In diesem Fall wird die Änderung nicht permanent im Treiber festgeschrieben, sondern er wird nur dieses eine Mal mit dieser Konfiguration aktiviert.

12.9 Novell ODI unter DOS

Das Open Data Link Interface (ODI) ist ein neues Konzept, mit dem NOVELL dem immer mehr gestiegenen Bedarf an Flexibilität der Netzwerk-Arbeitsstationen Rechnung trägt. Bisher hatten LAN-Benutzer an Arbeitsstationen große Probleme, wenn Sie mit mehreren unterschiedlichen Netzwerk-Partnern kommunizieren wollten.

Wenn man z.B. an einem NetWare-Fileserver eingeloggt war und Kontakt zu einem UNIX-Server oder einem VAX-Rechner aufnehmen wollte, mußte man die Arbeitsstation zwischendurch neu booten und jedesmal die erforderlichen Treiber mühsam laden (unterschiedliche CONFIG.SYS- und AUTOEXEC.BAT-Dateien). Der Grund dafür ist, daß im LAN-Sektor viele unterschiedliche Protokollstandards nebeneinander existieren. Gewöhnliche Protokoll-Treiber (wie auch z.B. der IPX-Treiber) bedienen die Hardware der Netzwerkadapter jedoch exklusiv, d.h. wenn ein anderer Protokoll-Treiber gleichzeitig geladen wird, führt das unweigerlich zu einem Absturz der Arbeitsstation, weil beide Treiber versuchen, die Hardware zu programmieren, und sich dabei sofort in die Quere kommen. Außerdem sind in solch einer "multiplen Arbeitsstation" nicht nur die Probleme des gleichzeitigen Ladens der Netzwerktreibers zu bewältigen, sondern auch die komplizierte Organisation der nebeneinander existierenden Protokoll-Stacks zu meistern. Jedes einkommende Paket muß schließlich den richtigen Protokolltreiber innerhalb so einer Arbeitstation zugeteilt werden.

Außerdem war es bisher kaum möglich, daß an einer Arbeitsstation mehr als ein LAN-Adapter installiert war.

In letzter Zeit wurden von vielen Seiten große Anstrengungen unternommen, um diese hier nur grob umrissenen Probleme zu lösen. Das von Schneider & Koch entwickelte UPPS-Treiber Konzept (UPPS Universal Portable Protocol Stack) für DOS Arbeitsstationen wurde auch genau aus diesem Grund ins Leben gerufen und setzt bei der Problemlösung schon auf der Ebene der Hardwareprogrammierung an. Das Open Data-Link Interface Konzept (ODI) wurde entwickelt, um herstellerunabhängig dieselben Vorteile zu erzielen.

Der Aufbau des Treibergerüsts in einer NetWare ODI-Workstation sieht folgendermaßen aus :

NetWare | **UNIX** | **Macintosh**

```
┌─────────┐   ┌─────────┐   ┌─────────┐
│  Net3   │   │   NFS   │   │AppleShare│
│         │   │ Treiber │   │         │
└────↕────┘   └────↕────┘   └────↕────┘
┌─────────┐   ┌─────────┐   ┌─────────┐
│   IPX   │   │ TCP/IP  │   │AppleTalk│
│   ODI   │   │   ODI   │   │   ODI   │
│ Treiber │   │ Treiber │   │ Treiber │
└─────────┘   └─────────┘   └─────────┘
┌─────────────────────────────────────┐
│       LSL Link Layer Support        │
└─────────────────────────────────────┘
                  ↕
┌─────────────────────────────────────┐
│          ODI – LAN-Treiber          │
└─────────────────────────────────────┘
┌─────────┐   ┌─────────┐   ┌─────────┐
│ ETHER-  │   │  Token  │   │  FDDI   │
│  NET    │   │  Ring   │   │         │
└─────────┘   └─────────┘   └─────────┘
```

12-3 Aufbau des ODI-Protokollstacks

Der Link Support Layer LSL.COM regelt die Verbindungen der einzelnen Protokoll-Treiber zum LAN-Treiber. Beachten Sie, daß bei dem "normalen" Treiber IPX.COM, der Protokoll-Treiber und der (herstellerabhänbgige) LAN-Treiber in einem Programm integriert waren. Beim ODI-Konzept sind Protokoll-Treiber und der LAN-Treiber logischerweise getrennt, da ja mehrere verschiedene Protokoll-Treiber geladen werden können.

Wird bei einer normalen Arbeitsstation der Zugang zu einem Novell-Fileserver über IPX.COM oder NETx.COM realisiert, so müssen Sie bei einer ODI-Workstation diese Zeilen der AUTOEXEC.BAT Datei umändern in

```
LSL.COM
```

LAN-Treiber des jeweiligen ausgewählten Netzwerkadapters, z.B. UPPSMLID.COM für SK-G16, SK-G8 oder SK-MC2.

`IPXODI.COM`

Der Protokoll-Treiber IPXODI enthält eigentlich drei Protokolle:

- Das IPX-Protokoll (Internet Packet eXchange Protocol), dies ist das zugrundeliegende Protokoll in Novell-Netzwerken.
- Das SPX-Protokoll (Sequenced Packet eXchange Protocol), dies ist eine höhere Protokollebene, bei dem der gesicherte Datenaustausch garantiert wird.
- Das Remote Diagnostics Responder Protokoll, dies ist ein spezielles Novell-Protokoll, mit dem Netzwerkteilnehmer mit speziellen Programmen (NetWare Care oder S&K-Diagnostics) von einer Arbeitsstation aus analysiert werden können.

Sie können IPXODI.COM auch ohne die beiden letzten zusätzlichen Protokolle laden. Sie sparen so Speicherplatz. Bedenken Sie allerdings, daß bestimmte Programme das SPX-Protokoll benötigen, z.B. RCONSOLE. Wie schon erwähnt, benötigen die NetWare Netzwerkmanagement-Programme das Remote Diagnostics Responder Protokoll.

Aufruf für Laden nur mit IPX und SPX (4 KB gespart) :

`IPXODI d`

Aufruf für Laden nur mit IPX (8 KB gespart) :

`IPXODI a`

Sie können die ODI-Treiber wieder entladen, und zwar immer in der umgekehrten Reihenfolge, in der Sie diese geladen haben. NETx.COM, IPXODI.COM ,LSL.COM und die LAN-Treiber werden durch Aufruf mit dem Parameter u (Unload) aus dem Speicher entfernt. Halten Sie sich nicht an die richtige Reihenfolge beim Entladen, so wird eine ähnliche Fehlermeldung wie diese erscheinen :

`FATAL: There is a TSR above the loaded IPXODI`

Zusätzlich zu dem gezeigten Beispiel der Novell-Anbindung können nun noch parallel andere Protokolle geladen werden, wobei die Novell-Verbindung bestehen bleibt. Dies ist der große Vorteil des ODI-Konzepts. Durch das Laden von anderen Protokolltreibern (wie z.B. TCP/IP- oder Appletalk-Treibern von Novell) hat ihre Arbeitsstation Zugang zu mehreren "Netzwerk-

Welten" zur gleichen Zeit. Da die Entwicklung auf diesem Sektor gerade in letzter Zeit große Fortschritte macht, kontaktieren Sie am besten Ihren Novell-Händler, um sich über die neuesten Möglichkeit zu informieren. Beim Standardpaket NetWare v3.11 wird nur der IPXODI-Treiber als ODI-Protokoll-Treiber mitgeliefert.

12.9.1 Konfigurieren der ODI-Treiber mit NET.CFG

NetWare bietet die Möglichkeit mit speziellen Parametern die Konfiguration der ODI-Treiber-Dateien abzuändern. Diese Parameter müssen in einer Datei mit dem Namen NET.CFG eingetragen werden, die mit einem Texteditor oder mit dem DOS-Kommando COPY CON erstellt wird. Diese Konfigurationsdatei ersetzt die normalerweise verwendete Konfigurationsdatei SHELL.CFG völlig, alle Parameter der SHELL.CFG können Sie nun in dieser Datei angeben. Zu diesen Parametern informieren Sie sich in diesem Kapitel im Punkt *Konfigurieren der Shell mit SHELL.CFG*. Zusätzlich zu diesen Parametern können in der Datei NET.CFG Parameter bezüglich der LAN-Treiber, der Protokoll-Treiber und des Link Support Layers LSL.COM angegeben werden. Diese drei Kategorien von Parametereinstellungen werden jeweils mit Schlüsselwörtern eingeleitet:

12.9.1.1 LSL.COM - Parameter

Schlüsselwort: LINK SUPPORT.
In den Zeilen nach diesem Schlüsselwort werden die Angaben der möglichen Parameter mit einem Tabulator eingerückt. Folgende Parameter können festgelegt werden:

BUFFERS Anzahl [Größe]
   Dieser Parameter gibt die Anzahl der Buffer-Plätze an, die der Link Support Layer für empfangene Pakete bereitstellt. Der IPXODI-Treiber benutzt diese Bufferplätze nicht, deshalb ist die Voreinstellung der Anzahl der Buffers Null. Beachten Sie die Beschreibungen anderer ODI Protokoll-Treiber, um sich über eventuell erforderliche Anzahl und Größe der Buffer zu informieren. Die Buffergröße kann optional mit angegeben werden, die Voreinstellung ist 1130 (Bytes). Der angegeben Wert muß mindestens 618 groß sein, außerdem darf die Gesamtanzahl der Bytes im BUFFERS-Pool 59 KB nicht überschreiten (Nummer x Größe).

MEMPOOL Größe [K]
: Der Link Support Layer besitzt einen bestimmten Speicherbereich, den er den Protokoll-Treibern für spezielle Aufgaben zur Verfügung stellt. Dieser Parameter gibt an, wiegroß dieser Bereich ist (in Bytes oder, durch die Angabe von "K", in Kilobytes). Der IPXODI-Treiber benutzt diesen Bereich nicht, deshalb ist die Voreinstellung dieses Parameters Null. Beachten Sie die Beschreibungen anderer ODI Protokoll-Treiber, um sich über eventuell erforderliche Einstellungen zu informieren.

12.9.1.2 Protokoll-Treiber - Parameter

Schlüsselwort: PROTOCOL Protokollname

In den Zeilen nach diesem Schlüsselwort werden die Angaben der möglichen Parameter mit einem Tabulator eingerückt. Folgende Parameter können für jeden Protokolltreiber festgelegt werden:

BIND Name
: Diesen Parameter müssen Sie angeben, um dem Protokoll-Treiber zu signalisieren, über welchen (der eventuell mehreren) LAN-Adapter dieses Protokoll abgewickelt werden soll. Der Name ist für gewöhnlich der Name des LAN-Treibers, der diesen Adapter bedient. Dieser ist herstellerabhängig. Informieren Sie sich also in der Beschreibung des jeweiligen ODI-LAN-Treibers über den Namen, der bei diesem Parameter angegeben werden kann.

SESSIONS Anzahl
: Dieser Parameter gibt die Nummer der Verbindungen an, die der Protokoll-Treiber zur gleichen Zeit unterhalten kann. Ob dieser Parameter überhaupt benötigt wird, hängt vom jeweiligen Protokoll ab. Der IPXODI-Treiber ignoriert diesen Parameter zum Beispiel. Informieren Sie sich also in der Beschreibung des jeweiligen ODI-LAN-Treibers, ob und wie dieser Parameter eingestellt werden muß.

12.9.1.3 LAN-Treiber - Parameter

Schlüsselwort: LINK DRIVER Treibername

In den Zeilen nach diesem Schlüsselwort werden die Angaben der möglichen Parameter mit einem Tabulator eingerückt. Als Treibername geben Sie den Namen des LAN-Treibers an. Folgende Parameter können für jeden Protokolltreiber festgelegt werden:

DMA [#2] Nummer
   Dieser Parameter gibt an, welchen Direct Memory Access Kanal (DMA) der Netzwerkadapter benutzt, für den dieser LAN-Treiber zuständig ist. Benötigt der Adapter zwei DMA-Kanäle, geben Sie den zweiten mit vorangestelltem "#2" an, z.B.

LINK DRIVER Name
      DMA 3
      DMA #2 5

Benötigt der Adapter keine DMA-Kanäle, können Sie diesen Parameter weglassen.

INT [#2] Nummer
   Dieser Parameter gibt an, welche Interrupt Request Leitung (IRQ) der Netzwerkadapter benutzt, für den dieser LAN-Treiber zuständig ist. Benötigt der Adapter zwei IRQs, geben Sie den zweiten mit vorangestelltem "#2" an, z.B.

LINK DRIVER Name
      INT 3
      INT #2 5

Benötigt der Adapter keine IRQs, können Sie diesen Parameter weglassen.

MEM [#2] Startadresse [Länge]
   Dieser Parameter gibt an, welchen Speicherbereich der Netzwerk-Adapter benutzt, für den dieser LAN-Treiber zuständig ist. Die Angabe muß hexadezimal als absolute 5-stellige Speicheradresse angegeben werden. Geben Sie die Länge (in Paragraphen, ein Paragraph = 16 Byte) an, wenn diese von 16 Kbyte, dem voreingestellten Wert, abweicht. Benötigt der Adapter zwei Speicherbereiche, geben Sie den zweiten mit vorangestelltem "#2" an, z.B.

LINK DRIVER Name
      MEM CC000 800
      MEM #2 D0000

Benötigt der Adapter keine Speicherbereiche, können Sie diesen Parameter weglassen.

PORT [#2] Adresse [Anzahl]
   Dieser Parameter gibt an, welche I/O Ports der Netzwerkadapter benutzt, für den dieser LAN-Treiber zuständig ist. Die Adresse des ersten benutzen Ports wird hexadezimal angegeben.

Die Anzahl bestimmt, wieviel Portadressen der Adapter ab dieser ersten Adresse belegt. Der voreingestellte Wert ist 16, Sie brauchen die Anzahl nur anzugeben, wenn Sie von 16 abweicht. Benötigt der Adapter zwei Bereiche mit I/O Ports, geben Sie den zweiten mit vorangestelltem "#2" an, z.B.

```
LINK DRIVER Name
     PORT 300
     PORT #2 3A0 6
```

Benötigt der Adapter keine I/O Ports, können Sie diesen Parameter weglassen.

NODE ADDRESS Adresse

Dieser Parameter überschreibt die physikalische Knotenadresse des Adapters, für den dieser LAN-Treiber zuständig ist. Die physikalische Adresse wird normalerweise in einem ROM auf dem Adapter gespeichert und kann bei manchen Adaptern durch eine logische Knotenadresse ersetzt werden. Dieser Parameter kann also nicht bei allen Boards angegeben werden. Die Adresse ist eine 6-Byte lange Knotenadresse in hexadezimaler Schreibweise. Versuchen Sie aber soweit als möglich die physikalische Adresse Ihres Adapters beizubehalten und benutzen Sie diesen Parameter nur wenn unbedingt nötig.

Beispiel NODE ADDRESS 00005A103642

SLOT Nummer

Dieser Parameter gibt an, in welchem PS/2 Erweiterungs-Slot der Netzwerkadapter steckt, für den dieser LAN-Treiber zuständig ist. Haben Sie beispielsweise zwei gleiche Adapter und zwei gleiche Treiber, geben Sie in der NET.CFG Datei auf diese Weise an, zu welchem Adapter diese Einstellungen gehören:

```
LINK DRIVER Name
.
.
LINK DRIVER Name SLOT 2
.
.
```

FRAME TYPE

Dieser Parameter gibt an, unter welcher Konvention der Paketorganisation Pakete über diesen Treiber verschickt werden sollen. Informieren Sie sich bitte in den Beschreibungen der herstellerabhängigen LAN-Treiber, welche der folgenden Möglichkeiten beim jeweiligen Treiber angegeben werden können.

- ETHERNET_802.3
- ETHERNET_802.2
- ETHERNET_II
- ETHERNET_SNAP
- TOKEN-RING
- TOKEN-RING_SNAP
- IBM_PCN2_802.2
- IBM_PCN2_SNAP
- NOVELL_RX-NET

```
PROTOCOL   Name   ID   Typ
```
Dieser Parameter gibt an, welche Protokolle über diesen LAN-Treiber laufen sollen. Dies können mehrere Protokolle sein, denn das macht ja gerade das Besondere am ODI-Konzept aus. Für jedes benutzte Protokoll muß ein *PROTOCOL*-Parameter angegeben werden. *Name* wird durch den Namen des Protokolls ersetzt, *ID* durch die Protokoll ID, und T*yp* durch die Art der Paketkonvention (siehe oben Parameter "FRAME"). Die Angaben, die hier möglich sind, hängen von dem Protokolltreiber ab, der das hier angegebene Protokoll zur Verfügung stellt. Informieren Sie sich also in der Beschreibung der einzelnen Protokolltreiber über die sinnvollen Werte, die hier angegeben werden können. Wollen Sie das IPX Protokoll im Ethernet-Standard in einem Novell-LAN betreiben, müßte der Eintrag ungefähr so lauten:

```
LINK DRIVER Name
        FRAME ETHERNET_II
        PROTOCOL IPX 8137 ETHERNET_II
```

OS/2 Requester 13

13.1 Einleitung

Um einer OS/2-Arbeitsstation den Zugriff auf die Daten eines NetWare-Fileservers zu ermöglichen, wird eine Reihe spezieller Programme benötigt: der sogenannte NetWare OS/2 Requester.

Der OS/2 Requester übernimmt die Aufgaben, die bei einer DOS-Arbeitsstation von den Treibern IPX.COM und NETx.COM bewältigt werden. Die Treiber für den Requester sind allesamt .SYS-Treiber und werden demnach in der CONFIG.SYS Datei der Station eingetragen. Es genügt jedoch nicht, die entsprechenden Treiber auf der Festplatte der jeweiligen OS/2-Arbeitsstation zu installieren. Da Programme, die für DOS entwickelt wurden, unter OS/2 nicht ohne weiteres laufen, werden mit NetWare v3.11 die Utilities wie z.B. LOGIN, SYSCON, WHOAMI oder FILER in speziellen Versionen für OS/2 geliefert. Diese OS/2-Utilities müssen Sie auf dem Fileserver installieren.

Es ist außerdem ratsam, die OS/2-Versionen von LOGIN.EXE und SLIST.EXE auf die Festplatten der OS/2 Arbeitsstationen zu kopieren, damit solche Stationen auch dann noch Zugriff zum Netzwerk haben, wenn sie an einem Fileserver eingeloggt sind, auf dem keine OS/2-Utilities installiert sind.

Wenn Sie den OS/2 Requester auf den jeweiligen Arbeitsstationen eingerichtet und die dortigen CONFIG.SYS- und NET.CFG-Dateien editiert haben, fahren Sie mit der Installation der Utilities auf dem Server fort. Danach haben die OS/2 Stationen vollen Zugriff aufs Netz.

13.2 Installation des Requesters / Modifizieren der CONFIG.SYS

Um den NetWare Requester auf einem OS/2-Rechner zu installieren, booten Sie die zukünftige Arbeitsstation mit OS/2. Der Requester benötigt die

- OS/2 Standard Edition v1.2 (oder höher)

oder die

- OS/2 Extended Edition v1.2 (oder höher) .

Legen Sie die "*REQUESTER*"-Diskette ins Laufwerk A: der Arbeitsstation ein und geben Sie im sogenannten Full Screen Modus von OS/2 (Der Textmodus mit dem [C:\] - Prompt)

```
[C:\]A:INSTALL <ENTER>
```

ein.

Das Installationsprogramm kopiert die erforderlichen Treiberdateien auf die Festplatte des Rechners. Per Voreinstellung wird auf der Festplatte das Verzeichnis C:\NETWARE erzeugt, in dem alle Dateien gespeichert werden. Sie können allerdings auch andere Verzeichnisnamen angeben, indem Sie den INSTALL-Menüpunkt `Specify Directories` wählen und die von Ihnen gewünschten Verzeichnisnamen angeben.

Bevor sie nun die Dateien kopieren, müssen sie noch die CONFIG.SYS Datei verändern. Hierzu wählen Sie die Option `Edit CONFIG.SYS`. Das Verzeichnis oder die Verzeichnisse, die Sie vorher gewählt haben, werden automatisch dem Suchpfad für die OS/2 Dynamic Link Libraries (LIBPATH) und dem OS/2 Daten-Suchpfad (DPATH) hinzugefügt. Danach tragen Sie folgende Treiberdateien in die CONFIG.SYS ein:

Der Link Support Layer ist der "Vermittler" zwischen den Treibern und muß zuerst geladen werden:

```
DEVICE=c:\netware\lsl.sys
```

```
RUN=c:\netware\ddaemon.exe
```

An dieser Stelle muß der LAN-Treiber Ihres Netzwerkadapters eingetragen werden. Dieser ist herstellerabhängig, für den Adapter SK-G16 müßte hier z.B.

```
DEVICE=c:\netware\skg16.sys
```

stehen. Nach dem LAN-Treiber muß der Treiber für das IPX-Protokoll (Internet Packet eXchange Protokoll) geladen werden. Beachten Sie, daß hier anders als bei dem IPX.COM-Treiber für DOS-Arbeitsstationen der LAN-Treiber (für die Hardware) und der IPX-Treiber (für die Protokoll-Organisation) nicht in einem Treiberprogramm integriert sind, sondern getrennt geladen werden müssen.

```
DEVICE=c:\netware\ipx.sys
```

OPTIONAL: Den Treiber für das SPX-Protokoll (Sequenced Packet eXchange Protokoll) müssen Sie nur dann laden, wenn Sie Applikationen verwenden, die dieses Protokoll benutzen (z.B. Named Pipes).

```
DEVICE=c:\netware\spx.sys
```

```
RUN=c:\netware\spdaemon.exe
```

OPTIONAL : Die folgenden Treiber müssen Sie nur laden, wenn Sie Applikationen verwenden, die Named Pipes benutzen. Sie haben zwei Möglichkeiten: Entweder benutzen Sie diese Station nur als Named Pipes Client. In diesem Fall laden Sie folgende Treiber:

`DEVICE=c:\netware\nmpipe.sys`

`RUN=c:\netware\npdaemon.exe`

Wenn Sie dagegen die Station auch als Named Pipes Server starten wollen, laden Sie folgende Treiber:

`DEVICE=c:\netware\nmpipe.sys`

`DEVICE=c:\netware\npserver.sys`

`RUN=c:\netware\npdaemon.exe Servername`

Hierbei ersetzen Sie Servername durch den Named Pipes Server-Namen, unter dem diese Station laufen soll. Beachten Sie, daß Sie in beiden Fällen vor dem Laden der Named Pipes-Treiber auf jeden Fall auch den SPX-Treiber geladen haben müssen.

An dieser Stelle muß der NetWare Requester-Treiber und der NetWare Dateisystem-Treiber geladen werden. Diese Treiber erfüllen in etwa die selbe Funktion wie der Shell-Treiber NETx.COM bei den Arbeitsstationen unter DOS.

`DEVICE=c:\netware\nwreq.sys`

`DEVICE=c:\netware\nwifs.ifs`

`RUN=c:\netware\nwdaemon.exe`

OPTIONAL: An dieser Stelle müssen Sie den Spoolertreiber eintragen, wenn Sie von der Station aus einen Netzwerkdrucker in Anspruch nehmen wollen. Der Spooler nutzt dann die Multitaskingfähigkeit des OS/2-Systems aus und Sie können in Ihrer Applikation weiterarbeiten, während Ihr Druckjob im Hintergrund zum Fileserver geschickt wird.

`RUN=c:\netware\nwspool.exe`

Nachdem Sie diese Änderungen an der CONFIG.SYS der Arbeitsstation vorgenommen haben, wählen Sie nun den Menüpunkt `Copy program files`, um die erforderlichen Treiberdateien auf die Festplatte der Arbeitsstation zu kopieren.

Wenn Sie alle Schritte ausgeführt haben, ist der OS/2-Requester erfolgreich auf Ihrer Arbeitsstation installiert.

13.3 Konfigurieren des OS/2-Requesters mit NET.CFG

NetWare bietet die Möglichkeit mit speziellen Parametern die Konfiguration der Requester-Treiber abzuändern. Diese Parameter müssen in einer Datei mit dem Namen NET.CFG eingetragen werden, die mit einem Texteditor erstellt wird. Diese Konfigurationsdatei muß auf die Bootdiskette kopiert werden, und zwar entweder in das Hauptverzeichnis oder in eine Verzeichnis, das als Suchpfad angegeben ist. Änderungen in der NET.CFG-Datei werden erst wirksam, wenn Sie die Arbeitsstation erneut gebootet haben.

Sie sollten noch beachten, daß der Aufbau der NET.CFG-Datei dem Aufbau einer NET.CFG-Datei an einer DOS ODI-Arbeitsstation sehr ähnlich ist, da der OS/2 Requester und das ODI-Konzept fast gleich aufgebaut sind. Trotzdem dürfen Sie eine für den Requester geschriebene NET.CFG-Datei nicht für eine DOS-ODI-Station verwenden und umgekehrt ebensowenig eine ODI-NET.CFG-Datei für den Requester.

Die Parameter betreffen alle Teile des Requester-Systems. Sie können damit sowohl den jeweiligen LAN-Treiber als auch den IPX- und SPX-Treiber als auch den Requester-Treiber, NetWare-Spooler und Named Pipes-Treiber umkonfigurieren. Die einzelnen Parameter sind deswegen nach Funktion getrennt aufgeführt. Jede Kategorie wird innerhalb der Konfigurationsdatei mit einem Schlüsselwort eingeleitet. Die eigentlichen Parameteränderungen werden in den Zeilen nach dem jeweilien Schlüsselwort angegeben, wobei diese Zeilen jeweils mit einem <TAB> eingerückt werden.

13.3.1 LAN-Treiber Parameter

Schlüsselwort : LINK DRIVER Treibername

Treibername ersetzen Sie durch den Namen des LAN-Treibers, bei SKG16.SYS würde diese Zeile also

```
LINK DRIVER SKG16
```

lauten.

DMA [#2] Nummer
    Dieser Parameter gibt an, welchen Direct Memory Access Kanal (DMA) der Netzwerkadapter benutzt, für den dieser LAN-Treiber zuständig ist. Benötigt der Adapter zwei DMA-

Kanäle, geben Sie den zweiten mit vorangestelltem "#2" an, z.B.

```
LINK DRIVER Name
       DMA 3
       DMA #2 5
```

Benötigt der Adapter keine DMA-Kanäle, können Sie diesen Parameter weglassen.

INT [#2] Nummer
Dieser Parameter gibt an, welche Interrupt Request Leitung (IRQ) der Netzwerkadapter benutzt, für den dieser LAN-Treiber zuständig ist. Benötigt der Adapter zwei IRQs, geben Sie den zweiten mit vorangestelltem "#2" an, z.B.

```
LINK DRIVER Name
       INT 3
       INT #2 5
```

Benötigt der Adapter keine IRQs, können Sie diesen Parameter weglassen.

MEM [#2] Startadresse [Länge]
Dieser Parameter gibt an, welchen Speicherbereich der Netzwerkadapter benutzt, für den dieser LAN-Treiber zuständig ist. Die Angabe muß hexadezimal als absolute 5-stellige Speicheradresse angegeben werden. Geben Sie die Länge (in Paragraphen, ein Paragraph = 16 Byte) an, wenn diese von 16 Kbyte, dem voreingestellten Wert, abweicht. Benötigt der Adapter zwei Speicherbereiche, geben Sie den zweiten mit vorangestelltem "#2" an, z.B.

```
LINK DRIVER Name
       MEM CC000 800
       MEM #2 D0000
```

Benötigt der Adapter keine Speicherbereiche, können Sie diesen Parameter weglassen.

PORT [#2] Adresse [Anzahl]
Dieser Parameter gibt an, welche I/O-Ports der Netzwerkadapter benutzt, für den dieser LAN-Treiber zuständig ist. Die Adresse des ersten benutzten Ports wird hexadezimal angegeben. Die Anzahl bestimmt, wieviel Portadressen der Adapter ab dieser ersten Adresse belegt. Der voreingestellte Wert ist 16. Sie brauchen die Anzahl nur anzugeben, wenn Sie von 16 abweichen. Benötigt der Adapter zwei Bereiche mit I/O Ports, geben Sie den zweiten mit vorangestelltem "#2" an, z.B.

```
LINK DRIVER Name
     PORT 300
     PORT #2 3A0 6
```

Benötigt der Adapter keine I/O Ports, können Sie diesen Parameter weglassen.

NODE ADDRESS Adresse
Dieser Parameter überschreibt die physikalische Knotenadresse des Adapters, für den dieser LAN-Treiber zuständig ist. Die physikalische Adresse wird normalerweise in einem ROM auf dem Adapter gespeichert und kann bei manchen Adaptern durch eine logische Knotenadresse ersetzt werden. Dieser Parameter kann also nicht bei allen Boards angegeben werden. Die Adresse ist eine 6-Byte lange Knotenadresse in hexadezimaler Schreibweise. Versuchen Sie aber soweit als möglich die physikalische Adresse Ihres Adapters beizubehalten und benutzen Sie diesen Parameter nur wenn unbedingt nötig.

Beispiel NODE ADDRESS 00005A101234

FRAME TYPE
Dieser Parameter gibt an, unter welcher Konvention der Paketorganisation Pakete über diesen Treiber verschickt werden sollen. Informieren Sie sich bitte in den Beschreibungen der herstellerabhängigen LAN-Treiber, welche der folgenden Möglichkeiten beim jeweiligen Treiber angegeben werden können.

- ETHERNET_802.3
- ETHERNET_802.2
- ETHERNET_II
- ETHERNET_SNAP

- TOKEN-RING
- TOKEN-RING_SNAP
- IBM_PCN2_802.2
- IBM_PCN2_SNAP
- NOVELL_RX-NET

PROTOCOL Name ID Typ
    Dieser Parameter gibt an, welches Protokoll über diesen LAN-Treiber laufen soll. Name wird durch den Namen des Protokolls ersetzt, ID durch die Protokoll ID, und Typ durch die Art der Paketkonvention (siehe oben Parameter "FRAME"). Die Angaben, die hier möglich sind, hängen von dem Protokolltreiber ab, der das hier angegebene Protokoll zur Verfügung stellt. Informieren Sie sich also in der Beschreibung der einzelnen Protokolltreiber über die sinnvollen Werte, die hier angegeben werden können. Wollen Sie das IPX Protokoll im Ethernet in einem Novell-LAN betreiben, müßte der Eintrag ungefähr so lauten:

```
LINK DRIVER Name
      FRAME ETHERNET_II
      PROTOCOL IPX 8137 ETHERNET_II
```

SLOT Nummer
    Dieser Parameter gibt an, in welchem PS/2 Erweiterungs-Slot der Netzwerkadapter steckt, für den dieser LAN-Treiber zuständig ist. Haben Sie beispielsweise zwei gleiche Adapter, wird der Treiber automatisch den Adapter wählen, den er zuerst findet. Wollen Sie aber, daß der Treiber den 2. Adapter benutzt, können Sie das mit dem "SLOT"-Parameter eingeben.

Hierbei gibt es noch eine Besonderheit: Wenn der Netzwerkadapter in der betreffenden Arbeitsstation ein Micro-Channel- oder ein EISA-Adapter ist, kann der Treiber alle Informationen über die Parameter, die unter der Kategorie "LINK DRIVER" aufgeführt sind, von dem Adapter selbst ablesen. Mit anderen Worten: Sie brauchen diese Paramter nicht mehr anzugeben, sondern den Requester nur anzuweisen, daß er den Adapter sucht, der zu dem unter "LINK DRIVER" angegebenen Treibernamen paßt, und dann die Parameter direkt von dort ausliest. In diesem Fall geben Sie unter dieser Kategorie einfach SLOT? an. Das Fragezeichen ersetzt die Nummer des Steckplatzes des Adapters. Dann brauchen Sie die Konfiguration der Hardware (MEM, INT, PORT usw.) nicht mehr zu beachten.

13.3.2 Link Layer Support (LSL.SYS)–Parameter

Schlüsselwort: `LINK SUPPORT`

`BUFFERS Nummer [Größe]`
Dieser Parameter gibt die Anzahl der Buffer-Plätze an, die der Link Support Layer für empfangene Pakete bereitstellt. Es muß mindestens ein Buffer-Platz reserviert werden. Die minimale Einstellung dieses Parameters ist also eins, der voreingestellte Wert ist 20. Wenn Sie ihre Arbeitsstation intensiv als Named Pipes-Station nutzen und den Fehler 8001 Hex erhalten `LSL is out of Resources`, dann sollten Sie diesen Wert erhöhen. Die Buffer-Größe kann optional mit angegeben werden, die Voreinstellung ist 1130 (Bytes). Die Gesamtanzahl der Bytes im BUFFERS-Pool darf 64 KB nicht überschreiten (Nummer x Größe).

13.3.3 IPX–Treiber Parameter

Schlüsselwort: `PROTOCOL STACK IPX`

`SOCKETS Anzahl`
Dieser Parameter bestimmt die maximale Anzahl an "Sockets" (Interne Prozessadressen im IPX-Treiber), die eine Arbeitsstation geöffnet haben kann. Der Requester selbst benötigt neun Sockets, jede Verbindung zu einem Fileserver benötigt 3 Sockets. Die Anzahl der von netzwerkfähigen Applikationen benötigten Sockets ist von der Applikation selbst abhängig. Die Voreinstellung dieses Parameters ist 32, gegebenenfalls müssen Sie den Wert erhöhen und zwar dann, wenn eine Applikation nicht normal arbeiten kann, weil nicht mehr genügend Sockets zur Verfügung stehen.

`ROUTER MEM Größe`
Dieser Parameter gibt die Größe des Speicherbereichs an, den der Treiber für das Routing benötigt (in Bytes). Der voreingestellte Wert von 450 Bytes dürfte eigentlich fast immer genügen.

`BIND Name`
Diesen Parameter müssen Sie angeben, um dem Protokoll-Treiber zu signalisieren, über welchen (der eventuell mehre-

ren) LAN-Adapter dieses Protokoll abgewickelt werden soll. Der Name ist für gewöhnlich der Name des LAN-Treibers, der diesen Adapter bedient. Dieser ist herstellerabhängig. Informieren Sie sich also in der Beschreibung des jeweiligen LAN-Treibers über den Namen, der bei diesem Parameter angegeben werden kann. Geben Sie diesen Parameter nicht an, läuft das IPX-Protokoll über den LAN-Treiber, der als erstes in der CONFIG.SYS Datei der betreffenden Station installiert wurde.

13.3.4 SPX-Treiber Parameter

Schlüsselwort: PROTOCOL STACK SPX

SESSIONS Anzahl

Dieser Parameter gibt an, wieviele SPX-Verbindungen die betreffende Arbeitsstation gleichzeitig unterhalten kann. Die Voreinstellung ist 16, erlaubte Werte sind 8 bis 256.

ABORT TIMEOUT Zeit

Dieser Parameter bestimmt, wie lange SPX auf eine Antwort von der anderen Seite der Verbindung wartet (in Millisekunden). Erhält SPX nach Ablauf dieser Zeit keine Antwort, wird die Verbindung abgebrochen. Die Voreinstellung ist 30000 (30 Sekunden), erlaubt sind Werte ab 10.

VERIFY TIMEOUT Zeit

Der SPX-Treiber sendet regelmäßig Pakete an die andere Seite der Verbindung, um ihr zu melden, daß die Verbindung von dieser Seite noch aktiv ist. Erst nach einer bestimmten Zeitspanne (ABORT TIMEOUT-Parameter) wird die Verbindung aufgelöst. Der Parameter VERIFY TIMEOUT gibt an, wieviel Zeit zwischen den Anfragepaketen liegt, welche an die nicht mehr antwortende Station geschickt werden (in Millisekunden). Die Voreinstellung ist 30000 (30 Sekunden), erlaubt sind Werte ab 10.

LISTEN TIMEOUT Zeit

Dieser Parameter bestimmt, wie lange der SPX-Treiber auf ein Paket von der anderen Seite der Verbindung wartet, bevor es Pakete anfordert, die bestätigen sollen, daß die Verbindung noch aktiv ist (in Millisekunden). Die Voreinstellung ist 6000 (6 Sekunden), erlaubt sind Werte ab 10.

RETRY COUNT Anzahl
   Dieser Parameter bestimmt, wie oft ein Paket neu gesendet wird, ohne daß eine Empfangsbestätigung der anderen Seite der Verbindung zurückkommt. Es ist dann sinnvoll, diesen Parameter zu verändern, wenn in Ihrem Netzwerk viele Pakete verlorengehen. Voreinstellung: 20 erneute Versuche. Erlaubt sind Werte von 1 bis 255.

13.3.5 NetWare Requester-Treiber Parameter

Schlüsselwort: NETWARE REQUESTER

CACHE BUFFERS Anzahl
   Der NetWare Requester betreibt ein lokales Daten-Caching, d.h. er versucht, Datenblöcke, die vom Fileserver geladen werden, im Arbeitsspeicher der Station zu halten. Wenn diese Daten dann erneut geladen werden sollen, was häufig vorkommt, können Sie direkt aus dem lokalen Cachebuffern bezogen werden, was die Geschwindigkeit der Dateioperation enorm steigert, weil hier kein Datenaustausch über das Netzwerk nötig ist. Der Parameter CACHE BUFFERS gibt die Anzahl der Cache Buffer Plätze an, die das lokale Cachesystem des Requester-Treibers benutzen kann. Die Größe dieser Buffer beträgt ungefähr 512 Bytes. Da der gesamte Speicherplatz für die Cachebuffer 64 KB nicht überschreiten darf, sind nur Werte zwischen null und 128 erlaubt. Die Voreinstellung lautet acht. Bedenken Sie, daß eine hohe Anzahl von Buffern die Geschwindigkeit der Dateioperation auf Ihrer Arbeitsstation sehr steigern kann, gleichzeitig aber auch viel Speicherplatz in Anspruch nimmt.

SESSIONS Anzahl
   Dieser Parameter gibt die Anzahl der Verbindungen an, die diese Arbeitsstation gleichzeitig zu verschiedenen Fileservern unterhalten kann. Voreinstellung : 8, erlaubt sind Werte zwischen 8 und 20.

REQUEST RETRIES Anzahl
   Dieser Parameter gibt an, wie oft die Arbeitsstation eine Anfrage an einen Server wiederholen wird, wenn diese aufgrund eines Kommunikationsfehlers nicht beim Server angekommen ist oder dort nicht bearbeitet wurde. Diese Anfragen werden im Abstand von einer Sekunde losgeschickt. Dieser Wert gibt also gleichzeitig an, wielange Sie warten müssen, bevor die

Station merkt, daß die Verbindung zum Fileserver unterbrochen ist. Erlaubt sind Werte ab fünf, die Voreinstellung ist 20.

PREFERRED SERVER Servername

Mit diesem Parameter können Sie bestimmen, welcher Ihr Default-Fileserver sein soll. Normalerweise erfolgt der Anschluß einer Arbeitsstation immer an dem Server, der am schnellsten erreichbar ist.

13.3.6 NetWare Spooler Parameter

Hier geben Sie die Parameter der Druckkonfiguration an, die benutzt wird, wenn Sie NPRINT aufrufen. Wenn Sie CAPTURE mit eigenen Parametern aufrufen, werden diese Parameter die hier eingestellten Werte überschreiben.

Schlüsselwort: NETWARE SPOOLER

FORM Nummer

Die Formularnummer (die Sie mit PRINTDEF definieren), mit der Sie die Druckjobs Ihrer Arbeitstation zum Netzwerkdrucker abschicken. Default: Formularnummer 0.

COPIES Nummer

Die Anzahl der Kopien, die von jedem Druckjob gedruckt werden sollen. Voreinstellung : eine Kopie.

KEEP / NO KEEP

Durch Angabe von KEEP signalisieren Sie dem Spooler, daß die Dateien, die bereits geCAPTURED sind, erhalten bleiben sollen, auch wenn die Arbeitstation während des Druckvorgangs abstürzt. In diesem Fall kann nach dem Neustart der Station der Druckjob einfach neu zum Drucker geschickt werden. Durch NO KEEP unterbinden Sie diesen Mechanismus. Voreinstellung ist KEEP.

SIZE Anzahl

Dieser Parameter gibt an, mit wievielen Leerzeichen ein im Drucktext stehendes Tabulatorzeichen ersetzt wird. Die Voreinstellung liegt bei 8, erlaubt sind Werte zwischen 0 und 18. Damit die Tabulatoren auch wirklich durch die angegebene Anzahl an Leerzeichen ersetzt werden, müssen Sie noch den Parameter TABS (siehe unten) aktivieren.

TABS / NO TABS

Durch TABS weisen Sie den Spooler an, die Tabulatorenzeichen durch die unter SIZE bestimmte Anzahl an Leerzeichen zu ersetzen. Durch Angabe von NO TABS werden die Tabulatoren im Drucktext nicht durch Leerzeichen ersetzt. Voreinstellung: NO TABS.

FILE Dateiname
Hier können Sie den Namen einer Textdatei angeben, die als Teil des Titelblatts Ihres Druckjobs gedruckt wird.

NAME Benutzername
Hier können Sie den Namen des Benutzers angeben, der im Titelblatt ihres Druckjobs erscheint. Als Voreinstellung wird der LOGIN-Name des Benutzers auf dieser Arbeitsstation gedruckt.

BANNER / NO BANNER
Mit NO BANNER verhindern Sie das Drucken des Titelblattes zu ihrem Druckjob. Voreinstellung ist BANNER, per Default wird also zu jedem abgeschickten Druckjob ein Titelblatt mitgedruckt.

FORM FEED / NO FORM FEED
Durch FORM FEED weisen Sie den Spooler an, nach jedem Druckjob ein FORM FEED an den Drucker zu schicken. Mit NO FORM FEED unterbinden Sie dies.

MAXSETUP Anzahl
Dieser Parameter gibt die maximale Anzahl der Steuerzeichen im Steuer-String an, mit dem der Drucker initialisiert wird. Voreinstellung: 255.

MAXRESET Anzahl
Dieser Parameter gibt die maximale Anzahl der Steuerzeichen im Steuer-String an, mit dem der Drucker in seinen "Urzustand" zurückgesetzt wird. Voreinstellung : 255.

13.3.7 Named Pipes-Treiberparameter

Schlüsselwort: NAMED PIPES

CLIENT SESSIONS Anzahl
Dieser Parameter gibt die Anzahl der Verbindungen an, die diese Arbeitsstation gleichzeitig zu mehreren Named Pipes-Servern unterhalten kann. Voreinstellung ist 16, erlaubt sind Werte von 3 bis 128.

SERVER SESSIONS Anzahl
Dieser Parameter gibt die Anzahl der Verbindungen an, die diese Arbeitsstation gleichzeitig zu mehreren Named Pipes-

Clients unterhalten kann. Voreinstellung ist 32, erlaubt sind Werte von 2 bis 255. Beachten Sie, daß Sie mindestens soviele SPX Sessions eingestellt haben müssen wie Named Pipes Server Sessions. Setzen Sie also diesen Parameter hoch, müssen Sie auch unter der Kategorie PROTOCOL STACK SPX den Parameter SESSIONS hochsetzen.

SERVICE THREADS Anzahl
Dieser Parameter gibt an, wieviele Service-Anfragen gleichzeitig die betreffende Arbeitsstation in ihrer Funktion als Named Pipes Server bearbeiten kann. Voreinstellung ist 3, erlaubt sind Werte von 1 bis 32.

13.4 Installation der NetWare OS/2–Utilities auf dem Fileserver

Um die erforderlichen NetWare-Utilities auf dem Fileserver zu installieren, müssen Sie eine OS/2 Arbeitsstation booten. Legen Sie dann die OS2UTIL-1 Diskette in Laufwerk A: ein und geben Sie im sogenannten *Full Screen Modus* von OS/2 (Der Textmodus mit dem [C:\] - Prompt)

[C:\]A:\LOGIN\LOGIN Servername SUPERVISOR <ENTER>

ein. Sie loggen sich nun als Supervisor an dem Fileserver ein, auf dem die Utilities installiert werden sollen. Sie müssen dementsprechend Servername durch den Namen dieses Servers ersetzen. Wenn der Supervisor ein Paßwort besitzt, geben Sie dieses ebenfalls ein. Nach dem Einloggen gehen Sie zurück auf Laufwerk A: und geben

[A:\]SERVINST Servername <ENTER>

ein, wobei Sie hier wieder den Servername durch den Namen des Fileservers ersetzen. Nun wird das Installationsprogramm folgende Verzeichnisse erzeugen:

- SYS:LOGIN/OS2
- SYS:SYSTEM/OS2
- SYS:PUBLIC/OS2

In diese Verzeichnissen werden die entsprechenden OS/2-Versionen der NetWare-Utilities kopiert. Wenn Sie allen Anweisungen des SERVINST-Programms folgen, haben Sie damit den Server für den Zugriff von OS/2-Arbeitsstationen vorbereitet.

13.4.1 Besonderheiten der OS/2–Utilities

In diesem Abschnitt werden die Unterschiede der NetWare OS/2-Utilities gegenüber ihren DOS-Versionen erläutert.

```
Print Utilities
```
Bedenken Sie, daß bei allen Print-Utilities der SPX-Treiber auf Ihrer Arbeitsstationen geladen sein muß (siehe weiter oben *Installieren des Requesters/Modifizieren der CONFIG.SYS*).

```
BINDFIX / BINDREST
```
Von DOS-Arbeitsstationen müssen diese beiden Utilities zwingend vom Verzeichnis SYS:SYSTEM aufgerufen werden, die OS/2-Versionen hingegen können auch von anderen Verzeichnissen aus aufgerufen werden.

```
CAPTURE
```
Die OS/2-Version von CAPTURE unterstützt die Parameter AUTOENDCAP, NO AUTOENDCAP, CREATE, TIMEOUT nicht.

```
ENDCAP
```
Die OS/2-Version von ENDCAP unterstützt die Parameter ALL, CANCEL, LOCAL und CANCEL ALL nicht.

```
LOGIN
```
Im Login-Script einer OS/2-Arbeitstation steht eine neue Identifier-Variable zur Verfügung : NETWARE_REQUESTER gibt die Version des Requesters an, mit dem diese Arbeitsstation gerade arbeitet.

```
MAP
```
An einer OS/2-Arbeitstation werden keine Search-Mappings unterstützt. Benützen Sie hierzu die Angaben für die Suchpfade PATH und DPATH in der CONFIG.SYS Datei der Arbeitstation.

```
NCOPY
```
Die /V (Verify) - Option wird von der OS/2-Version des Utilities NCOPY nicht unterstützt.

Index

!

$RUN.OVL 332

A

ABORT TIMEOUT Parameter 404
ACCESS CONTROL Right ... 472f, 842
ACCESS_SERVER Identifier 541
Account Balance 723, 792,
.... 812
   individuell 508
   Voreinstellung 453, 508,
.... 786
Account Expiration Date 451
Account Management 448
Account Manager 445f, 461,
.... 780, 795
   Funktion 462
Account Restrictions 451, 469,
.... 504, 793
   definieren 458
Accounting 503ff, 521
.... 825, 860
   aktivieren 509, 771
   Aktivitäten protokollieren 504
   ATOTAL 507
   automatisches Ausloggen 508
   Begriffsklärung 504
   Berechnungsbeispiele 512
   deaktiviere 516f
   Kontoführung 504
   Kostendefinition 511
   Protokollierung sichten 506
   USERDEF 806
   verwalten mit SYSCON 771
Accounting Servers 506, 772
ACONSOLE 136, 140,
.... 332
   Menü 335
ACONSOLE.HLP 332
Acount Balance 504
ACS 162, 205

ADD NAME SPACE 157, 188
ALL SERVERS Parameter 379
Alloc Short Term Memory 131
ALLOW 823
   Access Control Right 824
Allow Unencrypted
   Passwords 225, 468
AM_PM Identifier 541
Andere Namenskonventionen 13,
.... 157,
.... 188, 248,
.... 709, 715,
.... 736
   deaktivieren 151
   aktivieren 75
   installieren 59
   Speicherbedarf 33
API 178
   alte Befehle 184, 227,
.... 260
Appletalk Protokoll 15
Arbeitsspeicher 130, 157
   oberhalb 16 MB 180, 183,
.... 190, 197,
.... 211
   sichten 190
Arbeitsstationen 359ff
   Status 113
   Bootdiskette erstellen 363
   BOOT EPROM 368
   Information über 692
   LAN-Treiber 362
   Netzwerkadresse sichten 695
   OS/2- 396
   Remote Boot 361, 368
   viele Protokolle 387
ARCHIVE NEEDED Attribut .. 486, 836
ATOTAL 507, 825
ATTACH 439, 544,
.... 827
Attribute 483, 836
   Änderungen gegenüber
   NetWare 286 265
   ändern 489
   für Dateien 485

für Verzeichnisse 483
kopieren mit NCOPY 851
Audit Datei 790
Auto Endcap 638
Auto Register Memory
    Above 16 Meg 197, 211
Auto TTS Backout Flag 223
AUTOEXEC.NCF 30, 206
    Druckerkonfiguration
    eintragen 579
    editieren 75, 104,
    787
    erzeugen 73, 103
    SPOOL Kommando eintragen 674
    SPX Parameter eintragen 142
    UPS Befehl eintragen 150
Autoloading 179

B

BACK$ERR.XXX 740, 745
BACK$LOG.XXX 740, 745
Backout Datei 224
Backup 167
    aller Daten 741
    ausgewählter Daten 741
    automatisch 744
    Backup Medium 737
    Daten zurückspielen 747
    der Bindery 741
    der Trustee Rechte 742
    mit NBACKUP 736
    mit SBACKUP 246
    Name Space Support 248
    Namen 252
    zeitversetztes 254
Backup Medium 246
    Treiber 247
BANNER Parameter 407
Baudrate 332
BEGIN...END 555
Beschleunigungsmechanismen 24
BIND 55, 122,
    159
BIND Parameter 391, 403

Bindery 263, 448,
    468
    Attribute 488
    Backup 736
    rekonstruieren 830
    reorganisieren 828
    reparieren 828
    User 444
    Workgroup Manager 463
Bindery Objects sichten mit
    FCONSOLE 694
BINDFIX 280, 301,
    828
    OS/2 Version 409
BINDREST 167, 295,
    .... 321, 830
    OS/2 Version 409
BOOT EPROM 368
Boot-Image Datei 370
    erstellen 372
BOOTCONF.SYS 370
    erstellen 376
Bootpartition 180
BREAK 545
Bridges 348
BROADCAST 162
    mit FCONSOLE 691
BUFFERS Parameter 390, 403
Busmaster Adapter 183
Busmaster Controller 180

C

Cache Buffer 77, 111,
    .... 131, 179
CACHE BUFFER Parameter 379
Cache Buffer Size 211
CACHE BUFFERS Parameter 405
Cache System 24, 212,
    214
    Dirty Buffers 213, 216
    Status 111
CAPTURE 580f, 634,
    .... 642, 653,
    674
    Autoendcap Parameter 653

Index

Banner Parameter 653
Copies Parameter 654
Create Parameter 654
deaktivieren 658
Default Queue 579
Form Feed Parameter 654
Form Parameter 654
Funktion 577
Job Parameter 654
Keep Parameter 654
Local Parameter 654
Name Parameter 655
No Autoendcap Parameter 655
No Banner Parameter 655
No Form Feed Paramete 655
No Notify Parameter 656
No Tabs Parameter 655
Notify Parameter 655
OS/2 Version 409
Queue Parameter 656
Server Parameter 656
Show Parameter 656
Status sichten 657
Tabs Parameter 656
Timeout Parameter 656
CASTOFF 765, 768,
.... 831
CASTOFF ALL 205, 691
CASTON 832
CD 433
CHKDIR 833
CHKVOL 427, 834
CLEAR STATION 164
  mit FCONSOLE 694
CLIB.NLM 81
CLIENT SESSIONS Parameter 407
CLS 165
CMPQ$RUN.OVL 534
COMMAND.COM 527
Communication Buffers 354
COMSPEC 523, 527,
.... 546, 573
CONFIG 166
CONFIG OPTION Parameter 377
Connections 724
  am Fileserver sichten 113

Login Zeit in Rechnung
  stellen 505, 775
  maximale Anzahl 113, 452,
  .... 454, 785,
  .... 794, 812
  sichten mit FCONSOLE 692
  unterbrechen 164
Console Display Watchdog
  Logouts 207
Controller 9, 35,
  117
  Busmaster- 180
  DMA Parameter 182
  Duplexing 20
  EISA- 180
  Hardware-Konflikte 181
  Interrupts 181
  INT Parameter 182
  MEM Parameter 182
  OnLine DMA- 180
  PORT Parameter 182
  SCSI- 181
  SLOT Parameter 182
COPIES Parameter 406
COPY INHIBIT Attribut 487, 837
CPU Typ 232
CREATE Right 471f, 842
Custom Statistics 125

D

Dateien
  Attribute 485, 708
  Attribute ändern mit FLAG 836
  Attribute zuweisen 500
  Audit- 790
  Backout- 224
  Boot-Image- 370
  Daten- 423
  drucken mit PCONSOLE 610
  endgültig löschen 756, 759,
  861
  Extensionen 418
  gelöschte 416, 834
  Inherited Rights Mask 709
  kopieren mit FILER 706

kopieren mit NCOPY 850
Kopierschutz 487
letzter Zugriff 710
löschen mit PURGE................... 419
Long Name 710, 715
Macintosh-................................. 857
Namen.. 418
NCF Extension 86, 418
Owner sichten 708
Pfadangabe................................ 417
Programm-................................. 422
Rechte............................... 470, 710
rekonstruieren 419, 754
RPT Extension 720
Search Mode.............................. 439
sofortiges PURGE 217
Standard-Attribute..................... 486
Trustee Liste 709
Trustee Rechte für Gruppen........ 783
USR Extension................... 720, 732
versehentlich gelöschte 419, 754
Dateisystem 127
Datenbank-Server 506
Datensicherheit.....................58, 119,
.... 246, 414,
.... 828
Hot Fix.. 93
Datensicherung mit NBACKUP 736
DAY Identifier 541
DAY_OF_WEEK Identifier 541
DCB.DSK 181, 183
DCONFIG....................................... 386
DDAEMON.EXE............................. 397
Delay Before First Watchdog
   Packet... 210
Delay Between Watchdog
   Pakets 210
DELETE INHIBIT Attribut..... 484, 487,
.... 837, 839
DELETED.SAV Verzeichnis .. 416, 419,
.... 754
DIBI$DRV.DAT 737
DIBI2$DV.DAT 250
Directory Cache Allocation
   Wait Time 216

Directory Cache Buffer
   Non Referenced Delay............... 214
Directory Entries verbleibende
   sichten 817
Directory-Hashing
   Suchalgorithmus 25
Dirty Directory Cache
   Delay Time 215
Dirty Disk Cache Delay Time....... 213
DISABLE LOGIN 167
DISABLE TRANSACTIONS........... 168
Disk Coprozessor Board.......... 36, 49,
.... 181
   Konfiguration sichern 84
   konfigurieren............................... 82
DISKDATA Diskette...................... 84
DISKSET.NLM 50, 82
DISMOUNT................................. 169
DISPLAY 547
Display Disk Device Alerts........... 226
Display Incomplete
   IPX Packet Alerts 227
Display Lost Interrupt Alerts 226
DISPLAY NETWORKS 170
Display Old API Names 227
Display Relinquish
Control Alerts............................ 227
DISPLAY SERVERS....................... 171
Display Spurious
   Interrupt Alerts 225
DMA Parameter 182, 185,
.... 392, 399
DOS Versionen im Netzwerk 527
   Zugriff auf 527
DOS BREAK........................ 548, 573
DOS SET 549
DOS VERIFY 550
DOS-Partitions............................ 414
DOS-Verzeichnis 422
DOSGEN 361, 371
DOWN 172
   mit FCONSOLE........................ 695
DRIVE................................. 551, 573
Drive Arrays.................................. 26

Druck Formulare ändern 649
   definieren mit PRINTDEF 648
   löschen 649
Druck Jobs 576
   Konfigurationen 581, 610,
   654
   Konfigurationen ändern 635, 639
   Konfigurationen erstellen 634
   Konfigurationen kopieren 640
   Konfiguration löschen 639
   löschen 614
   Name 655
   Priorität 614, 625
   Seitenvorschübe 637
   Standard Konfiguration 581
   Status 610, 612
   Tabulatoren 636
   Weg im Netzwerk 576
Drucken 576
   Auto Endcap 638
   Banner 613
   Bytestream-Dateien 636
   Capture Timeout 638
   Druck-Konfigurationen 634
   drucken in Dateien 654
   Form 613
   Job Konfiguration 811
   Kommandos 651ff
   lokale Schnittstellen 653
   LPT Catch 638
   mit CAPTURE 653
   mit NPRINT 659
   mit PCONSOLE 610
   Print Server konfigurieren 620
   SHELL.CFG 667
   Sicherheit 619
   Spooling 577
   Standard Job Konfiguration 581
   Standardeinstellungen 634
   Tabulatoren 636, 655
   Target Server 613
   Text-Dateien 636
   Titelseite 637
   Treiber 642
   User-Benachrichtigung 594, 620,
   .... 637, 655

USERDEF 806
Utilities 603ff
Drucker
   anhalten 664
   Definitionen verwalten mit
   PRINTDEF 642
   einrichten 578
   entfernte 586, 593,
   671
   Escape-Sequenzen 645
   Interrupt-Steuerung 623
   IRQ 623
   Justierung 664
   Konfiguration 580, 585,
   592
   konfigurieren 621
   kontrollieren 662
   lokale 586, 638
   Modi definieren 646
   Namen vergeben 622
   Papiersorten 581
   Polling-Steuerung 623
   private Mode 663f
   Remote 623
   Schriftarten 580
   serielle 625
   Statusmeldungen 135
   Status sichten 628
   unterstützt 642
   Zuordnung zu Queues 674
Drucker Definitionen 642
Drucker Treiber 642
   erstellen 644
   übernehmen 647
Druckformulare 624, 637
Druckjob 135
   Konfiguration 448
Druckpuffer 624
DSK_DRV.XXX 180
DSPACE 417, 682,
.... 728
Duplexing 20
Dynamische RAM-Verwaltung 10

E

ECONFIG 360, 384
EDIT.NLM 86
EEPROM 84
Effektive Rechte................. 867
EISA Controller................. 180
EISA-Adapter..................... 183
Electronic Mail 416, 869
Elevator Seek...................... 24
Elevator Seeking......... 213, 216
EMSNETx.EXE 366
   Parameter........................ 379
Enable Disk Read After Write
   Verify 225
ENABLE LOGIN 174
ENABLE TRANSACTIONS 175
ENDCAP 580, 658
   OS/2 Version.................. 409
   Parameter........................ 658
ENTRY STACK SIZE Parameter 379
EOJ Parameter.................. 380
ERASE Right 471, 472,
.... 842
ERROR_LEVEL Identifier........ 541
ERRORLEVEL Identifier......... 556
ESDI-Controller.................. 35
ETHERNET_II 384
ETHERNET_II Spezifikation 186
ETHERRPL.NLM 87
Everyone 446
EXECUTE ONLY Attribut 487, 836
EXIT 173, 176,
.... 552, 573
Expanded Memory 366
Explizites TTS 23
Extended Attributes 715
Extended Memory 367
EXTERNAL PROGRAM
   EXECUTION 543

F

Fake Root Mappings............ 430, 848
   erstellen mit MAP 436
   erstellen mit SESSION 438
FATs..................................... 25
   Datenfehler korrigieren 151

Datensicherheit................... 16
   Turbo- 221
FCONSOLE 690
FDISK 44, 57
FDISPLAY.......................... 547
Ferngesteuertes Booten 330, 337
Festplatten 6, 35,
.... 413
   austauschbare 121, 169,
.... 192, 427,
.... 717, 817
   benutzten Speicherplatz
   in Rechnung stellen........... 505, 775
   Controller..................... 9, 48
   Device Code 37
   einteilen........................... 60
   Einteilung in Partitions 57
   formatieren 61, 90
   freien Platz sichten........... 816
   Hardware Fehler
   korrigieren 151
   Hardware Test 68, 97
   Installation 39
   Interleave-Faktor 92
   Lesen von Daten in
   Rechnung stellen....... 505, 773
   lokale............................... 413
   maximale Speichermengen 12
   NetWare Ready- 42, 52,
.... 84, 90
   Numerierung..................... 36
   Schreiben von Daten in
   Rechnung stellen....... 505, 775
   SCSI-................................ 82
   Speicherplatz limitieren 682
   Spiegelung 44, 65,
.... 96, 117
   Status 116
   Treiber 9, 48,
.... 117
   Treiber laden 180
   Treiberparameter 182
File Delete Wait Time......... 219
FILE HANDLES Parameter 380
FILE SCAN Right 472f, 842
FILE_SERVER Identifier 541, 574

Index

FILER 425, 698
   Optionen 714
FILES Parameter 407
Fileserver 6
   Arbeitsspeicher 10
   Arbeitsspeicher sichten 190
   Aufgaben 412
   auflisten 876
   Auslastung sichten 111, 825
   automatisches Ausloggen ... 450, 508
   Backup 246
   bekannte auflisten 171
   Berechnung der Dienste 504
   beschleunigtes Booten 41, 45
   Bootdiskette 40
   Bootmedium 30, 40
   Bootpartition 41
   deaktivieren 31, 172,
   .... 176, 199
   EISA- 190
   Error Log 791
   fernbooten 330, 337
   ferngesteuert konfigurieren 339
   fernsteuern über Modem 332
   fernsteuern übers Netz 327
   Fernsteuerung 136, 140ff,
   326
   Größe der Bootpartition 44
   Hardwarevoraussetzungen 6, 30
   Hop Count 171
   Informationen sichten mit
   SYSCON 777
   Installation 29ff
   internes Routing 55, 348
   Kommandos 156
   Konfiguration sichten 166
   Konsole Hotkeys 80
   Mathematischer Coprozessor ... 107ff
   Module sichten 191
   Name 46
   Namen sichten 193
   Prozessorgeschwindigkeit 232
   RAM 412
   RAM über 16 MB 34, 47
   RAM-Voraussetzungen 33
   serielle Schnittstelle 136, 140

Seriennummer sichten 778
Service 326
Service Requests in
Rechnung stellen 505, 775
SFT Level sichten 778
Startup Dateien 30
Status sichten mit FCONSOLE 695
Systemparameter 206
Uhrzeit einstellen 230
Uhrzeit sichten 233, 877
Version 243
Volumes sichten 427
Zeitzone einstellen 231
Fileserver Konsole
   Screensaver 110
   Tastatur sperren 127
FIRE PHASERS 553
FLAG 501, 836
FLAGDIR 499, 839
FORM FEED Parameter 407
FORM Parameter 406
FRAME Parameter 184, 186,
   .... 393, 401
FTAM Arbeitsstationen 158
FTAM Initiator 16
FTAM Responder 16
FTAM Unterstützung 16
FTP Unterstützung 15
FULL_NAME Identifier 542

G

Gateways 506
GOTO 554
Grace Logins 452, 454,
.... 786, 795
GRANT 493, 841
Graphikprogramme 162, 205
GREETING TIME Identifier 541
Gruppen 444

H

Hardware-Konflikte 181, 184
HIDDEN Attribut 484, 487,
.... 837, 839
HOLD Parameter 380

Home Verzeichnisse............ 424, 448,
....725, 811,
.... 849
Hop Count 171
Hot Fix 16, 93,
....117, 414
   Größe ändern............................. 63
HOUR Identifier....................... 541
HOUR24 Identifier..................... 541

I

IBM Bridges 137
IBM$RUN.OVL................... 332, 667,
.... 672
IBMSCSI.DSK 181
IEEE 802.3 Spezifikation....... 186, 384
IF...THEN...ELSE 555
Immediate Purge Of
   Deleted Files............................ 217
Implizites TTS 22
INCLUDE............................. 560, 573
INDEXED Attribut........................ 487
Inherited Rights Mask........... 470, 475
   ändern mit FILER...................... 496
   festlegen mit ALLOW 823
   für Dateien............................... 709
   für Verzeichnisse................ 700, 705
   Supervisory Right 479
INSTALL.NLM 88, 262
INT Parameter.................... 182, 186,
....392, 400
INT64 Parameter........................ 377
INT7A Parameter........................ 377
Interleave-Faktor.......................... 92
Interne Netzwerkadresse 46
Internetwork................................ 348
   Wegvermittlung......................... 235
Intruder detection................ 450, 789
   Anzahl der Versuche 456, 790
   Retention Time......................... 456
IPATCH Parameter 378
IPXODI.COM.............................. 389
IPX PACKET SIZE LIMIT 378
IPX RETRY COUNT Parameter 378
IPX SOCKETS Parameter 378

IPX-Protokoll.......................... 9, 159,
....195, 360
....397, 671
   NET Parameter......................... 160
   Sockets..................................... 403
   Statistiken................................. 123
IPX.COM............................. 360, 396
   Hardware-Konfiguration sichten. 386
   konfigurieren............................. 384
   Parameter................................. 377
   Version sichten.......................... 859
IPX.SYS 397
IPXS 106
ISA.DSK..................................... 183
ISTARTUP.NCF 180, 183

K

Kommunikationsprotokolle 122
   an LAN-Treiber binden................ 55
Konsole Kommandos 155ff
Konsole-Operatoren............ 462, 690,
....781, 799
   einrichten mit SYSCON 788
Kopierschutz 487

L

LAN$RUN.OVL 332
LAN-Manager Server................... 384
LAN-Treiber 53, 212,
....354, 362
   ferngesteuert installieren 331
   Funktion...................................... 8
   für OS/2 Stationen.................... 397
   laden....................................... 183
   maximale Paketgröße................. 378
   NetWare v3.0 .... 184, 260
   Parameter......................... 160, 185
   Protokolle zuordnen..................... 55
   Status sichten 121
   zuordnen 159
LAN_DRV_XXX.................. 183, 354,
.... 362
LASTDRIVE....................... 364, 430
Laufwerke
   Buchstaben 431

Index

logische 430
lokale 431
Mapping 430
Netzwerk- 431
Such- 431, 765,
.... 849
LIM/EMS Standard 366
LINK DRIVER
   Schlüsselwort 391, 399
Link Support Layer 388, 397
LINK SUPPORT
   Schlüsselwort 390, 403
LISTDIR 428, 844
LISTEN TIMEOUT Parameter 404
LLC Feld 384
LOAD 177
   Autoloading 179
   Probleme 178
   Suchpfad 201
LOCAL PRINTERS Parameter 380
Lock exclusive 115, 128
   shareable 116, 128
LOCK DELAY Parameter 380
Lock Mechanismus 222, 380
   Dateien 127
   Datensätze 115
LOCK RETRIES Parameter 381
Logging Mechanismus
   Dateien 129
   Datensätze 116
Logical Link Control 384
Logical Record Locks 115
Login 520, 845
   -zeit sichten mit FCONSOLE 694
   Grace Logins 452, 454,
.... 786, 795
   Intruder detection 450, 455
   OS/2 Login 409
   Parameter 523
   protokollieren 504
   Restrictions 449, 521
   Station Restrictions 800
   System Login Script 791
   Time Restrictions 450, 801
   Verfolgung inkorrekter
   Versuche 455, 789

verhindern 167
zulasssen 174
Login Script 449, 519ff,
.... 813
   ATTACH 544
   Beispiel 526
   BREAK 545
   CAPTURE Eintrag 580
   COMSPEC 546, 573
   DISPLAY 547
   DOS BREAK 548, 573
   DOS SET 549
   DOS VERIFY 550
   DOS-Kommandos 543
   DRIVE 551, 573
   EXIT 523, 552,
.... 573
   EXTERNAL PROGRAM
   EXECUTION (#) 543
   FDISPLAY 547
   FIRE PHASERS 553
   GOTO 554
   Identifier Variablen 541
   IF...THEN...ELSE 555
   INCLUDE 560, 573
   Kommandos 542
   kopieren 526
   LOGOUT 543
   MACHINE NAME 561
   MAP 562
   OS/2 Identifier 574
   OS/2 Kommandos 573
   Paramter 569
   PAUSE 566
   PCCOMPATIBLE 567
   REMARK 568
   SET 573
   SHIFT 569
   Subscripts 560
   System- 523, 791
   TSR Programme 552
   User- 525, 798
   Voreinstellung 522
   WRITE 571
Login Script Paramter 556

Login Scripts 827, 869
   BEGIN...END 555
   Beispiel 558
   Kommentare 540
   Konditionale 555
   Regeln 540
LOGIN Verzeichnis 416
LOGIN-Verzeichnis 370, 416,
   .... 520, 869
LOGIN.BAK 525
LOGIN/OS2-Verzeichnis 408
LOGIN_NAME Identifier 542
Logout 520, 847
LONG MACHINE TYPE
   Parameter 381
Lost Interrupts 226
LPT CATCH 638
LSL.COM 388
LSL.SYS 397
LSParameter 187

M

MAC.NAM 15
MACHINE Identifier 528, 542
MACHINE NAME 561, 573
Macintosh Arbeitsstationen 157
Macintosh Unterstützung 15
MAIL-Verzeichnis 416, 473ff,
   .... 525, 634,
   869
MAKEUSER 464, 720
   Beispiele 726
Manager 462, 780,
   798
   Account Manager 445, 461ff,
   Workgroup Manager 461, 640,
   .... 791, 806
MAP 433, 562,
   848
   OS/2 Version 409
MAP DISPLAY 563
MAP ERRORS 563
MAP ROOT 436
Mapping auf DOS-Verzeichnis 529

Mappings 430, 521,
   .... 562, 848
an OS/2 Stationen 573
auf mehreren Fileservern 439
erstellen mit MAP 435
erstellen mit SESSION 437, 764
Fake Root- 430
Local drive 431
löschen 435
Network drive 431
permanent 430
Printer- 626
Search drive 431
Search- 431, 436,
   849
sichten 433
Standard- 433
Suchlaufwerke 563
temporär 438
Mathematischer Coprozessor 107f
MATHLIB.NLM 107
MATHLIBC.NLM 108
MAX CUR DIR HANDLE
   Parameter 381
MAX PATH Parameter 381
MAX TASK Parameter 381
Maximum Alloc Short
   Term Memory 179, 210
Maximum Concurrent
   Directory Cache Writes 216
Maximum Concurrent Disk
   Cache Writes 213
Maximum Directory
   Cache Buffers 215
Maximum Extended Attributes
   Per File Or Path 220
Maximum File Locks 222
Maximum File Locks Per
   Connection 222
Maximum Outstanding NCP
   Searches 228
Maximum Packet Receive
   Buffers 208
Maximum Percent Of
   Volume Space Allowed
   For Extended Attributes 220

Index xi

Maximum Percent Of
  Volume Used By Directory 220
Maximum Physical Receive
  Packet Size 208
Maximum Record Locks 222
Maximum Record Locks
  Per Connection 222
Maximum Service Processes 229
Maximum Subdirectory
  Tree Depth 221, 268,
  313
Maximum Transactions 223
MAXSETUP Parameter 407
MEM Parameter 182, 187,
  .... 392, 400
MEMBER OF Idetifier 541
MEMORY 190
MEMPOOL Parameter 391
MENU 532
  Beispiel 537
  Titel 533
Menü-Utilities 677ff
  DSPACE 682
  FCONSOLE 690
  FILER 698
  MAKEUSER 720
  NBACKUP 736
  SALVAGE 754
  SESSION 762
  SYSCON 770
  Tastenbelegung 678
  USERDEF 806
  VOLINFO 816
Menügenerator 532
Minimum Directory Cache
  Buffers 215
Minimum File Cache
  Buffer Treshold 214
Minimum File Cache Buffers 212
Minimum File Delete
  Wait Time 218
Minimum Packet Receive
  Buffers 209
MINUTE Identifier 542
Mirror Status 66

Mirroring 19, 44,
  .... 65, 95,
  117
  Fehlermeldung 151
Modem 326
  konfigurieren 334
MODIFY Right 472f, 842
Modulare Struktur 7
Module 80, 125,
  227
  Autoloading 179
  deaktivieren 240
  Hotkeys 80
  laden 177, 201
  Name Space- 188
  nicht genug freier Speicher 179
  sichten 191
MODULES 191
MONITOR.NLM 109
Monochrom Graphik 534
MONTH Identifier 541
MONTH_NAME Identifier 541
MOUNT 192

N

Nachrichten 162
  empfangen 832
  senden an Gruppen 765
  senden an User 768
  senden mit FCONSOLE 693
  unterdrücken 691, 831
  verschicken 205, 871
NACS 162, 205
NAME 193
NAME Parameter 187, 407
Named Pipes 397
NAMED PIPES Schlüsselwort 407
NBACKUP 736
  Backup Fehlermeldungen 746
  Backup Protokoll 745
  Datenformat 248
  Media ID 745, 750
  Restore Fehlermeldungen 751
  Restore Protokoll 750

NCOPY 850
   OS/2 Version 409
NCP File Commit 220
NCP-Protokoll 220, 228,
.... 360
NDAY_OF_WEEK Identifier 541
NDIR 429, 853
NET$ACCT.DAT 504, 825,
.... 860
NET$DOS.SYS 370
NET$LOG.DAT 281, 523
NET$OBJ.SYS 829
NET$PROP.SYS 829
NET$VAL.SYS 829
NET.CFG für ODI-Stationen 390
   unter OS/2 399
NetWare
   alte Utilities ersetzen 884
   Datenstruktur 411ff
   direkt unterstütze Drucker 642
   FTAM Unterstützung 16
   FTP Unterstützung 15
   Integration anderer Standards 12
   Kommandos 822
   Macintosh Anbindung 15
   modulare Struktur 7
   Multitasking 8
   NFS Unterstützung 15
   ODI Konzept 387
   offene Architektur 9
   OS/2 Utilities installieren 408
   Revision sichten 778
   SAA Anbindung 14
   Shell 360
   Version sichten 778, 859
   Version sichten mit
      FCONSOLE 696
NetWare Care 389
NetWare Command File 418
NetWare Drucken 576
NetWare Konzepte 5ff
NetWare OS/2 Utilities 396
NetWare Partitions 414
NETWARE REQUESTER
   Identifier 409

NETWARE REQUESTER
   Schlüsselwort 405
NetWare Router 200, 235,
.... 347ff
   Betrieb 356
   booten 357
   dediziert 351
   entfernt 351
   externer 349, 352
   Installation 352
   interner 55, 348,
.... 352
   LAN-Treiber 354
   lokal 351
   Netzwerkadapter 354
   nicht dediziert 351
   Performance 351
   Protected Mode 351
   Real Mode 351
NETWARE SPOOLER
   Schlüsselwort 406
NetWare Streams 106
NetWare v2.x Paßwörter 468
   Rechte 264
   Upgrade 263
NetWare v3.0
   APIs 178
   LAN-Treiber 184
   Upgrade 260
NETWARE_REQUESTER
   Identifier 574
NETWORK ADDRESS
   Identifier 541, 574
NETX.COM 360, 396,
.... 398
   Parameter 379
Netzwerk Management 133, 184
Netzwerkadapter 6, 166,
.... 183, 354
   FRAME Parameter 186
   BOOT EPROM 368
   Busmaster- 183
   DMA Parameter 185
   EISA- 183
   Hardware-Konflikte 184
   INT Parameter 186

Index

konfigurieren........................... 363
logische 184
LS Parameter............................ 187
maximalePaketgröße................. 208
mehrere 160
MEM Parameter 187
NAME Parameter 187
OnLine DMA-........................... 183
PORT Parameter...................... 187
RETRIES Parameter.................... 187
SAPS Parameter......................... 187
SLOT Parameter 187
TBC Parameter 187
TBZ Parameter 187
Netzwerkadressen................ 56, 170,
.... 355, 800
New Packet Receive Buffer
Wait Time 209
New Service Process Wait Time ... 228
NFS Unterstützung 15
NFS.NAM 15
NLMs 79
deaktivieren 240
laden............................. 177, 189
NMAGENT 184
NMAGENT.NLM........................ 133
NMPIPE.SYS............................... 398
NODE ADDRESS
Parameter.......................... 393, 401
NON SHAREABLE Attribut........... 486
Notstromaggregat....................... 241
NPDAEMON.EXE....................... 398
NPRINT 580f, 634,
.... 642, 659,
.... 674
Default Queue 579
Parameter................................. 659
NPSERVER.SYS........................... 398
Number Of Watchdog Packets 209
NUT.NLM 249
NVER 859
NWDAEMON.EXE 398
NWIFS.SYS 398
NWREQ.SYS 398
NWSPOOL.EXE 398

O

ODI Konzept.............................. 387
ODI Stationen
BIND Parameter....................... 391
BUFFERS Parameter 390
DMA Parameter 392
FRAME Parameter 393
INT Parameter.......................... 392
MEM Parameter 392
MEMPOOL Parameter.............. 391
NODE ADDRESS Parameter...... 393
PORT Parameter 392
PROTOCOL Parameter 394
SESSIONS Parameter................ 391
SLOT Parameter 393
ODI-Konzept 13, 399
ODI-Treiber konfigurieren 390
OFF.. 194
Open Data Link Interface............ 387
OS Identifier..................... 528, 542
OS/2 396
CONFIG.SYS ändern................. 397
Dynamic Link Libraries 397
LAN-Treiber 397
Server Utilities installieren 408
OS/2 Identifier........................... 574
OS/2 Requester 395ff
ABORT TIMEOUT Parameter 404
BANNER Parameter 407
BIND Parameter....................... 403
Buffers Parameter 403
CACHE BUFFERS Parameter 405
CLIENT SESSIONS Parameter..... 407
COPIES Parameter 946
DMA Parameter 39
FILE Parameter 407
FORM FEED Parameter 407
FORM Parameter 406
FRAME Parameter 401
installiere 396
INTParameter........................... 400
IPX-Treiber Parameter 403
KEEP Parameter....................... 406
konfigurieren 399
LAN-Treiber Parameter............. 399

Link Layer Support Parameter 403
LISTEN TIMEOUT Parameter 404
Lokales Caching 405
MAXRESET Parameter 407
MAXSETUP Parameter 407
MEM Parameter 400
NAME Parameter 407
Named Pipes Parameter 407
NET.CFG 399
NODE ADDRESS Parameter 401
PORT Parameter 401
PREFERRED SERVER Parameter .. 406
PROTOCOL Parameter 402
REQUEST RETRIES Parameter 405
Requester Parameter 405
RETRY COUNT Parameter 405
ROUTER MEM Parameter 403
SERVER SESSIONS Parameter 407
SERVICE THREADS Parameter ... 408
SESSIONS Parameter 404f
SIZE Parameter 406
SLOT Parameter 402
SOCKETS Parameter 403
Spooler Parameter 406
Spooling 398
SPX-Treiber Parameter 404
TABS Parameter 406
VERIFY TIMEOUT Parameter 404
OS_VERSION Identifier 528, 542

P

P_STATION Identifier 542
Paketkonventionen 184, 186,
.... 195, 384,
.... 393, 401
Paketspezifikation 122
Partition DOS 414
  erzeugen 64
  löschen 65, 95
  NetWare 414
Partition Table 62, 92
Partitions 57, 92,
.... 414
  Größe verändern 94

Mirorring 96
Numerierung 38
Paßwörter 468, 725,
.... 813, 868,
.... 873
definieren mit SYSCON 795
einmalige Verwendung 469
Konsole- 136, 327,
.... 333
Login- 449, 845
minimale Länge 452, 454,
.... 785, 794
periodische Änderung 452, 454,
.... 468, 786,
.... 794
Power-On-Paßwort 204
Print Server- 583, 590,
.... 619
User- 794
Verschlüsselung 225, 263
Voreinstellung 785
PATCH Parameter 382
PATH 432
PAUDIT 860
PAUSE 566
PCCOMPATIBLE 567
PCNRPL.NLM 134
PCONSOLE 580, 606,
.... 634, 642
Plattentreiber 48, 83,
.... 117, 212
  Funktion 9
  laden 180
  NetWare v3.0 260
  Parameter 182
Polling 623
PORT Parameter 182, 187,
.... 392, 401
PREFERRED SERVER
  Parameter 382, 406
PRINT Parameter 382
Print Server 582
  am Fileserver 582, 669
  an Arbeitsstationen 582, 667
  angeschlossene Drucker 621
  deaktivieren 668, 670

dediziert............................ 582, 667
Druckpuffer............................... 624
einrichten......................... 583, 590,
.... 595
Full Name................................. 619
Informationen sichten 618
Installation 586
konfigurieren..................... 588, 620
kontrollieren 662
löschen 618
maximale Drucker Anzahl 588
mögliche Definitionen 619
Paßwort 583, 590,
.... 619
Queues auf mehreren
Fileservern 591
starten am Fileserver 597
starten 594
Status sichten 663
Status/Control........................... 627
Statusmeldungen........................ 669
umbennen................................ 619
User 583
Version sichten.......................... 631
zuweisen an Queue 616
Print Server Operatoren......... 590, 583
.... 627
Print Server User 591, 632
PRINT TAIL Parameter 382
PRINT.DAT................................ 634
PRINTCON 580, 634,
.... 642
  Funktion................................. 577
  Parameter............................... 636
  Standard Konfiguration............... 581
PRINTDEF 580, 634,
.... 637, 642
  Funktion................................. 576
Printer Mappings
  Definition................................ 579
  zuweisen................................. 626
  zuweisen mit PCONSOLE 594
Programmverzeichnisse.................. 422
Properties................................. 828
PROTOCOL 195
PROTOCOL Parameter 394, 402

PROTOCOL Schlüsselwort........... 391
PROTOCOL STACK IPX
  Schlüsselwort........................... 403
PROTOCOL STACK SPX
  Schlüsselwort........................... 404
Protokoll-Konflikte 384
Protokolltreiber 9, 13,
.... 159, 189,
.... 195, 238,
.... 402
  deaktivieren............................. 240
  ODI-....................................... 387
PS2ESDI.DSK 181
PS2MFM.DSK 181
PSC 662
  Beispiele 665
PSERVER.EXE 582, 586,
.... 667
PSERVER.NLM 135, 582,
.... 586, 669
Pseudo Preemption Time............. 228
PUBLIC-Verzeichnis............. 416, 474,
.... 488, 523,
.... 530, 869
PUBLIC/OS2-Verzeichnis............. 408
PUBLIC/PDF-Verzeichnis 642
PURGE 419, 754,
.... 834, 861
PURGE Attribut 484, 487,
.... 837, 839,
.... 851

Q

Queue Operator........................... 462
Queue User 578
  einrichten 617
  löschen 617
Queue-Operatoren............. 578, 588,
.... 612, 615
  einrichten mit PCONSOLE 616
Queues
  auf mehreren Fileservern............ 595
  benennen................................ 588
  Default- 579
  Definition 577

einrichten 578, 595,
.... 608
ID Nummer sichten 616
Informationen sichten 608
löschen 609
Operatoren 578
Priorität 626
Status sichten 615
umbenennen 609
User 589
verwalten mit PCONSOLE 609
Zuordnung zu Druckern.............. 674
zuweisen an Drucker 577

R

RCONSOLE 136, 141,
.... 327, 389
 Menü 328
Read After Write Verification .. 17, 119,
.... 225, 414
READ AUDIT Attribut............ 487, 837
READ ONLY Attribut 486, 488,
.... 836
READ ONLY COMPATIBILITY
 Parameter 382
READ Right 472, 841
READ Rigth 471
READ WRITE Attribut 486
Receive Buffer 112
Receive Buffers 208
Rechte 468, 841,
.... 878
 auf Dateiebene 472
 auf Verzeichnisebene 469, 471
 automatische Zuweisung............. 473
 Beispiele für die Verteilung 481
 direkte Zuweisung...................... 473
 effektive 476, 867
 entziehen 865
 entziehen mit REMOVE.............. 495
 entziehen mit REVOKE 495
 für Dateien sichten 710
 für Verzeichnisse sichten 704
 indirekte Zuweisung................... 474
 Trustee- 470

Utilities 489
vergeben mit MAKEUSER........... 725
zuteilen 489
zuteilen mit FILER 492
zuteilen mit GRANT 493
zuteilen mit SYSCON 490
Redirection Area 64, 118
REGISTER MEMORY 197
REMARK 568
Remote Boot 134, 361
Remote Boot Diskette 339
Remote Boot Konfiguration 341
Remote Console Operator 327, 332
Remote Diagnostics 389
Remote Management
 Facility 136,140,
.... 326
REMOTE.NLM 136, 326
REMOVE 495, 862
REMOVE DOS 173, 178,
.... 199
RENAME INHIBIT Attribut... 484, 488,
.... 837, 839
RENDIR 864
Reply To Get Nearest Server 210
REQUEST RETRIES Parameter 405
Reserved Memory Below
 16 Meg 212
RESET ROUTER............................ 200
Resource Tracking System 125, 131
Ressource Trackong............................ 8
Ressourcen 8, 126,
.... 130f
Restore 254, 747
 mit NBACKUP 736
RETRIES Parameter 187
RETRY COUNT Parameter 405
REVOKE 495, 865
RIGHTS 867
RIP-Protokoll 200, 235
ROUTE.NLM................................ 137
ROUTEGEN
 Installation eines Routers............ 352
ROUTER MEM Parameter 403
Router Tables aktualiusieren......... 200

RPL Protokoll 87, 134,
.... 148
RPRINT$$.EXE 672
RPRINTER 582, 586,
.... 598, 623,
.... 671
Menü 598, 672
RPRINTER.HLP 672
RPTINTER Beispiel 673
RS232.NLM 136, 140,
.... 326
RSETUP 339
RSPX.NLM 136, 141,
.... 326

S

SADSK.DSK 181
SALVAGE 416, 419,
.... 754
Optionen 757
SAP-Protokoll 200, 210,
.... 235
SAPS Parameter 187
SBACKUP Backup Options 252
Datenformat 248
Exclude Option 252
Include Option 252
Parameter 258
Restore 254
Systemvoraussetzungen 249
Zeitversetztes Backup 254
SBACKUP.NLM 246
SCSI-Controller 35, 181
SEARCH 179, 201
Search Mapping 523
Search Mappings 437, 521,
.... 849
einfügen 436
erstellen mit MAP 436
erstellen mit SESSION 437, 765
löschen mit SESSION 766
SEARCH MODE Parameter 382
SECURE CONSOLE 178, 201,
.... 203

Security 10, 156,
.... 203, 326,
.... 521, 847,
.... 868
Account Restrictions 469, 793
Aktivitäten überwachen 506
auf Attributes-Ebene 483
auf Login-Ebene 468
auf Rechteebene 469
Bindery 468
Drucken 583, 619
GRANT 841
Inherited Rights Mask 470, 475
Intruder detection 450, 455,
.... 789
Konsole Lock 127
Login 468
Login Restrictions 449
Login Scripts 525
Module 177, 189,
.... 199
Paßwörter 225, 794
Rechte 468
Security Equivalence 470
Station Restrictions 469, 800
Supervisor 445
Time Restrictions 450, 801
Trustee Rechte 470
User Guest 445
User-Paßwörter 449
Zugangsbeschränkungen 469
Security Equivalence 470, 474
Security Equivalences 799
Security Equivalenz 448
Securtiy User Profil 468
SEND 205, 871
SERVER SESSIONS Parameter 407
SERVER.EXE 6, 30,
.... 45, 262
Parameter 76
Service Request 505, 775
SERVICE THREADS Parameter 408
SERVINST 408
SESSION 762
SESSIONS Parameter 391
SESSIONS Parameter 405

SET 206, 468,
.... 573
SET STATION Parameter 382
SET TIME 230
SET TIMEZONE 231
SETPASS 873
SETTTS 875
SFT 778
SFT I 16
SFT II 19
SHARE Parameter 383
SHAREABLE Attribut 486, 488,
.... 837
Shell
    auslagern 366
    Descriptor Area 528
    für DOS 5.00 360
SHELL.CFG 361, 377,
.... 529, 534,
.... 598, 600,
.... 653, 667
    ALL SERVERS Parameter 379
    CACHE BUFFER Parameter 379
    CONFIG OPTION Parameter 377
    ENTRY STACK SIZE Parameter ... 379
    EOJ Parameter 380
    FILE HANDLES Parameter 380
    HOLD Parameter 380
    INT64 Parameter 377
    INT7A Parameter 377
    IPATCH Parameter 378
    IPX PACKET SIZE LIMIT
    Parameter 378
    IPX RETRY COUNT Parameter ... 378
    IPX SOCKETS Parameter 378
    LOCAL PRINTERS Parameter 380
    LOCK DELAY Parameter 380
    LOCK RETRIES Parameter 381
    LONG MACHINE TYPE
     Parameter 381
    MAX CUR DIR HANDLE
    Parameter 381
    MAXPATH Parameter 381
    MAX TASK Parameter 381
    modifizieren für das Drucken 597
    PATCH Parameter 382

PREFERRED SERVER Parameter .. 382
PRINT Parameter 382
PRINT TAIL Parameter 382
READ ONLY COMPATIBILITY
Parameter 382
Search Mode 440
SEARCH MODE Parameter 382
SHARE Parameter 383
SHORT MACINE TYPE 383
SHOW DOTS Parameter 383
SPECIAL UPPERCASE 383
SPX ABORT TIMEOUT 378
SPX CONNECTIONS Parameter. 378
SPX LISTEN TIMEOUT
 Parameter 378
SPX VERIFY TIMEOUT 379
TASK MODE Parameter 383
SHELL_TYPE Identifier 542
SHIFT 569
SHORT MACHINE Identifier 528
SHORT MACHINE TYP 383
SHORT_YEAR Identifier 541
SHOW DOTS Parameter 383
Sicherheitsmechanismen 16
SIDR.NLM 247
SIZE Parameter 406
SLIST 520, 876
SLOT Parameter 182, 187,
.... 393, 402
SMACHINE Identifier 542
SMODE 432, 439
    Modus Beschreibung 440
    Suchkriterien 441
SNA-Netzwerke 14
SNMP.NLM 133
SOCKET Parameter 403
Sockets 378, 403
Source Routing Protokoll 137
SPDAEMON.EXE 398
SPECIAL UPPCASE Parameter 383
SPEED 232
Split Seek 26
Split Seeks 21
SPOOL 577, 579,
.... 674

Index

Spooling 577, 674
   Default Queue 579
   mit OS/2 Reuqester 398
Spurious Interrupts 225
SPX ABORT TIMEOUT 378
SPX CONNECTIONS 378
SPX LISTEN TIMEOUT 378
SPX Protokoll
   Watchdog Abort Timeout 142
   am Fileserver 142
   Default Retry Count 143
   Maximum Connections 143
   Watchdog Ack Wait Timeout 143
   Watchdog Verify Timeout 142
SPX VERIFY TIMEOUT Parameter 379
SPX-Protokoll 397
Sessions 404
SPX.SYS 398
SPXCONFIG.NLM 142
SPXS.NLM 145
Standard Attribute 486
Standard Gruppen 444
Standard Laogin Script 522
Standard Trustee Rechte 473
Standard User 444
Standardmappings 433
Standardverzeichnisse 416, 869
STARTUP.NCF 31, 206
   editieren 75, 104
   erzeugen 74, 103
STATION Identifier 542
Station Restrictions 469, 800
   definieren 461
STREAMS.NLM 146
SUBST 430
Suchlaufwerke 563, 849
Supervisor 326, 333,
   .... 444, 523,
   .... 644, 690,
   .... 698, 720,
   .... 795, 806,
   825
   als Queue-Operator 616
   Optionen in SYSCON 784
   security equal zum 461, 868

SUPERVISORY Right 471f, 479,
   841
SYS$ERR.DAT 332, 667,
   672
SYS$HELP.DAT 332, 667,
   672
SYS$LOG.ERR 791
SYS$MSG.DAT 332, 667,
   672
SYSCON 447, 464,
   .... 509, 525,
   770
SYSTEM Attribut 488, 837,
   839
System Login Script 523
   editieren mit SYSCON 791
   erstellen 524
System Module 125
SYSTEM Verzeichnis 178, 504,
   828
SYSTEM-Verzeichnis 80, 327,
   .... 333, 416,
   .... 488, 577,
   .... 608, 616,
   .... 825, 869
SYSTEM/DIBI-Verzeichnis 250
SYSTEM/OS2-Verzeichnis 408
Systemdateien kopieren 73
Systemfehler sichten mit
   SYSCON 791
SYSTIME 877

T

TABS Parameter 406
Tape Streamer 246
Task am Server 112
   an Arbeitsstationen 128
TASK MODE Parameter 383
TBC Parameterfest 187
TBZ Parameter 187
Template 806
TIME 233
Time Restrictions 450, 730,
   801
   Voreinstellung 787

Titelseite 637	UNLOAD 240
TLI.NLM 147	Unterverzeichnistiefe 268, 313
TLIST 878	Upgrade
Token Ring Adapter 39	Accounting 268
TOKENRPL.NLM 148	Backup Device Methode 299
Topologie 348	Backup Fehlermeldungen 311
Topologien 8, 11	Backup Medium 300
TRACK OFF 172, 234	Benutzung 282, 303
TRACK ON 172, 200, 235	Bindery 287, 292, 321
Tracking 172	Einleitung 259ff
TRANSACTIONAL Attribut ... 488, 837	Execute Only Dateien 274
Transaktionen maximale Anzahl ... 223	Fehlermeldungen 294, 296
TREE 424	Macintosh Unterstützung ... 267, 322
Trustee Rechte 427, 448, 470, 473, 841	Paßwörter 273
entziehen 862	Restore Fehlermeldungen 322
User 802	Transfer Methode 279
User Gruppen 781	unnötige Dateien 275
Voreinstellung 473	VAPs 285
TSA-311.NLM 248	Zusammenfassung mehrerer 286 Server 268
TSA.NLM 248	UPPS Protokollstack 387
TTS 22, 224, 778, 837, 875	UPS STATUS 241
aktivieren 175	UPS TIME 242
Backout Vorgang 223	UPS.NLM 149
deaktivieren 168	User 443ff
explizites 23	Account Balance 792, 812
implizites 22	Account Restrictions 451
Lock 116, 129	Account Restrictions definieren .. 458
TTS Abort Dump Flag 223	Aktivitäten protokollieren 504
TTS Backout File Truncated Wait Time 224	Anzahl 444
TTS UnWritten Cache Wait Time .. 224	Arbeitsumgebung 520
Turbo FAT Re-Use Wait Time 221	Benutzerführung 10
Turbo-Fats 221	einrichten 806
	einrichten mit MAKEUSER 720

U

UNBIND 238	Full Name 796
Uninterruptible Power Supply.49, 241f	Gruppenzugehörigkeit 796, 812
Uninterruptible Power System 23	Guest 445
UNIX 15	Home Verzeichnisse 448
UNIX Arbeitsstationen 157	ID Nummern 448, 799
	Intruder Status 797
	Liste der 879
	Liste der eingeloggten 766
	Login Script 449, 798
	Manager 798
	mögliche Stati 461

Index

Namen 447
Paßwort 449
Print Server- 591, 632
privilegierte 461
Profil definieren 455
Profile 447, 720
Queue- 578, 589,
.... 617
Rechte entziehen 865
Speicherplatz limitieren 728
Station Restrictions definieren 461
Supervisor 444
Template 806
Trustee Rechte 448, 802
User Account 504
verwalten mit SYSCON 792
Volume Restrictions 450, 803
vordefinierte 444
Zugangsbeschränkung 449
User Login Script
  editieren mit SYSCON 798
  erstellen 525
USER_ID Identifier 542, 574
USERDEF 465, 531,
.... 806
Usergruppen 444
  Everyone 446, 578
  Manager 780
  Rechte 474
  Trustee Rechte 781
  verwalten mit SYSCON 779
  vordefinierte 444
USERLIST 879
Userstati 461

V

V_MAC.NLM 152
V_OS2.NLM 152
VERIFY TIMEOUT Parameter 404
VERSION 243, 881
Verzeichniseinträge 417
Verzeichnisse 417
  aktuelles sichten 425
  Attribute 483, 700,
.... 839

Attribute zuweisen 498
auflisten 844
Caching 25, 215
DELETED.SAV 416, 419,
.... 754
DOS- 422, 528,
.... 530
Effective Rights 700, 844
einrichten mit FILER 701
Fake Root- 430
freie Einträge sichten 817
ganze Strukturen kopieren 705
gelöschte 755
Home- 424, 849
Informationen sichten
  mit CHKDIR 833
Informationen sichten mit
  LISTDIR 428
Informationen sichten mit
  FILER 426
Inhalt sichten 853
Inherited Rights Mask 470, 700,
.... 705, 844
LOGIN 370, 416,
.... 520, 869
LOGIN/OS2 409
löschen mit FILER 702
MAIL 416, 473f,
.... 525, 634,
.... 869
maximale Tiefe 221
Owner 699, 705
Programm- 422
PUBLIC 416, 474,
.... 488, 523,
.... 530, 869
PUBLIC/OS2 408
PUBLIC/PDF 642
Rechte 470, 704
Rechte sichten 426
Speicherplatz limitieren 685
Speicherplatz sichten 687
Standard- 869
Struktur 417, 421
Struktur sichten 424
SYSTEM 80, 178,

.... 327, 333,	Name Space Support .... 5 , 157
.... 416, 488,	Restrictions 814
.... 577, 608,	Segmentierung 26, 102
.... 616, 825,	SYS 169
.... 828, 869	User Restrictions 450, 458,
SYSTEM/DIBI 250	.... 463, 803
SYSTEM/OS2............................. 409	vergrößern 417
Trustee Liste 701	vordefinierte Namen 416
Trustee Rechte........................... 470	zu wenig Speicherplatz............. 217
Trustee Rechte für Gruppen........ 781	VREPAIR.NLM...................... 17, 151,
Trustee Rechte für User 802	.... 157, 261
Trustees sichten 427	
umbenennen.............................. 864	**W**
vordefinierte Namen 416	Waitstates................................... 232
Verzeichnisstruktur.................... 416	Watchdog Mechanismus...... 142, 207
Verzeichnistabellen 157	 209
VOLINFO 417, 427,	WHOAMI 882
.... 816	Workgroup Manager 461, 640,
Volume Datenfehler korrigieren ... 151	.... 791, 806
Volume Definition Table 57, 415	Funktion............................... 463
Volume Low Warn All Users 217	WRITE 571
Volume Low Warning Reset	WRITE AUDIT Attribut 488, 837
Treshold 217	WRITE Right....................... 471f, 842
Volume Low Warning Treshold 218	WSGEN 186, 361
Volume Restrictions............ 450, 463,	WSUPDATE 884
.... 803, 814	
definieren............................. 458	**X**
Volumes 11, 58,	XMSNETx.EXE 366
...............................100, 119,	Xon/Xoff..................................... 626
.... 244, 416,	
.... 427	**Y**
aktivieren 73, 192	YEAR Identifier............................ 541
Backup.................................. 249	
Blockgröße.................... 17, 102,	**Z**
....211	Zero Filling 419
deaktivieren 169	Zugangsbeschränkungen...... 449, 469,
erzeugen 70, 100	 521
freien Platz sichten............. 816, 834	individuelle.......................... 453
.... 428	voreingestellte.................. 451, 784
Größe ändern......................... 58	
Informationen ändern................ 102	
Informationen sichten 244, 717,	
.... 816	
Informationen sichten	
mit CHKDIR........................... 833	
maximale Anzahl 12, 778	

Lukas Gorys

TCP/IP Arbeitsbuch

Kommunikationsprotokolle zur Datenübertragung in heterogenen Systemen

Hüthig

2., überarb. Aufl. 1991.
165 S. Gb. DM 78,—
ISBN 3-7785-2004-0

Der erste Teil des Buches beschreibt in allgemeinverständlicher Form den Ablauf und die Grundlagen der Kommunikation zwischen Rechnern der unterschiedlichsten Betriebssysteme (z. B. DOS, UNIX, VMS u. v. m.) unter Verwendung der TCP/IP Protokolle.

Am Beispiel eines Filetransfers mit dem auf TCP/IP basierenden Anwendungsprotokoll „FTP" werden Funktionalität und Ablauf der Protokolle TCP und IP sowie die TCP-Verbindungsmethode erläutert. Auch das zur physikalischen Übertragung im TCP/IP-Netz verwendete Ethernet-Übertragungsmedium wird behandelt.

Ausführlich werden auch auf das TCP/IP verwendete eigene Internetadressierungsverfahren, das dabei benötigte ARP-Protokoll, sowie die Umwandlung von Internetadressen in Hostadressen eingegangen.

Danach werden die einzelnen Programme FTP, Tetnet, Rlogin.RCP, Rexec, RSH, LPR u. a. m. sowie ihre Funktionen im Überblick beschrieben.

Im vierten Kapitel wird die Installation der von SK angebotenen TCP/IP Software zusammen mit den SK-NET-Netzwerkplatinen auf einem PC sowie die Konfiguration eines TCP/IP-Knotens beschrieben.

Kapitel 5 beschäftigt sich mit der Vorstellung des netzwerkweiten File Systems NFS. In Kapitel 6 wird danach TCP/IP mit ISO/OSI verglichen und ein Ausblick auf die Zukunft von TCP/IP gegeben.

Der zweite Teil des Buches umfaßt eine ausführliche Programmreferenz der TCP/IP Programme sowie Hinweise auf Ursachen möglicher Fehler im Betrieb.

Hüthig Buch Verlag
Im Weiher 10
W-6900 Heidelberg 1